»Ich bin mein Werk.«

Die Marquise de Merteuil
an den Vicomte de Valmont
Gefährliche Liebschaften

ANGELA STEIDELE

Rosenstengel

Ein Manuskript
aus dem Umfeld Ludwigs II.

btb

VORWORT DER HERAUSGEBERIN

Die nachfolgenden Dokumente entstammen einem Depositum, das der Nervenarzt Dr. Franz Carl Müller (1860–1913) im Historischen Archiv der Stadt Köln hinterlegt hatte; bei Drucklegung war nicht zu erfahren, ob die Unterlagen den Einsturz des Archivs am 3. März 2009 überstanden haben. Das umfangreiche Konvolut enthielt unbekannte Briefe von Ludwig II., dem bayerischen Märchenkönig, Elisabeth, Kaiserin von Österreich-Ungarn, und Bismarck, aber auch von dem großen Aufklärer Christian Thomasius und seinem pietistischen Gegenspieler August Hermann Francke, um nur die bekanntesten Persönlichkeiten zu nennen. Der Fund geschah zufällig, auf der Suche nach etwas anderem.

Vor einigen Jahren beschäftigte ich mich mit der Geschichte der weiblichen Homosexualität, die noch kaum erforscht ist.* Zu den wenigen Vorarbeiten gehört die Transkription einer Gerichtsakte von 1721, die ein gewisser F. C. Müller 1891 in *Friedreich's Blättern für gerichtliche Medicin* unter dem Titel »Ein weiterer Fall von conträrer Sexualempfindung« veröffentlichte. Danach soll eine Catharina Margaretha Linck als Mann gelebt, in Halberstadt eine andere Frau geheiratet und die Ehe mittels einer »ledernen Wurst« vollzogen haben. Um diese schillernde Geschichte zu überprüfen, fragte ich im Geheimen Staatsarchiv in Berlin nach den Strafrechtsakten, die Müller vorgelegen haben mussten. Der Archivar brachte mir einen großen schweren Packen und betrachtete skeptisch die Schnur, die das Kraftpapier zusammenhielt. »So'n Knoten machen wa hier seit dem Krieg nich mehr.« Nachdem ich das Bündel vorsichtig aufgeschnürt hatte, stieß ich zuoberst auf einen angegilbten Besucherzettel von 1884: »Dr. Müller, München«. Zwischen all den Gerichtsakten über Diebstähle (häufig), Ehebrüche (noch häufiger) und Kindsmord (gelegentlich) fand sich jedoch keine Spur des Falles von Catharina Linck. Müller musste die Akte also aus dem Archiv

* Angela Steidele: »*Als wenn Du mein Geliebter wärest.*« *Liebe und Begehren zwischen Frauen in der deutschsprachigen Literatur 1750–1850.* Stuttgart 2003.

entwendet – oder frei erfunden haben. Um die Authentizität des Falles Linck zu prüfen, musste ich die Identität des Autors klären.

Müller ist zwar kein dankbarer Name für Recherchen, doch ließ sich der Gesuchte dank seiner Publikationen zweifelsfrei ermitteln. Franz Carl Müller wurde 1860 geboren und studierte in Würzburg, München und Berlin Medizin.

Kaum war er 1884 promoviert, wurde er Assistent des Münchner Obermedizinalrats Bernhard von Gudden und Leibarzt Prinz Ottos, des geisteskranken Bruders des bayerischen Königs Ludwig II. Im Juni 1886 gehörte Müller der Abordnung von Ärzten und Pflegern an, die den entmachteten König nach Schloss Berg am Starnberger See begleitete – aus dem er anderntags die Leichen Ludwigs und Guddens zog. Im Tumult nach der Machtergreifung des Prinzregenten Luitpold veröffentlichte Müller ein 53 Seiten umfassendes Büchlein, *Die letzten Tage König Ludwigs II. von Bayern. Nach eigenen Erlebnissen geschildert* (1888, 3. Auflage noch im selben Jahr). Wegen seines Zerwürfnisses mit den Luitpoldianern zog er sich einige Jahre erst nach Berlin und dann als Chefarzt in die Nervenheilanstalt Alexandersbad im Fichtelgebirge zurück. Bevor Müller 1896 nach München zurückkehrte, wo er eine Praxis für Nervenheilkunde betrieb und schriftstellerte (*Sexuelle Verbrechen und Verirrungen mit Rücksicht auf die moderne Gesetzgebung*, 1912), deponierte er die hier veröffentlichten Unterlagen im Historischen Archiv der Stadt Köln, gesperrt für fünfzig Jahre nach seinem Tod. Welche Verbindungen er an den Rhein hatte, ist unklar; anzunehmen sind Kontakte zu Ärzten des Alexianer-Krankenhauses, die ihm das bedeutende Kölner Archiv genannt haben könnten. Nach Durchsicht des Konvoluts scheint mir, dass Müller die Papiere an einem neutralen Ort verwahrt wissen wollte, ohne selber über sie verfügen zu müssen.

Seit 1963 durfte das Depositum eingesehen werden, doch da der unbekannte Müller kein Interesse weckte, blätterte ich im Januar 2008 als Erste darin. Zuerst glaubte ich, die Handschriftensammlung eines Liebhabers entdeckt zu haben, die in den Archiven Mitteleuropas auf undurchsichtige Weise zusammengetragen worden war. Dann jedoch erkannte ich, dass Müller die Briefe, so disparat sie auf den ersten Blick inhaltlich und zeitlich erscheinen, sorgfältig nummeriert hatte. Es scheint also eine bewusste Komposition vorzuliegen, deren Deutung ich allerdings profunderen Kennern überlassen möchte. Ich habe mich darauf beschränkt, die Briefe weitgehend in ihrer originalen Schreibweise zu transkribieren, lediglich die Groß- und Kleinschreibung und die Zeichensetzung behutsam zu modernisieren sowie veraltete Manierismen – doppelte Bindestriche, Binnengroßbuchstaben bei Komposita usw. – stillschweigend aufzulösen. Der Anhang ergänzt die Quellen mit Kurzbiographien der Korrespondenten, einem Verzeichnis der Briefe, einer Bibliographie sowie einem Personenregister.

Zwei Wochen, nachdem ich die Transkription der Quellen abgeschlossen hatte, stürzte das Archivgebäude in den Kölner Untergrund. Müllers Depositum lagerte im 6. Obergeschoss, weshalb Hoffnung besteht, die Unterlagen eines Tages wieder der Öffentlichkeit und damit der Überprüfung zugänglich machen zu können. Da bis dahin jedoch vielleicht noch Jahrzehnte vergehen werden, habe ich mich entschlossen, diese einmaligen Dokumente heute schon der Öffentlichkeit zu übergeben.

Köln, zu Pfingsten 2015
Angela Steidele

QUELLEN

Cölln, 20. Octobris 1711

Hochehrwürdiger Hochgeehrter
Insonders Hochgelehrter Herr Professor Francke
In Christo unserm getreuen Heiland sehr werther Lehrherr

Empfangen Hochehrwürden den hätzlischen Gruß unserer kleinen Lutherischen Gemeinde aus Cölln am Rhein, welcher Gott der Herr beliebet
schwere Prüfungen auffzuerlegen. Da allhier der evangelische Gottesdienst
strenge verboten, sind wir gezwungen, gantz geheim uns zu versammlen
und entbehren bitterlich eines Pfarrherrn in unserer Mitten. Haben dahero
beschlossen, Hochwürden von Ferne um Rath zu bitten, wie mit dem Trüppche gottesfürchtiger und begeisterter Diener des Herrn zu verfahren, welche vor etlichen Wochen bettelnd und betend hier eingezogen und himmlischen Segen über uns ausgegossen, aber auch greulich Zwist zwischen uns
gesäet.

Besagte Frembdlinge, vier Mannslück und drey Wiever, leben in tieffster
Armuth, nähren sich nur von Almosen, weshalb sie gar oft der Hunger
zwickt, und laden zu allerhand christlichen Versammlungen. Derselben Vor-
steherin heißet Eva Langin, welche, ovschüns ein Weib, mit solch Inbrunst
und Feuer betet, daß sie auch die ärchsten Zweiffler mitreißet. Als denn nun
am dritten Tage nach deren Ankunfft eine große Stube voll Leute unsrer Gemeinde beysammen waren, trieben die liebreichen Vermahnungen der
Langin derer Hertzen so in die Enge, daß sie manche Thränen vergoßen und
gern und willig Sünden bekannten, welche sie zuvor lang entschuldiget und
verläugnet. Da geschahe denn ein groß Wunder mitten unter uns. Ein bartlos
Jüngelche von schöner Leibes Statur, Names Anastasius Rosenstengel, wel-

9

cher mit der Langin zu uns kommen, ergreifft die Krafft des Geistes und verfällt derselbe in eine Entzückung.

Diese Außsprache vom Heiligen Geist geschahe also: Währendem Gebet klappet besagter Rosenstengel die Augendeckel auff und zu, schlucket und schmatzet, wieget den Kopf und stößet mit demselben gegen die Wand, stampfet mit dem Hingerdeil auf dem Stuhle und wältzet sich zuletzt auf der Erden, daß etliche von ihm weichen, andre ihm zu Hülffe eilen, wann nicht Eva Langin dieselben zurückgehalten. Darauff stehet Bruder Rosenstengel auff und spricht wie zu sich sälvs: »Herr, schließe mich auff, sage du Herr Jehova die Worte.« Er haltet inne und lauschet. Sodann: »Er – er kommt.« Silentium. »So höret denn das Wort des Herrn, des dreymal-heiligen Gottes, welches Er jetzo verkündigen lässet! – Es kommet daher ein Ungewitter von Mitternacht. Weh, Weh, Weh dieser Stadt! Ja, Ja, Ja! Die Verwüstung ist schon angeschrieben, und der Tag derselben schon benamset. An diesem Tag werden alle Brunnen der großen Tiefe aufbrechen und die Fenster des Himmels werden sich aufthun und ein Regen auf Erden kommen, wie er noch nie bezeuget und wird einen großen König ersäuffen. Wer sich aber abkehret von der Babylonischen Hur, dem will ich geben einen weißen Stein; auf dem Stein stehet aber ein neuer Name geschrieben, welchen niemand kennet als der ihn empfängt. Und ich werde seinen Namen nicht außtilgen aus dem Buch des Lebens. Ich, der Gott Jehova, hat sich zu diesen Zeiten offenbahret, hat es geredet.« Darauff Rosenstengel allmählich wie aus einer tieffen Ohnmacht erwachet und mit englischem Lächeln fraget, was der Geist durch ihn gesprochen?

Die Worte, so ihr Fründ ausgeredet, sind von der Langin, welche geschwind Zeddelche und Bleystifft hervorgezogen, treulich nachgeschrieben worden, wie sie aus seinem Munde gefloßen. Alle Miversammleten sperrten Maul und Nase auff und verwundreten sich gar sehr, bis die Langin expliciret, der Heilige Geist habe durch Rosenstengel gesprochen und dem Hillije Cölle gefluchet, gleichwohl aber denen das ewige Leben versprochen, so wider den papistischen Sündenpfuhl. Wer jener König sey, wußte die Langin zwar auch nicht zu sagen, doch erkläret sie bestimmt, daß der Geist unsere Gemeinde gesegnet. Darauff erhelleten sich die Angesichter aller und wurde niemahlen das »Lob Gott« fröhlicher angestimmet.

Zeithero fließen die Hertzen und Lippen über in unserer kleinen Gemeinde und hat das Trüppche viel Segen unter uns gespendet. Wie wir nunmehro traut miteinander leben, verzällen die Langin und Consorten von ihrer weiten Bußreise, welche sie nebst vielen andern Orten auch nach Halle an der Saale Strand geführet, weshalb wir Hochehrwürden fragen wollen, ob dieselben Demselben in persona bekannt? Und ob das Trüppche daselbst ähnliche Wunder bewirket wie allhier, und ob Hochehrwürden solche billiget? Besagter Rosenstengel hat sich auff dem so genanndten Stroh-Hofe vor Halle dem Trüppche angeschlossen. Ob er von dort gebürtig, verschweiget er und spricht lieber von seiner geistlichen Wiedergeburt, welche auf der Bußreisen geschehen und zwar in Nürnberg, allwo sie vergeblich versuchet, den prophetischen Peruckenmacher Johann Tennhardt aus dem Loch zu befreyen. Ist dorten dann besagter Rosenstengel noch einmal getauffet worden, indem er vor einem großen herbeigelauffenen Hauffen von der Langin tieff ins Wasser der Pegnitz geführet und mit den Worten »Jehova Almajo Almejo« gantz untergetauchet worden. Gleich danach gab ihm die Langin ein zesamme gerolltes Zeddelche zu verschlucken, wobey sie die Worte »Jehova Almajo Almejo« nochmahls repetiret, ihm auch die Hände kreutzweis auf den Kopf geleget.

Diese Tauffe aber rufet in unsrer Gemeinde verschiedentlich Entsetzen hervor, wegen der Münsterischen Wiedertäuffer und weil es verboten, das Sacramentum der Tauffe zu widderholen, noch dazu durch ein Weib. Wollen dahero Hochwürden sorgsamst fragen, ob die abermalige Tauffe thatsächlich nöthig, weil ohne sie die Außsprache des Hl. Geistes nicht käme, wie Rosenstengel und die Langin sagen. Ueber diese Frage hat unsere Gemeinde zu disputiren anfangen und ist zerstöcklet in die, welche zu Rosenstengel halten, und jene, welche argwöhnen, derselbe verstellet sich und es sey Frevel, Betrug und Hokuspokus; haben auch schon die geringen Havsillichkeyten desselben heimlich nach Quackerpulver durchsuchet, aber nichts funden.

Wie Paulus die Römer und Corinther aus der Ferne im Glauben gestärcket, so erhoffen wir von Euer Hochwürden ein Rathbrieflein, wie mit dem Trüppche zu verfahren, wie die zweite Tauffe Rosenstengels und seine Außsprachen zu beurtheilen und wie Zwist, Zweiffel und große Glaubensnoth in unserer kleinen Gemeinde zu beheben.

Dem Hochgelehrten Herrn Professor ergebenste und treueste Diener
Conrad Elias Much und Jakob Heinrich Engelskirchen
Vorsteher und Ältester der Lutherischen Gemeinde zu Cölln

Den Brieff beschweren mit einem Thaler vor das Hällische Waysenhaus, von dessen Gedeihen wir gleichfalls Zeitung erbitten zur Stärckung im Glauben.

[2] Franz Carl Müller an Paul Julius Westphal

Fürstenried, 23. Oktober 1884

Hochverehrter Herr Professor!

Zu Ihrer Freude darf ich Ihnen vermelden, daß es ein gutes Ende mit mir genommen hat! Stellen Sie sich vor, seit drei Wochen bin ich »Prinzenarzt«, d. h. Leibarzt Seiner Königlichen Hoheit Prinz Otto von Bayern, des Bruders Seiner Majestät des Königs. Er leidet in hohem Grade an nervösen Erscheinungen verbunden mit Sinnestäuschungen, Wahnvorstellungen und Zwangsbewegungen. Es hat einiger Überzeugungskraft von Seiten Prof. Guddens bedurft, mich zur Annahme dieser Stelle zu bewegen. Sie wissen ja, wie ich seinem Steckenpferd gegenüberstehe. Doch als er mir versprach, mich nicht zu seinen Forschungen heranzuziehen, sagte ich ihm zu.

Und so komme ich denn in den privilegirten Genuß, mich als Arzt ganz einem Patienten nur widmen zu dürfen, von gelegentlichen Aushilfen in der Münchner Irrenanstalt abgesehen. Hier draußen in Schloß Fürstenried, eine halbe Stunde auf der Eisenbahn vor den Thoren Münchens, lebt Seine königl. Hoheit gemäß dem Wunsch des Königs so frei von Zwang wie möglich. Bis vor einem Jahr wohnte er in Nymphenburg, doch mußte er dort strenger weggesperrt werden, weil jedes Aufsehen in der Stadt zu vermeiden war. Im hiesigen Jagdschlößchen dagegen, umgeben von schönen Waldungen, fallen die Malheurs nicht weiter auf. Des Prinzen Zustand gibt übrigens Anlaß zu höchster Besorgnis. Er ist ein großer, sehniger Mann von 36 Jahren und rother Gesichtsfärbung, in dessen Auge das dem Irrenarzt vertraute Feuer des Wahnsinns lodert. Tobsuchtsanfälle wechseln mit tagelangem Stupor. Oft hört er Stimmen und erleidet dabei Höllenpein. Allzu katholisch erzogen verspricht er sich Besserung durch Buße, weshalb er, gerade zu meinem Dienstanfang, tagelang jede Nahrungs- und Flüssigkeitsaufnahme verweigerte. Austrocknung des Körpers und Hungerödeme verschlimmerten seine Todesangst, der er mit noch weiterem Fasten zu begegnen suchte. Ein erster, zugegeben naiver Versuch, dem Prinzen durch einen aus dem Dorf herbeigeschafften Priester Absolution zu verschaffen, mißlang. Auch seine Excel-

lenz von Steichele, den ich gleich darauf bitten ließ, vermochte Otto nicht
von seinen Schuldgefühlen zu befreien.»Du dappertes römisches Luada, du
verreckertes!«, mag als Kostprobe der Schmähungen genügen, mit denen
Prinz Otto den Erzbischof empfing.

Da der stark abgemagerte Prinz dringend Nahrung und Flüssigkeit zu
sich nehmen mußte, holten die Pfleger schließlich am dritten Tag, wie sie
gewohnt waren, den Zwangsstuhl, legten die Mundschraube daneben, über-
reichten mir den Magenschlauch und einen Haffen mit wässrigem Hafer-
schleim und wollten zur That schreiten. Als Otto begriff, was ihm drohte,
wehrte er sich nach Leibeskräften. Im Augenblicke ward mir deutlich, daß
unser Verhältnis unter einem Unstern begönne, unterwürfe auch ich ihn dieser greulichen Procedur. Da erinnerte ich mich eines Mittels, das Conolly in
einer späten Abhandlung beschreibt, und ließ des Prinzen Hund bringen,
einen üblen Rottweiler. Merklich beruhigte sich Seine kgl. Hoheit in der Gegenwart des Thieres, das er herzhaft kraulte. Ich ließ Rocco eine Schale
Wasser geben und stellte einen Krug Bier daneben. Als der Hund gierig
schlabberte, leerte Otto den Krug in einem Zug. Auf dieselbe Weise ißt und
trinkt der Prinz nun schon seit zwei Wochen, wenn Zartfühlende seinen Anblick auch schwer ertragen: Der Prinz verweigert nicht nur den Löffel, sondern selbst den Gebrauch der Hände. Neben Rocco auf den Knien liegend
schlürft er heißhungrig seine Schüssel leer, weshalb wir ihm dicke, nahr-
hafte Breie und Speisen in leicht zu genießender Form reichen.

Ich hoffe, fürs erste die Unterernährung in den Griff zu bekommen und
damit die Wahnvorstellungen zu reduciren. Um mich nicht der ungebühr-
lichen Prahlerei schuldig zu machen, will ich nicht verschweigen, daß aus
des Prinzen Gemächern oft schon nach einer Stunde wieder irdene Teller
(Porcellan erhält er nicht mehr), Bücher, Sessel, ja selbst Eichentische in den
Schloßhof stürzen. Wegen der nöthigen Discretion ist eine eigene Glaser-
werkstatt im Marstall eingerichtet worden.

Die Diagnose dürfte so eindeutig wie niederschmetternd sein: Meines
Erachtens leidet S. kgl. Hoheit an Hirnerweichung (Progressiver Paralyse),
die ja nichts anderes ist als eine Spatfolge der Syphilis, 10–20 Jahre nach der
Infektion. Anders als sein Bruder soll er ja ein flottes Jugendleben geführt
haben. Da wir ihn also nicht heilen können, wäre ich Ihnen für jeden Hinweis
aus Ihrer langen Praxis dankbar, wie wir seinen Verfall zumindest aufschie-
ben und sein Wohlbefinden womöglich steigern können.

Lieber Herr Professor, indem ich zum 3. Bogen greife, wird mir gewahr, wie ich im Geiste unsere anregenden Plauderstündchen fortsetze, mit denen Sie mich im Sommer allabendlich nach meinen Studien im Geheimen Staatsarchiv beschenkten. Wie ich Ihnen schon mündlich kurz mittheilte, habe ich unter den Strafrechtssachen aus den preußischen Provinzen der letzten zweihundert Jahre eine Entdeckung gemacht, die, wenn sachgerecht ausgewertet, publicirt und annoncirt, nicht geringes Aufsehen in der Fachwelt erregen wird. Ich bin der tiefen Überzeugung, daß wir gewisse Krankheiten fundirter verstehen lernen, wenn wir ihre Erscheinungsweise in der Vergangenheit studiren – zumal ja der Charakter mancher pathologischen Erscheinung so beschaffen ist, daß sie sich des Bekenntnisses, der Veröffentlichung oder Selbstanzeige, mithin der Kenntnis und Diagnose des Arztes weitestgehend entzieht. Insofern gleicht das historische Material, das wir in unseren Archiven bewahren, einem ungehobenen Schatze, einer reichen Quelle von medicinischen, insbesondere nervenheilkundlichen Anamnesen, von denen wir aus unserer Gegenwart nicht einen Bruchteil besitzen.

Allein die Frage, wie ich diese Forschungen in einem bürgerlichen Leben verfolgen soll, ist noch ungeklärt. Ich gestehe Ihnen offen, daß ich die Hoffnung hegte, Sie würden mich an der Charité zu halten wissen. Doch nun hat mich die Verschlechterung des prinzlichen Zustandes fürs erste gerettet. Seine Majestät der König selbst hat eine neue Behandlung verlangt und Mittel zur Verfügung gestellt, so konnte Gudden mich einstellen. Das Gehalt beträgt 2000 Mark und freie Station, und Gudden hat sich einverstanden erklärt, daß ich neben meinen Pflichten beim Prinzen und gelegentlicher Aushilfe in der Kreis-Irrenanstalt mein Vorhaben vorantreiben kann, besagte Krankenberichte der Vergangenheit aus dem Dunkel der Geschichte ins Licht unserer aufgeklärten Gegenwart zu schaffen.

Hier muß und soll ich nun aber endlich schließen, doch nicht, ohne Ihnen und Ihrer verehrten Frau Gemahlin noch einmal wärmstens für Ihre Gastfreundschaft in Berlin zu danken.

Ihr ganz getreuer
F. C. Müller

Berlin, den 26. Oktober 1884

Lieber Gudden!

Wo haben Sie gesteckt? Nicht nur ich habe Sie bei der letzten Versammlung der deutschen Naturforscher vermißt. Hätte Sie gern einmal wieder gesehen, nach so langen Jahren. Wie geht es Ihnen? Was macht die Anstalt? Üben sich Ihre Irren, wie weiland in Werneck, noch im Gesang? Spielt die Anstaltskapelle zum Tanz auf? Wird noch geturnt und Theater gespielt? Wie ich höre, haben Sie den jungen Müller angestellt. Hoffentlich werden Sie diesen Schritt nicht schon bald bereuen. Er scheint mir zu thätiger Anstaltsarbeit ehrlich gesagt nicht geeignet. Bei uns hat er mehr Zeit im Staatsarchiv als in der Charité verbracht, sodaß mir Zweifel an seiner Berufung zum Arzt gekommen sind. Was kann ein Arzt aus verblaßten Gerichtsakten über Tote lernen, das ihn der noch lebende Kranke nicht besser lehrte? Aber ich mag mich täuschen und dem Genie im jungen Collegen begegnen wie dem Propheten im eigenen Lande. Wie finden ihn eigentlich Ihre jüngsten Töchter? Sehen Sie sich vor, wenn Sie nicht demnächst Familienzuwachs wünschen, er ist ja recht schmuck!

Anbei schicke ich Ihnen die neue Ausgabe unseres *Archivs für Psychiatrie und Nervenkrankheiten* zur gefälligen Beachtung. Besonders ans Herz legen möchte ich Ihnen meinen Beitrag zur »Künstlichen Erzeugung von Epilepsie bei Meerschweinchen«. Wann darf das *Archiv* denn wieder einmal mit einem Beitrag aus Ihrer Feder rechnen? Wir sind, ich gestehe es, derzeit ziemlich schwach aufgestellt, und werden uns demnächst vor den conservativen Gralshütern der *Allgemeinen Zeitschrift für Psychiatrie und psychisch-gerichtliche Medicin* blamiren. Also: Her mit allem, was Sie in der Schublade haben!

Bei den Naturforschern habe ich übrigens Krafft-Ebing getroffen, der mir sozusagen unter »Vermischte Nachrichten aus Österreich« mittheilte, daß Kertbeny gestorben ist, und zwar schon vor knapp drei Jahren. Wußten Sie das schon? Arm wie eine Kirchenmaus hatte er sich nach Budapest zurückgezogen, wo er herkam, und wo ihn der Schlag (andere sagen: die Syphilis) vor der Zeit hingerafft hat. Hieß übrigens gar nicht edel magyarisch Kertbeny, sondern ordinär wienerisch Benkert. Verfügte aber über beste Verbindungen, hier in Berlin etwa zu der ganzen Arnim-, Brentano- und Savigny'schen Sippe. Es heißt, Bettina selig habe ihn sogar pecuniär unterstützt. Ich kam mit Krafft-Ebing auf Kertbeny zu sprechen, weil dieser mir von seinem Opus magnum erzählte, das demnächst unter dem Titel *Psychopathia sexualis* erscheinen soll. Wir gerieten in eine hitzige Begriffsdiscussion und ich vertheidigte vehement unsere Schöpfung der »conträren Sexualempfindung«, während er noch unentschieden scheint, ob dem Bankert nicht doch ein großer Wurf mit seinem »homosexualen« Geschlechtstrieb gelungen sei, zu dem er übrigens kurz vor seinem Tode als Gegenstück auch noch »heterosexual« als Begriff für die gesunde Geschlechtsliebe erfunden haben soll. Aber Herr Collega, sagte ich, jedem halbwegs Gebildeten sträuben sich die Haare angesichts dieser griechisch-lateinischen Mißgeburten! Und legte ihm im Einzelnen die Consequenzen dar, die es nach sich zöge, wenn ein anerkannter Psychiater wie er nicht auf eingeführte und wohl begründete medicinische Fachbegriffe zurückgriffe, sondern auf ungenaue Umschreibungs-, ja Rechtfertigungsversuche offensichtlicher Päderasten wie dem Benkert. Da ich nicht hoffen kann, ihm diese letzten Flusen ausgetrieben zu haben, möchte ich Sie, bester Gudden, herzlich bitten, in einer Ihrer nächsten Veröffentlichungen unbedingt unsere Begriffsschöpfung als eingeführten, gängigen Terminus zu benutzen, auf daß wir das begriffliche Oberwasser behalten. Ansonsten klingt, was Krafft-Ebing von seinem Werk sprach, vielversprechend.

Hoffe, daß auch Sie mich gelegentlich einmal wieder über dies und das unterrichten.

Mit den besten Grüßen auch an die Frau Gemahlin
Ihr Paul Julius Westphal

[4] **Westphal an Müller**

Berlin, den 26. Oktober 1884
Lieber Müller!

Freut mich, daß Sie bei Gudden so gute Aufnahme gefunden haben. Meinen eigenen Bemühungen, Ihnen eine Stelle zu verschaffen, war leider kein Erfolg beschieden. Um keine Hoffnungen enttäuschen zu müssen, hatte ich Ihnen nichts davon erzählt. Die pecuniäre Ausstattung unserer Charité läßt zu wünschen übrig, und so bin ich von Herzen froh für Sie, daß dem Königreich Bayern seine Irren mehr werth sind als unserem kargen Preußen. Die üppige Besoldung eröffnet einem Junggesellen wie Ihnen ja völlig neue Perspectiven –.

Ihre ungewöhnliche Methode im Umgang mit dem Prinzen Otto habe ich mit Erstaunen zur Kenntnis genommen. Haben Sie ihn, wenn die Tobsucht ihn ergreift, einmal ausgiebig beregnet? Eine kalte Douche ist gerade bei den Wollüstigen (Sie machten dahingehend eine Andeutung) hilfreich, da die Erschütterung des Rückenmarks die Nerven von der nach wollüstigen Ausschweifungen zurückbleibenden Erschlaffung befreit. Sie mögen sich scheuen, eine so hoch gestellte Persönlichkeit naß zu spritzen, aber Irre sind Irre, und auch ihm wird ein kalter Guß wohl thun. Nota bene: keine warmen Bäder! Diese pflegen die Unruhe nur noch weiter zu erhitzen. Nein, ein schöner starker Strahl mit der Brandspritze auf Kopf und Rücken!

Im Uebrigen gehen Sie irre, wenn Sie die Progressive Paralyse als Endstadium der Syphilis verstehen. Nach meinen klinischen wie pathologischen Untersuchungen ist diese Erkrankung nichts anderes als eine chronische Encephalitis. Wären wir im Stande, seine entzündete Hirnhaut zu heilen, könnte Prinz Otto sein flottes Leben wieder aufnehmen.

Und nun lassen Sie mich Ihnen zu Beginn Ihrer neuen Stelle einen väterlichen Rath mit auf den Weg geben, der Sie vielleicht überraschen wird: Vergöttern Sie bei aller verständlichen Dankbarkeit Ihren neuen Chef nicht zu sehr. Ja, es ist wahr, Gudden gebührt das Verdienst, als einer der ersten die zwangfreie Behandlung in Deutschland eingeführt zu haben, in der Irrenanstalt in Werneck, die in den Jahren seines Wirkens für ihre menschenfreundliche Atmosphäre berühmt war. Aus dieser Zeit weht aber auch ein übler Geruch herüber, von dem Sie Kenntnis haben sollten. Also, halten Sie sich mal kurz die Nase zu: Im Sommer '67 muß es gewesen sein, als die Abtritte der dortigen Irrenanstalt so verstopft waren, daß Handwerker gerufen werden mußten. Einem Maurergesellen gelang es, tief unter der Erde in der Sammelgrube auf einer Leiter stehend, die Rohrmündung zu befreien. Mit dem Unrath strömte jedoch auch Kloakengas in die Grube. Bewußtlos glitt der Geselle von der Leiter und sank im Grubeninhalt unter. Der zweite Maurer, der das Unglück durch das Kuppelloch der Sammelgrube beobachtete, rief einen Wärter zu Hilfe, der herbeieilte, hinabstieg – und ebenfalls untersank. Entsetzte Schreie drangen ins nahegelegene Sectionszimmer, doch nicht der Director Gudden, sondern sein Assistent sowie zwei Oberwärter eilten zur Unglücksstelle. Der erste Oberwärter stieg in die Grube hinein, sank um, ihm nach der andere, diesem nach Dr. Raab (ein Corps-Bruder von mir, sehr bitter). Erst jetzt bequemte sich auch Gudden dazu. Als er ankam, sah man gerade noch, wie sein Assistent mit geisterhaft blassem Gesicht und abwesendem Blick mit den Armen ruderte, bis zur Brust im Grubeninhalt, und dann lautlos untersank. Wie mir Anwesende später erzählten, hinderte Gudden auch den nächsten Helfer, seinen zweiten Assistenten Dr. Hopp, nicht daran, ohne Seil hinabzusteigen, in die gefährliche Gasschicht zu gerathen, bewußtlos um- und niederzusinken. Haben Sie mitgezählt, bester Müller, oder ist Ihnen schon schlecht? So lagen sechs in der Grube.

Erst jetzt bestand Gudden darauf, daß sich die bereitwilligen Helfer anseilten. Er selbst gehörte nicht zu ihnen. Fünf Opfer wurden tot geborgen. Alle Wiederbelebungsversuche mußten erfolglos bleiben, da die Lungen ganz ausgefüllt waren. Einer der Oberwärter atmete noch, er war auf den Rücken gefallen und wurde von der Masse getragen, aber die Vergiftung war zu weit gediehen, die Lunge auch nicht frei genug geblieben, und so war auch der Sechste am Abend eine Leiche.

Wie Sie sich unschwer vorstellen können, hat man damals den Skandal vertuscht. Die unterfränkische Regierung behauptete, Schuld trage der zuerst verunglückte Maurer. Ihrem Gutachten mag pecuniär oder per Druck von oben nachgeholfen worden sein. Unter uns Collegen verbreiteten sich die üblen Gerüche rasch als Gerüchte. Man war sich einig: Eigentlich hätte Gudden als Anstaltsdirector spätestens nach dem zweiten Opfer anwesend sein müssen und trägt also mindestens für vier der sechs Todesfälle die Verantwortung. Strenge Richter legten ihm schon den ersten Maurergesellen zur Last, der nicht ohne Seilsicherung in die Grube hätte hinabsteigen dürfen, hätte Gudden auf die Einhaltung des gesetzlichen Arbeiterschutzes gedrungen. Man kann den Fehler sogar noch früher ansetzen, weil Gudden selber die ganze fatale Abortanlage construirt und nach seinen Vorgaben hat bauen lassen.

So, lieber Müller, jetzt habe ich mich auch mit Ihnen verplaudert, wie im zurückliegenden Sommer. Möge Ihnen der ein oder andere Wink den Einstand in Ihre neue Stelle erleichtern,

zu welcher abermals herzlich gratulirt
Ihr Westphal

[5] Prinz Luitpold an Gudden

München, 28. Oktober 1884

Geehrter Prof. Dr. Gudden!

Das juristische Gutachten ist bestellt. Beginnen Sie demnach, wie besprochen.

Hochachtungsvoll
Luitpold, Pz. v. Bayern

[6] Müller an Gudden

Telegramm, Post Fürstenried, 2. November 1884
Benöthige dringend Verstärkung. S. kgl. H. nicht zu bändigen. Müller

[7] Gudden an Müller

München, 2. XI. 1884

Lieber Herr Doktor!

Unser erfahrener Pfleger Bruno Mauder, den ich Ihnen auf Ihren Hilferuf schicke, wird Ihnen diesen Brief übergeben. Hat Sie die Heftigkeit von Seiner kgl. Hoheit Willensäußerungen doch ein wenig überrascht? Bitte behalten Sie jedoch stets im Gedächtnis: Nicht große Muskelkräfte sind es, auf die es vorzugsweise bei der Pflege Geisteskranker ankommt, sondern eines einsichtsvollen, wohlwollenden und aufmerksamen Pflegepersonals sowie eines umsichtigen Arztes. Nur in den seltensten Fällen wird es einem solchen nicht gelingen, aufgeregte Kranke durch geschickte Ablenkung zu beruhigen und Gewaltthätigkeiten fernzuhalten.

Im Übrigen bitte ich Sie um Nachsicht gegenüber S. kgl. H. Geisteskrankheiten schließen die freie Selbstbestimmung mehr oder weniger aus. Keinem Irren ist es zuzurechnen, was er thut oder unterlässt. Selbst wenn er noch so bösartig erscheint und seine Umgebung vielleicht sogar mit Überlegung und Absicht reizt und quält, so ist es der Zwang der Krankheit, dem er unterliegt, und nicht selten leiden gerade diejenigen Kranken, die am schwersten zu ertragen sind, am meisten und peinlichsten unter ihrer Krankheit.

Beruhigung, Geduld, Sanftheit, Nachgiebigkeit in allem, was dem Kranken nicht schadet, sei Ihr oberster Grundsatz, dazu genaue Erforschung der jeweils Unruhe machenden Momente und Wegräumung derselben; Beschäftigung, Unterhaltung, Zerstreuung und gelegentlich ein Gläschen Likör. Nur Muth! Sie beide werden sich schon aneinander gewöhnen.

Im Übrigen möchte ich Sie warnen oder besser bitten, sich innerlich auch auf eine mögliche Begegnung mit Seiner Majestät dem König vorzubereiten, der gelegentlich Seinem Bruder einen Besuch abstattet. Auch der Gesundheit des Höchstselben und insbesondere Seines nervlichen Befindens muß unsere Sorge gelten. Da der König sich mehr und mehr vor dem Hof verschließt, selbst mit seinen Ministern nur noch schriftlich verkehrt, öffentliche Auftritte seit vielen Jahren ebenso meidet wie gesellige Cirkel, steht ein Schicksal wie das seines Bruder zu befürchten. Da der König an demselben großen Antheil nimmt, kann dessen Leibarzt leicht beim Allerhöchsten Gehör finden. Ich muß wohl nicht weiter betonen, welches Verdienst sich ein Arzt erwerben würde, nicht nur im Königreich Bayern, sondern im gesamten Deutschen Reich, gewönne er das Vertrauen des Königs. Begegnen Sie Ihm daher nicht nur als Arzt, sondern auch als *Mensch*.

Sonntag komme ich zu Ihnen hinaus.
Mit den besten Wünschen für Sie und den Prinzen
Ihr Gudden

[8] **Kaiserin Elisabeth an König Ludwig II.**

Der Gruß von der Nordsee

Nun liegt mein Körper unten
Im tiefsten Meeresgrund,
Die Riffe dort, die bunten
Die rissen ihn noch wund.

In meinen Zöpfen betten
Die Seespinnen sich ein;
Ein schleimig Heer Maneten
Besetzt mir schon die Bein'.

Auf meinem Herzen kriechet
Ein Thier, halb Wurm, halb Aal;
Die Fersen mir beriechet
Ein Lobster-Kardinal.

Es haben mir umschlungen
Medusen Hals und Arm;
Und Fische, alte, junge,
Die nähern sich im Schwarm.

An meinen Fingern saugen
Blutegel, lang und grau,
In die verglasten Augen
Stiert mir der Kabeljau.

Und zwischen meinen Zähnen
Klemmt sich ein Muschelthier. –
Kommt wohl die letzte Thräne
Als Perle einst zu Dir?

[9] **Francke an die Lutherische Gemeinde in Köln**

Glaucha vor Halle, 4. Novembris 1711
Liebreichste Mitbrüder in Christo
Höchst lobenswerthe Getreue im Glauben

Vor die communicirten Geschehnisse in derselben Reihen, vor das Vertrauen
und vor die Gabe bestimmet vor unser Waysenhaus danke ergebenst. Allhier
wächst und gedeihet noch das Werck des Herrn, worüber das beykommende
Büchlein berichtet, *Historische Nachricht / Wie sich die Zuverpflegung der Armen
und Erziehung der Jugend in Glaucha an Halle gemachte Anstalten veranlasset.* Lege
ein weiteres noch naß aus der Presse darzu, *Der von* GOTT *in dem Wäysen-Hause
zu Glaucha an Halle (für ietzo auf 500 Personen) zubereitete Tisch,* welches in unsern
Anstalten gedrucket worden nebst den zehn Biblen, welche ich auch beyfüge.
Vor Letztere ist dem Freiherrn von Canstein in Berlin zu dancken, der uns
große Mittel zur Verbreitung von Gottes Wort überlässet.

Wollet ihr Getreue in Xsto solche unter Bedürfftige austheilen und zu fleißigem Gebrauche mahnen, insonders in den Bet- und Singestunden, so ihr im Hause des einen oder andren zu gewissen Zeiten halten wollet. Leset darbey ein halb oder gantz Kapitel laut vor, denn die fleißige Handhabung des Göttlichen Wortes ist das vornehmste Mittel etwas zu bessern. Doch sollen die andren in denen Biblen fein auffmercksam mitlesen und hernach alle miteinander das Gelesene einander verständig machen. Hierzu brauchet es keinen Pfarrer und studirten Theologum unter euch. Ein einfacher Mensch kann so wohl und besser als der Gelehrteste die Schrifft auslegen, und dessen Auslegung möchte klingen wie sie wolle, so ist sie doch gut, wenn sie zu seiner und seiner Nächsten Besserung dienet. Zu der Apostel Zeit hat man auch die Theologiam nur aus der Hl. Schrifft erlernet und die Urchristen haben es also gehalten. Ladet zu einem solchen collegio pietatis jedermann von Herzen ein, Männer, Weiber und Jungffern, Knechte und Mägde, Handwercksburschen und Studenten, Händler und Krämer, Vornehme und Geringe, Gelehrte und Ungelehrte und wer noch sich am Worte Gottes erbauen will.

In solchem Kreys wollet auch beten mit Eva Langin, Anastasio Rosenstengel und Consorten, und wollet insonders das Evangelium nach Marcus, Kap. 13 von denen falschen Propheten lesen und sie also prüfen. Genannte sind hier nicht bekannt. So sie auf dem Stroh-Hofe, welches eine Insul in der Saale vor Glaucha und Halle, Gottes Wort geprediget, thaten sie recht, denn dort wohnen die, so bockigen und verstockten Gemüths und welchen Umkehr und Buße am Nöthigsten: Sind aber zugleich die, welche gottesfürchtige Leute am ehesten wieder vertreiben, weshalben die Langin wohl geschwind weiterzogen und keine Kunde bey uns gelaßen.

Daß ein Weib kräfftig prediget, verstöre euch nicht. Zu nicht geringen Mahlen wird in denen collegia pietatis ein Weib einen Vers der Schrifft besser erklären als ihr angetrauter Ehemann. Waren es doch Weiber, die unsern Erlöser vor seinem Tode gesalbt, sein leeres Grab entdecket und als erste seine Aufferstehung bezeuget. Auch hierin wollen wir den Urchristen nachstapfen und etwan der Helena gedencken, welche zuvörderst ihrem Sohn Constantin das Christenthum eingeflößet. Haltet dahero auch eure Weiber und Jungffern an, das Nadelzeug und den Strickstrumpff aus der Betstunde zu bannisiren und eyffrig in der Schrifft zu lesen. Sind sie des Lesens unerfahren, so führet sie dazu an, wie auch wir annoch die ärmsten Waysenmägdlein das Lesen und Schreiben lehren, alldieweil auch ihre Seele Gottes Wort zu verstehen so nöthig wie befähiget.

Was nun besagtes geistliches Werckzeug unter denen Neuankömmlingen in euerer Mitten angehet, so erscheinet die zweite Tauffe Rosenstengels zwar als ein gar gräßlicher Frevel, denn Gott erinnret sich genau derer, so ihm anvertraut, und brauchet nicht ermahnet werden. Doch ist auch bewiesen, daß der Herr sein Volck annoch so liebet wie zu Zeiten der Schrifft, und daß Er Seinen Willen kund thut heute wie damals denen Propheten in der Wüste. Wollen dahero zuvörderst euch Glaubensbrüder bitten, Augen und Ohren und Sinne zu öffnen vor die möglichen Offenbahrungen Gottes inmitten unter euch, Anastasium Rosenstengel strenge, doch liebreich zu prüfen, und noch Genauers über denselben zu communiciren.

Euch seegne und behüthe der allmächtige GOtt in Xsto ewiglich,
Aug. H. Francke

[10] Ludwig an Elisabeth

München, den 10. November 1884

Liebe Cousine!

Es ist mir ein Herzensbedürfnis, Dir aus ganzer Seele meinen wärmsten und tief gefühlten Dank auszusprechen für die köstliche Überraschung, die Du mir bereitet hast. Du machst Dir keinen Begriff, wie glücklich mich deine Verse gemacht haben. Seit Jahren erfolgte meinerseits kein Besuch der Roseninsel, erst vor ein paar Tagen erfuhr ich, welche Freude dort meiner harrt. Auf diese Nachricht hin flog ich eilends nach dem idyllischen Eiland und fand dort den theuren Gruß von der Nordsee! Tiefsten, innigsten Dank!

Erinnerst Du dich noch an unsere Kahnfahrt mit dem singenden Negerl (hast Du ihn noch)? Die damals mit Dir auf der Roseninsel zugebrachten Stunden rechne ich zu den schönsten meines Lebens. Niemals wird die Erinnerung daran verlöschen. Das Gefühl der aufrichtigen Liebe und Verehrung und der treuesten Anhänglichkeit, das ich schon, als ich noch im Knabenalter stand, für Dich im Herzen trug, es macht mich den Himmel auf Erden wähnen und wird nur mit dem Tod erlöschen.

Dein treuer Vetter Ludwig

Vertraulich   München, 20. November 1884

Durchlauchtiger Fürst!

Hochgebietender Herr Reichskanzler!

Das Bayerische Land und Volk ist von einer schweren Sorge, die von der Krone ausgeht, belastet, und es hat sich in immer weiteren Kreisen die Überzeugung befestigt, daß der gegenwärtigen unheilvollen Entwicklung der Dinge Stillstand geboten werden muß, wenn Dynastie und Land vor unabsehbarem Schaden bewahrt werden sollen. Jüngst zu Tage getretene Facta betreffs der Cabinettskasse Seiner Majestät des Königs von Bayern, Meines geliebten Neffen, veranlassen Mich, mit Euer Durchlaucht über etwaig weiteres, womöglich als nothwendig sich erweisendes Vorgehen zu accordiren, zumal Uns nun erst eröffnet worden, daß Seine Majestät auch Euer Durchlaucht mit der Misere Seiner persönlichen Schulden zu belästigen wagt.

Wie Ew. Durchlaucht bekannt, konnten die Schulden der königlichen Privatcasse im Mai d. J. gedeckt werden durch das Darlehen eines Banken-Consortiums in Höhe von 7,5 Millionen Mark, für dessen Sicherung Ich und Meine Söhne Bürge zu stehen Uns gezwungen sahen. Wenn auch die Einschränkungen bis zur vollständigen Tilgung im Jahre 1901 ungebührlich auf Mir selbst, vor allem aber auf Meinen Söhnen und bislang 16 Kindeskindern lasten, so wären sie doch keinesfalls in einem Briefe an Ew. Durchlaucht auch nur des Erwähnens werth, könnte das Königreich Bayern sich darauf verlassen, daß dieses große Opfer eine Lösung der Schuldenfrage herbeigeführt. Dies ist laut Hofsecretair Hermann Gresser, dem Vorsteher der königlichen Privatschatulle, leider Gottes nicht der Fall.

Bei dem grundsätzlichen Kassensturze, mit dem Gresser sein Amt begann, trat zweierlei zu Tage:

Zum ersten wurde offenbar, daß S. M. die im Frühjahr so mühsam eingeworbenen Gelder nicht, wie vereinbart, zur Tilgung seiner Schulden verwendet, sondern zum Weiterbau seiner Schlösser.

Zum zweiten aber fand Gresser in den königlichen Einnahmelisten Gelder, deren Zufluß in die Civilliste bislang unbekannt war und die ohne Zweifel von Ew. Durchlaucht selbst gnädiglichst angewiesen werden. Neben jährlichen Zuschüssen von rund 300 000 Mark ab dem Jahre 1870 sind an

»Bismarck'schen Geldern«, wie Gresser sie zu nennen beliebt, in diesem Februar gar 1 Million Mark eingegangen.

Zu diesen Zahlungen ist nun anzumerken, daß sie ebenfalls gänzlich zum Ausbau der Schlösser und der Anschaffung neuer Einrichtungsgegenstände für dieselben verwendet wurden. Bauten im Uebrigen, zu denen weder der Hof noch die Familie Zugang haben, die also keinerlei repräsentativen Zwecken oder solchen der Staatsraison dienen, sondern einzig als Privatvergnügen Sr. M. zu betrachten sind. Sollte Ew. Durchlaucht also die Hoffnung gehegt haben, mit einer großzügigen Spende die fatalen Calamitäten des Hauses Wittelsbach mildern zu helfen, müssen Hochdieselben leider einsehen, daß dies nicht gelungen ist: Auch jene Zuwendungen sind längst schon wieder ausgegeben.

Da der Kaiser – denn Ich nehme doch an, daß S. M. der Kaiser von diesen Zahlungen weiß und sie billigt – Seine Vormachtstellung im Reich demnach so theuer wie vergeblich sucht, durch Ruhe im Süden zu erkaufen, sehe Ich Mich, als dritthöchstes Mitglied des herrschenden Hauses in Bayern, auch und gerade im Hinblick auf das Wohlergehen Unseres deutschen Vaterlandes und seine fortdauernde *Einigkeit* gezwungen, nach dauerhaften Lösungen der unbestreitbaren Crise zu suchen, die längst von einer privaten Sr. M. des Königs zu einer staatlichen sich auszuwachsen droht. Ich habe daher das Ansinnen des Staatsministeriums gebilligt, Prof. Max von Seydel, den höchst angesehenen Staatsrechtler hiesiger Universität, um ein verfassungsrechtliches Gutachten »Zum Recht der Regentschaft in Bayern« zu bitten, um die Lücken und zweifelhaften Stellen der bayerischen Verfassung in diesem Punkte zu klären. Wer etwa anzunehmende Gebrechen des Herrschers, die ihn an der Regierung hindern (Titel II, § 11), wie etwa Blödsinn oder Wahnsinn, festzustellen und wer daraufhin die Regentschaft zu veranlassen hat, welches staatliche Organ in einem solchen traurigen Falle also einzuschreiten sich pflichtgemäß behufe gezwungen sähe, läßt die Verfassung offen und wird von Prof. Seydel geklärt werden. Über die Ergebnisse seines Gutachtens werde Ich Ew. Durchlaucht zu gegebener Zeit unterrichten.

Mit ganz besonderer Hochachtung
Pz. Luitpold von Bayern

Fürstenried, 4. December 1884

Hochverehrter Herr Professor!

Es ist eingetreten, was Sie schon geahnt hatten, und bevor Sie es aus zweiter Hand erfahren, will ich es Ihnen lieber selber schildern: Seine Majestät waren hier. Unglücklicherweise betrat der König unangemeldet den Raum just in dem Augenblick, als Otto sich mit Rocco um einen Knochen balgte. Erschüttert fragte S. M., wer dafür verantwortlich zeichne – und so erhielt ich unversehens meine erste Audienz. Imposant stand der hoch gewachsene Mann vor mir, nur seine Augen glitten unstet umher und hafteten nirgends fest.

»Wo haben Sie studirt?«, lautete seine erste Frage.

»In Würzburg, München und Berlin, Majestät.«

»Sie sind Irrenarzt?«

»Jawohl, Majestät.«

»Sind Sie es gerne?«

»Mit Leib und Seele, Majestät.«

»Sie tragen eine Brille? Sind Sie kurzsichtig? Sie haben wohl zu viel studirt?«

»Majestät, ich mußte viel studiren, aber meine Augen waren schon auf dem Gymnasium sehr schlecht.«

»Womit haben Sie sich auf dem Gymnasium meistentheils beschäftigt?«

»Ich war stets ein großer Freund der deutschen Poesie, insbesondere der lyrischen, und habe mich darin auch noch in den letzten Jahren weitergebildet, Majestät. Gegenwärtig arbeite ich an einem Werk wissenschaftlich-historischer Natur.«

»Ja, ja ... das ist ... «. Im Suchen nach dem Wort versenkte er zu meinem Schrecken auf einmal seine großen Augen in die meinen und vollendete zerstreut seinen Satz, »... hübsch.« Es war, als ob eine innere Unruhe den Monarchen beherrsche, eine Unruhe, die mich selbst ebenfalls mehr und mehr überkam. Immerhin hörte der König mich nach diesem ersten Verhöre an und erkannte, wenn auch mit sichtlichem Widerwillen, den Erfolg meiner Beruhigungsreceptur in puncto Ernährung an. Auch war ihm nicht entgangen, daß sein Bruder dieses Mal nicht mit dem Schuh nach ihm geworfen.

Da er sich so selten zeigen soll, will ich noch ergänzen, daß der König kräftig gebaut und gut genährt ist, Muskeln und Fettpolster gut entwickelt. Die etwas aufgedunsenen Wangen verbirgt er hinter einem fussligen Barte.

Seine Haltung, der Gang, die Art wie er sich umdreht, die Bewegungen des Kopfes usw. haben etwas Langsames, Gemessenes, fast Steifes. Er trug einen schlichten dunklen Anzug unter einem schweren wollenen Mantel. Einzig die Brillantagraffe am Hut unterschied ihn von einem Bürger im Sonntagsstaat. Gegen Ende der Unterredung neigte der König zwar gnädig den Kopf und entließ mich freundlich; doch befürchte ich, daß vielleicht schon bald Allerhöchste Befehle an Sie ergehen werden, mich von hier zu entfernen. Ihrem Auftrag, dem König Vertrauen einzuflößen, habe ich gewiß nicht entsprochen –. Ich hätte Ihnen den Vorfall gern mündlich geschildert, doch ist S. kgl. Hoheit Prinz Otto von dem Besuch seines Bruders so aufgewühlt, daß ich mich nicht vom Fleck wage.

Ihr getreuer F. C. Müller

[13] **Luitpold an Gudden**

München, 6. December 1884

Geehrter Prof. Gudden!

Leider haben Sie Mich bislang nicht erkennen lassen, inwiefern und inwieweit Sie vorzugehen beabsichtigen wie besprochen. Sollte Ihr Augenmerk weit mehr auf Ihren wissenschaftlichen Forschungen liegen als mit Ihren übrigen Aufgaben verträglich ist? Wie Mir Prof. Gietl mittheilt, wird bei der nächsten Sitzung des Obermedicinalausschusses über die künftige financielle Ausstattung Ihrer Anstalt berathen. Freundlicherweise wird Prof. Gietl Ihnen die Gelegenheit geben, den Mitgliedern des Ausschusses Sinn und Zweck Ihrer Forschungen zu erläutern und den practischen Nutzen derselben für die Behandlung der Kranken in der von Ihnen zu verantwortenden Anstalt darzulegen.

Angelegentlich Unseres Gesprächs hatte Prof. Gietl auch die Güte, mir Ihren Bericht aus Werneck vom 31. August 1867 an die kgl. Regierung von Unterfranken vorzulegen.

In größter Antheilnahme an Ihrem weiteren beruflichen Weg und in ernster Sorge um die Zukunft Ihrer noch unversorgten Kinder

Pz. Luitpold von Bayern

Wien, den 6. December 1884

Herzbester Vetter!

Es entsetzt mich und wundert mich doch auch nicht, daß Du mir eben jetzt schreibst, wo ich das Gedicht doch schon vor einem Jahr auf der Roseninsel hinterlegen ließ und seither nie wieder etwas von Dir gehört habe. Doch just, als Du endlich meinen kleinen Gruß fandest, bist Du mir des Nachts erschienen. Ich lag im Bett, wie ich auf einmal ein Geräusch wie Wassergurgeln hörte. Allmählich erfüllte dieses sanfte Sickern das ganze Zimmer, und ich durchlebte alle Nöthe des Ertrinkens. Ich röchelte und erstickte und rang nach Luft, dann schwand das Grauen, mit letzter Kraft setzte ich mich im Bett auf und atmete wieder frei. Der Mond war aufgegangen, und sein Schein erleuchtete das Zimmer mit Tageshelle. Da sah ich, wie die Thür sich langsam öffnete, und Du kamst herein. Deine Kleider waren schwer von Wasser, das an Dir herabtriefte und kleine Lachen auf dem Parkett bildete. Dein feuchtes Haar klebte um Dein weißes Gesicht, doch es warst Du, wie Du leibst und lebst. Ich redete Dich an, doch während ich sprach, verschwandest Du. Wieder hörte ich das Tropfen eines unsichtbaren Wassers und das Gurgeln des Sees gegen das Ufer. Entsetzen faßte mich, denn ich fühlte die Nähe der Schatten jener anderen Welt, die ihre gespenstischen Arme nach dem Trost der Lebenden ausstrecken.

Ludwig – geht es Dir gut? Schreib ein Wort und erlöse mich.

Deine treue Cousine Sisi

Cölln, 16. Novembris 1711

Hochehrwürdiger und Hochgelahrter
Insonders Hochgeehrter Herr Professor

Empfangen Hochwürden unsern tieff empfundnen Danck vor all die Gaben, mit welchen uns Vielmahlsgeehrter beschencket, ja beschämet. Die Ausgaben der Hl. SChrifft sind wohl vertheilet und danckbarlichst aufgenommen. Haben dieselben nach Willen unsres werthen Lehrherrn in einem collegio pietatis gebrauchet, in welchem nach Hochwürden liebreichstem Befehl Mk. 13, 22 gelesen, und auch das gantze Kapitel im Jeremia über die falschen Propheten. Haben darbey in geheim Anastasium Rosenstengel geprüfet, welcher das Examen zum Ruhme Gottes glanzvoll bestanden. Derselbe gerieth nämlich in die Inspiration, in welcher uns der Hl. Geist noch viel mehr über die Glaucha'schen Anstalten mitgetheilet, als was aus Hochwürdens beygelegten Schrifften ergehet. Insonders sprach der verzückte Rostenstengel von der Mission in India und wie die dasigen Wilden zum Worte Gottes in Lutherscher Manier bekehret. Gleichsfalls erwähnte derselbe eine gewisse Medicin aus der Waysenhausapotheke, die jedes Gebrechen und Zipperlein zu heilen vermögte. Wie seine Außsprache heröm, holet ein Reisender unter uns, welcher vor kurzem Halle passiret, ein Fläschlein mit eben jener *essentia dulcis* hervor, welches er dorten erworben. Erhebet sich darauff viel Geraune und Gestaune, daß die Wahrheit der Außsprache so rasch erwiesen, und erquicket sich unsere Gemeinde gar sehr an Gottes Offenbahrungen und ehret besagten Rosenstengel als auserwähltes Werckzeug des Herrn.

Derselbe verzället, in der Verzückung fühle er zunächst eine Kälte, dann ein große Bangigkeit und Hertzensangst, und schließlich ist ihm, wie wenn ein warmes Wasser in alle seine Glieder einfließet, die davon wunderbarlich bewogen und herumbgezogen werden, insonders seine Zunge und Lippen, welche wider seinen Willen beweget werden. Ob er gleich in währendem paroxysmo keine Empfindung darvon hat, so entdecket er hernach viele blaue Flecke am Leib von dem innerlich herumgewälzeten Weihwasser. Außerhalb der Entzückung spaaßet er off als ein leutseelig Kamerad, er singet mit klarer, heller Stimm, lieset und schreibet, doch kann er die Prophezeyungen, welche er in der Außsprache schriftmäßig saget, nicht willentlich hervorbringen. Wie denn auch Eva Langin verzället, daß auf ihrer großen Bußreise einfältig Boorsmägdcher in der Außsprache zu kräftigen Predigern worden, ja daß die Entzückung gar auf die Dötzche und Wiegenkinder kommen, daß sich solche an der Mutter Brüsten zu aller Welt und der gottlosen Verfolger Erstaunen auffgerichtet und die penetrantesten Vermahnungen zur Gottseligkeit gehalten, da sie zuvor und hernach nicht einmal lallen können.

Weiter berichtet besagter Rosenstengel, er sey am Pfingst-Sonntage geboren und am Pfingst-Montage seinem Heilande in der heiligen Taufe einverleibet worden, weshalb der Hl. Geist ihn leichter funden und erwählet als andre. Er lebet mit Eva Langin wie Broder und Schwester, doch vermuthen die, so die zweyte Taufe vor Frevel halten, es sey mehr wie Mann und Weib, nur daß bey diesem Bande das Sacramentum fehle, welches bey der Tauffe so großzügig vergeben. Dieser kleinern Parthey unserer Gemeine schäumen nunmehro die Worte Betrug und Schabernack immer spritziger im Munde, nachdemalen es vor drey Tagen zwischen Anastasius Rosenstengel und Eva Langin zu einem Zwiestreitt kommen.

In einer Außsprache bedeutete Rosenstengel auf Befehl des Geistes der Eva Langin, sie solle 40 Tage und 40 Nächte fasten. Noch während seiner Außsprache kam die Schwester Eva zum ersten Mahle überhaupt in sanffte Bewegung, kriegte ebenfalls die Bezeigungen und sprach durch den Geist, die Mission allhier sey erfüllet und es sey Zeit, weiter zu ziehn, auch solle niemand auff der Reise und später zur Weihnacht fasten. Noch während dieser Widerspruch, in den sich der Hl. Geist verwicklet, die Versammleten greulich entsetzet, prophezeyet Rosenstengel unter extraordinairen Gliederverrenkungen und Mundschlabbern dem Leimsieder, so nächst ihm sitzet, daß derselbe solle auf dem Wasser gehen wie der Herr Christus, und werde dies Wunder beweysen, wer die wahren Worte des Hl. Geistes gesprochen, er selbsten oder die Langin. Darauff erhebt sich ein groß Geschrey und Lärmen von den einen wegen schändlicher Gotteslästerung und Versuchung Satanis, während die andren die Zauderer und Ungläubigen verhöhnen, so die Krafft und Wunderthätigkeit GOttes bezweiffeln. Wurde beschlossen, die Prophezeyung baldmöglichst zu beweisen, und fragen dahero unsern strengen und liebreichen Lehrmeister, ob den einen oder andern Recht zu geben, ob wir in Gefahr, uns auf ewig zu versündigen, oder kurtz vor dem glänzendsten Triumph des Glaubens.

Wegen der Kürtze der Zeit bitten unterthänigst um umgehenden Befehl.

Dem hochgelehrten und hertzlieben Herrn Professor ergebenste und treueste Diener

Conrad Elias Much und Jakob Heinrich Engelskirchen
Vorsteher und Ältester der Lutherischen Gemeinde zu Cölln

Zum Beschwer des Brieffes 2 Thaler vor die Glauchaschen Anstalten, welche in unserer Gemeinde gesammlet.

Neue Burg Hohenschwangau, 10. December 1884

Hochgeehrter Herr Dr. Müller!

Mit Erleichterung habe Ich anläßlich Meines Besuches bei Meinem Bruder zwar wohl vermerkt, daß Derselbe heiterer als sonst wirkte, und hoffe, dies auf Ihren wohlthätigen Einfluß zurückführen zu können. Gleichwohl sehe Ich Ihre Behandlungsmethoden nicht leicht mit der Würde Seiner Königlichen Hoheit vereinbar, weshalb Sie Mir am 18. d. M. genauestens Rechenschaft leisten werden sowohl über Ihre angewandten Methoden wie auch über Meines Bruders Ansprache auf dieselben. Rittmeister Hornig wird Ihnen genauere Instructionen geben, wo Sie sich einzufinden haben.

In Anerkennung Ihrer Bemühungen überschicke Ich Ihnen anbei die Schweizergeschichte Ihres Namensvetters zur gefälligen Erbauung.

Mit den Gesinnungen des Wohlwollens und Vertrauens bin Ich Ihr geneigter

König Ludwig

[17] **Gudden an Luitpold**

München, 11. XII. 1884

Gnädigster Prinz und Herr!

Für Euerer Königlichen Hoheit huldreiche Schreiben danke gehorsamst treu ergeben. Wollen Eure Königliche Hoheit gnädiglichst die nur scheinbar verspätete Antwort verzeihen, doch wollte der treu gehorsamst Unterzeichnete abwarten, bis seine unermüdlichen Bemühungen im Dienste Ew. Königl. Hoheit Fortschritte genommen haben. Wie Euerer Königlichen Hoheit damals mündlich erklärt, ist es für den Arzt nicht nur hochgradig peinlich, an die Beurtheilung des geistigen Zustands Seiner Majestät des Königs heranzutreten, sondern ohne persönliche Untersuchung schlichtweg unmöglich. Nun aber ist es mir gelungen, einen geeigneten Mittelsmann zu installiren in Person des neuen, höchst geschickten Arztes für S. Kgl. H. Prinz Otto, von dem Ew. Königl. Hoheit Schönstes erwarten dürfen. Ich habe Dr. Franz Carl Müller anläßlich seiner jüngst stattgefundenen Promotion als Zweitprüfer in seinem Rigorosum kennen gelernt und sofort als unseren Mann erkannt. Ihn an uns zu binden, war indeß nicht leicht und hat viele Zugeständnisse meinerseits bedurft, da er historisch-wissenschaftliche Steckenpferde reitet und sich ungern einfangen ließ. Gerade diese Absonderlichkeiten qualificiren ihn aber besonders für die zwischen uns besprochenen Aufgaben. Meine Saat geht übrigens schon auf, denn kaum hat Seine Majestät anläßlich eines Besuches bei Seinem Bruder dessen Bekanntschaft gemacht, hat Er ihn zu einer persönlichen Audienz geladen, die in wenigen Tagen stattfinden wird. Die Beantwortung der so delicaten Frage, die Ew. Königl. Hoheit beliebten an mich zu richten, wird mit Hilfe Dr. Müllers demnach sicher gelingen, doch versteht sich von selbst, daß hierfür Zeit von Nöthen, weshalb der treu gehorsamst Unterzeichnete noch um wenig mehr Geduld zu bitten sich gezwungen sieht.

Ew. Königl. Hoheit beliebte, sich nach unseren Forschungen zu erkundigen, die das noch junge Kind der Psychiatrie auf völlig neue Füße stellen wird. Wegen der Fülle meiner zahlreichen verantwortungsvollen Aufgaben verzögert sich leider die Herausgabe unserer bahnbrechenden Erkenntnisse, weshalb wir uns Angriffen Unverständiger ausgesetzt sehen, so etwa in Person des Vorsitzenden des Medicinalausschusses Prof. Dr. Gietl. Derselbe opponirte schon 1872 gegen meine Berufung zum hiesigen Anstaltsdirector und torpedirte die Schaffung meines Ordinariats für Psychiatrie an hiesiger Universität, da er die Irrenpflege bis heute lieber in den Händen der alten Zuchtmeister und Nonnen sähe als der Ärzte. Nur Dank der Unterstützung des damaligen Staatsministers für Kirchen- und Schulangelegenheiten, des heutigen Vorsitzenden des Ministerrathes Johann von Lutz, konnte Prof. Gietl in die Schranken verwiesen werden. Während jener mir stets ein Freund geblieben ist, habe ich in diesem bis heute keinen gewonnen.

Belieben Euere Königliche Hoheit, Prof. Gietl die Bedeutung meiner Forschungen vor den Mitgliedern des Medicinalausschusses in Zweifel ziehen zu lassen, schwächen Hochdieselben nicht nur meine Reputation, sondern auch die Beweiskraft meiner künftigen Aussagen über den Gesundheitszustand Sr. M., in welchem Falle Ew. Königl. H. mich außer Stande gesetzt hätte, meine treueste Ergebenheit zu bezeugen.

Ich verharre in tiefster Unterthänigkeit als Euerer Königlichen Hoheit denkbar unterthänigster Bernhard von Gudden

Linderhof, den 13. December 1884

Liebe Cousine!

Dem Zuge meines Herzens folgend spreche ich Dir für die zärtliche Sorge, welche Du aus Anlaß deines Traumes brieflich an mich ausgesprochen hast, hiermit persönlich meinen innigsten Dank aus. – Es drängt mich, Dir meine wärmsten, aufrichtigsten Gefühle für diese Antheilnahme aus dem Grunde meiner Seele auszudrücken, und Dich zugleich tröstlich zu gemahnen: Dein phantastisches Traumgebilde kann ja Wahrheit nie werden – erinnerst Du Dich nicht, welch guter Schwimmer ich immer gewesen? Nur im bildlichen Sinne steht mir das Wasser bis zum Hals, und so hat Dein grauser Traum doch auch wahr gesprochen: Durch die Nachlässigkeit meiner Hofsecretaire, besonders des jetzigen, des SchandGressers, wurde ein fataler Stand meiner Cabinettskasse herbeigeführt. Dieser schandmäßige Unfug ist zwar ein strafbares Unrecht, das an mir begangen wurde, doch vermag ich auf die Kürze meine Rechte nicht durchzusetzen. Seit der beklagenswerthe Zustand in der Cabinettskasse herbeigeführt wurde und damit die Stockung meiner Bauten, an welchen mir so unendlich gelegen ist, ist mir die Hauptlebensfreude genommen. Vielleicht hat Dir Dein böser Traum hiervon Mittheilung gemacht.

Doch ich muß bauen, ich muß bauen! Oh, es ist nothwendig, sich solche Paradiese zu schaffen, solche poetischen Zufluchtsorte, wo man für eine Weile die schauderhafte Zeit, in der wir leben, vergeßen kann. Der Geist der Zeit, der gegenwärtig herrscht, ist fürchterlich, die Menschen sind verdreht, aufgefressen durch die Pestideen der Neuzeit, oh, das kann nicht zum Guten führen. In einer Monarchie, wie sie sein muß, soll alles wie die Strahlen der Sonne vom Monarchen ausgehen, und auf Ihn sich zurückbeziehen. Er soll das Haupt, die Seele, mithin der eigentliche Lebensnerv des Staates sein. Er hat seine Krone von Gott und muß in seinem Handeln ganz uneingeschränkt sein. Ihm soll nicht bloß die exekutive Gewalt, sondern auch die gesetzgebende Gewalt zukommen, unabhängig und ungetheilt. Je umfangreicher die Macht des Königs ist, desto mehr ist Er im Stande, zum Wohle seines Volkes zu wirken. Das Prinzip der Volksautorität, das sich immer mehr ausbildet und mit seinem Gifte alles begeifert, muß ausgerottet werden, damit nach und nach das der absoluten Monarchie an dessen Stelle gesetzt werden kann. Nur so kann ich meinen von Gott gewollten Auftrag vollenden.

Du allein verstehst mich, liebe Cousine. Du hattest Angst im Traume um mich. So Dir irgend möglich – hilf mir, so generös, wie es nur einer Kaiserin geziemt!

Dein getreuer Cousin Ludwig

[19] **Bismarck an Luitpold**

Berlin, 14. December 1884

Ew. Königliche Hoheit Prinz von Bayern!
Gnädigster Herr!

Ew. Königliche Hoheit gefällige secrete Mittheilung habe ich mit verbindlichstem Danke erhalten. Das huldreiche Schreiben gibt mir einen neuen Anlaß, dem Gefühle ehrfurchtsvoller Dankbarkeit Ausdruck zu geben, mit welcher ich auf die Jahre zurückblicke, während deren die Gnade Seiner Majestät des Königs von Bayern mir eine starke und unwandelbare Stütze bei der Erfüllung meines Berufs gewesen ist. Die nationalen Erfolge wären unerreichbar geblieben ohne Seinen mächtigen Beistand. Die entscheidende Stellung, die Seine Majestät zu der Neugestaltung des gemeinsamen Vaterlandes gewonnen hat, wird in der Geschichte und in der Dankbarkeit der Deutschen jederzeit unvergessen bleiben. Wir verdanken Ihm allein das deutsche Kaisertum, und mögen Ew. Königliche Hoheit darin die Gründe ersehen, weshalb die bedeutenden, sehr schmerzlichen Opfer, die Er Seiner Souveränität und dem Bayerischen Staate zum Wohle des ganzen Reiches erbracht, nur allzu unzulänglich vergolten werden.

Ich habe König Ludwig zwar nur ein einziges Mal von Angesicht gesehen, stehe aber mit ihm, seit er bald nachher den Thron bestiegen hat, in günstigen Beziehungen und in verhältnismäßig regem brieflichen Verkehre und hatte jederzeit von ihm den Eindruck eines geschäftlich klaren Regenten. Da Er, des bin ich zutiefst überzeugt, das Regieren heute noch besser versteht als alle seine Minister, begrüße ich das in Auftrag gegebene Gutachten als willkommenen Beitrag zur anlaßlosen Klärung verfassungsrechtlicher Unsicherheiten. Ich darf allerunterthänigst versichern, daß ich an Sr. M. dem König von Bayern für alle Zukunft ebenso festhalten werde, wie an der dankbaren Anhänglichkeit für Allerhöchstdenselben.

In tiefster Ehrerbietung verharre ich Eurer Königlichen Hoheit unterthänigster Diener

v. Bismarck

Cölln, 24. Novembris 1711

Hochgeehrter Insonders Hochgelehrter Herr Professor
In Christo unserm getreuen Heiland sehr werther Lehrherr

Seitdem unser ehmaliger Vorsteher Conrad Elias Much sambt dem ehmaligen Ältesten Jakob Heinrich Engelskirchen Hochwürden zuletzt geschrieben und umb Rath gebeten, wie mit der Eva Langin, dem Anastasio Rosenstengel und Consorten zu verfahren, ist, Gott seys geklaget, kein zweytes
Sendschreiben von Hochwürden bey uns eingelauffen. Hat nunmehro das
Böötschen unserer kleinen Gemeinde auf hoher See Schiffbruch erlitten
und möge der HErr mit Gnaden unser Flehen um Errettung aus höchster
Noth erhören.

Gestrigen Tages, kaum daß Abend worden, ist unsre gantze Gemeinde
mit dem Leimsieder, welchem Rosenstengel prophezeyet, er könne übers
Wasser gehen, ans Ufer des Rheins gezogen, allwo wir gebetet und gesungen,
wobey denn auch viel Lück nachgelauffen und mit zugesehen. Haben dann
Anastasius Rosenstengel und Eva Langin, welche sich in Christo versöhnet
und in Demuth das Gottesurtheil abzuwarten gesonnen, den Leimsieder in
die Mitten genommen und demselben gut zugeredet, welcher sich geängsti-
get, weil er des Schwimmens nicht mächtig. Haben den einfältig Blötschkopp
auf einen Steg geführet, welcher in den Strohm hinein raget, und ihn unter
Anrufung Gottes losgeschicket. Als aber der Leimsieder ins Wasser getreten,
ist er untergesuncken, worüber die nachgefolgeten Zuschauer überlaut gela-
chet. Darauff wäre derselbe bald noch ersoffen, wann Rosenstengel selbsten
ihm nicht nachgesprungen und ihn aus dem Wasser gefischet.

Nunmehro erhub sich ein noch viel größers Gebälks als zevor, und die
Zwieffler witterten bösen Betrug, und sammleten Flußsteine, umb Gottes
Gericht vorwegzugreiffen. Anastasius Rosenstengel aber sprach von der
Schrifft und sagete, wann der Leimsieder Glauben gehabt hätte, so wäre er

nicht untergangen, so aber sey es ihm ergangen wie Petrus weiland auf dem See Genezareth, welcher auch gezweifflet. Obwohl die Langin und andere ihm lautstark zustimmten, murrten doch die mehrsten und ist er übel beschimpfet und mit Unrath beworffen worden. Ist Rosenstengel also ins Wasser gesprungen, um seinen Verfolgern zu entkommen, und ist behend ans andre Ufer geschwommen. Solche, welche ihm Recht gegeben, wollen gar gesehen haben, daß er übers Wasser gangen ist, so schnell war er drüben, und ist der Rhing doch ein gefährlich Strohm, in welchem schon etliche jämmerlich ertruncken, die dem Zöllner zu entkommen versuchet. Seitdem ist Rosenstengel verschwunden blieben und weiß niemand zu sagen, ob wir allesambt der Krafft des Glaubens ermanglet, oder aber ob wir ne fiese Möpp auffgesessen.

Wollen darauß Hochwürden ersehen in welche noch viel größere geistliche und sittliche Noth unsre Gemeinde gerathen als zuvor. Ein Rathbrieflein, welches unsere Vorgänger erbeten, däucht uns zu gering, die aufgewühlten Seelen zu beruhigen. In facto erscheinet uns nöthig, daß ein in Christo erfahrener Glaubensinspector zu uns komme und das gäntzliche Zerbrechen unserer kleinen Gemeinde verhindern möge. Erwarten in tieffster Dehmuth Euer Hochwürden strengste Vermahnungen und liebreichsten Tadel sowie die huldreiche Stärckung zu neuer Krafft im lutherischen Glauben.

Hochwürden ergebenste und treueste Diener

Jupp Leyendecker und Severin Schmitz
Neuer Vorsteher und Ältester der Lutherischen Gemeinde zu Cölln

Den Brieff beschweeren mit 3 Thalern zum Guten des Hällischen Waysenhauses

[21] **Müller an Gudden**

Hohenschwangau, 19. December 1884

Hochverehrter Herr Professor!

Vermelde, gut hier angekommen zu sein. Rittmeister Hornig holte mich persönlich von der Eisenbahn in Oberdorf ab und brachte mich in einem Hofwagen nach Hohenschwangau, wo mir im Cavaliersbau des alten Schlosses ein gut befeuertes Zimmer zugewiesen und ein spätes Mittagessen mit zwei kalten und drei warmen Gängen servirt wurde, was mich in Anbetracht der Umstände an eine Henkersmahlzeit denken ließ. Danach erwartete ich meine Ordre, doch hieß es nur, ich möge mich bereithalten. So machte ich es mir bequem und entzifferte einen Brief aus Halle vom Anfang des vorigen Jahrhunderts, jenen historischen Fall betreffend, den ich in Erwartung dieser nutzlosen Warterei bei Hofe mitführte. Nun, die lange Reise, das schwere Essen, der Likör zum Abschluß, dem ich leider nicht entsagt hatte, die früh hereinbrechende Dunkelheit – ich gestehe es, ich schlummerte ein, um erst viele Stunden später, nach Mitternacht, von einem jungen Soldaten geweckt zu werden: Seine Majestät lasse bitten. Die Benommenheit abschüttelnd ergriff ich rasch Johannes von Müllers Schweizergeschichte, die mir der König geschenkt, und folgte dem schneidigen Leichten Reiter.

Ich ward ins Schloß geführt, einige Treppen hoch, zum Arbeitszimmer Sr. M. Mit gesenktem Kopf betrat ich das Gemach, machte die Verbeugungen, die Sie mir eingeschärft und von deren Kenntnis sich Rittmeister Hornig überzeugt hatte, wagte endlich aufzublicken – und sah mich zu meiner Überraschung ganz allein. Das geräumige Zimmer, in dessen gewaltigem Kamin ein munteres Feuer prasselte, war leer. Nachdem ich eine Weile still verharrt hatte, musterte ich zunächst verstohlen, dann ein bißchen dreister die gediegen bürgerliche, vornehme, aber nicht übertrieben luxuriöse Einrichtung, die mir gar nicht zu dem passen will, was man vom Könige so hört. Ob die Gerüchte über seine Verschwendungssucht, über seine sagenhaft üppig ausgestatteten Schlösser allesamt Verleumdung sind? Da entledigte sich eine Champagnerflasche knallend ihres Korkens und der König trat aus dem unbeleuchteten Erker. Es war, als hätte er mich erst eine Weile beobachten wollen. Stumm reichte er mir ein Glas. Seines stürzte er sogleich hinunter, und ich that es ihm gleich, nach dem Schlummer und der reichhaltigen Mahlzeit gierig wie ein Verdurstender. Darauf lächelte der König süffisant, der kaum noch dem Apoll auf dem Throne gleicht, den Sie bei Ihrer Nobilitierung vielleicht noch gesehen haben. Was sein Bruder Otto zu viel hat an Willen zur Selbstkasteiung, hat S. M. zu wenig. Allein dieser Befund reicht aus, um eine erbliche Belastung in der Familie anzunehmen, von der Sie schon so oft sprachen.

Erst nachdem der König selbst die Gläser wieder gefüllt hatte (Lakaien waren keine anwesend), nickte er mir zu und sprach: »Auf Müller.« Verwirrt hob ich mein Glas, ich fürchtete zu erröthen, bis ich verstand. »Auf Johannes von Müller«, parirte ich. Des Königs große blauen Augen wanderten, wie schon bei unserer ersten Begegnung, unstet über Plafond und Wände und verweilten zu meinem größten Unbehagen nirgendwo. »Auf die Müller also«, antwortete der König und leerte sein Glas zum zweiten Mal. Zum Sprechen schien er nicht aufgelegt, ich wartete, wie Sie mir eingeschärft hatten, stumm, bis der König das Wort an mich richte. Im Geiste wiederholte ich die Rede, die ich vorbereitet hatte, würde mich S. M. wegen meiner Behandlungsmethoden seines Bruders herausfordern. Doch schien er es damit nicht eilig zu haben. Wortlos nahm er mir schließlich Müllers Schweizergeschichte aus der Hand, ließ sich auf ein mit gelbem Leder bespanntes Sopha nieder und wies mir einen Stuhl zu. Nachdem er eine Weile in dem Band geblättert, hier und dort ein paar Zeilen gelesen, fragte er: »Haben Sie die Schweiz bereist?« – »Zu meinem großen Bedauern nein. Aber als Primaner habe ich den Melchtal gespielt und mich in meinen Phantasien inniglichst in die Alpen versetzt.« Wieder erhellte sich, wie bei unserer ersten Begegnung, mit einem Male des Königs Antlitz. »Ah, ja, ich erinnere mich, Ihre poetische Gymnasialzeit.« Dann legte er den Kopf zurück, schloß die Augen und begann mit wohl tönendem Organ: »Jetzt sagt, was Ihr im Unterwaldner Land / Geschafft und für gemeine Sach geworben, / Wie die Landleute denken, wie ihr selbst / Den Stricken des Verraths entgangen seid.« Der König verstummte wieder. Nach einer Weile öffnete er ein wenig die Lider und blinzelte mich erwartungsvoll an. Heiß durchschoß mich ein Blutstrom, ich stockte, doch dann purzelten die rechten Worte aus meinem Gehirnkasten: »Durch der Surenen furchtbares Gebirg, / Auf weit verbreitet öden Eisesfeldern, / Wo nur der heisre Lämmergeier krächzt, / Gelangt ich zu der Alpentrift« usw. Wann immer mich mein Gedächtnis verließ, sprang der König ein und gemeinsam brachten wir den größten Theil des Rütli-Schwures zusammen. Als der König fest sprach: »Nein, eine Grenze hat Tyrannenmacht«, gewann der Arzt in mir wieder die Oberhand über den schüchternen Unterthan. Dem forschenden Blick entzog sich S. M. jedoch, indem er seinerseits nachforschte.

»In Würzburg lernt man also noch treu seinen Schiller auf dem Gymnasium?«

»Nein, Majestät, in Bayreuth, wo ich geboren und aufgewachsen bin.«

»In Bayreuth?«, erwiderte S. M. lebhaft. »Ja, wie alt waren Sie denn im heiligen Jahre '76? Hatten Sie Gelegenheit, waren Sie –?«

»Ja, Majestät. Ich hatte das große Glück, mich als theaterbegeisterter Gymnasiast von 16 Jahren dem glücklichen Tross der Mitwirkenden anschließen zu dürfen. Als Statist gehörte ich im *Rheingold* zu der Schar der von Alberich geknechteten Nibelungen, und in der *Walküre* durfte ich aus der Coulisse Schwertleites Holzpferdchen am Seil ziehen. Der Hohn der Presse über die sich in ihrem wilden Ritt lahm und ruckartig zugleich fortbewegenden Walküren schmetterte niemanden stärker zu Boden als mich, den Rossebändiger –.«

Spätestens hier war das Eis gebrochen, darf ich sagen. Während S.M. munter nachschenkte, fragte er mich nach tausend Einzelheiten der damaligen Proben und Aufführungen der ersten Bayreuther Festspiele, die er selbst zweimal in jenem Sommer besuchte, und es war, als tauschten wir gemeinsame Erinnerungen an gute alte Zeiten aus. Daß ich damals durchaus gemischte Eindrücke von Wagner's Kunst, mehr noch von seiner Person und der seiner Gattin empfing, hielt ich, im Sinne Ihres Auftrages, etwas zurück. (N.B. Der Untermieter, den meine Mutter in jenem Sommer bei uns aufgenommen hatte, ein fast bis zur Blödigkeit kurzsichtiger Professor der Philologie mit bedeutendem Walroßschnauzbart, öffnete mir die Augen für manch problematische Seite dieser Kunst. Wagner's decadente Liebelei mit dem Tod etwa muß ich als Arzt heute aufs Schärfste ablehnen.) Zuletzt fragte mich S.M., weshalb ich der Bühne nicht treu geblieben sei.

»Weder Stimme noch Begabung hätten mich weit gebracht, Majestät. Darüber hinaus: Nur weil die heitere Kunst uns die kargen Nebenstunden der Muße versüßt, uns hie und da zu erheben und zu trösten vermag, taugt sie doch nicht zum Beruf. Dem Ernst des Lebens muss mit Ernst begegnet werden. Auch die Heilkunst ist eine Kunst, und zwar eine segensvollere und irdischere, denn sie vermag das Leiden des Menschen wirkungsvoller zu beenden als die flüchtigen Töne einer Oper.«

Auf diese Worte verfinsterten sich die Züge des Königs und er entgegnete nichts mehr. Der Höhepunkt der Unterhaltung schien ihm überschritten, er winkte Adieu. Leicht verunsichert vollzog ich meinen vorgeschriebenen kratzfüßigen Rückzug. Dabei ließ ich die Schweizergeschichte fallen, die er mir zurückgegeben hatte, und die Blätter des vergilbten Briefes, die ich bei meinem benommenen Aufbruch zu dieser Audienz zwischen die Seiten gelegt haben mußte, vertheilten sich auf dem Parquett. Von den altmodischen Schriftzügen angezogen fragte S.M., was das sei. »Ein Brief über einen ungewöhnlichen Fall zu Beginn des letzten Jahrhunderts«, antwortete ich etwas maulfaul, nicht wissend, wie damit umgehen. »Ein Mord?«»Nein, Majestät.« »Eine Verschwörung?«»Nein, Majestät.«»Ja, was denn?« Ich hielt die Luft an und bekannte schließlich:»Ein Weib in Mannskleidern.« –»Ein Weib in Mannskleidern?« Der König hielt kurz inne und schmunzelte dann:»Sie werden mir demnächst mehr davon erzählen.«

Als ich heute früh zur Abfahrt rüsten wollte, erschien Rittmeister Hornig bei mir und forderte mich auf, mir nachkommen zu lassen, was ich für ein paar weitere Tage bedürfe. S. M. bedauere, gestern Abend nicht mit mir über seinen Bruder gesprochen zu haben und hoffe, das Verabsäumte nachzuholen. Wenn Sie also so gut sein wollten, mir aus Fürstenried frische Hemden und etwas Wäsche schicken zu lassen, wäre ich Ihnen zutiefst verbunden. Was meine Pflichten bezüglich des Prinzen Otto angeht, hoffe ich, daß er mein Gesicht ein paar Tage gar nicht vermißt. Falls Sie allenfalls einmal vor nächsten Sonntag hinausfahren wollten?

In der Hoffnung, daß auch Sie die Gelegenheit würdigen mögen, die in der jetzigen Situation besteht, Sr. M. Vertrauen zu gewinnen, und mir den Urlaub gewähren, verbleibe ich

Mit ganz besonderer Hochachtung
Ihr ergebenster Franz Carl Müller

P. S. Briefe laufen übrigens kaum einen Tag, da S. M. mehrere Boten nach München unterhält.

[22] **Gudden an Müller**

München, 20. XII. 1884

Bestens, bestens, lieber Doktor!

Selbstverständlich bleiben Sie, solange S. M. Ihre Gegenwart verlangt. Ihre Methoden überraschen, bringen uns aber voran, bei beiden Brüdern. Fahren Sie fort auf Ihrem Weg, des Allerhöchsten Vertrauen zu erwerben, und schreiben Sie mir ausführlich von Ihren Begegnungen. Betrachten Sie Ihre diesbezüglichen Ausführungen als Schreibübungen, welchen Ihnen die Feder geschmeidig lockern sollen auch und gerade im Hinblick auf einen flüssigen, lesbaren Styl in Ihren ferneren akademischen Schriften. Alles ist dabei von größter Bedeutung, so etwa auch der unstet wandernde Blick Sr. M., den Sie zu erwähnen beliebten und der sein Unbehagen verräth, fremde Augen auf sich ruhen zu spüren. Als Arzt bietet Ihnen diese Schwäche ein sperrangelweites Einfallsthor: Schauen Sie S. M. ruhig und lange in die Augen und unterwerfen Sie Ihn kampflos nur mit der Dominanz Ihres Blicks. Ein guter, innerlich gefestigter Irrenarzt vermag die tobsüchtigsten Berserker nur mit der Kraft seiner Augen zu lenken. Gelingt es Ihnen, den Blick Sr. M. zu zwingen, werden Sie sich eine Autoriät verschaffen, die den Nachttheil Ihres jugendlichen Alters wettmacht.

Im Übrigen bitte ich Sie, Ihre audienzfreie Zeit dort in Ihrem gut befeuerten Stübchen zu zweierlei zu nutzen:

Treiben Sie 1. Ihre Publication voran und setzen Sie sich hierfür mit Westphal ins Vernehmen. Ich will, daß Sie den Aufsatz, oder was Sie da unter den Händen haben, mit ihm besprechen. Er hat Ihnen, auch wegen der zu verwendenden Wortschöpfungen, einiges mitzutheilen, und wir müssen auf Linie bleiben. Schätzen Sie sich glücklich, denn wir wollen Ihren Beitrag dann in unserem *Archiv* veröffentlichen.

2. Bitte ich Sie, das Haupt Sr. M. zu vermessen. Wie Sie das anstellen, überlasse ich Ihrem Ingenium, aber ich brauche die exakten Maße, und zwar von Ohr zu Ohr über die stärkste Stelle am Hinterkopf und an der Stirn, sowie über die höchste Stelle über den Scheitel gezogen. Enttäuschen Sie mich nicht!

Ihre Aufträge sind besorgt. Mit der Wäsche kommt auch ein weiterer Brief, der aus Halle für Sie eingegangen ist. Wir sehen Sie dann wie besprochen am 24. bei uns.

Mit freundlichem Gruß auch von meiner Frau
Ihr Gudden

[23] Gudden an Westphal

München, 20. XII. 1884

Sehen Sie mir nach, bester Westphal, daß ich Ihren letzten Brief erst heute gefälligst beantworte, sowie für die Mittheilungen betreff Krafft-Ebing, Kertbeny usw. danke. Die Fülle und Bürde meiner Aufgaben in unserer Anstalt, an der Universität sowie noch hier und da haben sich vervielfacht, seit meine Assistenten allesamt, durch Zufall zwar, mir aber doch fatal, fast gleichzeitig München den Rücken gekehrt haben. Unsere Anstalt ist eingerichtet für 550 Kranke, doch betreuen wir jetzt mehr als 600, Sie können sich also meine Lage ausmalen. In ebenjener war im Oktober leider nicht daran zu denken, den lieben Freunden Naturforschern meine Aufwartung zu machen.

Immerhin habe ich in dem von Ihnen etwas verkannten Franz Carl Müller einen hervorragenden neuen Prinzenarzt gewonnen. Nur Geduld, er wird uns alle noch überraschen. Ich habe ihn im Übrigen angewiesen, in seinem Aufsatz über jenen historischen Fall, den er in Berlin entdeckt hat, reichlich von Ihrer Wortschöpfung Gebrauch zu machen und sich wegen der Publication im *Archiv* mit Ihnen in Verbindung zu setzen. Er ist ja mit Ihren diesbezüglichen Forschungen viel vertrauter als ich. Ihre Warnungen vor ihm zielen übrigens ins Leere. Drei meiner Söhne haben Neigung zur Kunst, da wird einem Vater angst und bange! Gott sei Dank sind zwei Töchter schon verheiratet. Sollte meine Emma, die jüngste, Müller haben wollen – bin ich froh, wenn ich sie auch noch loswerde!

Da ich soeben den Jahresbericht unserer Anstalt für das Jahr 1884 für das vierteljährliche Treffen des Medicinalausschusses erstellt habe, will ich Ihnen die Zahlen kurz mittheilen. Danach litten von unseren Insassen an Melancholie 17,9 %, an Manie 15,5 %, an Sekundärer Seelenstörung 36,6 %, an Paralytischer Seelenstörung 25,5 %, an Epilepsie 2,7 % und schließlich an Imbecillentum und Idiotie 1,8 %. Genesen sind 10,1 %, gebessert haben sich 27,2 %, ungeheilt geblieben sind 33,5 %, gestorben 29,2 %. Bei denen mit Progressiver Paralyse betrug die Sterberate 35,7 %. Wollten Sie mir bei Gelegenheit die Vergleichszahlen der Charité übermitteln?

Die wenige Zeit, die mir zu eigenen Studien bleibt, widme ich weiter den physiologischen Grundlagen des Irrsinns. Die Geisteskrankheit ist nun einmal eine Gehirnkrankheit, und das Gehirn kann, wie jedes andere Organ, durch die verschiedensten Ursachen geschädigt werden. Leider sind Irre selten bereit, sich zu Lebzeiten ins Hirn sehen zu lassen, und Sectionen der Toten geben immer nur den Zustand des absoluten Irreseins wieder, nicht aber den schleichenden Process langer Krankheitsjahre. Da sich am Menschen daher nur geringe Erkenntnisse erzielen lassen, sind wir gezwungen, uns dem Thiere zu widmen. Den Mittelpunkt unserer wissenschaftlichen Thätigkeit bildet demgemäß das anatomische Laboratorium, wo wir rund 20

Hunde, 50 Katzen, 100 Kaninchen, ungezählte Frösche usw. halten, wobei wir die Abgänge stets aus unserer eigenen Zucht zu ersetzen suchen. Ganser hatte sich vor seinem Weggang auf eine Monographie des Maulwurfgehirns verlegt und dabei dankbar Ihre Arbeit über die Epilepsie bei Meerschweinchen aufgegriffen. Kraepelin hatte für die *Wundtschen Besprechungen* einen Bericht über Sinnestäuschungen vorbereitet, den er aber jetzt in der *Vierteljahrschrift für wissenschaftliche Philosophie* abdrucken laßen wird, da sie mehr psychologische Gesichtspunkte vertritt. Der Titel wird lauten:»Über Trugwahrnehmungen«.

Nachdem die Genannten München verlassen haben, ruhen meine Hoffnungen jetzt auf meinem zweiten neuen Assistenten, Franz Nissl mit Namen, der schon als Student die Preisaufgabe der medicinischen Fakultät über den Aufbau der Hirnrinde löste. Er hat eine neue Färbung von Hirnpräparaten mit Magentaroth gefunden, die lediglich die Nervenzellen färbt und diese mit einer unerhörten Klarheit und Schärfe aus dem umliegenden Gewebe heraushebt. Er wird mir eine große Stütze sein bei der Abfassung meines Lehrbuchs über die pathologische Anatomie der Geistesstörung. Meine Präparatesammlung umfaßt mittlerweile 50 000 hirnanatomische Schnitte und zahlreiche normale, pathologische und durch experimentell operative Eingriffe vorbereitete Gehirne.

So viel für heute als kleine Revanche für Ihre gefälligen Mittheilungen. Interessant war mir auch Ihre Erwähnung der Bettina von Arnim, deren eigenwillige Werke meine Frau liebt. Sie legte mir *Goethe's Briefwechsel mit einem Kinde* auf den Nachttisch, ich blätterte erst unwillig darin, doch dann las ich diese undurchschaubare Mischung aus historischem Bericht und wüster Phantasie als Arzt höchst fascinirt durch. Dieses Schwatzgenie besaß durchaus eine poetische Fähigkeit und Gestaltungskraft, ist aber besonders durch ihre Lügen interessant; sie log ganz unwillkürlich und erinnert stark an die von Delbrück beschriebene Pseudologia phantastica.

Sie schreiben gar nichts über sich, lieber Westphal. Mit allen guten Wünschen für Ihr Wohlergehen und der nochmaligen Bitte, mein langes Säumen zu verzeihen

Ihr Gudden

Hohenschwangau, 21. December 1884

Hochverehrter Herr Professor!

Daß ich Ihnen gestern nicht geschrieben habe, lag an einem Ausflug nach Fernstein in Tyrol, zu dem mich Seine Majestät unversehens mitnahm und von dem wir erst heute zurückgekehrt sind. In dem einfachen Gasthof konnte ich schlechterdings nicht nach Schreibzeug verlangen und in Gegenwart des Königs Ihnen über dessen Gesundheitszustand Mittheilung machen. Ihrem Auftrage, das königliche Vertrauen zu gewinnen, habe ich jedoch, so denke ich, weiter entsprochen.

Den ganzen vorgestrigen Tag also wartete ich vergeblich auf meine neuerliche Audienz. Der König schlief tagsüber, eine überaus schädliche Marotte, der er seit Jahren nachgeben soll. Auch die Zügellosigkeit im Essen und Trinken, die ich schon beobachtet zu haben meine, lässt auf eine bedenklich mangelnde Disciplin in der Lebensführung schließen. Unschwer läßt sich daran eine gewisse, womöglich auch geistige Schwäche, gewiß aber eine Schwäche des Willens erkennen. Die Tagesruhe Sr. M. schenkte mir allerdings die erfreuliche Gelegenheit, das mir von Ihnen dankenswertherweise zugekommene Schriftstück aus Halle zu studiren. Wie Sie mir aufgetragen haben, werde ich baldigst Prof. Westphal wieder schreiben, um mich mit ihm ins Einvernehmen zu versetzen. Meinen allerbesten Dank für Ihre Bemühungen, mir eine so überaus willkommene Gelegenheit zur Publication zu verschaffen!

Früh legte ich mich vorgestern also zu Bette, gewärtig, mitten in der Nacht geweckt zu werden. So kam es denn auch. Im Schloßhof hielt ein goldener Schlitten in zierlichster Rokokopracht, vier prächtige Schimmel vorgespannt. Es war eine eisigkalte, klare Mondnacht, wie geschaffen für eine Schlittenpartie, wie mir der König, erregt und voller Vorfreude, zur Begrüßung erklärte. Gleich ihm wurde ich in Pelze gepackt und ab ging's in einem wilden Parforceritt. Rittmeister Hornig sprengte auf einem eigenen Schimmel voraus. Zwei Reitknechte saßen auf den linken unserer Zugpferde und gaben ihnen die Sporen. Wie Hornig trugen sie blausamtene Rokokocostüme, Stulpstiefel, gepuderte Zopfperücken und Schiffhüte. Die prunkvollen Schabracken, Sättel und das Zaumzeug der Pferde waren farblich den Reitern angepaßt, auf den Köpfen wehten Straußenfedern. Eigenthümlich vertrug sich diese Ausstattung mit der künstlichen Beleuchtung, mit welcher der Schlitten ausgerüstet ist. Wie mir S.M. kundig erläuterte, sind die Seitenlampen und die von Putten getragene, verglaste Krone mit drei Glühbirnen ausgestattet, die von einer im Sitzkasten verstauten Chromschwefelsäurebatterie gespeist werden.

Während der Fahrt durch den bläuenden Schnee fragte S.M. nach den Blättern, die zuletzt der Schweizergeschichte entfallen waren. Hatte mich seine Frage in der Nacht zuvor noch in Verlegenheit gestürzt, war ich nun besser präparirt. Der Stoff schien mir sogar geeignet, etwaig in ein persönlicheres Verhältnis zu Sr.M. zu treten, weshalb ich bereitwillig Auskunft gab. Zeitläufte und Umstände des vorigen Jahrhunderts in seinen Anfängen sind ihm nur vom Versailler Hof vertraut. Das pietistische Halle ist ihm denkbar fremd. Dennoch hörte er zu, fragte gelegentlich nach, ja, befeuerte meinen Vortrag und ließ sich interessirt unterrichten und unterhalten. Im Gasthof, den wir gegen fünf Uhr in der Frühe erreichten, zeigte ich ihm sogar das Schriftstück, das Sie mir freundlicherweise nachgeschickt hatten. Herzlich lachten wir, als wir den drolligen Brief zweier Kölner Protestanten (welche Vorstellung!) an den Begründer der Francke'schen Stiftungen zusammen entzifferten. Animirt und heiter ließ S.M. sich sein Fernsteiner Lieblingsgericht schmecken, Hechtenkraut, das sein zuvor angereister Koch gerade bei unserer Ankunft aus dem Rohr holte, während ich größte Mühe hatte, nicht schon bei Tisch einzuschlafen.

Die Rückreise traten wir zur blauen Stunde am nächsten Abend an, erneut im Puttenschlitten. Nun endlich sprach mich der König auf seinen Bruder an. Ich erzählte ihm von den Schriften Conollys und meinen Hoffnungen, das Wohlbefinden S.königl.Hoheit in dessen Sinne bessern zu können. Wie schon in der Nacht zuvor machte der König im Gespräch auf mich den Eindruck einer ungewöhnlich begabten, gewinnenden, ja imponirenden Persönlichkeit. Dieser Eindruck wurde jedoch erschüttert, als wir zuletzt zu der Neuen Burg hochjagten, die S.M. oberhalb des alten Schlosses Hohenschwangau errichten lässt. Der aus riesigen Quadern gefügte Bau macht in dieser romantischen Waldeinsamkeit zwar einen gewaltigen Eindruck und seine dramatische Lage über einer steilen engen Schlucht könnte nicht glücklicher gewählt sein. Dennoch muss der Arzt sich unwillkürlich fragen, ob diese Unsumme von Zinnen und Thürmchen nicht Ausgeburten eines kranken Gehirnes sind.

Im Burghof nahmen uns die Pferdeknechte und Diener in Empfang. Mitten im Trubel bemerkte ich, daß der König seinen Hut auf der gepolsterten Sitzbank abgelegt hatte. Ich wollte ihm denselben überreichen, doch weil der Kastellan schon mit ihm sprach (es ging um eine Stockung am Bau, die S. M. sogleich ganz in Anspruch nahm), hielt ich den Hut erst hilflos in der Hand – und entsann mich dann Ihres mich etwas in Verlegenheit stürzenden Auftrages bezüglich der Maße des Hauptes Sr. M. Unauffällig behielt ich den Hut, entfernte mich in mein Quartier und überschicke Ihnen denselben anbei. Sie können hieraus leicht die gewünschten Maße seiner Majestät erkennen.

Da mich der König noch nicht entlassen hat, begebe ich mich jetzt erst einmal zu Bette. Mit der Bitte, mich allerfrühestens morgen Abends zurückzuerwarten, verbleibe ich

In ausgezeichneter Hochachtung
Ihr ergebenster F. C. Müller

[25] **Elisabeth an Ludwig**

Wien, den 21. December 1884
Liebe Titania!

Hast Du Dich arg darein verliebt, in den Eselskopf Deiner Illusionen, den Du unaufhörlich liebkost! Du Narr!

Warum bloß um alles in der Welt der Sonnenkönig dein Ideal ist, will mir nimmermehr in den Kopf. Er hat die Pfalz verwüstet, das Stammland deiner Vorväter, er war ein entsetzlicher Kriegsherr. Die frevelhafteste Selbstsucht liegt in jenem ›L'état c'est moi‹. Und wohin hat jene Selbstvergötterung geführt, die nachzuspielen Du so lustig bist? In die Revolution. Und wo hat der Nachfolger dieses absolutistischen Königs geendet? Auf dem Schafott. Uns allen wird es ähnlich ergehen. Erinnere dich an meine Schwester, die arme Marie, denke nur an meinen Schwager, den noch viel unglücklicheren Kaiser von Mexiko. Was thust Du zur Lösung der socialen Frage in deinem Lande? Ich sage Dir, die republikanische Staatsform ist die einzig rationelle; ich begreife immer die thörichten Völker nicht, daß sie uns noch dulden.

Du wirst begreifen, daß mir daher ein hilfreiches Eingreifen, wie von Dir erhofft, nicht wünschenswert sein kann, selbst wenn es mir möglich wäre, was es allerdings, in meiner Stellung und angesichts der wachsam-wüthenden Presse, ohnehin nicht ist, weshalb jeder Gedanke daran Zeitverschwendung ist. Nimm dies offne Wort als das, was es ist: als einen Liebesdienst an Dir, von einer, die Dich in vielem versteht, viele Deiner Bestrebungen theilt, in Deiner Liebe zur Dichtung mit Dir wetteifert und Dir nur alles erdenklich Schöne und Gückliche wünscht. Wach auf! Verordne Deinem gefräßigen Esel eine zeitweilige Hungerkur, bedien Deine Schulden und laß Ruhe einkehren – dann wirst Du bald Dein Eselchen wieder hätscheln können.

Lebe heiter
Dein Puck

[26] **Müller an Westphal**

Hohenschwangau, 22. December 1884

Hochverehrter Herr Professor!

Prof. Gudden macht mir die überaus freudige Mittheilung, Sie seien bereit, meine Arbeit über den besagten Fall, den ich im Geheimen Staatsarchiv entdeckt habe, im *Archiv für Psychiatrie und Nervenkrankheiten* zu veröffentlichen. Wie werde ich Ihnen bloß eines Tages für all das danken können, was Sie bereits für mich gethan haben und weiter zu thun gedenken! Zutiefst bin ich Ihnen auch für die väterliche Sorge verpflichtet, die aus Ihrem letzten Brief sprach. Fast vermuthe ich, *Sie* haben Prof. Gudden hinter meinem Rücken beredet, mir eine Stelle zu verschaffen. Er mahnt mich übrigens, zwecks der zu gebrauchenden Begriffe in meinem Aufsatz mich mit Ihnen ins Benehmen zu setzen. Wollen Sie mir etwaig ein paar Winke zukommen lassen?

Prof. Gudden sprach sich übrigens dagegen aus, S. kgl. Hoheit Prinz Otto lange zu beregnen, wie Sie empfahlen; der anhaltende, heftig auffallende, kalte Wasserstrahl sei nicht als Kur-, sondern als ein bloßes Straf- und Zwangsmittel nur kurz anzuwenden. Die Beobachtung zeige, daß Kranke von ihren Wahnideen nicht geheilt werden, sondern sie aus Furcht vor der kalten Douche nur zu verbergen lernen. In der Münchner Irrenanstalt ist die Brandspritze zum Löschen des Wahnsinns daher ausgemustert. Sie steht im Hof (im Winter stets eingeschneit), seitdem Prof. Gudden große Umbauten ausführen ließ in Folge einer Typhusepidemie, an der nicht nur zahlreiche

Kranke und Wärter verstarben, sondern auch einer seiner Söhne. Wie Sie ja zu Recht bezüglich Ihrer Mittheilungen aus der Wernecker Irrenanstalt anmerkten, fällt die Beurtheilung einer modernen Anstalt zum großen Theil nach der Anlage ihrer Aborte aus.

Ich schreibe Ihnen übrigens aus den Allgäuer Alpen, wohin Seine Majestät der König mich befahl, um ihm meine Behandlung des Prinzen Otto zu erläutern. Zu meiner großen Überraschung sind wir in ein angeregtes Gespräch über die moderne Irrenpflege gerathen. Er hat mich persönlich durch seine Neue Burg geführt, die er in einem eigenartigen alterthümelnden Style erbauen läßt. Ursprünglich sollte die Burg Lohengrin geweiht sein, und Motive aus Richard Wagners gleichnamiger Oper schmücken die Wände. Das üppige königliche Wohnzimmer ist in curiosen Variationen mit dem Motiv des Schwanes decorirt, der sich auf den schweren Holzmöbeln, den Wandvertäfelungen, im Muster der Brokatvorhänge und Bezügen des Sophas und der Sessel, auf den Vasen und tausenderlei Nippes wiederfindet. Da Hohenschwangau erst von seinem Vater Max erworben wurde, entlarvt sich die Lohengrin'sche Schwanenritterlinie, welcher der König zu entstammen glaubt, bei näherem, d. h. ärztlichem Hinsehen als Hirngespinst, als Ausdruck einer überbordenden, vielleicht schon krankhaft zu nennenden Phantasie. Ich denke an moralischen Schwachsinn (nach Prichard's Modell der ›moral insanity‹), jener krankhaften Verkehrung der natürlichen Gefühle, Neigungen, Gewohnheiten und Bestrebungen, jedoch ohne erkennbare Störungen von Intelligenz, Gedächtnis und Urtheilsfähigkeit und insbesondere ohne krankhaften Sinnentrug und Halluzinationen.

Im Übrigen lebt man hier äußerst angenehm. Soll ich Ihnen mal eine Menukarte abschreiben? Schildkrötensuppe, Straßburger Gänseleberpastete, Blutwurstgekrösel auf Kraut, Saibling in Champagnersauce, Lammkoteletts, Gesottener Kalbskopf in Vinaigrette, Bayrische Creme. Höhepunkt des Mahles: farcirter Pfau! Ganz unter uns: Er erinnert selbst ein wenig an das besagte Federvieh. – Etwas mulmig wird es mir bei diesen freimüthigen Zeilen. Lassen Sie mich doch in Ihrer Antwort wissen, wie schnell dieser Brief bei Ihnen war und ob sich irgend äußere Zeichen unbotmäßiger Öffnung finden.

Heilig Abend bin ich bei Guddens eingeladen. Alle Assistenten, die auswärts studirenden Söhne, ja selbst die schon verheirateten Töchter samt Anhang haben sich angesagt, dazu die Wärter und Pflegerinnen sowie alle Kranken aus den ruhigen, halbruhigen und schwachsinnigen Abtheilungen.

Gudden lebt ja mit seiner Frau und den jüngeren Kindern in der Directoren-
wohnung der Kreisirrenanstalt als echter pater familias eng mit seinen
Schutzbefohlenen zusammen.

Indem ich auch Ihnen Frohe Weihnachten und ein gutes Neues Jahr wünsche, verbleibe ich

In größter Hochachtung und Verehrung
Ihr ergebenster F. C. Müller

[27] Dorothea Rosina Pott an Anna Magdalena Francke

Halberstadt, 1. Decbr 1711

Auserwählte Freundin GOttes in CHristo

Vernimm nach gehabtem Gebet, welch große Wunder Gott der Herr in seiner Gnade mitten unter uns bewircken wird. Sein Reich wird kommen!
Glaube und bete vor uns!

Gestern starb unser Pfarrer Wurtzler, noch nicht 40 Jahr alt, am 10. Tage
eines hitzigen Fiebers, so ihn plötzlich hinweggerafft. Doch traurere nicht
um ihn noch um uns – er wird leben! Die Stunde naht! Bete, Freundin, bete.
Magister Wurtzlers Zeit hinieden ist noch nicht zu Ende, der Herr hat ihn
zur Mahnung abberufen, aber er wird ihm gnädig seyn und ihn erwecken.
Höre, wie alles gekommen.

Über Monatsfrist ertönen im Gottesdienst unsrer St. Pauls-Gemeinde
lästerliche Geräusche währender Pastor Wurtzlers Predigt. Bald krähet ein
Hahn, bald blöcket ein Ochse. Als das ursächliche Instrument solch gar
gräßlicher Musick stellet sich auff Nachforschung heraus Susanna Elisabeth
Mühlhahn, eines lang verstorbenen Blechziehers und Zinkbläsers annoch
unverheyrathete Tochter. Ihre in großer Armuth lebende Mutter hat sie gar
kümmerlich erzogen und niemals zur Schulen angehalten, auch im Christenthum schlechten Grund geleget. Keine Mahnung wollte fruchten; kaum
seztet Magister Wurtzler die Predigt fort, krähet und blöcket die Jungffer
wieder und stellet sich so ungeberdig an, daß man sie muß aus der Kirchen
führen.

Nachfolgends sind mit Susanna Elisabeth noch viel wunderlichere Dinge
geschehen. Sie hat nun zu unterschiedenen Mahlen in vieler Zeugen Gegen-

wart aus der Stirn und den Händen Blut geschwitzet, daß es von ihr gelauffen, und wer die wahre Beschaffenheit in Zweiffel gezogen, ist aus dem Augenschein gantz und gar überzeuget worden. Sie hat auch zwey Stunden nacheinander ein Lied gesungen, darbey sie lateinische Buchstaben nicht nur gesehen, sondern solche auch auffgezeichnet, ob sie gleich sonst nicht schreiben und lesen kann. Sind auch einige nachdenckliche Zeichen auf ihren Gliedmaßen erschienen, insonders auf den Händen auffgeschwollne Buchstaben, welche zu entziffern niemand gelungen. Dabey mußt du wissen, hertzliebste Freundin, daß das liebe Kind in einem wunderstillen, selig freudigen Zustand ist. Ich weiß nicht, ob ich jemalen einen Menschen gesehen, in welchem die Liebe zur Welt so getötet und die Liebe zu unserem Heylande so brünstig ist, als bey ihr.

Unser Pfarrer Wurtzler aber hat gar sehr wider sie geeyffert und gelehret, daß dies ein Teufelswerck sey. Er fordert Susannen vor sich und fraget sie, ob sie sich als eine arme Sünderin erkenne? Sie antwortet: Nein, sie thäte keine Sünde, weshalb er derselben Absolution und Heiliges Abendmahl verwehret. Im nachfolgenden Gottesdienst erhebet sich Susanna Elisabeth Mühlhahnin während der Predigt und brüllet aus Leibeskräfften:»Du, an welchem meine Seele einen Eckel hat, siehe ich werffe dich in ein Bette, das mit Pech und Schwefel brennet, so du nicht umkehrest und wahre Buße thust. Du antichristliches Thier, warum hast du mein Wort nicht lassen stehen? Du hast wider dein Gewissen die Unwahrheit gesagt. Willst du nicht absteigen von dem abgöttischen Thron, so will ich dich stürzen von deiner Cantzel. Eröffne den feurigen Abgrund, o Hölle, zertrümmre, verderbe, verschlinge, zerschelle den falschen Verräther, das mördrische Blut!« Währender solcher Worte rinnet von des Pfarrers Stirn der Schweiß, und ist darbey doch fühlbar kalt in der Kirchen. Schleppet sich von seiner Cantzel ins Bette und stehet nicht mehr auf, sondern wälzet und schwitzet sich zehn lange Tage qualvoll zu Tode!

Als ich der Wittib heute Morgen geholffen, ihn manirlich aufzubahren, ist mir ein Schauer über den Rücken gelauffen, wie ich vor seine Seele bete. Bin von dorten nach dem Haus der Susanna, welche bey ihrer Mutter lebt, und wo schon gar viele aus unserer Pfarre sich eingefunden zu hören, was die Mühlhahnin mehr zu sagen. Dauret nicht lang, so hebet sie an mit matter Stimm:»Schreibet, Schreibet.« Geschwind nehme Bleystifft und Pappir und schreibe nach Wort vor Wort, was sie vorsaget:»Die Glocke schlägt. Die siebte Posaun erschallet. Gehet hin und gießet aus die sieben Schalen des Zorns Gottes auf die Erden! Doch – Ich der Herr, den du verlästert hast, erhöre dein Flehen. Ich lasse dich wiederkommen um meines Kindes willen. Er kommet wieder – kommet wieder: Bald ist er da.« Als die Mühlhahnin geendet, frage ich die begeisterte Susanna, ob sie gewiß sey, daß ihre gesprochnen Worte von Gott herkämen? Sie antwortet: »Ja!« Und saget weiter, es würde der Pfarrer Wurtzler wieder lebendig werden, wofern man ihm das Blatt, so ich beschrieben, in seine Hände gebe. Ward darauff beschlossen, ihm den Zettel übermorgen, am Tag seiner Bestattung, zu übergeben, damit er auch wirklich erkaltet und blaufleckicht und todt und hernach niemand das Wunder kann bezweifflen.

Bete demnach, hertzgeliebteste Freundin, daß das Wunder wahr werde, welches uns so nah! Jauchzet Gott in allen Landen!

Schicke mir mit deiner Antwort rasch vom Bilsenkraut aus der Waysenhausapotheke, welches vorzüglich gegen das Einschlafen, damit ich wache, wenn der Herr kömmt.

In Ewigkeit Amen
Deine treue Freundin in Gott Dorothea Rosina Pott

[28] **Anna Magdalena Francke an Dorothea Rosina Pott**

Im Anfang war das Wort.

Glaucha vor Halle, 3. Decbr 1711

Auserwählte Schwester im Glauben

Wie hertzlich mich Dein werthestes Schreiben erfreuet, ist meinem Jesu am besten bekannt, und mag meine Feder solches nicht beschreiben. Die Mittheilung von der begeisterten Magd, so in Halberstadt die Gnade des HErrn empfangen, habe mit Lobpreisen des Allmächtigen begrüßet. Es mag solches dem Teuffel oder der bloßen Natur zuschreiben, wer da will, ich halte, daß Gott auf solche Weise anfange, seine Wunder kund zu thun und immer noch herrlicher herfürbrechen wird. Dencke nur, Gott der Herr wollte sich auch in der frevelhaften Stadt Cölln am Rhein offenbaren, von wohero ähnliche Zeitung wie aus Halberstadt eingelauffen. Drey Brieffe von dorten lege in Abschrifft bey. Nur müssen wir glauben, liebste Freundin in Gott, glauben, darmit sich nicht die Trübsal, so in Cölln geschehen, durch menschliche Schwachheit wiederhole.

Denn was die Buchstaben auff der Susanna Elisabeth Mühlhahnin Leib angehet, so bezeugen dieselben buchstäblich das Evangelium nach Johannes, 1, 14: *Das Wort ward Fleisch!* Liebstes Hertz, bey Lesung deines Brieffes hat sich meiner Seele der Sinn des räthselhafften Eingangs besagten Evangeliums neu aufgeschlossen: *Im Anfang war das Wort* will sagen, es ist und war nichts vor dem Wort, und zielet Johannes damit auff die Schöpfung, welche Gott *mit Worten* geschaffen, da er selbst das Wort ist, wie Johannes schreibt. Gott *spricht,* und es wird. Adam thut es ihm gleich und giebet allen Thieren und Pflanzen einen Namen und erschaffet die Welt also gleichfalls mit Worten. Dieser geheime Sinn ist auch im 1. Brief des Paulus an die Corinther verborgen, wo er im 14. Cap., Vers 10 schreibt, *Nichts ist ohne Sprache.* Dannenhero einig die Schrifft zählet, und giebet es keine Welt und keine Ewigkeit ohne sie, sie ist gleichsam die Welt.

Dahero, auserwählte Freundin in dem Herrn, wollen auch wir fleißig schreiben, um am Jüngsten Tage Rechenschafft abzulegen und unsern Glauben, unser Leben zu bezeugen, ja, recht eigentlich erst zu schaffen. Ich selbsten pflege etwan meine abendliche Gewissensprüfung, wann ich strenge mich befrage, »Was gehet vor inner mir?«, schrifftlich abzulegen und fordere dich auff, solches ebenso zu halten. Meine Seele ist niemalen vergnügter, als wenn sie darnach in der Stille der Nacht mit ihrem lieben Heilande umgehet und an demselben sich ergötzet. Ergreiffet mich bey meinen nächtlichen Uebungen die Müdigkeit, so spendet mir das Bilsenkraut, um welches du mich gebeten, neue Krafft. Noch heller brennet das innere Licht von einem heißen Auszug von besagtem Kräutlein, wann ihm Stechapfel und Tollkirsche beygemischt, so aber nur gering zu gebrauchen. Ich lege von jedem ein Säcklein bey, doch sprich keinem davon und verwahre sie gut und abseits der Küchen.

Bete also, liebster Engel, schreibe und wache, damit die Sünde nicht im Schlaf über dich komme wie weiland über Adam am Abend, da es kühle war. *Selig ist, der da lieset und die da hören die Worte der Weissagung; denn die Zeit ist nahe.* Kaum kann ich erwarten, welche Gnade Gott vor euch ausersehen. In allen freyen Stunden des Tages und der Nacht betet mit dir

deine treue Schwester im Glauben
Anna Magdalena Franckin

Gnade und Segen von Gott

Glaucha vor Halle, 5. Decembris 1711

Hertzgeliebtester Freund

Tieff betrübet vermercke ich, daß weder der traute Freund, noch seine Eheliebste länger den Gottesdienst in unserer St. Georgen-Kirche zu Glaucha
besuchen, und auch die öffentliche Betstunde daselbst meiden, ob euch gleich
der Weg von der Stadt vors Thor bis anhero niemalen zu weit gewesen. Will
dahero die Gründe darlegen, weshalb ich thun mußte, als wie geschehen,
daß nicht selbst zum Heuchler werde und mein Amt verlästere. Verbinde
darmit die fürbittlichste Hoffnung, die verlornen Seelen in den Schooß unserer Gemeinde zurücke zu geleiten.

Da ich vor zweyen Wochen aus der Schulkirche kommen und dessen
Frau Liebste begegnet, hat mich ein rechter Schrecken vor dem Gerichte
Gottes überfallen: Ich habe in meinem Gewissen eine Verurtheilung gefühlet, daß Gott mich unfehlbarlich strafen werde, wann ich sie noch einmal in
der Beichte lossspreche und ihr das heilige Abendmahl reiche. Ihre eitle Klei-
derpracht, in welcher sie das Hause Gottes betritt, reimet sich gar nicht mit
dem Tode Christi um ihrer Sünden willen. Pfui der Schande! Mein Heiland
ist nacket ans Kreutz geschlagen, und sie will zum Tode prangen! Auch ist
mir ihr unbekehrter Zustand offenbar genug, darinnen seit Jahren so gar
keine Besserung erfolget. Ja, ihr Wahn hat sich wohl gar vermehret, daß es
recht wohl um ihre Seele stehe. Dieweil ich mich in das zärtliche Umgehen,
das bei ihr will erfordert werden, gar nicht finden kann, habe ich ihr mit bestimmten Worten die Absolution und den Zugang zum Tische des Herrn
verweigret, welches sie mit großem Mißvergnügen aufgenommen. Zeithero
bleibet die Bank Thomasii leer.

Traurig fürwahr hat die Hoffart auch meinen auserwählten Freund selbsten ergriffen. Nicht nur des Sonntages nimmt Er Gelegenheit, sich fein zierlich auszuputzen. Auch des Werkeltages betritt er anstelle des schwartzen
Talars, so uns Professoren würdig und gut genug anstehet, das Katheder in
einem bunten Kleide nebst einem Degen, welchen Er mit einem niedlichen
güldenen Leibgehänge angegürtet, als wolle Er einen Abgesandten eines hohen Potentaten vorstellen. »Thomasius ist wieder ein Weltkind worden, der
Geist Gottes ist von ihm gewichen«, rufet es allenthalben auf denen Gassen.

Aufrichtiger Freund in Christo, du glaubest, daß du alles wohl könnest äußerlich mitmachen, Opern und Comoedien besuchen, lustig mit der Welt schmausen und sauffen, spielen, tantzen und springen, eitel spatziren gehen, Schlitten fahren, alle neue Moden der Welt zu Gefallen mittragen und was des sündlichen Wesens mehr ist. Und doch behauptest du, daß es dir ein rechter Ernst sey Gott zu dienen, vorgebend, dein Hertz hänge nicht an dem Tand. Solches Heuchel- und Scheinchristenthum gemeinsam mit mir zu betrachten lade ich dich und deine Eheliebste ein, und bitte, im Anschluß an die Singestunde nächsten Mittwoch bey mir einzutreten.

Gottes Gnade sey mit dir. Ich aber verharre allezeit
Meines hertzgeliebtesten Freundes treuer Diener
Aug. Herm. Francke

[30] **Thomasius an Francke**

Halle, 8. Decembris 1711

Sage von Hertzen Dank für die bis anhero getragene Sorge für meine Seele, bitte aber nicht mehr damit zu continuiren. Die christliche Religion ist eine zärtliche Sache und will mit gelinden Händen tractiret seyn, und am meisten ist ihr der Zwang zuwider. Aus mönchischen, asketischen Grundsätzen erwachsen viele unanständige, die gemeine Gemüthsruhe störende Dinge, insonders eine pharisäische Heucheley. Christus kleidete sich nach der gewöhnlichen Art, aß und trank mit den Zöllnern und Sündern. Niemalen hat er des Landes Sitten so nachdrücklich getadelt wie Mein verehrter Herr, der meinet, daß das Christenthum in unfläthiger und schweinischer oder auch ganz außer der Mode gemachten Kleydung bestehe sowie in einer geflissentlich gesuchten Angst und Traurigkeit.

Meine eheliche Liebste, welcher ich die Gewissensfreyheit nicht rauben will, besuchet nunmehro die Markt Kirche, und ich thue derselben gleich, weil ich die reformirte Lehre vom Abendmahl für vernünftiger als die lutherische halte. Ihr entblößter Busen, welchen sie nicht vor der Welt zu verstecken brauchet, erreget dort niemalen Anstoß; sind doch Gottes Schöpfungen herrlich und SEine Wercke zu preisen bis in Ewigkeit. Dahero ich glauben muß, daß Mein hochwerthester Herr sich nicht über meine Eheliebste, sondern über sich selbsten gewaltig erschrecket, thut sich Ihm doch beim Blick in die köstliche Brustspalte meines Weibs der Abgrund Seiner eignen unkeuschen Begierden auff. Dieweil Er uns der Heucheley zeihet, ist Er selbsten der größte Heuchler seit Judas Ischariot.

Als Lehrer des Rechts wie der Weltweisheit suche ich nach gangbaren Wegen, wie die Menschen aus ihrem oft selbstverschuldeten irdischen Elend zum diesseitigen Glück gelangen können. Gott hat alle Creatur nicht zum Unglück und daß sie in beständiger Traurigkeit leben sollen, sondern zu einem glücklichen, freudigen Leben geschaffen. Dannenhero gehöret die Sorge für uns, unsre Gesundheit und unser Vergnügen, zu unserer Natur und gleichet einer vernünfftigen Liebe gegen uns selbst, wie sie auch unser Heyland im Geboth der Nächsten- wie Eigenliebe fordret. Ueber dieses Naturrecht zu hören, welches dem Willen und der Offenbarung Gottes nicht widerspricht, bitte ich Ihn zu meiner desfallsigen Vorlesung kommenden Mittwoch.

Meinem hochwerthesten Herrn ergebenster Diener
Thomasius

Im Uebrigen will das Christenthum nicht, daß alle Christen sich duzen.

[31] Dorothea Rosina Pott an Anna Magdalena Francke

Halberstadt, 14. Dcber 1711
Meiner liebwerthesten Freundin

kann man wohl das Zeugnis geben, daß sie in der Heiligen Schrifft trefflich geübet ist. Wann ich von dir einen Brief erhalte, pflege ich dasjenige, so du im Schreiben angeführet, nachzuschlagen, welches mir denn oftmals Gelegenheit giebt weiter nachzudenken. Wie hast du mir die Augen auffgethan mit dem Vorrang des Wortes vor jedem Ding. Ja, Gott selber ist das Wort!, liebste Freundin, saget Er doch von sich selbsten in der Offenbarung des Johannes: *Ich bin das A und O*, will sagen Alpha und Omega, das heißet: Anfang und Ende sind Buchstaben und Gott selbst also ist die Schrifft! Danck vor alle deine klugen Worte, welche noch lange im Hertzen bewegen werde.

Vielleicht, daß du uns gleichfalls zu erklären weißt, was hier zuletzt geschehen, gehet es doch über meinen Verstand. Der selige Pfarrer Wurtzler hat nicht dürfen auferstehen. Er lieget bestattet in der Erden und wird erst am Jüngsten Tage mit uns allen aus dem Grabe treten. Seine Wittib hat sich am Morgen seiner Bestattung geweigert, uns einzulassen und ihm den Brieff, welchen die Mühlhahnin dictiret, zwischen die starren Finger zu legen. Voll des Erstaunens fragen wir sie, ob sie ihren Mann nicht wieder zurücke haben wolle? Statt einer Antwort scheuchet sie uns mit Schimpf von der Schwelle und lässet eilends den Todtengräber kommen, den Sarg mit mehr Nägeln als sonsten zuzunageln.

Nachdem der Pfarrer zur Erden getragen, sind die Mühlhahnin und die, so zur ihr halten, in mein Haus kommen und haben wir mit Gebet den Anfang gemachet, gesungen, und erwarten schließlich alle mit großer Hoffnung, was dießmals die Prophetin angeben werde. Und indem kömmt sie in gewaltiges Erschüttern und Zittern, hefftiger als je zuvor, und drucket nachfolgende Worte wie als mit Geburtsschmertzen heraus: »Den verschlossenen Garten und versiegten Brunnen will ich öffnen, ich, Jehova. Ja, ja, ja. Ihr sollt kommen lassen die Tochter von dem Geschlechte Juda. Eilet, eilet und holet sie her. Laßt sie kommen, die Tochter meines Volckes. Ich will sie erlösen von den Banden, damit ich sie gebunden, erlösen von ihrem schweren Leib.«

Nachdem sie aus der Inspiration erwachet, befiehlet die Mühlhahnin, man solle in die Juden Gasse gehen und das so genandte dicke Judenweib herbeyholen, an der wolle sie heute ein großes Wunder thun. Mein ältester Sohn eilet, dieselbe herzubitten, welche etliche Jahr an einem aufgeschwollnen Unterleib groß wie ein Mühlstein laboriret. Doch trifft er sie nicht in ihrem Hause an. Man schickt ihn ins Haus zur Sonne, von dorten ins benachbarte Mondenhaus, schließlich findet er sie am Sternenbrunnen und bittet sie zu mir. Doch stelle dir vor, trautes Hertz, sie weigret sich, und kömmt mein Sohn ohne dieselbe zurück! Ist also nun schon das zweyte Weib, die ein Wunder Gottes verhindret, und ich fürchte, daß der Herr unser armes Halberstadt zurichten wird wie Sodom, dieweilen wir seiner Gnade nicht werth.

Bete dahero ohn Unterlaß und lege, wie du mir anbefohlen, die abendliche Gewißensprüfung nunmehro schrifftlich ab. Drohet mich der Schlaff in seine Arme zu nehmen, gebrauche ich fleißig deine Kräutlein, vor die ergebenst dancke. Verklare mir, beste Freundin, weshalben du geschrieben, die Sünde sey über Adam im Schlaff kommen. Hat ihm nicht Eva den Apfel beim Spatziergange durch ihren Lustgarten gereichet?

Spende den Balsam deines Rathes
deiner trostbedürfftigen Dorothea Rosina Pott

Glaucha vor Halle, 20. December 1711

*Und es erschien ein groß Zeichen im Himmel: Ein Weib mit der Sonnen bekleidet, und
der Mond unter ihren Füßen, und auf ihrem Haupt eine Krone von zwölf Sternen. Und
sie war schwanger und schrie in Kindesnöthen und hatte große Qual bey der Geburt.*

Auserwählte Freundin in dem Herrn hertzlich geliebet

Dein Brieff hat mich in allergrößte Unruhe und Erwartung versetzet. Das
Hertze will mir vor Freude aus dem Leibe springen: Das Ende ist nahe! Halle-
luja!

Sorge dich nicht um Halberstadt, geliebte Freundin, im Gegentheile! *Und
du, Bethlehem im jüdischen Lande, bist mit nichten die kleinste unter den Städten in
Juda; denn aus dir soll kommen der Hertzog, der über mein Volck Israel ein Herr sey*
(Matth. 2, 6). Die Suche deines Sohnes nach der Jüdin spricht mehr als viele
Bände! Von der Sonne zum Mond und den Sternen! Eine geplagete Jüdin le-
bet unter euch mit aufgeschwollnem Leibe. Und die reine Magd Gottes, Susanna Elisabeth Mühlhahnin, will ein großes Wunder an ihr thun, so wenige
Tage vor dem Heiligen Christfeste. Und mußte die Weissagung herauspres-
sen wie in Mutternöthen. O bete, auserwählte Freundin, lobe und preise
Gott! *Auf daß sich erfüllet die Schrifft* (Joh. 19, 36). Diese Jüdin wird in der
Christnacht den Messias gebären! Weshalben ihr das gebenedeite Weib unbedingt am 24. decembris unter großen Ehrerbietungen und Geschencken
aufsuchen müsset. *Es wird kommen aus Zion der Erlöser* (Jes. 59, 20), und mit Ihm
wird das Tausendjährige Reich anheben. *Die Zeit ist erfüllet, und das Reich Gottes
ist herbeykommen.* Nicht eben leicht fällt es dem auffgeregten Sinn, die Feder
zu halten.

Glaube mir, liebste Freundin, die heutigen Juden sind nicht verdammt
und das fromme Volck der Schrifft kann eher Christen genennet werden als
alle die verderbten Maulchristen um uns herum. Sind es doch gerade die Offenbarungen des Alten Testaments, welche zu unserer Erlösung nothwen-

dig, und berühret dieß alles auch die heiligen Vorgänge, welche sich in Halberstadt inmitten unter euch abspielen. Du fragest mich nach Adam und dem Apfel und wann genau die Sünde über ihn gekommen. Siehe, nach der Lehre des Gottfried Arnold, welcher mich vor vielen Jahren, in meiner Brautzeit, griechisch gelehret, hat Gott zuvörderst nur Adam erschaffen, als sein Ebenbilde, und war er ein gantzer Mensch, will sagen, Mann und Weib zugleich, eins mit seiner himmlischen Braut Sophia, der Weisheit. Doch als Adam sich von Gott ausgekehret und außer sich und seiner in ihm wohnenden heiligen Jungfrau, etwas zu lieben suchte: verlor er diese seine geheime Braut. Adam ward irdisch, ist in den Schlaf gesuncken (welcher schon ein Zeichen seiner Schwächung war) und Gott hat aus seiner Rippe das Weib herausgezogen. So hat Adam die himmlische Sophia und also sich selbsten verloren, ist halbiret und als Thiermensch erwacht und hat die sündige Eva bekommen. Dahero wir den Schlaff als die größte Versuchung zu meiden. Doch können wir in der Überwindung unsres Selbst geistig wiedergeboren werden, neu mit der himmlischen Sophia verschmelzen und also zu dem Gantzen werden, als welches Gott uns eigentlich erschaffen. Die heilige Begierde nach unsrer theuren Sophia bestimmet dahero seit langem schon meine nächtlichen Uebungen und überschicke ich auch dir, auserwählte Freundin, beykommend Arnoldens *Das Geheimnis der göttlichen Sophia*. Lies und wache, die Stunde nahet!

Es wachet mit dir in Ewigkeit Amen
Anna Magdalena Franckin

[33] **Anna Magdalena Francke an die Lutherische Gemeinde in Köln**

Glaucha vor Halle, 20. Decbr 1711
Hochgeehrte und gottselige Herren!

Zwar ist es schwer, wahre und falsche Lichtesengel von einander zu scheiden, wann sie sich gegen einander stellen und streitten, und doch von außen gleichen Schein vor dem Vernunfftsauge haben. *Doch preiset Gott, der Himmel lacht, die Erde jubiliret!* Da der HErr sich mangels Glaubens in Cölln nicht hat offenbahren dürfen, ist er nun nach Halberstadt ausgewichen, wo wir schönste Ursach finden, SEin Kommen in Kürtze zu erwarten. Dieweilen auch mein lieber Eheherr saget, dafür wolle er gut sein, daß man auch bei dem rigoureusesten Examen befinden würde, daß es keine Betrügerey sey, also flehe hochgeehrte Herren an, Eva Langin und die andren gottesfürchtigen Diener des Herrn bey euch in Ehren zu halten und nicht fort zu jagen, den verschwundenen Anastasius Rosenstengel aber, das erwiesne Werckzeug Gottes, zu suchen und mit Ehrenbezeigungen zu beknien, wieder bey euch einzukehren. *Fürchtet Gott und gebet ihm Ehre; denn die Stunde seines Gerichts ist gekommen.*

Den gottesfürchtigen Herren dienstfertige
Anna Magdalena Franckin

[34] **Francke an Thomasius**

Glaucha vor Halle, 21. Decembris 1711
Hochzuehrender Herr Doctor
Hertzwerthester Gönner

Dieweil wir im Gespräche nicht eins worden, will ich meine Zweiffel an Seiner Lehre vom Naturrechte schrifftlich darlegen. Die Natur ist nicht gut, mein hochzuehrender Collega sage, was Er wolle. Der menschliche Wille ist von Natur zu allem Bösen geneiget. Von Natur sind wir Atheisten und Abgötter und Verächter des Namen Gottes und seiner Herrlichkeit. Von Natur sind wir alle Ungehorsame, Mörder, Ehebrecher, Diebe, falsche Zeugen und so weiter. Das menschliche Hertz ist geneigt, aus sich selbsten einen Abgott zu machen und sich der Bauchsorge zu ergeben, sich gute und wollüstige Tage zu suchen und sich solches als den Zweck fürzustellen, dahin alles zuzurichten. Die Ehre Gottes muß aber in allen Dingen, und absonderlich in der Aufferziehung und Unterweisung der Kinder und studiosis, so uns anvertrauet, als der Hauptzweck immer für Augen seyn. Gott der Herr will uns nicht im Stande der Natur lassen, sondern wirfft uns das Seil der Liebe zu, um uns in den Stand der Gnade zu geleiten, wo wir erst unsere ursprüngliche Bestimmung zum ewigen Leben und zum wahren Glück erlangen.

Ein rechter Christ überwindet diese seine ursündliche Natur dank der Gnade Gottes. Die Grundregul alles seines Thuns lautet: *Ihr esset oder trincket, oder was ihr thut, so thut es alles zu Gottes Ehre* (1. Cor. 10, 31). Die andere Grundregul christlicher Handlungen ist, daß man die weltlichen Lüste verleugne (Titus 2, 12), um Christi Fußstapffen nachzufolgen. Ein gottgefälliger Mensch kreutziget dahero zuvörderst die Wollust, maßen Gott sich mit einem Herzen nicht vereinigen kann, das fleischlichen Lüsten ergeben ist, und meidet sodann alle andren dem Christlichen Beruf hinderliche Dinge. Ein rechter Christ gewöhnet sich zur Eingezogenheit und zur Arbeitsamkeit und hütet sich auch vor unnützem Lachen, insonderheit wenn andere Narrentheidung treiben. Denn es gefällt Gott nicht, warumb gefällt es dann ihm? Alles Lachen ist nicht verbothen. Denn es geschiehet wohl, daß sich der Allerfrömmste nicht über weltliche, sondern über göttliche Dinge also inniglich erfreuet, daß sein Mund mit einem bescheidenen Lachen von der Lieblichkeit, die in seinem Gemüthe entstanden, Zeugnüß giebet. Aber es wird gar leicht damit gesündiget und dem Hertzen zu einer gefährlichen Zerstreuung des Sinnes der Weg gebahnet.

Habe dahero bey Meines Hochverehrten Herrn Lesestunde mit Verdrüßlichkeit bemercket, daß Er mit Schertzen und Possen und nicht selten wider den Anstand, auch mit spöttischen Urtheilen und Histörchen von seinen Herrn Collegen seinen Vortrag zu würzen pfleget, um die Attention des Auditoriums aufzuwecken. Bitte Ihn dahero, Er möge in allen Erzehlungen sehr behutsam seyn, es herrschet darinnen jadoch der Lügengeist, und sind entweder nicht wahr, oder doch ungewiß. Man ersetzet die Umbstände aus eigener Erfindung, wenn das Gedächtnüß nicht alles behalten. Was mehr, mein hertzlieber Freund movirt die auditores auch in Glaubensfragen zum Lachen und Spotten. Solch alles muß den traurigen Verdacht erwecken, daß Er den dogmata fidei Augustanae selbst nicht zugethan sey, was tieff betrübt bedauret

Sein auffrichtiger Freund und Diener
A. H. Francke,

welcher Gott inständig angeflehet, Ihm mancherley harte Anschuldigungen und unverantwortliche Expressionen in Seinem letzten Schreiben zu vergeben.

Halberstadt, den 2. Januar 1712

O Mensch, bewein dein Sünden groß

Auserwählte Freundin in dem Herrn

Du wirst in der Zwischenzeit wohl vermercket haben, daß der Jüngste Tag ausgeblieben, bey uns in Halberstadt wie auff der gantzen Welt. Das Wunder zur Christnacht hat nicht statt gehabt. Obgleichen ich mir keiner Schuld bewußt, faste und buße ich, versencke mich in den Herrn und gebrauche keine Mittel zur Stärckung des Leibes als die Kräutlein, welche du mir geschicket. *Mond und Licht ist vor Schmerzen untergangen.*

Nachdem ich deinen Brieff in unsrer Betstunde vorgelesen, erfüllete uns die mit Raserey vermischte Hoffnung, die dicke Judenfrau werde in der Christnacht den Messias gebären. Wir beteten Tag und Nacht, wie vergaben einander die Sünden, wir sangen und frohlockten in dem Herrn. Es war eine festliche, gehobne Zeit, welche uns als ein Vorgeschmack erschien auff die Wonnen, so uns erwarten. Doch höre, was dann geschehen.

Am Christtage legen wir unsere schönsten Kleider an und gehen alle zusammen in die Judengasse, beladen mit Geschencken. Die Petersen bracht ein Batistküssen mit Eiderdaunen gefüllet, die Praetorius ein Perlenbesticktes Kindshäubchen und ich selbsten ein pelzgefüttert Säuglingsmäntelchen. So klopfen wir an der Jüdin Haus, welche uns zunechst wieder abweisen lässet. Darauff aber bitten und flehen wir um Gottes willen, es sey eine große Prophetin unter uns auffgestanden, die Zeichen und Wunder thäte, die würde sie gewiß von ihrer Beschwerung entleidigen. Weil wir sie denn so gar gewiß versichert, daß ihr geholffen werden solle, gehet sie denn endlich benebenst ihrem Mann und Vater mit uns, und folgen noch andere nach.

Als nun die Juden mit ihrem dicken Weibe in mein Haus kommen, beginnen wir alle zusammen eine Versammlung mit Gebet und Gesang und tractiren wir unsere jüdischen Brüder und Schwestern mit gebührendem Respect und Zeichen großer Hochachtung. Endlich praesentire ich die dicke Judenfrau feierlich unserer Prophetin. Sie, die Mühlhahnin, hebet alsbald ihren Gesang mit freudestrahlenden Augenblitzen an, und sitzen die andern umher und mercken mit heiliger Verwunderung drauff. Alle Worte habe mit Fleiß protocolirt und sind die folgende: »Jauchzet! Frohlocket! Auf, preiset die

Tage! Rühmet was heute der Höchste wird thun! Lasset das Zagen, verbannet die Klage! Stimmet voll Jauchzen und Fröhlichkeit ein! Mein liebes Zion, ich bin mit dir, sey nur getrost, ich bin dein Hirte. Mein liebes Zion, ich will dich prächtig machen, es sollen dich sehen deine Feinde, die dich verfolgen, und sollen sich schämen.« So gehet das bey anderthalb Stunden, doch wollen die schönen Gesänge der Mühlhahnin nicht fruchten. Weder kommet die Stunde der Jüdin, da sie gebären soll, noch verlieret sie ihren dicken Leib, noch geschiehet irgend etwas. Die Juden stehen schließlich mit Kopfschütteln auff, verlassen unsre Versammlung und sind durch kein Bitten und Flehen zur Umkehr zu erweichen. Nach einigem Rath, was weiter zu geschehen, haben wir weiter gebetet bis Neujahr, doch bin auch ich nun gebrochen und habe den Glauben an das Wunder unter uns verloren. *Aus tieffer Noth schrey ich zu dir.*

Beim Hoffen auf den Jüngsten Tag habe viel in Arnolds *Geheimnis der göttlichen Sophia* gelesen, vor welche ich dir vielmahlen dancke. Auch mich giert nach der himmlischen Sophia. Wie sehr ich mich aber nun schon bearbeitet, dieselbe in Gemüth und Arme zu fassen, so bleibet mir doch nur der Schatten und bin vor und nach hungrig. Warumb nur hat Gott überhaupt das Weib aus Adam herausgerissen? Je mehr ich all dieß in meinem Kopfe rouliren lasse, desto mehr schwirret mir derselbe darvon.

Schreibe mir, trautes Hertz, und tröste

Deine traurende
Dorothea Rosina Pott

[36] **Thomasius an Francke**

Halle, den 3. Januarii 1712

Großachtbar-Wohlgelahrter und Hochgeehrter Herr

Verstehet sich mein hochwerthester Collega leider schon schlecht auf die göttlichen Gesetze, so ist Er gäntzlich verloren in denen weltlichen. Will Ihm den Unterschied also mit Liebe und Gedult verdeutlichen wie dem jüngsten meiner Studiosi: Das göttliche Recht zielet auf unsren Lebenswandel in Christo; es ermuntret uns zum Glauben, erbauet die Seele und lässet uns auf das Jenseits hoffen. Darneben bestehet das weltliche Recht, welches die menschliche Gesellschaft ordnet. Es ist nicht von der biblischen Offenbarung geregelt, sondern beruhet auf der Natur. Es widerspricht zwar Gottes Wort nicht, aber es brauchet sich nicht durch Berufung auf die Bibel zu rechtfertigen. Die von Gott verliehene Vernunft erlaubt dem Menschen, solches Naturrecht zu erkennen. Wer die Vernunfft und nicht das Vorurtheil zum Maaßstabe seines Handelns nimmt, wird die scharffe Trennung zwischen Offenbarung, Rechtfertigung und Gnade einerseits, und der Natur und ihrem Recht, dem Staate und den weltlichen Gesetzen andererseits, leicht vor nothwendig erkennen. In meinem Seminario füge stets hinzu: Der berühmte Hugo Grotius hat uns das Naturrecht offenbaret, und mein hochgeehrter Lehrer Samuel Pufendorff war sein Prophet. Ich aber will dessen Paulus seyn. Solch harmloser Schertz wird M. hochge. Herrn aber wieder nicht behagen.

Die Schrifft widerspricht weder der gesunden Vernunfft, noch fügt sie ihr etwas hinzu, weshalben beide Lichter, nämlich die Vernunft und die Offenbarung, sich nicht gegenseitig verdunckelen, sondern zum hellsten Schein vereinigen. Meines hochge. Herrn Vorwürffe sind daher lächerlich, voller Neids und theologischen Hochmuths, in summa: offenbare Unwahrheit. Wollte Gott, Er hätte im Evangelio gelesen, ehe Er die Feder angesetzet. Das erste Wunder Christi auf Erden war die Verwandlung von Wasser in Wein auf der Hochzeit zu Kana. Unser Erlöser ließ die durstigen Gäste die Herrlichkeit der Schöpfung Gottes schmecken und offenbarete den Gläubigen, daß mit Ihm Trauren, Fasten und Verzicht überwunden. So frage M h H, welcher Mensch für Gott angenehmer sey, derjenige, der z. E. auff einer Hochzeit die Gesundheit der Brautleute mit einem hertzhafften Trunck begießet und mit der Brautt einen Ehrentantz tantzet; oder der bey sich selbst spricht, ich dancke dir Gott, daß ich nicht bin wie diese, denn die Wunder, so dein Sohn vollbracht, führen geraden Weges in den Sündenpfuhl?

D. Martin Luther lud an seinem Tische zum Sauffen und Fressen, er verbat weder das Tantzen noch Comoedie Spiellen: Insonders das Lachen, welches mein gestrenger Herr so sehr verabscheuet, stehet beym Weltweisen hoch in der Gunst. Die größte Kunst eines Satyriki etwan bestehet darinnen, daß er zweydeutig schreibet, doch so, daß der Leser den verborgenen Verstand errathen kann und seinen Witz daran schärfet. Ein Christ mag säuerlich darbey lächeln, ein Narr lacht sich aus der selbstverschuldeten Unmündigkeit.

Gottes Gnade sey mit Ihm. Ich aber verharre allezeit
Sein auffrichtiger Freund und Diener Thomasius

Halberstadt, den 6. Februarii 1712

Hochehrwürdiger Hochgeehrter
Hochgnädiglichster Herr Professor

Allhier zu Halberstadt sind ungeheuerliche Vorfälle ans Licht kommen, worüber gantz in geheim des Hochgeehrten Herrn Rath einholen mögte, sintemal derselbe dergleichen Dinge in Dero *Kurtzen Lehrsätzen von dem Laster der Zauberey* verhandlet. Erbitte zwar den Rath des weithin beruhmten Rechtsgelehrten Thomasium, doch nicht als Leiter der Hällischen Juristenfacultät, sondern privatissime und unter der Hand, damit vielleicht noch viel Unglück von uns abzuwenden.

Meinen Vorgänger als Pastor an der St. Pauls-Kirchen allhier, den seligen M. Johann Christoph Wurtzler, welcher sein Amt treulich und verträglich geführet, entließ Gott der Herr am 30. novembris 1711 aus dieser bösen Welt durch einen sanfften und seligen Tod. Kaum ward er erkaltet, da verkündet eine junge Magd Nahmes Susanna Elisabeth Mühlhahn, sie wolle ihn von den Todten aufferstehen lassen. Ist das Wunder aber ausgeblieben wie ein weiteres, welches dieselbe prophezeyet, nämlich daß ein gewisses Judenweib am Heiligen Weyhnachts Abend den Messias solle gebären. Dieweil nichts so ungeheuer und abgeschmackt ist, das die Narren nicht glauben sollten, gerieth die halbe Stadt darüber in höchste Auffregung. Als die arme Jüdin in der stattgehabten Versammlung den Messias nicht gebären will, entkleydet sich die Mühlhahnin vor aller Augen und entblößet dermaßen ihren Leib, daß sich die ganze Compagnie darüber entsetzet. Sagete, sie wolle seyn die erste Braut Christi, wann er komme, und währet dieser Actus bey anderthalb Stunden. Endlich gehen die Juden voll Zorns und Unwillen mit ihrem dicken Weibe wieder heim, und erzählen zeithero in der gantzen Stadt, sie hätten unter denen Christen noch niemalen so närrische Leute als die Pietisten getroffen.

Da sich denn gar so viele einfältig Gläubige schändlich betrogen meinen, ist die Mühlhahnin hernach in ihrer armen Mutter Wohnstätte in gefängliche Hafft genommen und auff Befehl des Raths hiesiger Stadt gestrigen Tages von einem Medicus visitiret worden, genau zu erforschen, ob die Mühlhahnin entweder eines verrückten Verstandes und unsinnig, oder eines verböseten und frevelhaften Gemüths. Nach gehabter Untersuchung befindet derselbe, daß die Mühlhahnin von keinem melancholischen Humeur ist,

sondern vielmehr eines sanguinischen Temperaments und fröhlichen Ge-
müthes; weder an der Vernunfft noch am makellosen weißen Leibe hat dieselbe niemals eintzigen Mangel gehabt. Gleichwohl sey jetzo bey der Mühlhahnin eine starcke und verkehrte Einbildungskrafft befindlich, indem sie
darauff bestehet, daß Gott aus ihr rede. Also kann der Medicus bey derer gar
gesunden Leibesconstitution nicht anders schließen, als daß dieser affectus
nicht natürlich sey, sondern entweder *divina* oder *daemonica*. Hiervon zu urtheilen hält er, Gott seys gelobt, außer den Schranken seiner Profession, und
überlässet solches gottseligern Theologorum reiffern iudicio.

Begehren die Herren Räthe, welche über eine Inquisition wider die Mühlhahnin zu entscheiden, dahero nunmehro von mir als derselben rechtmäßi-
ger Pfarrer zu erfahren, ob die Entzückungen der Mühlhahnin vom Hl. Geist
oder vom Teuffel inspirirt. Ich kann meinem Hochgeehrten Herrn Professor
nicht sagen, wie perplex mich diese Frage mache, sintemal ich während der
Aussprachen der Mühlhahnin allhier noch nicht anwesend und also ohne
eignen Eindruck. Werde weiters gefraget, ob die Protocolle, so die Frau Dorothea Rosina Pott bey denen Aussprachen der Mühlhahnin Wort vor Wort
mitgeschrieben, ihr vom Satan als vom Vater aller Lügen gleichsam in die Feder dictirt. Besagte Pottin ist von Natur eines muntern Wesens, eines guten
ingenii, aber schwachen iudicii, starcker Phantasie, dabey einer geläufigen
Zungen und geschickt, ihren Dingen mit Worten einen guten Schein zu geben und manche Stelle der Heil. Schrifft nach ihrem Sinn zu allegiren. Die
lutherischen Ministerien betrachten auch sie mit Argwohn, denn dieselbe ist
ein vielesendes, gewecktes Weib, die sich aber mehr der Betrachtung der
Kirchenschäden als der Gebrechen des eigenen Hertzens zuwendet.

Bin also, Mein hochgeehrter Herr, ohnversehens in eine Gewissensnoth
gerathen, in welcher ich sorgen muß, daß mich nicht auff diese oder jene
Seite versündigen möge. Bitte also den hochgelahrten Herrn Professor mir
zu sagen: Ob der Teuffel sey? und mir in obgemeltem Falle deroselben hülff-
reichen Gedancken bald zukommen zu lassen.

Im Vertraun auff sein ernstestes Stilleschweigen gegenüber Dritten verbleibe Meines Hochgeehrten Herrn gehorsamster Diener

Israel Clauder, Pfarrer an St. Paul zu Halberstadt

Halle, den 12. Februarii 1712

Wohledler und sonders hochgeehreter Herr

Deßen geehrtes vom 6. dieses habe wohl empfangen. Bin Meinem hochgeehrten Herrn sehr obligiret vor die communication der Geschehnisse, so
sich in Halberstadt ereignet. Da ich in meiner besagten Schrifft das vermeintliche Laster der Zauberey gründlich ausbuchstabiret, besteht kein
Zweiffel, daß keine Hexen seyn und allein die große Unwissenheit der
Kräffte der Natur zur Erdichtung derselben Anlaß gegeben. Zwar glaube
ich 1. fest an den Teuffel, und halte ihn 2. für eine allgemeine Ursache des
Bösen, folglich auch 3. des Sündenfalls der ersten Menschen; Aber ich leug-
ne, daß 4. der Teuffel Hörner, Klauen und Krallen habe, daß er wie ein Pharisäer, oder ein Mönch, oder ein Monstrum, oder wie man ihn sonst abmalet,
aussehe. Dann ich kann es 5. nicht glauben, daß er könne einen Leib annehmen. Weil Christus selber saget, ein Geist hat nicht Fleisch und Bein, so hat
der Teuffel niemalen einen Leib angenommen und kann also auch leiblicher
Weise kein Bündnis schließen, viel weniger sich selbst zur Wollust brauchen
laßen oder Hexen und Zauberer unter einer Bocksgestalt auf den Blocks-
berg führen.

Bilden sich zwar mancherley Weiber ein, Uebel erreget zu haben oder, wie
etwan die besagte Jungffer Susanna Elisabeth Mühlhahnin, allerley Stimmen
zu hören, so haben diese Vorstellungen ihren Ursprung allein in ihrer erhitz-
ten Phantasie, wofern ihnen nicht der Folterknecht auff der Streckbank solche Lügenmärchen eingeflüstert. Ist dahero eine Inquisition unbedingt zu
vermeiden, in welcher die Mühlhahnin ohne Zweiffel die gräßliche und abscheuliche Tortur zu erleiden. Da dieselbe nur ein Ärgerniß erreget, aber niemandem ein würcklich Leid zugefügt (weder dem todten Pfarrer noch der
kranken Jüdin noch denen allzu leicht Gläubigen), bestehet keine Ursach, die
einfältig Magd weiter zu plagen. Wird demnach am besten seyn, Mein hochge. H. erkläre den Räthen, der Saturn, welcher vergangnen Monat gar prächtig am nächtlichen Himmel gestanden und welcher schon den Alten als
Irrstern geläufig, habe in der Mühlhahnin Milz krankmachende Bilder ent-
zündet. Ist der Saturn aber indeß vom Nachthimmel wieder abgangen und
also die Jungffer Mühlhahnin wieder gesund. Auff keinen Fall erkläre Mein
hochge. Herr, daß die Mühlhahnin eines blöden Verstandes und ihr Gehirn

verruckt. Als denn wäre sie in ein Toll- oder Zuchthaus zu bringen, allwo ihr gar der Chirurg die Narrensteine im Gehirnkasten suchen und dieselben heraus schneiden könnte, welches ihr noch übler schmecken möchte, dann als Hexe verbrannt zu werden.

Haben die Herren Räthe erst die Inquisition gegen die Mühlhahnin eröffnet, so ist auch ihre Schreibhülffe, jene Frau Dorothea Rosina Pott, gleichfalls nicht vor Verfolgung sicher und könnte die Mühlhahnin die Pottin also leichtlich mit sich ins Verderben reißen. Da dieselbe aber noch weniger verschuldet, bitte Mein hochge. Herr dringlich, jede Bewegung zur Eröffnung eines abscheülichen Hexenprocesses abzuwehren.

Wünsche Meinem hochgeehrten Herrn eine glückliche Hand, die Finsternüß zu vertreiben und dem Lichte zum Durchbruch zu verhelfen und verbleibe

Desselben dienstwilligster Diener
Christian Thomasius

[39] **Ludwig an Müller**

Hohenschwangau, den 6. Januar 1885
Lieber Herr Dr. Müller!

Noch ganz unter dem mächtigen Eindrucke Ihres Hierseins, folge Ich dem Drange Meines Herzens, um Ihnen es endlich auszusprechen, wie tief Ich fühle, daß Ich Ihnen Dank schuldig bin. Mit welch inniger Freude und Begeisterung denke Ich der für Mich so wonnigen, unvergeßlichen Stunden, die Wir neulich zusammen im Gespräche verlebten. Die Abende vom 18. bis 21., insbesondere aber jener des 22. Decembers, als Sie Ihre Augen bis zum Grunde Meines Herzens erschauernd versenkten und sich auf ewig zum Herrn desselben aufschwangen, sind mit goldenen Lettern Meinem Gedächtnis eingeprägt.

Diese Zeilen schreibe Ich im trauten Erker, wo Ich jene unvergeßlichen ersten Stunden mit Ihnen verlebte. Hier im theuren, poesiedurchwehten Hohenschwangau ist es stets Mein höchster Genuß, der nie sich erschöpft, in das Studieren fesselnder Werke Mich zu vertiefen, hauptsächlich historischen Inhalts, und darin Trost und Balsam zu finden für so manches Herbe und

Schmerzliche, das die traurige Gegenwart, das Mir sehr zuwidere 19. Jahrhundert mit sich bringt. Die Aufschlüsse, die Sie Mir über die Geschichte besagten Rosenstengel's gegeben, seiner Zeit und Umstände, hallen lebhaft in Mir wider. Auch sinnire Ich noch über Ihr freimüthiges, stark Sie für Mich einnehmendes Eingeständnis, den literarischen Zugriff auf die Behandlung dieser Sammlung historischer Quellen, die Art und Weise, wie sie zu deuten und der Öffentlichkeit zugänglich zu machen, noch nicht gefunden zu haben. Glaube Ich doch, durchaus Ihnen hierbei zu Hülfe eilen, einige Winke ertheilen zu können.

Geschichte ist die Darstellung des Geschehenen. Sie entsteht aus der Überlieferung glaubwürdiger Zeitgenossen, aus unanfechtbaren Urkunden, aus den Mittheilungen vorurtheilsfreier Augenzeugen dieser oder jener merkwürdigen Begebenheit.

»– – Bei Bruck fiel König Albrecht
durch Mördershand, – ein glaubenswerther Mann,
Johannes Müller, bracht' es von Schaffhausen!«

Geschichte schreibt sich in zwei aufeinander folgenden Schritten. Der *Geschichtsforscher* gibt sich alle nur denkbare Mühe, die Thatsachen aus den verschiedenen Quellen möglichst vollständig zu sammeln, zu sichten und auf ihre Echtheit zu prüfen. Dieser Schritt gelingt Ihnen bereits meisterhaft und bewunderswerth, haben Sie doch schon eine Fülle selbst verborgenster Dokumente ausfindig gemacht. – Der *Geschichtsschreiber* schließlich belebt die Resultate der historischen Forschung in einem der Wahrheit entsprechenden lebensvollen Bilde. Sie zweifeln, wie die Biographie jenes Rosenstengels beginnen. Kennen Sie Hildesheimers prächtige Schilderung des Lebens Marbots? Mit Bewunderung hat es Mich stets erfüllt, wie jener begnadete Schriftsteller aus oft so spröder, todter Materie einen wahren, lebenglühenden Menschen gestaltet, wie er den kargen Stoff, ohne ihn in seinem historischen Bestand zu verletzen, durch selbstschaffende Kraft bereichert und poetisch verklärt. So muß man es machen! Ich lasse Ihnen heute noch ein Exemplar schicken.

Daß der junge Schalck Mir nach Unserer Schlittenpartie den Hut gestohlen, verüble Ich Ihm nicht, im Gegentheil; nur verlange Ich eine Gegengabe für das treue Andenken, das der Holde sich so herzhaft gegriffen wie Alberich den Hort der Rheintöchter. Möge der kecke Schelm überlegen, welches Pfand Er dem Geprellten zur Sühne überläßt.

Ihnen lieber Herr Doktor Meine besten Wünschen zum Neuen Jahr sendend, verbleibe Ich mit den Gesinnungen des vollsten Vertrauens

Ihr wohlgeneigter König Ludwig

[40] **Westphal an Müller**

Berlin, den 8. Januar 1885

Mein lieber Schwan!

Sie schreiben, erleben und essen ja schöne Sachen, lieber Müller. Wenn ich denke, was unsereiner in Ihrem Alter –. Aber: Es sei Ihnen von Herzen gegönnt, und ich lese alle Ihre Ausführungen mit größter Antheilnahme, liegen sie doch gänzlich außerhalb meines Gesichts- und Anschauungskreises. Ihr Brief traf ohne Verzug und unversehrt hier an; Ihr königlicher Gönner traut Ihnen demnach und Sie müssen kein Blatt vor den Mund nehmen. Daß Ihnen die ganze Schwanerei auf jener Neuen Burg wahnhaft vorkommt, läßt sich leicht nachvollziehen. Doch ob das schon Moralischer Schwachsinn ist? Gegenwärtig treiben es die Allerhöchsten ja überall ähnlich. Selbst Preußens sparsame gekrönte Häupter haben sich eine nagelneue Raubritterburg auf ihrem Hohen Zollern gegönnt. –

Um uns über Ihre Studie besser austauschen zu können, lege ich Ihnen hier einen Aufsatz von mir aus unserem *Archiv* bei: »Die conträre Sexualempfindung. Symptom eines neuropathischen (psychopathischen) Zustandes«. Er behandelt die Frl. N., die als Kind besonders gern Knabenspiele spielte, sich als Junge verkleidete und seit ihrem achten Jahre eine Neigung zu jungen Mädchen empfand, ihnen förmlich die Cour machte, sie küsste und es dazu brachte, ihnen an die Geschlechtstheile greifen zu dürfen. Im erwachsenen Alter litt sie an einer uncontrollirbaren Wuth, andere Weiber zu lieben und mit ihnen außer Scherzen und Küssen Onanie zu treiben, bis ihr ein Wonnegefühl erweckt, daß ihr förmlich der Same abginge. Der Aufsatz hat seinerzeit Epoche gemacht, und Sie haben schon im Titel den Begriff, den ich Sie großzügig zu verwenden bitte.

Gudden lehnt also die Kaltwasserbehandlung ab? Dabei ist doch sattsam bekannt, daß das kalte Sturzbad den von Blutkongestionen stets heißen Kopf des Irren kühlt und darüber hinaus die Haltung, Folgsamkeit und Ordnung fördert. Ich will Ihnen bei Ihrem Prinzen zwar keineswegs zu den alten üblen Methoden rathen, als Kranke noch, nackend festgeschnallt in einer leeren Wanne, von einer ziemlichen Höhe aus in rascher Zeitfolge mit 10–40 Eimern kalten Wassers übergossen wurden. Doch mit Überraschungs- oder Plongirbädern, bei dem der Irre unversehens ins kalte Wasser geworfen wird, haben wir stets gute Erfahrungen gemacht.

Mit allen guten Wünschen
Ihr Westphal

[41] **Luitpold an Gudden**

München, 11. Januar 1885
Geehrter Prof. Gudden!

Prof. Gietl hat sich freundlicherweise einverstanden erklärt, die nächste Sitzung des Obermedicinalausschusses auf Mitte April zu verlegen, um Ihnen genügend Zeit für die Vorbereitung zu lassen.

Mit den besten Wünschen für alle Ihre Unternehmungen
Pz. Luitpold von Bayern

[42] **Müller an Westphal**

München, 13. Januar 1885
Hochverehrter Herr Professor!

Haben Sie besten Dank für die Übersendung Ihres Aufsatzes über die conträre Sexualempfindung, den ich sogleich mit Eifer studirt habe. Wie Sie angekündig hatten, habe ich mancherlei Übereinstimmung zwischen meiner Catharina Linck und Ihrem Frl. N. gefunden. Was wir daraus zweifellos ablesen können, ist die historische Continuität solcher Erscheinungen. Wenn jüngsthin behauptet wurde, die Neigung des Weibes zum Weib sei eine degenerative Erscheinung im Gefolge der Frauenemancipation, so ist dem auf Grundlage solcher historischer Befunde entschieden zu widersprechen. Allerdings darf ich auch anmerken, daß vor einem strengen Sprachrichter Ihre

Wortschöpfung möglicherweise ebenso wenig Bestand haben möchte wie das »homosexual« Kertbenys: Ist doch recht eigentlich »conträr« die natürliche Geschlechtsliebe zum *anderen*, also gegensätzlichen Geschlecht zu nennen, während der Trieb zum *gleichen* Geschlecht in sprachlicher Hinsicht keinesfalls *conträr* benannt werden kann. – Solcherart von Ihnen, und sei's im Widerspruche, inspirirt, schreitet mein Werk bestens voran.

Ich schreibe Ihnen übrigens nächtens aus der Münchner Irrenanstalt im Auer Feld, wo ich gelegentlich aushelfe. Erinnere ich mich recht, daß Sie das Haus gar nicht persönlich kennen? Es ist ein stattliches, eigens zu seinem Zwecke errichtetes Gebäude mit einem dreistöckigen Haupttrakt sowie zwei doppelstöckigen Seitenflügeln. Die schönen Parkett- und Terrazzoböden sowie eine kolossale Centralheizung, die nicht nur eine allerorts angenehme Temperatur schafft, sondern vor allem auch die Räume frei von Kohlenstaub und Schmutz hält und die in solchen Einrichtungen so berüchtigte Feuer- und Verbrennungsgefahr bannt, geben der Anstalt mehr den Charakter eines Sanatoriums als eines Irrenhauses.

– Hier mußte ich kurz unterbrechen und einem Kranken, der sich das Hemd zum dritten Mal heute zerriß, ein festes, mit Leder abgepaßtes, durch Schrauben verschlossenes Segeltuchkleid anziehen. Unter keinen Umständen dürfen hier irgendwelche mechanischen Mittel, welche den Gebrauch der Glieder beschränken, ohne Prof. Guddens Zustimmung angewendet werden. »Zwang ist gleichbedeutend mit Vernachlässigung«, pflegt er zu sagen. Eine Zwangsjacke habe ich in der ganzen Anstalt noch nicht gesichtet, Fesselungen irgendwelcher Art kommen nicht vor. Die Isolirung wird dagegen in größerem Umfange angewendet und führt zu den bekannten Übelständen, namentlich wo sie, wie in einzelnen Fällen, Monate oder gar Jahre lang fortgesetzt wird. Gegenwärtig haben wir mehrere Kranke, deren Besuch jedes Mal eine Art Wagnis darstellt.

Mit unerbittlicher Strenge verfolgt Gudden übrigens jede Gewaltthätigkeit gegen Kranke. Bei seinen immer allein und zu ganz unbestimmten Stunden erfolgenden Rundgängen entdeckt er fast unfehlbar jede Spur einer Mißhandlung, Rippenbrüche oder Ohrknorpelzerquetschungen. Daß Letztere hier fast gar nicht vorkommen, ist ein Beweis, daß er recht hat mit seiner These, diese stammten nicht vom Keim der Krankheit selber, seien nicht pathologischer Ausdruck des Irreseins, wie man gelegentlich noch hört, sondern rührten von den Prügeln her, welche die Pfleger – die der Volksmund hier »Schlögel« nennt – den Tobsüchtigen verabreichen. Gudden hat ausdrücklich verboten, bei der Gegenwehr aufs Ohr zu zielen. Weiterhin bemerkenswerth will mir scheinen, daß stumpfer Wahnsinn und Melancholie hier nicht länger, wie noch anderswo, mit künstlich hervorgerufener Krätze behandelt wird; die in der Literatur beschriebenen Ergebnisse haben doch nie recht überzeugt, und ich meine, Gudden zeigt seinen rein naturwissenschaftlich begründeten Ansatz auch im richtigen Verzicht auf diese doch barbarisch zu nennenden alten Methoden.

Ein Einfall Guddens hat mich in allerdings höchste, ja Allerhöchste Verlegenheit gestürzt. Er führt, wie Sie vielleicht wissen, Reihenuntersuchungen an Schädeln unserer irrsten Irren durch. Er glaubt, zwischen ihren Schädelmaßen und ihrem Irrsinn eine Causalität beweisen zu können. NB: Mir scheint dies unwesentlich. Selbst, wenn ihm dies gelänge – wie ist den armen Irren und uns Ärzten damit geholfen? Wir können ihnen ja nicht den Schädel aufbrechen und vergrößern oder verkleinern je nach Bedarf. – Wie auch immer, nun ist er darauf verfallen, auch das Haupt Sr. M. vermessen zu wollen, und hat mich auserkoren, ihm dabei zu helfen. Verstohlen nahm ich daher in einem günstigen Augenblicke den Hut Sr. M. an mich. Ich hatte geglaubt, besonders klug gehandelt zu haben und muß nun zu meiner Beschämung erfahren, daß meine diplomatische Schlauheit auf die Butterseite gefallen ist. Denn der König selbst hat beobachtet, wie ich ihm den Hut gestohlen, mußte diese That natürlich höchlich mißverstehen und nun befinde ich mich in der Allertiefsten Verlegenheit, aus der herauszuwinden mir noch nicht gelungen ist: Ich dichte und schwitze an der überfälligen Antwort, ohne mit der Wortdrechselei und den fatalen Titulaturen zu Rande zu kommen.

Bester Herr Professor, ich muß hier abbrechen, der unruhige Kandidat zerkratzt sich jetzt das eigene Gesicht, er braucht Handschuhe. Ich schließe den Brief in Eile, aber mit der ausgezeichnetsten Hochachtung

Ihr ergebenster Schüler
F. C. Müller

Fürstenried, 14. Januar 1885

Allerdurchlauchtigster Großmächtigster König!
Allergnädigster König und Herr!

Eurer Königlichen Majestät erlaubt sich der allerunterthänigst treugehorsamst Unterzeichnete für das Allerhöchste Handschreiben und das demselben zu entnehmende Königliche Vertrauen seinen allerunterthänigsten Dank zu Füßen zu legen.

Auch der treugehorsamst Unterzeichnete denkt im Gefühl der inneren Beseligung und von Anregungen und Einsichten reich beschenkt an die Gespräche mit Eurer Königlichen Majestät zurück. Fleißig wurde Müllers Schweizergeschichte studirt, insbesondere die Art und Weise, wie sie verfaßt und aus tausenderlei Zetteln, Briefen, Urkunden u.s.w. mit Fleiß und Umsicht die Geschichte zusammenträgt. Auch Hildesheimers *Marbot*, welchen Ew. Allerdurchlauchtigste Majestät dem Unterzeichneten zu überreichen lassen ebenfalls die Güte hatten, beeindruckt tief in seiner fast romanhaft zu nennenden, mitreißenden Darstellungsweise. Beide Werke erscheinen gewissermaßen als Antipoden, und gerade in ihrer Unterschiedlichkeit lehrreich. Doch auch ein Vorbild? Gerne würde man Hildesheimer und Müller befragen: Verspüret ihr keine Scrupel? Ist jedes Urtheil so felsenfest begründet, wie ihr glauben macht? Wie habt ihr die Lücken übersprungen? Denn, wie Majestät schreiben: Nur die Quellen zu sammeln, damit ist es ja noch nicht gethan. Sie zu werthen, zu gewichten, zu deuten ist die eigentliche Aufgabe.

Doch können Nachgeborene überhaupt begreifen, was die Gläubigen bei Anastasius Rosenstengel's prophetischen Offenbarungen empfunden haben? Ist Gottes Wort heute noch zu hören? Ist nicht längst dies alles Aberglaube geworden, ein Schmarren, den Heutige belächeln, wenn sie von Selbigem lesen? Doch müsste man nicht, um die damalige Gegenwart wirklich zu erfassen, sich ergreifen lassen von der Möglichkeit, daß Gott direkt zu den Menschen spricht, auch heute noch? Ist es also überhaupt *a priori* möglich, aus den Briefen, Kirchenbucheinträgen, Waisenmatrikeln u.s.w., welche die Existenz des Anastasius Rosenstengel bezeugen, dessen Lebensgeschichte zu entwerfen? Oder ist nur festzustellen, daß die Geschichte vergangen ist und kein Weg, kein Steg, kein Thor zu ihr zurückführen? Die Bewunderung, die Müller's und Hildesheimer's Werke auslösen, gilt sie nicht der entschiedenen Willkür? Haben sie *gefunden* oder *erfunden?*

Wollen Euer Majestät großmüthig das dumme Versehen eines Thoren verzeihen, dem nach der Schlittenpartie nur vor Müdigkeit das Mißgeschick unterlaufen ist, sich fremdes Eigenthum anzueignen und der unterthänigst bittet, beigefügten Allerhöchstderselben Hut freundlich wieder in Empfang zu nehmen. Zur Abbitte legt der demüthigst Bereuende Schriften bei, welche bei selbigem Ausfluge im Gespräch berührt worden, Conolly's *Behandlung der Irren ohne mechanischen Zwang* sowie Griesinger's darauf beruhende Abhandlung »Die freie Behandlung« aus dem *Archiv für Psychiatrie und Nervenkrankheiten.* Dank dieser beiden Helden haben sich die alten Tolläuser in Humanitätsanstalten verwandelt, die alles, was an Zwang und Strafe erinnert, von sich abgestreift haben.

In allertiefster Ehrfurcht erstirbt Eurer Königlichen Majestät allerunterthänigst treugehorsamster

Franz Carl Müller
Leibarzt S. Kgl. Hoheit Pz. Otto von Bayern

[44] Ludwig an Müller

Neue Burg Hohenschwangau, 16. Januar 1885
Mein lieber Herr Dr. Müller!

Ihr Mir unbeschreiblich theurer Brief hat Mich der Erde, der oft so peinigenden Wirklichkeit entrückt und in des Himmels wonnevolle Regionen versetzt. Ungemein gefreut und glücklich gemacht hat es Mich, in Ihren Zeilen der leidenschaftlichen, quälenden Suche nach der Wahrheit zu begegnen, die Mich selbst so tief erfüllt seit Ich die ersten eigenständigen Gedanken zu denken im Stande war. Doch gleich zu Beginn eine Bitte für die Zukunft – legen Sie doch den Kanzleistyl ab, in welchem Sie Mir zu schreiben sich gezwungen wähnten. Es ist ja der Freund, der Ihre Briefe ersehnt, denken Sie immer daran. Mit diesem schicke Ich Ihnen die unvergeßnen Briefe, die Johannes von Müller seinem jungen Freunde Bonstetten geschrieben. An der unverlöschlichen Freundesglut, die aus jeder Zeile spricht, soll Unsere Correspondenz sich messen.

Recht sehr hat es Mich gefreut und innerlich berührt, zu erfahren, welche tief gefühlten, gedanklich durchgearbeiteten Scrupel Sie am Beginne Ihrer Abhandlung über Anastasius Rosenstengel hindern. Da Mich das herrliche Amt ruft, Hebamme Ihres Buches zu sein, drängt es Mich, Ihnen noch weitere Anregungen für die Behandlung eines historischen Stoffes zu geben, und lade Sie hiermit in eine Aufführung im Hoftheater ein, die am 28. Februar d. J. stattfinden wird, wenn Ich Meinen Aufenthalt in München begonnen haben werde. Wir werden an jenem Abend zu Gast am Hofe des großen Ludwig's sein, des XIV., des Roy Soleil. Vor einiger Zeit habe Ich bei dem Dramatiker Heigel angefragt, ob sich nicht die Ränke, die gegen die erstmalige Aufführung der Racine'schen *Esther* im Pensionat von Saint Cyr gesponnen wurden, dramatisch verwerthen und damit ein anschauliches Zeitbild sich schaffen ließe. Ich habe ihm und den ausführenden Künstlern eigens von Meinen Bibliothekaren Kupferstiche und zeitgenössische Beschreibungen ausfindig machen und übergeben lassen, um sicherzugehen, wirklich jenem historischen Ereignis beizuwohnen. Denn die Geschichte erfährt sich nur, lebt man sie nach! Rankes berühmtes Diktum ist so einfach wie wahr: Die Geschichtsschreibung muß bloß sagen, *wie es eigentlich gewesen.* Kommen Sie also an besagtem Abend ins Hoftheater. Nicht um das Romanhafte der dramatischen Vorlage wird es gehen, nein – um die historische Treue zu den damaligen Vorgängen, um lebendige Gestalten in echter, stilvollendeter Umrahmung auf der Bühne. Dort, in der Naturwahrheit der scenischen Gestaltung werden Sie erleben, wie es wahrlich war.

Im Übrigen ist es Mir mit solchen Vorstellungen ein Anliegen, das Theater wieder auf seine ursprüngliche Tendenz zurückzuführen. Es muß eine Bildungsanstalt sein und nicht der Ort, um eine frivole, genußsüchtige Menge zu belustigen. Sie werden Mir dann im Anschluß auch wieder Bericht über das Befinden Meines Bruders erstatten. Fahren Sie fort in Ihrem so schweren, aber schönen Beruf, wie Sie herrlich begonnen. Für die Uebersendung der diesbezüglichen Schriften danke ergebenst.

Seien Sie, Mein lieber Dr. Müller, Meiner aufrichtigen herzlichen Wünsche für Ihr stetes Wohlergehen versichert sowie der ungeduldigen Vorfreude auf unser Wiedersehen demnächst.

Ihr Ihnen freundschaftlich gesinnter
Ludwig

Linderhof, den 24. Januar 1885

Liebe Cousine!

Dein Brief hat mich gezüchtigt, hart gezüchtigt, doch ich küsse die Hand, die mich schlägt. Die Ausräumung des Mißverständnisses zwischen uns ist mir das dringendste Bedürfnis. Denn auch ich würde die rechte Lösung der socialen Frage in meinem Lande für höher halten, als wenn ich durch Waffenruhm Herr von Europa werden könnte, zumal ich nicht das Leben eines meiner Bürger für einen selbstsüchtigen Zweck zu verantworten haben möchte. Doch wie nur beginnen in einem Lande, mit einer Constitution, in der ich meine angestammten Rechte gar nicht auszuüben vermag? In der gegen all meine guten Absichten Ränke gesponnen, alle Ideale verhöhnt, ihr Erstreben für unmöglich erklärt werden? Es bleibt dabei, die alte königliche Stellung und das Herrscheramte waren das Schönste, Erhabenste auf Erden. Ich weiß! Ich weiß! Heutzutage geht das nicht mehr. Wehe mir, daß ich in eine solche Zeit hineingeschneit wurde, in der mir alles vergällt wird. Sagtest Du mir nicht einmal: »Du und ich, wir können uns alles erlauben?« Wäre es doch wahr! Aber Du, Du bist doch Poet, Du mußt mich doch darin verstehen: Ich liebe in dem ›König Sonne‹ die Poesie des Königtums. Er wußte im Uebrigen nicht um jene Gräuel in der Pfalz, an welche Du erinnerst – eine Ansicht, der auch Leopold Ranke zuneigt, der doch keinerlei Grund hat, den Franzosenkönig unbotmäßig zu protektionieren, und über die ich mich demnächst im Theater belehren lassen werde.

Doch laß uns schweigen von Alledem. Einstens werde ich meine Verfolger abschütteln wie weiland Moses die Ägypter, als er das Meer theilte. Ich danke Dir für die treue Versicherung Deiner dennochigen Zuneigung, die mir bis in den Tod theuer sein wird. Heiter soll ich leben, sagst Du. Nur wenige meiner Stunden sind heiter. Zu den Ausnahmen zählen diejenigen, welche ich mit dem neuen jungen Arzt Ottos verbringe. Er ist verständig und interessirt sich für mehr als nur seine Profession. Ein rechter Jammer ist es allerdings mit Ottos leidendem Zustande. Er legt sich oft 48 Stunden en suite gar nicht zu Bette, macht schreckliche Faxen, halluzinirt, hört Stimmen und bellt wie ein Hund. Er hat Momente schauderhafter Erregtheit, in denen man, die Mutter und ich nicht ausgenommen, wahre Grobheitsexplosionen über sich ergehen lassen muß. Allerdings ist diesbezüglich ein Rückgang festzustellen, unter dem Einflusse eben jenes jungen Irrenarztes, der neue Lehren von der Universität und aus England mitbringt. Darüber hinaus beschäftigt er sich mit historischen Studien und hat mich mit einem Weib in Mannskleidern bekannt gemacht, welche als Prophet unter dem Namen Anastasius Rosenstengel so genannte »Aussprachen« hatte, also in Zungen redete – wie gar nicht unüblich in jenen gottseligen Zeiten, dem Anfange des vorigen Jahrhunderts. Zu Pfingsten geboren und getauft glaubte sie, der Hl. Geist habe sie leichter als andre finden können! Sie soll schön gewesen sein, und wenn ich diese Rosenstengelin mir vorstelle, vermengt sich Dein Bild darein, wie Du bei einem unserer wagemuthigen Ausritte einmal im Amazonencostüm als schlanker biegsamer Bursche so kühn vor mir hersprengtest, daß die Verfolgung meinerseits kaum mir möglich war.

Vergib mir, wenn ich Dir nicht in Allem genüge, und höre nie auf mich zu lieben, wie ich Dich hochachten und verehren werde bis in den Tod

Dein treuer Vetter Ludwig

[46] **Müller an Gudden**

Fürstenried, 1. März 1885

Hochverehrter Herr Professor!

Prinz Otto sitzt ruhig am Schreibtisch und ›regiert‹, d. h. er zeichnet alte Rechnungen, Warenlisten usw., die wir ihm in kronenverzierten Unterschriftsmappen reichen, mit unleserlichen Schlangenlinien ab. Es macht ihm stille Freude, und nach der ›Arbeit‹ gönnt er sich immer ein Nickerchen, weshalb ich diese ruhigen Momente, die ihm und seinen Pflegern zur Erholung dienen, stets mit großzügigem Nachschub alter beschriebener Papierbögen verlängere. So will ich die ruhige Stunde nutzen, Ihnen die Vorkommnisse der gestrigen Nacht zu schildern, zumal Sie mich ja gebeten hatten, meine Begegnungen mit dem Könige stets schriftlich festzuhalten.

Die Vorstellung, zu der ich geladen, begann gestern um 9 Uhr abends. Das Hoftheater war tageshell erleuchtet, der große Kronleuchter brannte, alle Ränge, auch sämtliche Gänge und Treppen waren beleuchtet wie an jedem Theaterabend, aber – eine geradezu unheimliche Öde und Stille herrschte in der Arena: Sie war gänzlich leer und wirkte noch trostloser als das halbleere Haus bei einem modernen Trauerspiel.»Ich kann keine Illusion im Theater haben, solange die Leute mich anstarren und mit ihren Operngläsern jede meiner Mienen verfolgen«, sagte der König, mein Erstaunen bemerkend, zur Begrüßung.»Ich will selbst schauen, aber kein Schauobjekt für die Menge sein!« Sprach's und verschwand in seiner hohen Mittelloge, unsichtbar für seine wenigen Gäste, die in der niedrigen darunter Platz nahmen. Außer mir waren noch zwei Cheveauxlegers geladen, die derzeit zum persönlichen Kammerdienst bei Sr. M. abkommandirt sind und die ich von Hohenschwangau her kenne, zudem Marstallfourier Hesselschwerdt.

Gegeben wurde *Die Aufführung der »Esther« in St. Cyr* von Karl von Heigel, in welcher sich Ludwig XIV. die Racine'sche »Esther« aufführen läßt. Doch handelt es sich eigentlich um den Triumph und Sturz des bis dahin allmächtigen Ministers Louvois. Gespielt wurde vorzüglich, doch schien es mir, als fehle ohne Publikum der elektrische Strom von Leid und Freud, der sich vom einen zum andern hinüberleitet. Als der Vorhang wieder gefallen war, herrschte regungslose Stille, bis in der Mittelloge dumpf ein Lehnstuhl umgestoßen wurde und energische Schritte sich hastig entfernten. Ich hätte gern applaudirt, denn der ganze scenische Apparat an Costümen und Decorationen wirkte in überwältigender Pracht minutiös echt, unendlich aufwendig, zugleich intim und stimmungsvoll, – doch schien Beifall nicht schicklich, und so musterten wir vier Geladenen uns betreten.

Ein Bühnentechniker erlöste mich mit der Bitte, ihm in die Privatgemächer Sr. M. zu folgen und führte mich durch endlose Gänge in der Residenz. Der König ging bei meinem Eintritt in sein Arbeitszimmer von einer großen nervösen Unruhe getrieben auf und ab und stieß dabei, erregt, atemlos, immer wieder Invektiven heraus:»Es ist entsetzlich. Es ist ein Skandal! Dieses Theaterpack! Dieses Lumpengesindel! Durchprügeln, aber tüchtig! Dieser Verbrecher, mit seinem versiegelten Gehirn! Ich werde ihm meine Verachtung entgegenschleudern, mein grenzenloses Mißfallen, meinen vollsten Abscheu. 14 Tage Wasser und Brot. Eigens dreimal extra anspeien. Scharf an den Ohren zerren.« Oft blieb er plötzlich hart vor mir stehen, sprach dann sehr laut und schrill, und während ihm das Blut die Wangen dunkelroth färbte und die Stirnadern schwellen ließ, blitzten die seltsamen Augen in unheimlicher Erregung.

Nur die Thatsache, daß er offenbar nicht mich meinte, ließ mich – noch – halbwegs die Ruhe bewahren. Nachdem er sich etwas ermattet hatte, fragte ich, was eigentlich geschehen sei. »Was geschehen ist? Das fragen Sie noch? Die Possart-Canaille hat meinen Befehl nicht ausgeführt! Ich bin der König, und was mir zu thun gefällt, ist wohl gethan, so muß jeder gute Unterthan denken und sich dem Herrscherwillen unterwerfen. Mit der größten Schärfe auf diesen Schand-Possart losziehen, diesen Kapitalochsen und nachlässigen Saubengel!«

Allmählich doch abgestoßen von dieser Aufführung fragte ich, »Majestät, hat Ihnen das Stück nicht gefallen? Hat Herr Possart das falsche Stück aufgeführt? Er war doch als Louvois großartig!«

Abermals gerieth er in leidenschaftliche Wallung. »Sie Ahnungsloser!« S.M. eilte zu einem Prunkschrank, griff zielsicher einen Folioband heraus, suchte, hastig blätternd, eine bestimmte Seite und schlug dann mit der flachen Hand auf die gefundene Stelle.

»Ich bin empört, empört über diese schändliche Aufführung! Gar nichts, gar nichts richtet dieses fatale Saufell aus, wie es sein muß!«

Erst nach vielem Nachfragen erhellte sich mir schließlich der Grund für Sr. M. schwere Verstimmung. Possart hat, wie Heigel verlangt, für die Darstellung der Racine'schen »Esther« in St. Cyr durch die jungen Damen jenes Instituts eine terrassenförmige Bühne auf der Bühne aufgebaut, davor, auf Lehnstühlen sitzend, Ludwig XIV. und seine königlichen Gäste, rechts die von England entflohene Königin Anna und links der jugendliche Prinz von Wales. Heigel denkt sich diesen Akt im Garten von St. Cyr spielend, und Possart hat die Scenerie in der Diagonale entworfen, damit dem Könige sowohl die darstellenden Personen auf dem Podium wie die davor sitzende Hofgesellschaft im Profil sichtbar bleiben. Ich muß gestehen, der Eindruck des Aktes in dem von Lampions und Fackeln erhellten Garten war in der That wirkungsvoll gewesen – für den König jedoch Anlass Allerhöchsten Zorns. Denn in dem umfangreichen französischen Geschichtswerk finden sich die unfehlbaren Zeugnisse, daß die thatsächliche Aufführung der Racine'schen »Esther« nicht im Garten, sondern in der großen Eingangshalle des Erziehungsinstituts von St. Cyr stattfand; ferner saß der kleine Prinz von Wales dem König Ludwig XIV. nicht zur Linken, sondern zur Rechten, und dementsprechend war auch der Platz der Königin von England vertauscht.

»Ich will die Scene so sehen, daß sie dem historischen Vorgang entspricht!«, eiferte sich S.M., erneut mit der flachen Hand auf die offene Seite schlagend. Dieser Wunsch erschien mir höchst albern, die Raserei des

Königs zuvor, nun, da ihr Grund zu Tage lag, lächerlich, und mich reizte der Widerspruch.

»Majestät, ich verstehe sehr wohl, weshalb Herr Possart den König Ludwig und alle anderen so und nicht anders auf die Bühne gesetzt hat. Ihrer gewünschten scenischen Einrichtung stehen bühnentechnische Bedenken entgegen, weil sonst Ludwig XIV. und die Königin von England durch die hinter ihnen stehende Hofgesellschaft vollständig verdeckt würden und Sie demnach von den Hauptfiguren in dieser Scene bloß den Rücken, vielleicht gar nur die Allongeperücke zu sehen bekämen.«

Der König blickte mir kalt in die Augen. »Es ist vollkommen gleichgültig, ob Ludwig XIV. und die Königin von England in dieser Scene von mir gesehen werden oder nicht; ich will nur den historischen Vorgang wahrheitsgetreu dargestellt wissen.«

»Aber dann dürfen Sie doch gar nicht dieses Stück aufführen lassen! Dann müssten Sie doch den Dramatiker einsperren lassen, der das Tabelau vivant Eurer Majestät Allerhöchster Willensmeinung nach fehlerhaft gestellt hat, und nicht den armen Possart, der Heigels vielleicht nicht historisch korrekte, aber dramaturgisch kluge Vorgaben wirkungsvoll umgesetzt hat.«

»Das ist nicht klug«, brauste S. M. auf, »das ist *falsch!*«

»Sie *irren!* Dramen, Literatur, Musik, kein Kunststück ist je *falsch*, es ist höchstens gut oder schlecht«, erwiderte ich.

»Und Sie *täuschen* sich! Nur und nichts als die heilig-ewige Kunst ist *wahr!*«

»Aber doch höchstens eine höhere Wahrheit. Und deshalb ist es doch ganz gleichgültig, ob der Akt im Garten oder in der Vorhalle spielt, Hauptsache, er wirkt auf der Bühne.«

Wir geriethen nun, da ich mit meinen abweichenden Ansichten nicht im mindesten zurückhielt, in einen von beiden Seiten hitzig geführten Streit, der das Verhältnis zwischen Dichtung und Wahrheit, Poesie und Wissenschaft, Geschichtsschreibung und Literatur, ja selbst die Religion berührte. Dabei fand ich den König genau unterrichtet, grundgescheit, scharf, ja sogar ein wenig rabulistisch, dialektisch, spitzfindig in seinen Erwiderungen. Durch die höchst merkwürdigen Urtheile, die er schrankenlos leidenschaftlich vortrug, gerieth ich selbst in solche Wallung, daß ich ganz vergaß, mit wem ich stritt. Ich ertappte mich dabei, daß ich schon lange nicht mehr »Euer Majestät« sagte, sondern frisch daherredete wir früher mit meinen Comilitonen. Im größten Schwunge unterbrach ich mich einmal und bat, »Majestät müssen verstatten, wenn ich über diese Dinge sprechen soll, daß ich spreche wie Mann zu Mann; nicht wie Unterthan zum König.« – »Versteht sich, versteht sich!«, erwiderte er, und weiter ging's. Mein Gegner wurde immer aufgeregter, ich hielt einen Gehirnschlag für nicht ausgeschlossen. Wiederholt wollte ich während dieser in raschester, feurigster Weise geführten Unterredung, die über fünf, fast sechs Stunden währte, aufbrechen, aber immer wieder hielt mich der König fest: »Wir sind noch lange nicht fertig!« Wir geriethen nun über die Frage, ob zwischen Kunst und Leben überhaupt zu trennen sei, so scharf aneinander, daß ich eine höchst ungnädige Entlassung gewärtigte. Mir fiel ein Beispiel aus seinem Ureigensten ein, mit dem ich ihn für immer zu schlagen gedachte:

»Selbst Richard Wagner nahm es mit der Wahrheit nicht so genau. Seine *Meistersinger* spielen an Johanni, und was lässt er duften? Den Flieder! Der ist um die Zeit seit einem, ach was, seit zwei Monaten in der Natur verblüht, aber in der Kunst – ist das doch ganz und gar egal! Wagner brauchte halt für die Nacht des Liebeswerbens etwas Duftendes, und wahrscheinlich hatte er eine persönliche Vorliebe für Flieder, und basta! Alle im Publikum verstehen den Flieder richtig, auch wenn er botanisch *falsch* ist.« Lang, ernst, ruhte sein Blick auf mir. Ich dachte still: ›So! Jetzt hast du's gründlich verschüttet bei diesem stolzen König.‹ Da reichte er mir die Hand, mich – endlich! – verabschiedend. »Es ist spät geworden. So wie Sie hat noch kein Mann zu mir gesprochen. Auch Er nicht. Ich danke Ihnen. Ich werde Ihnen das nie vergessen.«

So hat er meinen schroffen Widerspruch mit königlicher Größe aufgenommen. Sollte ich mit meinem verwegnen Freimuth also gar Wagnern ausgestochen haben? Nun, der durfte ja so freimüthig nie sein, wollte er seinen Goldesel nicht verprellen. –

Von der Residenz bin ich dann am frühen Morgen gleich hier herausgefahren (mit einem Hofwagen, den S.M. mir anwies, keinen Widerspruch duldend), wo immer noch, seit ich diesen langen Brief begonnen habe, Ruhe herrscht. Bester Prof. Gudden, ich erlaube mir nun, mich endlich zu Bette zu legen. Meine Constitution ist für solche Nächte nicht gemacht. Fast wünschte ich, doch bei Sr. M. durchgefallen zu sein, um solchen Eskapaden künftig zu entgehen.

Ihr immerdar ergebener
Franz Carl Müller

München, 2. III. 1885

Gnädigster Prinz und Herr!

Euerer Königlichen Hoheit darf ich die freudige Mittheilung machen, daß mein Assistent, der neue, von mir bestallte Prinzenarzt Dr. Müller, erste schöne Anhaltspunkte für Sr. M. zerrüttetes Seelenleben bezeugt. Geschickt ist es ihm gelungen, des Allerhöchsten Vertrauen zu gewinnen. Einen mehrtägigen Aufenthalt in Hohenschwangau hat er mir in reichlich aberwitzigen Einzelheiten beschrieben, ebenso seine gestrige Theilnahme an einer der so genannten Separatvorstellungen. Gelingt es Müller, immer tiefer in das Allerhöchste Herz einzudringen, so werden weitere Briefe über ihre Zusammentreffen, die ich ihm stets abverlangen werde, Beweismittel aus erster Hand liefern, wie es um die geistige Gesundheit des Königs steht. Noch etwas Geduld, und Müller wird nach und nach, ohne daß ihm dies freilich bewußt ist, eine Anamnese des Allerhöchsten Irrsinns verfassen.

Zu vermuthen ist, daß S. M. zu jenen unheilbaren Geisteskranken zählt, welche durch ruhiges und klares Sprechen und durch consequentes Handeln leicht und oft lange Zeit dem Laien als gesund erscheinen, während sie in Wirklichkeit ein ganzes System von Wahnideen haben und geistig bereits so geschwächt sind, daß sie auch in ruhigen Krankheitsintervallen aus ihrem Wahnsystem nicht mehr herauskommen. Da immer ein Theil der psychischen Verrichtungen unbehelligt bleiben kann, Reste von Einsicht und geistigem Vermögen die Umgebung täuschen, kommt es dazu, daß die Erkrankung in ihrer ganzen Schwere erst spät zur Erkenntnis des Umfelds sowie dem betreuenden Arzte gelangt.

Vor einer definitiven Diagnose bedürfen die durch meinen Assistenten beobachteten Krankheitserscheinungen jedoch der näheren Erklärung, und zwar durch die Erkenntnisse, welche ich im Labortrakt meiner Anstalt seit langen Jahren erwerbe und von deren epochemachendem Werth ich Prof. Gietl in der nächsten Sitzung des Obermedicinalausschusses zu überzeugen die Freude haben werde. Denn es bleibt zu beweisen, daß dem Krankheitsbilde der Verrücktheit eine ganz bestimmte pathologische Beschaffenheit des centralen Nervensystems entspricht. Diesbezüglich fallen die verschiedenen krankhaften Veränderungen am Schädel Sr. M. und wahrscheinlich dessen Inhalt in die Augen:

1. Die Kleinheit des Schädels gegenüber den Dimensionen der kolossalen Körpergröße. Wie der Hut Sr. M., den mir Müller zu verschaffen gewußt hat, zeigt, trägt S. M. eine Hutgröße, die in keinster Weise seiner sonstigen Physis entspricht. Wie sein Bruder, dessen Kopfmaße ebenfalls viel zu gering sind, kann der König mit einem solchen Schädel gar nicht gesund sein. – Zu vermuthen, aber bislang noch nicht bewiesen ist

2. die ungleiche Größe der beiden Schädelhälften. Sie nachzuweisen ist von größter Bedeutung für die Sicherheit der Diagnose. Denn durch sie entsteht im Gehirn ein Druck, aufgrund dessen neben dem Zeichen der Erregung und des unmäßig gehobenen Machtbewußtseins Zeichen der psychischen Schwäche, der intellektuellen und sittlichen Defekte in unverkennbarer Weise hervortreten. Hierzu ist es allerdings unabdingbar nothwendig, den Schädel Sr. M. zu vermessen und die Ergebnisse mit zahlreichen anderen zu vergleichen, die ich in unserer hiesigen Anstalt an den Köpfen der irresten Irren gewonnen habe. Hat Müller sie mir erst verschafft, werde ich objectiv beweisen können, daß der König an Wahnsinn leidet.

Bis dahin bittet weiter um Geduld und
verharrt in denkbar tiefster Unterthänigkeit
Bernhard von Gudden

[48] **Ludwig an Müller**

München, den 2. März 1885

Mein lieber Müller!

Noch ganz ergriffen von dem gestrigen Gespräche greife ich zur Feder, um Ihnen meinen aus dem tiefsten Grunde des Herzens kommenden Dank auszusprechen für die wahre Seelenfreude und Stärkung, die Sie mir bereitet haben. Heute erst fällt mir ein, was ich Ihnen zuletzt noch hätte antworten wollen, als Sie glaubten, mich mit Wagner's Flieder geschlagen zu haben: Die Natur, die der Künstler seine ewige Lehrmeisterin nennt, sie ist nur die von ihm selbst geschaffene Norm seines Schaffens. Nicht die Natur schafft die Kunst, sondern die Kunst die Natur. – O, das heilige Feuer der hehren Liebe zur Kunst, welches in Ihnen flammt, versehrt auch mich. Edel und erhaben durch und durch ist Ihr Charakter, jedes Ihrer Worte bezeugte mir dies gestern. Unsere Gesinnungen haben eine Ähnlichkeit, was mich immer freut, unsere Seelen sind, ich glaube es durchzufühlen, verwandt. Wir beide sind Feinde alles Gemeinen und Schlechten und erglühen in heiligem, gottentflammtem Feuer für alles Hohe, Reine und Ideale. Daß ich oft, so auch gestern, von einem wahren Fieber des Zornes und des Hasses befallen werde, mich voll des Ingrimmes abwende von der heillosen Außenwelt, ist begreiflich; vielleicht mache ich einstens meinen Frieden mit der Erdenwelt, wenn alle Ideale, deren heiliges Feuer ich sorgsam nähre, zerstört sein werden. Doch – wünschen Sie das nie!

Ich gedenke der schönen Worte, die der unsterbliche Schiller gegen Ende seines herrlichen Dramas Wallenstein über seinen Freund Max Piccolomini sagen läßt: »Er machte mir die Wirklichkeit zum Traum, um die gemeine Deutlichkeit der Dinge den goldnen Duft der Morgenröthe webend« – und wieder sagt er: »denn über alles Glück geht doch der Freund, ders fühlend erst erschafft, ders theilend mehrt.« Lieber Herr Dr. Müller, ich habe immer sagen hören, daß zwischen einem Fürsten und einem Untergebenen keine Freundschaft möglich sei. Wir wollen beweisen, daß solcher Glaube, nein, Unglaube, nur Ausdruck des Kleinmuths niederer, erbärmlicher Insektenseelen ist. Wie nichtssagend und fad erscheinen mir fast alle Menschen. Welche Mittelmäßigkeit und Borniertheit, wohin ich blicke. Das Volk ist gut, sein innerster Kern gesund, aber urtheilslos und leicht lenkbar. Von der Hofgesellschaft schweige ich –. Ich lebe mehr in meinen geliebten Büchern als in der verhaßten Gegenwart. Sie geißeln, mißverstehen das nicht, wie so viele andere, als Weltflucht, edler Freund – ich darf Sie doch so ansprechen, nach dem, was gestern gewesen. Wie Schiller, an den Sie mich seit unserer ersten Begegnung gemahnen, sagt: »In der Dichtung heilig-hehre Räume mußt Du fliehen aus des Lebens Drang, Freiheit ist nur in dem Reich der Träume, Und das Schöne blüht nur im Gesang« usw. Im Umkehrschluß heißt das: Ohne Träume keine Freiheit, ohne Dichtung nur Häßlichkeit, Abscheu auf Erden. Wollen Sie in einer solchen Welt leben, theurer Freund? Oh, wie sehne ich mich nach einem Brief von Ihnen, mein Einziger!

Ihr dankbarer
Ludwig

Wien, den 3. März 1885

Lieber Ludwig!

Daß Du mir meine offnen Worte nicht übel nimmst, zeigt die wahre Größe Deines Charakters, den ich immer bewundern werde, da er wahrhaft königlich ist.

Was Du mir von dieser Frau in Mannskleidern schreibst, ist ja höchst possirlich! Das mit ihren »Aussprachen« glaube ich sofort! So etwas gab und gibt es immer. Auch ich höre eine Stimme, die mir diktirt, und das ist die meines Meisters Heinrich Heine. Auch das Gedicht, das ich Dir auf die Roseninsel hab legen lassen, hat Er mich schreiben lassen. Was heute die Kunst vermag, war früher Gottes Poesie. Ich gehöre nicht zu denen, deren geistige Sinne verschlossen sind. Und deshalb höre ich, empfinde ich die Gedanken und das mich betreffende Wollen meines Geistes. Diese Bilder kommen mir in wachem Zustand, ebenso wie die Erinnerung im Schlaf »Traumgebilde« erweckt – wie jenes von Dir, als Du so tropfnaß vor mir standest.

Warum gehst Du nicht mit Deinem Irrenarzt zu meiner alten Freundin, der Paumgarten, und ihr tretet in Verbindung mit diesem zungensprechenden Weib? Wo Du doch grad in München bist – ich schreib ihr sogleich, daß Ihr kommt! Die Gräfin Paumgarten ist ein sogenanntes ›Schreibmedium‹, will sagen: während sie in einen traumartigen somnambulen Zustand verfällt, führen Geister ihre Hand. Gefragt, schreibt sie die Antwort der Geister nieder. Auch sie hört also eine Stimme, die ihr diktirt. Gewiß kann sie mit einem so verwandten Geist wie diesem Rosenstengel Kontakt aufnehmen! Ich wünschte, ich könnte dabei sein. Wollt ihr mir unbedingt die Mitschrift der Paumgarten mittheilen?! Mit derselben Post schreib ich ihr!

Es grüßt Dich aufgeregt
Deine Elisabeth

Fürstenried, 8. März 1885

Allerdurchlauchtigster Großmächtigster König!

Allergnädigster König und Herr!

Für das neuerliche Höchsteigenhändige Schreiben und das darin ausgedrückte Allerhöchste Vertrauen lege ich Ew. Allerduchlauchtigsten Majestät meinen allerunthänigsten Dank zu Füßen. – Ach, wollen Majestät gnädigst verzeihen! Schon einem Allergroßmächtigsten König schriftlich zu nahen und die dabei zu beachtenden Regeln zu befleißigen ist eine Wissenschaft für sich. Einem König aber zu schreiben, der beliebt zu befehlen, Ihm wie Johannes von Müller an Bonstetten zu schreiben – das verlangt wahre Kunst, und, darin gänzlich ungeübt, muß ich im Vorhinein jede Nachsicht erbitten, wenn ich mich fortan entweder dem Könige oder dem Freunde gegenüber unbotmäßig erweisen sollte. Das Schreiben, es fällt mir nicht leicht, wie Majestät wissen!

Trost mag sich in der Thatsache finden, daß es anderen schon ähnlich erging. Anbei lege ich einen Zettel, den Ew. Königlichen Majestäts Ur-Ur-Ur-Großvater, König Friedrich Wilhelm I. von Preußen, selbst und offensichtlich mit großen Mühen verfaßt hat. Er ist mir im Zuge meiner Recherchen in die Hände gerathen. Ist es Zufall, ist es Vorsehung, daß Sein ferner Sproß heute das Schicksal Rosenstengel's so aufmerksam verfolgt wie der Ahn damals?

S. Kgl. Hoheit Prinz Otto, dessen Kräfte sichtlich zugelegt haben, scheint übrigens gerade das Erbe jenes ›Soldatenkönigs‹ in sich zu verspüren. Er erinnert sich an seine frühere militärische Karriere und trägt derzeit zufrieden und stolz seine alte Uniform. Sollte der Königliche Bruder einen neuerlichen Besuch in Erwägung ziehen, wären die nächsten Tage vielleicht günstig.

In allertiefster Verneigung für Ew. Königlichen Majestät vielfache huldreichste Gunstbezeigungen und in Wiederholung der Bitte, etwaige Fehler der Ansprache großmüthig zu verzeihen

Ihr ärztlicher Freund
Franz Carl Müller

[51] Politisches Testament von Friedrich Wilhelm I.

Mein lieber successor bitte ich umb gottes willen keinen ungerechten krihg anzufangen und nicht ein agressör sein, denn Gott die ungerechte krihge verboten und ihr jemahls müsset rechenschaft gehben von jeden menschen der dar in ein ungerechten krihg geblieben ist – bedenk das gottes gericht scharf ist.

Ich wünsche itzo nits mehr in der weldt als in auswärtige lande weit von mein landen ein hüpschen einsamen ordt auszusuchen, wo ich in der stille lehben kann, denn ich in dieser Weldt nits nutze bin und mir über alles ergerdt alsdann ich ein filosofies lehben führen will.

[52] Ludwig an Müller

München, den 10. März 1885

Mein theurer Freund!

Mit welchem Seelenjubel begrüße ich Ihr köstliches Schreiben! »O diese Sonne! Ha dieser Tag! Jagendes Blut, jauchzender Muth! Lust ohne Maßen, freudiges Rasen!« Seit Unserem Gespräch nach dem Theater vertraue ich Niemandem auf Erden so felsenfest und schrankenlos wie Ihnen. Seien Sie versichert, daß auch ich an das denke, was, wie Sie in Ihrem Briefe mir schreiben, Ihnen durch den Kopf fährt, an den zwischen Uns bestehenden Rangesunterschied, den menschliche Satzung aufgestellt hat, und wie er im mündlichen und schriftlichen Verkehr wegzuwischen. Denken Sie einfach stets daran, wenn Sie mir ohne lästige Curialien schreiben: Wir sind Brüder durch ein theureres Band als die Natur geschmiedet.

Für die Überlassung des Schreibens meines Urahns danke ich vielmals. Es ist wahr, leider! ich stamme von ihm ab und bin selbst ein halber Preuße, wenn man der mütterlichen Linie so viel Antheil und Bedeutung einzuräumen bereit ist. Doch liegt mir nichts ferner, als in dem Soldatenkönig einen Ahn zu verehren, auch wenn sein Blut in meinen Adern fließt. Stets schwebt mir ein Drama vor Augen, das seinen ältesten Sohn, den jungen Friedrich, mit seinem Freunde Katte zeigt und dessen höchst bedauerliches Ende, an welchem jener schimpfliche Vater allein schuld trägt, trieb er den Sohn doch förmlich in den Hochverrath, eine Constellation, von welcher ich mir höchste Wirkung auf der Bühne verspreche. Allein, Heigel liefert nicht, zu meinem allergrößten Bedauern. Sage der theure Freund: Verspürt Er in sich nicht auch den Beruf des Dichters? Will er sich vielleicht einmal an diesem Stoffe versuchen? Den Vater müsste man zeichnen als grausamen, blinden Herrn, der sein Land als Kaserne betrachtete und von seinen Unterthanen nur die Soldaten liebte. Ich aber, ich hasse, ich verachte den Militarismus! Und welch grauenhafte Unbildung spricht aus den tintenverklecksten, kaum zu entziffernden Zeilen meines Ahns, die Sie mir geschickt! Freilich muß man concediren, daß Friedrich Wilhelm thatsächlich keinen ungerechten Krieg begonnen, anders als sein berühmter Nachfolger, der Alte Fritz, der daher zu Unrecht als »der Große« verehrt wird.

Um Ihre Arbeit an Ihrem großartigen historischen Werke weiter zu beflügeln, werden wir neuerlich einen Abend verleben, der Sie inspiriren soll. Kommen Sie nächste Woche Freitag, abends gegen 11 Uhr zum Max-Joseph-Platz No. 3. Theilen Sie dies bitte keinesfalls irgendjemandem mit. Kommen Sie allein und unauffällig und bringen Sie jene Briefe mit, welche Anastasius Rosenstengels ›Aussprachen‹ bezeugen.

Ihnen, lieber Herr Dr. Müller, meine herzlichsten Grüße sendend, bin ich mit der Versicherung meines besonderen Wohlwollens und Vertrauens

Ihr Ihnen freundschaftlich gesinnter Ludwig

[53] **Müller an Gudden**

Fürstenried, 21. März 1885

Hochverehrter Herr Professor!

Die ruhige Phase, die Pz. Otto zuletzt genießen durfte, ist heute Nacht abrupt zu Ende gegangen. Seine alten Militärstiefel, die er jetzt seit knapp zwei Wochen Tag und Nacht trägt, peinigten ihn entsetzlich, ohne daß er uns erlaubt hätte, sie ihm auszuziehen. Als ich zur frühesten Morgenstunde hier eintraf, bedurfte es eines beherzten Eingreifens aller anwesenden Pfleger, um ihn in den Zwangsstuhl zu setzen und die Stiefel zu entfernen. Seine Fußnägel sind krumm, theilweise bereits eingewachsen und mußten dringend verarztet werden. Wir schlossen ihn in eine Wanne mit warmem Wasser und Baldrianessenz, wo sein Toben nach etwa einer Stunde erlahmte. Seit Vormittag schläft er. Über die fragliche Temperatur der Wasseranwendungen würde ich mich gern mit Ihnen demnächst berathen.

Von meiner eigenen Nacht gibt es Folgendes zu berichten. Der König empfing mich in seinem privaten Appartement in der Residenz und zeigte mir erst die Originalpartitur von Richard Wagner's *Götterdämmerung* und dann seinen kolossalen Wintergarten, eine kühne, gewölbte Eisenconstruction auf dem Dach des Festsaals, 70 Meter lang und 10 Meter hoch, wie mir S. M., stets in technischen Fragen bewandert, erläuterte. Sie überspannt einen künstlichen Teich samt Wasserfall, umgeben von einem tropischen, fast undurchdringlichen Dschungel mit riesigen Palmen von einer Schönheit und Stärke, wie sie mir noch nie in einem Warmhaus vorgekommen; prächtige Schlingpflanzen umziehen einen langen, in Spiegelung verdoppelten Gittergang, bunte Papageien auf goldenen Stäben durchstoßen die schwüle Luft mit ihren spitzen Rufen. Aus dem Hintergrund leuchtet eine prachtvoll perspektivisch gemalte Landschaft aus dem Himalaya entgegen, die sogar, wenn man ihr ganz nahe tritt, von ihrer Täuschung nichts verliert. Fast vertraut spazierten wir durch diese künstliche Natur, die von zahllosen Lampen erglühte, sodaß ich sagen darf, Ihren Auftrag erfüllt zu haben: S. M. betrachtet mich mittlerweile als Freund.

In ausgezeichneter Hochachtung
Ihr ergebener F. C. Müller

[54] Ludwig an Elisabeth

München, den 21. März 1885

Liebe Cousine!

Dein köstlicher Rath hat mir wonnevolle, höchst genußreiche Stunden verschafft! Tausend, abertausend Dank für Deine Vermittlung bei der Gräfin Paumgarten. Mein junger Irrenarzt und ich nahmen gestern theil an einer Séance in ihrer Wohnung. Die Gräfin erwartete uns, in ein schwarzes Gewand gekleidet, ihr Gesicht leuchtete wächsern weiß. Weder an Gestalt noch Anmuth hält sie dem Vergleich mit Dir stand, doch wußte sie, der Stunde ein weihevoll würdiges Gepräge zu verleihen. Sie führte uns in ein zwar schwach, aber hinreichend erleuchtetes Gemach, dessen Fenster mit dunklem Samt verhängt waren. In der Mitte stand ein runder Tisch, auf dem schon das Schreibzeug der Gräfin bereit lag, das uns Kunde aus einer fernen, lang vergang'nen Zeit bringen sollte. Nach dem Niedersetzen bat uns die Gräfin, den Blick ruhig ins Kerzenlicht zu versenken. Nach einer langen Pause erfragte sie dann formell, mit etwas eintönigerer Stimme als zuvor, unser Begehr. Da eine gewisse verständliche Befangenheit meinem jungen Irrenarzt die Kehle zuzuschnüren schien, richtete ich an ihn die Bitte, mitgebrachte Briefe über den Propheten Rosenstengel auf den Tisch zu legen. Selbst gab ich der Gräfin zur Antwort, unser Wunsch sei, mit eben jenem ins Gespräch zu treten, der zu Lebzeiten vom Heiligen Geist beseelt gewesen und der daher vielleicht auch uns die Gunst einer solchen Aussprache erweisen möge.

Nach Aufforderung der Gräfin, die Händekette zu schließen, reichten sich Müller und ich die Hände, dieselben mit sanftem Druck umschließend, da sonst niemand anwesend war. Während der Gräfin Versenkung in die alterthümliche Schrift der Briefe lauschten wir eine lange Weile nur unseren eignen Atemzügen. Mit glasigen, nichts festhaltenden Augen forderte Gräfin Paumgarten Müller schließlich auf, die Stimme in sonorer Eintönigkeit klingend:

»Stelle deine Fragen.«

Müller räusperte sich. »Bist du es, Rosenstengel?«

Gräfin Paumgarten schrieb, übrigens mit Bleistift, ohne den Blick auf das Papier vor sich zu senken. Ich übernahm es, ihre Schriftzüge vorzulesen:

»Rose ist eine Rose ist eine Rose ist eine Rose.«

Mit nicht geringer Überraschung tauschten Müller und ich einen Blick. Da schrieb die Gräfin abermals:

»Ich bin, der ich seyn werde.«

Da Müller in Schweigen verfiel, drückte ich aufmunternd seine Hände.

»Hast du die Leute damals betrogen?«

Nach einer kleinen Verzögerung, wie wenn sie lausche, schrieb die Paumgarten blind wie zuvor:

»Die Stimme, die ich vom Himmel gehört hatte, redete mit mir und sprach: ›Gehe hin, nimm das offene Büchlein von der Hand des Engels, der auf dem Meer und auf der Erden stehet.‹ Und ich ging hin zum Engel und sprach zu ihm: ›Gib mir das Büchlein.‹ Und er sprach zu mir: ›Nimm hin und verschlings! Und es wird dich im Bauche grimmen; aber in deinem Munde wird es süße seyn wie Honig.‹ Und da ichs gegessen hatte, ward zu mir gesaget: ›Du mußt abermals weissagen.‹«

Müllers und meine Blicke kreuzten sich abermals in Erstaunen. Danach trat erneut eine Stille ein. Da Müller trotz mehrfacher Aufforderung meinerseits seine Schüchternheit nicht zu überwinden vermochte, stellte ich schließlich die Frage nach dem, was kommen wird.

»Siehe zu, was du thust, die Zeit ist kurtz, sage ich Jehova, der über Todte und Lebendige Herr ist. Ich komme bald, und wie ich dich finde, so werde ich dich richten. Dencke nicht, daß deine Wercke und Greüel für mir verborgen seyn. Ich richte dich nach meinem Sinn und keines Menschen Urtheil. Fürchte dich nicht, ich habe dich lieb und suche dein Heil. Jehova Almajo Almejo.«

Während ich dem Sinn dieser Worte noch nachsann, klärte sich der Gräfin Paumgarten Gesicht immer stärker auf und sie kehrte aus ihrer tiefen Versenkung ins Leben zurück.

»Rosenstengel hat sich zurückgezogen«, sprach sie mit matter Stimme, wie nach einer großen Anstrengung. Sie überreichte uns den Bogen Papier mit dem Protocoll der Aussprache, und wir nahmen bewegt unseren Abschied.

Nach der Séance führte ich Müller in meinen Wintergarten, wo wir im Austausch über das soeben Erfahrene poesiedurchwehte Stunden verlebten. »Nie sah ich, nie träumte mir, was jetzt ich schau, und was mit Bangen mich erfüllt.« Wir zogen uns in das Innere der Grotte zurück, in träumerisches Dunkel gehüllt, von dem kleinen Wasserfall durchrauscht. Ich war vom Zauber befangen. – »Ha! Er ist schön, der Knabe!« – Er ist ein so liebreizender Jüngling, wie man sich nur einen wünschen kann. Nachdenklich, zart, von größter Gemüthstiefe, knabenhaft, jünglingsfrei, von bezaubernder politesse de cœur. Dabei Arzt, ernst und hehr, durchdrungen von seinem Berufe zum Wohle und Heil der Menschen. Ein Erlöser! Oh, er, Er wird mich heilen! Die Schmerzensnacht wird enden.

Dir bis in den Tod dankbarst verbunden
Dein Ludwig

Löwen, 25. Aprilis 1713

Wohl-Ehrenvester, Vielgeehrter Herr
Insonders Hochgelahrter Herr Professor

Ein extraordinairer Fall, welcher sich dieser Tage hier auff den Kriegsfeldern in Brabant ereignet, schencket mir die glückliche Occasion, mich einem der ersten Stabilitorn der Wahrheit im teutschen Reiche schrifftlich zu nahen. Seit Mein Hochgeehrter Herr die *Ehe- und Gewissens-Frage* bejahet, ob zwey Personen, deren eine der Lutherischen, die andere der Reformirten Religion zugethan ist, einander mit gutem Gewissen heurathen können, hege eine ganz unparteyische Veneration vor denselben. Befleißiget sich doch Mein hochv. Herr einer spitzen und treffsichren Feder und kitzlet nit nur die harthäutigen Tiere der Orthodoxia mit der Mistgabel, sondern auch die neuen pietistischen Pharisäer und Cantzelgötzen. Will dahero nit säumen, MhH Kenntnüß besagten Vorfalls zu geben, welcher in deroselben allseits bekannten Streitte mit dem Prof. Francke an der Hällischen Universität hülffreich zu Nutzen seyn mag.

Vor zehn Tagen, gerade, als unser Regiment aus dem Winterlager auffgebrochen und zu der ersten Campagne des Jahres gerüstet, sind uns drey Musketiere entwichen, so bey Antwerpen wieder gefangen und zurücke bracht. Weillen die Fahnenflucht ohne Unterscheid mit dem Tod durch den Strang zu bestraffen, ward sogleich der Galgen errichtet, vor dem auffgestellten Regiment das Exempel zu statuiren. Nachdem der Henker den Ersten kürtzlich abgefertiget, bat der zweyte Haluncke, ein junger Milchbart, mit dem Prediger noch ein Wort reden zu dürffen. Die beyden treten zur Seiten und der Pursche beichtet dem Feldtpfarrer und saget, daß er ein Mädgen sey, geboren in Halle am Saale Ufer, allwo sie von sehr anständigen Leuten abstamme. Der Pastor erstaunet und verlanget Beweyse, weßhalb beyde noch weiter abseits treten, zur größten Verwunderung von uns Officiren. Hernach erzählet der Pastor, wie der Musketier seinen Waffenrock geöffnet, unterm Hemde ein Stück Weißblech hervorgefummlet und dem braven Manne Gottes die beyden Beweysstücke seiner Weiblichkeit offeriret. Als ein einfältig Feldtprediger so sich nit vor schlauer helt als er ist, rennt derselbe sogleich zu denen Officiren und entdecket das Mädgen, welche darauff in Ketten und Banden geleget und außführlich befraget.

Dieselbe heißet Catharina Margaretha Linckin, ist ohngefähr zwanzig Jahr alt, von hohem Wuchs, geraden Gliedern und gar schönem Angesichte. Seit ohngefähr einem Jahre dienet sie als Musketier und ist mehrfach ins Feldt mit uns gezogen. Sie redet verständig, kann lesen und besser schreyben als mancher General und saget, niemalen habe ein Mann sie berührt. Wie ich ihr zugesetzet, hat sie eingestanden, doch nit von ehrbahren Leuten abzustammen, sondern ein Waysenmädgen zu seyn, so bey Professor Francke in Halle erzogen, von wo sie aber geflohen, weillen man sie verpflichtet, fünf bis sechs Stunden am Tag zu Gott zu beten, welches sie aber so schwer gedrücket, daß sie lieber Soldat worden!

Wie Mein hochv. Herr ohnschwer erkennet, lässet das Schicksal dieses Mädgens die Anstalten des vordersten pietistischen Lehrmeisters nicht unbeflecket. Damit die pietistischen Pfaffen nit zu übermüthig werden, habe die Geschichte von der Linckin auch Seiner Königl. Majestät sowie dem Kronprintzen in meinen wöchentlichen Relationes communiciret.

In der Hoffnung, Meinem Hochgelehrten Herrn damit einen erfrewlichen Dienste gethan zu haben, verbleybe ich

Meines Hochgeehrten Herrn treuester Diener
Friedrich Wilhelm von Grumbkow
Oberst im Königl. Preuß. Regiment von Sydow

[56] **Grumbkow an Francke**

Löwen, 25. Aprilis 1713

Hochehrwürdiger Hochgeehrter
Insonders Hochgelahrter Herr Professor

Dessen christlicher Ruhm bis nach Brabant erschallet, von allwo ich Hochwürden vor sein hochlöblich Werck, so derselbe in Halle zur Ehre GOttes errichtet, ein geringes praesent an 2 Thlrn hierbey sende, welche Hochwürden zur Speisung der Waysen gnädiglich verwenden möge.

Es hat nun den Anschein, als ob ein Waysenmädgen so in Halle groß gezogen, Kriegsdienste als Soldat bey den Preussischen Trouppen verrichtet. Ist Mitte dieses Monats entflohen, aber wieder bracht und beynah gehänget worden. Hat sich aber unterm Galgen als ein Mädgen entblößet und saget, sie stamme aus Halle, allwo sie in Hochwürden Waysenhauße erzogen. Dieselbe sitzet in Ketten und Banden und wird der Casus geheim untersuchet, damit das Werck von Hochwürden durch solch Ärgerniß nit leide, weshalben in geheim fragen wollen, ob Hochwürden eine gewisse Catharina Margaretha Linckin bekannt, welches ihre Schicksale, Wesen und Betragen, ehe sie Soldat worden. Wollen Hochwürden darbey beachten, daß der Strang immer noch über derselben baumlet und desselben Antwort den urtheilenden Officiren als Richtschnur dienen wird.

Erbitte hiemit Meinen hochzuehrenden Herrn Professor und liebreichsten Diener Christi umb seinen Segen und verharre

Treuergebenst in Gott
Friedrich Wilhelm von Grumbkow
Oberst im Königl. Preuß. Regiment von Sydow

[57] **Francke an Grumbkow**

Glaucha vor Halle, den 14. May 1713

Gnade und Segen von Gott

Wohlehrenvester, Großachtbar-Vielgeehrter Herr

Mit tieffster Besorgniß habe mein Wohlehrenvester Relation vernommen von dem sündhafften Wege, so Catharina Margaretha Linckin gewählet, welche mir wohl bekannt. Besagtes Mägdlein hat wahrlich hie zu Glaucha ab ihrem 6. Lebensjahre die Seegnungen Gottes genossen, welche hochlöbliche Spender wie mein vielgeehrter Herr sie dem Waysenhause verehren, wovor demselben ergebenst dancke. Wes Nahm und Herkunfft derselben Vater ist nicht bekannt. Ihre Mutter, eine Wittib, hat in tieffster Noth ihren Leib an Soldaten verkauffet und ward also schändlich von besagtem Mägdlein entbunden. Catharina Margaretha hat sich gar fein angelassen, obgleich mit einem vorwitzigen Verstande begabet. Haben mein Adjunkt Freylinghausen und ich bey ihrem Abgangsexamen von der Schule nicht mit Lobe gezögert, dieweilen sie über die gräßlichen Leiden unseres süßen Heilands und unser aller Erlösung in Christo inniglich gesprochen, kapitelweis auswendig aus dem *Paradiesgärtlein* und den *Vier Büchern vom Wahren Christenthum* von Johann

Arndt vorgetragen, über die *Pia desideria* unseres hertzlieben Spener disputiret, auch in der Geschichte unserer Kirche und ihrer nothwendigen Reformation, darüber hinaus in der römischen Christenverfolgung sich fundiret erwiesen.

Trotz der herrlichen Gaben, so derselben ihr Schöpfer vermacht, trotzete sie schon früh gegen Seinen Willen. Bauren und andren der Schrifft Unkundigen pflegte sie vor einen Kreutzer heimlich vorzulesen, wann sie einen Brieff erhalten, so dieselben mir oder den Informatores nicht zeigen wollen. Auch vagirte sie offten herum und mußte zu ihrem seeligen Ende strenge vermahnet und mehrfach mit der Ruthe bestraffet werden, worfür sie uns hernach von Hertzen gedancket, umb endlich die Boßheit aus demselben herauszureißen.

Zu Ostern 1708 gaben wir dieselbe einem Schönfärber und Knopfmacher in Halle, dem Hausvater im Handwerck, der Hausmutter bei ihren Auffgaben zur Hand zu gehen. Von dorten ist sie eines Tages ohne Abschied verschwunden und zeithero nicht wiederkommen. Erst mein Hochgeehrter Herr Brieff hat schröckliche Zeitung von ihrem Verbleyb gebracht.

Ist nun Catharina Linckins trauriger Entschluß, sich als Mann zu kleyden und zu denen Soldaten zu gehen, strenge zu tadeln und sie selbsten hart zu bestraffen. Doch wollen mein Hochgeehrter Herr und die Wohlehrenveste Herren Officire und Richter bedencken, daß sich die Linckin zuvörderst vor Gott versündiget, alldieweilen in der Hl. Schrifft geschrieben stehet, daß Weiber keine Mannskleyder anzulegen (5. Mosis 22, Vs. 5). Ist dahero auch von einem religiösen Gericht und nicht von einem weltlichen zu verurtheilen, und bitte daher die HochgeEhrten Herren Richter gnädiglichst, von einer Bestraffung der Linckin im Felde als Fahnenflüchtling abzusehen und dieselbe stattdessen nach Halle zu dimittiren, wohin sie gehöret und allwo sie ihrer That entsprechend strenge bestraffet wird werden. Erwarte die Linckin also demnächst in Halle, allwo sie so gehalten wird, daß sie zukünfftig andren keinerely Anlaß zur Klage gebe, sich selbsten aber die Aussicht auf ein seeliges Ende verschaffe. Will mich dafür selbsten vor meinem Hochgeehrten Herrn sowie den Hochgeehrten Herren Richtern, zuvörderst aber vor Gott rechtfertigen, der die Sünder liebet und ihnen Erbarmen gewähret.

Daß MhH diesen delicaten Casum discret behandlen, davor dancke ergebenst und bitte auch fürderhin umb Schonung, nicht umb meiner selbsten, sondern umb der Anstalten willen, welche von allerley Seiten befehdet.

Ergebe hiemit meinen Hochzuehrenden Herrn der gnädigen Beschirmung Gottes und verharre

Treuergeben in Gott
Aug. Hermann Francke

[58] **Thomasius an Grumbkow**

Halle, den 15. May 1713
Wohlehrenvester, Vielgeehrter Herr

Dessen angenehmes vom 25. aprilis habe wohl empfangen. Ergebenst dancke vor die curieuse Mittheylung so über Catharina Margaretha Linckin gemachet, welche mir in persona gut bekannt, dieweil ich etliche Jahr, bevor ich mit Francken gebrochen, den Unterhalt einiger Mägdlein übernommen, wofür mir die Linckin stets gedancket, wann wir uns im Gottesdienst in St. Georgen zu Glaucha begegnet. Dieselbe hat hier einigen Ruhm erworben, nachdem sie einmal aus dem Waysenhause fortgelauffen. Dieweil man ihr Halstuch in der Saale gefunden, glaubte man dieselbe ertruncken. Ist aber nur auf den übel beleumundeten Stroh Hofe geschwommen, welches eine Insul vor Glaucha und Halle allwo der Henker und die Huren wohnen, und wo sie etliche Tag nach ihrem Untertauchen wieder ans Licht kommen. Fahrendes Volk gab dort Räuberstücke zum Besten und verschluckete Schwerter. Mit denen Gauklern zeigete die Linckin dem Publico Zauberkunststücke, ritt auch auf einem lebenden Bären und erhielt lautes Beyfallgeschrey als feuriger Liebhaber einer spanischen Tänzerinn in einer Verwechslungscomödie. Haben meine Söhne und viel ander Leut darbey das ertrunken geglaubte Waysenmägdlein erkannt, entdecket und zurücke bracht, welche später dann abermals und gäntzlich verschwunden.

Daß ein Waysenmägdlein, so in Halle erzogen, Soldat worden, beweyset wie eitel das Wortgeplärre meines Collegae Francke. Als wir einstens Hand in Hand gegen die Leipziger Zionswächter gestritten, als die Pietisten noch aus allen Ecken der Welt verjaget wurden, so waren Francke und Consorten so demüthig, daß man fast keine bessern Leute hätte wünschen mögen. Doch seitdem der König zu denselben übergelauffen und beschlossen, daß alle drey Professoren vor die Theologie an der Universität zu Halle sollen nur mit

Pietisten besetzt werden, wollen sie ein neues Papstum errichten, und ist nunmehro fast kein Ort in Preußen übrig, an welchem dieses Geschmeiß und Ungeziefer nicht umherkrieche. Darbey missbrauchet Francke Cantzel und Beichtstuhl, um den Leuten Geld vor seine Anstalten aus dem Beutel zu schneiden, eine halbe Vorstadt zu kaufen und dann den Bau der Anstalten als ein Wunder und göttliche Providence zu rühmen. Dencke sich M h H nur, soeben hat der gelahrte Posaunenblaser und Zungendrescher ein königliches Reskript erwirket, in welchem mir unter Androhung der Amtsentsetzung anbefohlen, mich aller Theologie gänzlich zu enthalten und meine Vorlesungen auf das jus zu beschränken.

Wollen mich mein Vielgeehrter Herr nur weiterhin unterrichten ob der Schicksale dieses verkleydeten Mägdens und wie die Herren Officire über sie entschieden. Wann mein Rath gefraget, würde ich von der Hinrichtung absehen. Ein solch gewitztes Weib mag lebendig mehr als tot nutzen.

Meinem Vielgeehrten Herrn treuergeben
Christian Thomasius

[59] Anna Magdalena Francke an Dorothea Rosina Pott

Glaucha vor Halle, den 16. Maij 1713

Und der Himmel entwich wie ein eingewickelt Buch.

Lieb Hertz und Kind Gottes

Verzeihe deiner niedrigen Magd in dem Herrn, wann sie so verstummet. In langer Zeit ist nichts vorgangen, welches mich mehr niederschläget als das Ausbleiben des Jüngsten Tags, in Halberstadt, so auff Erden. Habe als Buße vor meine eitele Hoffnung auff das Ende der Zeit Tag vor Tag die Krancken gepfleget, welchen in den Anstalten ein eignes Haus errichtet, habe denen fiebernden Waysenkindern die Umschläge und Betten gewechselt, das Erbrochene der Lateinschüler fortgewischet und die Läuse auff den Köpfen gejaget. Meines Mannes Adjunkt Freylinghausen, der gar schwer an Zahnschmertzen laboriret, habe spanische Fliegen auffgeleget. Er ergibt sich Bewunderns werth in Gottes Hand und dichtet währender Pein fromme Liedlein, welche wir in der Singestunde einüben.

Des Nächtens habe viel über die Geschehnisse in Halberstadt und deine an mich ergangne Fragen nachgedacht. Trautes Hertz, ich fürchte, daß wir nicht länger auff das Tausendjährige Reich hoffen dürfen. Es wird anbrechen, wann seine Zeit kommen, und wir können seine Ankunfft nicht beschleunigen. Wir müssen, und können! vielmehr das Reich *in uns* anbrechen lassen. Dieses geschiehet, sobald wir uns mit der himmlischen Sophia vermählen. Daß wir gewöhnet, von Gott als unserem Vater zu sprechen, zweifflende Freundin, geschiehet nur der äußern Vergleichung und verblümten Rede wegen. Denn es ist gewiß: Daß in der Gottheit kein Geschlecht sey. Die unsichtbare Natur ist nicht in Mann und Weib getheilet, wird auch nicht durch Vermehrung oder Geburt fortgepflanzet. Denn ein Wesen, das kein Fleisch hat, hat keine Gemeinschafft mit den Leibern. Dahero hat Gott den ursprünglichen Menschen nicht leiblich gezeuget, sondern geschaffen durch das leiblose Wort, und zwar sich selbsten zum Ebenbild als Mann und Weib zugleich.

Diesen ursprünglichen, ersten Adam hat er in zweye getheilet, um uns zu prüfen. Nur dann dörffen wir die Gnade des Herrn erhoffen, wann wir selbsten uns die Gnade verdienet. Weshalben wir uns nicht auffs Faulbettchen legen und uns auff das »Christus *pro* nobis« verlassen dürffen, wie mein Eheherr lehret. »Christus *in* nobis« müssen wir entdecken, auserwählte Freundin. Und dieses geschiehet in der geistigen Wiedergeburt, in der Vermählung mit der himmlischen Sophia, danck welcher der halbierete Mensch wieder in seine gehabte paradiesische Vollkommenheit tritt.

Dieß ist nach Adams Fall möglich worden, seit der Gottessohn in dem weiblichen Geschlechte, in Maria, ein Mensch und Mann worden; er führete das männliche Theil wieder in den Leib des jungfräulichen Weibes ein. Wodurch denn in der schwangeren Jungfrau Maria die männliche und weibliche Krafft wiederum ein einig Bild und Wesen worden. Zeithero kann die neue creatur als eine männliche Jungfrau nach der Wiedergeburt vor Gott wieder vollkommen darstehen. Solchem nachzueyffern stehet mir nunmehro allezeit im Sinn.

Hiermit erlasse dich dem getreuen liebreichen Jesusherzen, der wolle dich in den Säulen seiner Liebe leiten, ich aber will durch desselben Gnade beständig verharren

Meiner hertzgeliebten Schwester im Glauben demüthigste Dienerin
Anna Magdalena Franckin

Löwen, 28. May 1713

Wohl Edler und hochgelahrter
Sonders weithin beruhmter Herr Professor

Seinem Urthel über die heillose Pietisterey beuge mich gäntzlich. Rupfet man das pietistische Unkraut nit entschieden herauß, thun sich seine schädlichen Früchte geschwind herfür. Doch mäßige Mein hochverehrter Herr seinen gerechten Zorn: Der König weiß, daß nit das thätige Christenthum der Endzweck derer Pietisten, sondern das Tausendjährige Reich, darinnen sie die Könige und Potentaten dieser Welt trachten unter ihre Füße zu treten. Aus der Stadt Gottes, welche sie vor Halle errichten, hoffen sie, nach und nach auch unser Preußen in einen GottesStaat zu verwandlen. Doch bitte M h Herrn, weder den König noch seine Geheimen Räthe vor so fromm oder dumm zu aestimiren, sich zu Franckes Handlanger zu machen.

Wollen hertzwerthester Gönner gnädiglich vernehmen, wie die Geschichte der Linckinn weitergangen. Seynd so curieuse Umbstände bei der Sach, so nit leicht in der Welt ein zweytes Mal geschehen. Während man auff Antwort Franckes wartet, ordnet man eine Leibesvisitation der Linckin an. Wird dahero eine Wehmutter vom hiesigem Ortte einbestellet, welche zusammen mit dem Regimentschirurgo die Linckin im Beyseyn meiner Person untersuchet. Entkleyden die Linckin erst oben und entdecken, wie der Pastor gesaget, zunächst das Weißblech und dann zwey schöne, jugendlich volle aber nit zu große Beweyse ihrer Weyblichkeit. Saget die Linckin, das Blech habe nit nur ihre weiblichen Brüste verdecken, sondern sie auch im Kampfe schützen sollen, weshalben keiner ihrer Zeltkameraden sich je darüber verwundret. Da zuweilen auch Männer fette Brüste hätten, verlanget der Chirurg eine weitergehende Untersuchung des Leibes. Die Linckin widersetztet und wehret sich und wird erst zahm, als ich ihr verdeutlichet, daß nur der volle Beweys ihrer Weiblichkeit sie retten kann, daß ihr bereits gefälltes Urthel andernfalls sofort vollstrecket. Wie erstaunen aber die Wehmutter, der Chirurg und ich selbsten, als die Hose der Linckin endlich gefallen und sowohl ein Horn als auch ein gewisses ledernes Instrument zum Vorschein kommen, die sie beyde mittels eines ledern Riemens vor ihr Geburtsglied gebunden. Befraget antwortet die Linckin, das Horn sey zum Pissen, damit sie könne thun wie ihre Kameraden. Es stammet von einem jungen Ochsen, ist nit zu groß und nur leicht gebogen, hat am Schaft eine recht breite Öffnung, und in die Spitzen hat die Linckin ein Löchlein gebohret. Von mir auffgefordret zeigete die Linckinn, wie sie damit verfahren. Manch gebohrner Mann wünscht sich den kräfftigen Strahl, welchen die Linckin mit großer Kunst stehend in den Eimer gezischet.

Befraget nach dem ledernen Instrumente verstummet die Linckin. Als ich ihr abermalen bedeutet, daß nur die volle Wahrheit sie retten könne, antwortet dieselbe maulfaul, sie habe machen müssen, wie die Kameraden gemachet. Nachdem ich die Wehmutter und den Chirurgum weggeschicket, relationirt dieselbe schließlich, daß sie im Winterlager das Männliche Glied von Leder verfertiget und ausgestopfft, daran erst einen Beütel von Schweine Blasen gemachet, weillen das aber nit halten wollen, die zweÿ ebenfalls von Leder gemachten und ausgestopfften testiculi gehänget. Aus Sattelzeug habe sie den Riemen genähet, und habe es ihr ihre Weisheit selbst gelehret, habe auch in Halle bey einem Knopfmacher gelernet, von dem sie sich mancherley Künste abgeschauet. Mit dem Instrument an ihre Schaam gebunden ist die Linckin zu manchem Weibesmensch gegangen und hat denenselben vor zween Groschen solch ledern Ding in den Leib gesteckt. Sie habe auch unterschiedliche Wittwen caressiret und mit dem ledernen Dinge gleichfalls exerciret, welche den penem befühlet, auch damit gespielet, und doch nit erkandt. Manchmahl wäre sie gantze Meilen nach einem schönen Weibesbild gelauffen. Gestehe meinem HochverEhrten Herrn, ähnlich zu empfinden, ohne stets das rechte Instrument bereit zu halten, wie die Linckin, aus eigner Weisheit planvoll errichtet und nit vom eitlen Zufalle der schwachen Natur.

Dem weithin beruhmten Rechtsgelehrten Thomasio muß nit näher erläutern, daß die Wahrheit die Linckin zwar vor dem Strange als Deserteur bewahret, sie aber in neue Calamitäten treibet, als ein ungnädiger Richter ihr die Sodomiterey wohl begründet zum Vorwurffe machen könnte. Verfolge nunmehro aber eigene Absichten mit der Linckin, welche gewitzt und verständig und uns werthvoller, so lange sie am Leben. Habe dahero von gedachter Unterredung niemandem im Felde ein Sterbenswörtchen gesaget, auch die Linckin strenge vermahnet, stille zu schweigen, und die Corpora delicti an mich genommen. Dem Chirurgo und der Wehmutter habe je einen Gulden gegeben, umb denen Officiren von der unbestrittenen Weiblichkeit der Inquisitin zu relationiren, das Horn nur kurtz zu erwähnen, das andere aber vor sich zu behalten. Ward darauff beschlossen, die Linckin sey ein

Weib und habe als solches nichts im Krieg verloren, weßhalb sie auch nit als Deserteur zu bestraffen.

Nachdem Francke sich bereits zur Linckin bekennet und umb Schonung vor dieselbe gebeten, wird sie morgen mit einem Passe nach Halle dimittiret, und dürfte dieselbe alsbald an der Saale wieder eintreffen. Überschicke Meinem hochverehrten Herrn in seinem Streitte mit den Hällischen Pietisten feinstes Schwarzpulver in Form einer durchtriebnen Jungffer, welche, so Gott und wir wollen, die pietistischen Pfaffen in die Luft sprengen wird.

In der Hoffnung, Meinem hochgeehrten Herrn dienstbar zu seyn, verbleybe ich desselben

ergebenster treuer Diener
Friedrich Wilhelm von Grumbkow

[61] **Dorothea Rosina Pott an Anna Magdalena Francke**

Halberstadt, 30. Maij 1713
Meine treue Schwester in dem Herrn

Durch dein verehrtes Schreiben abermal inniglich erfreuet und hoch vergnügt bin ich mit meinem gütigsten Gott gar gern zufrieden, daß er mir die schriftliche Unterredung einer so lieben und werthen Freundin gönnet. Nach genauer und mehrmaliger Lesung deines Brieffs habe begonnen, der Susanna Elisabeth Mühlhahnin Arnolds Buch von der himmlischen Sophia vorzulesen. Susanna ist nach dem Fortbleiben des Jüngsten Tags hart bedrängt worden. Meine Nachbarinnen, die Petersen und die Praetorius, verlangten, sie solle sich vor dem HErrn demüthigen und zugeben, ihren Leib einem unsinnigen Schwindelgeiste zur Werckstatt und Wohnung eingeräumet zu haben. Doch hat sich unser neuer Pfarrer Clauder, welcher ein vernünfftiger, sanftmüthiger Mann, schützend vor dieselbe gestellet, ausstreuend, weillen der Mühlhahnin monatliche Reinigung ausgeblieben, habe der Satan ihre Seele durch allerlei Gaukeleien verstört. Nachdemalen dieselbe aber wieder monatlich zu bluten pfleget, könne nichts und niemand ihr Gemüth mehr angreiffen.

Zeithero hält sich das liebe Kind still. Sie hülfft ihrer Mutter, welche sich vor ihre Tochter schämet, in der kargen Haushaltung, wäscht vor andre um des geringen Verdienstes willen und kömmt jeden Abend in meine Stube, um ein Kapitel über die himmlische Sophia zu hören. Für Anfänger auf nüchternen Magen ist Arnolds Buch keine leicht verdauliche geistige Milchspeise. »Wann Sophia Adam vor dem Fall im Geiste das gewesen, was ihm nach dem Fall Eva im Fleische war«, so fraget Susanna; »was ist sie dann vor uns Weiber?« Die Vereinigung mit einem Weibe im Geiste zur Wiedergeburt will uns nimmermehr in den Kopf! Woher kömmt der männliche Theil, so uns Weibern nöthig, zur Wiederherstellung des gantzen Menschen?

Eines schreibet der Herr Arnold aber ohnmißverständlich und leicht zu begreiffen: Man muß mit reinem Hertzen und keuschem Leibe die göttliche Weisheit suchen. Sie wird nicht wohnen in einem Leibe, welcher der Sünden unterworffen und welcher sich nicht um des Himmelreiches willen beschneidet. Wie dancke ich darumb Gott, daß ich eine Wittib und keine fleischliche Verbindung mich der reinen himmlischen Vereinigung mit Sophia beraubet. Noch glücklicher erscheinet mir Susannen, welche als reine Jungfrau noch niemahlen in der Versuchswüste des Fleisches herumgeirret. Aber, meine auserwählte Freundin und Liebhaberin der wahren Gottseligkeit, deren Hertz schon von der Weltliebe gereiniget ist: Wie hältst du es mit dem Fleische? Den Schlaf zu meiden ist nicht alles; meidest du auch dein eheliches Bette?

In zärtlicher Sorge um die Erlangung deiner gewünschten geistlichen Wiedergeburt bete ich jeden Tag vor dich und verbleibe in der Liebe Gottes deine treue Hertzensschwester in Leyden und Gedult

Dorothea Rosina Pott

P.S. Den Brieff überreichen dir meine zween ältesten Söhne, Johann Tobias und Johann Heinrich, welche in Halle das Studium beginnen, der erste die Medicin, der zweite das Recht. Sey ihnen eine christliche Mutter und ermahne sie fleißig.

Berlin, den 23. März 1885

Lieber Müller!

Danke vielmals für Ihren inhaltsreichen Brief aus der Münchner Anstalt. Ja, Sie haben recht, Ihr historischer Fall zeigt, daß besagtes Krankheitsphänomen keine neurasthenische Modeerscheinung unseres nervösen Zeitalters ist, sondern gewissermaßen eine anthropologische Constante darstellt. Die Conträrsexuelle treibt sich schon als kleines Mädchen auf dem Tummelplatz der Knaben herum. Von Puppen will sie nichts wissen, ihre Passion ist das Soldaten- und Räuberspielen. Zu weiblichen Arbeiten zeigt sie nicht bloß Unlust, sondern vielfach geradezu Ungeschick. Parfüms und Näschereien werden verabscheut. Die Toilette wird vernachläßigt, in einem derben, burschikosen Wesen Gefallen gefunden. In amazonenhaften Neigungen zu männlichem Sport gibt sich die männliche Seele im weiblichen Busen kund. Die Conträrsexuelle liebt es, Haar und Zuschnitt der Kleidung männlich zu tragen, und ihre höchste Lust ist es, in männlicher Kleidung zu erscheinen. Schmerzliche Reflexionen ruft das Bewußtsein hervor, als Weib geboren zu sein und der Universität mit ihrem flotten Leben und dem Militärstand ferne bleiben zu müssen. – Sollte es Ihnen gelingen, aus Ihrem wie meinem Fallbeispiel den Typus überzeitlich zu abstrahieren, wäre Ihnen die Fachwelt zu größtem Dank verpflichtet.

Entgegen Ihrer etwas kurzbeinigen Einwände scheint mir daher unsere Wortschöpfung der »conträren Sexualempfindung« höchst glücklich gewählt. Sie will besagen, daß es sich nicht nur um den Geschlechtstrieb als solchen handelt, sondern auch das pathologische Phänomen umfaßt, dem ganzen inneren Wesen nach dem eigenen Geschlechte entfremdet und dem conträren zugewandt zu sein. Denken Sie noch einmal darüber nach!

Auch wegen der Rippenfracturen, junger Herr College, bin ich mir nicht so sicher. Nach der Lehre des Göttinger Ordinarius Ludwig Meyer sind die zahlreichen Brüche in unseren Anstalten auf reducirte Knochenstructuren zurückzuführen, weil Irre erwiesenermaßen weniger atmen. Ein harmloser Schubs von Seiten ihrer »Schlögel«, der einen gesunden Kerl nur zur Besinnung riefe, führt bei Irren gleich zu einem Rippenbruch. Bedenken Sie Morels Degenerationslehre!

Mit allen guten Wünschen für Ihr Thun
Ihr Ihnen herzlich zugeneigter Westphal

[63] **Ludwig an Müller**

München, Am Charfreitage, 3. April 1885

Mein lieber Herr Dr. Müller!

Könnte ich jederzeit dem Zuge meines Herzens folgen, hätte ich Ihnen bereits viel früher geschrieben. Doch das Durchsehen der vielen Eingaben, Berichte, Anträge usw. welche mir meine Minister und Sekretäre unabläßig zum Bedenken und Unterschreiben einreichen, hat mich all die Tage von der schriftlichen Unterhaltung mit Ihnen abgehalten. Heute endlich!, an welchem Tage es gerade zwei Wochen wurden, seit ich jene weihevoll geheimnisvollen Stunden bei der Gräfin Paumgarten und im Wintergarten in Ihrer Nähe verleben durfte, genau fünf Wochen, seitdem wir im Theater zu Gast bei Ludwig XIV. waren, kann ich nicht länger umhin, diese Zeilen an Sie zu richten, um Ihnen mitzutheilen, daß ich heute viel Ihrer, treu geliebter Freund, gedenke, der Sie ohne Ausnahme der beste und vollkommenste der Menschen sind. Denn heute vor genau 120 Tagen haben Wir Uns kennen gelernt. Unvergeßlich hehrer Tag, dessen Wonnen nie vergehen. Heil und Segen dem theuersten Freund. Innigsten Gruß aus tiefster Seele.

Am heutigen Charfreitage rufen mich im Geiste die Glocken des *Parsifal* zum Gottesdienste. Die Religion freilich hat die Kraft verloren, die Menschen über sich selbst zu erheben. Kaum noch findet ein Bauer im hinterletzten Dorf die Kraft, sich gegen die Erkenntnisse der Wissenschaften und Technik zu erwehren und dem frommen Glauben seiner Kindheit anzuhangen. Das wahre Mysterium, das den Menschen auch heute noch wahrhaft bezaubern kann, ist allein die Kunst! Das große Theater verwandelt die Menschen, sie stehen außer sich selbst, vergessen für die Zeit der Aufführung ihre alltäglichen Sorgen, ihr Sclaventhume. Die Kunst allein befreit sie davon. Höchsten Heiles Wunder! Ach, Richard Wagner war ein Gottmensch, der wahre Künstler von Gottes Gnaden, der das heilige Feuer vom Himmel auf die Erde brachte, um sie zu läutern, zu beseligen, zu erlösen! Durch das Miterleben seiner hinreißenden, wunderbar herrlichen, tiefsinnigen Dichtung, durch die wonnevolle Verklärung und echte Weihe, welche dieselbe durch jene gottentstammte Tonsprache erhält, wurde und werde ich in einen solchen Rausch nie empfundener Beseligung versetzt, von einem Hochgefühl nie empfundenen Glückes erfüllt, daß ich weiß: Es ist ein Gott! Ich habe ihn geschaut. Und kühn darf ich behaupten, daß meine unerschütterliche Liebe und Treue zum Meister, meine Begeisterung für sein Wirken ihn, wie er selbst zugab, gerettet haben. Doch es waren allerlei Hofschranzen und Adlige und Beamte, die es mit bittrem Neid erfüllte, daß ich lieber mit dem genialen Künstler verkehrte als mit ihnen in jenen öden Hofgesellschaften. Um die dummen Münchner Bierphilister gegen Wagner und gegen mich aufzuhetzen, nahmen sie den Vorwand, Wagner übe gefährlichen politischen Einfluß auf mich, er ›verpreuße‹ mich. Und mir machten sie weis – ich war noch gar zu jung! –, bleibe Wagner in meiner Nähe, breche in München ein Aufstand los. Elende Lüge! So gab ich, arg getäuscht, nach. Wagner hat die Ränke und Intrigen, welche hinieden das Gute erwürgen und in welche sich die Götter selbst verstricken, in seinem unsterblichen *Ring des Nibelungen* verewigt. Freilich war auch der Meister nicht frei von fehl und unterwarf den mythischen Stoff seinen eigenen, democratisch zersetzenden Tendenzen, weshalb ich den *Ring* stets um ein weniges weniger nur lieben kann als *Parsifal*, den wundenwundervollen! Wie innig freue ich mich auf die bald heranrückenden Tage, in welchen Wagner's Bühnenweihfestspiel Uns stärken und wahrhaft beseligen, Uns über Uns selbst erheben wird. Uns!, erlaube ich mir zu schreiben, denn es ist mir die größte Freude, Sie, Einziger Freund!, einzuladen zu den Aufführungen, welche am 26., 27. und 29. April im Hoftheater stattfinden werden. Wie innig freue ich mich auf die Wiedervereinigung mit Ihm! Der Tag ist nicht mehr fern. »Die holde Kunst, sie werde jetzt zur That!«

Gedenken Sie freundlich mein, darum bitte ich Sie.

Ihr bis in den Tod getreuer

Ludwig

München, 30. IV. 1885

Gnädigster Prinz und Herr!

Für die vorbereitenden Maßnahmen Euerer Königlichen Hoheit vor der letzten Sitzung des Obermedicinalausschusses danke ergebenst. Nach Beendigung unserer Aufgabe wird es sich von selbst verstehen, daß Prof. Gietl nicht länger Leibarzt Sr. M. verbleiben kann. Wer den König nicht vor dem Wahnsinn bewahrt, entbindet sich durch Unvermögen selbst seiner Aufgaben.

Mit diesem Schreiben übersende ich Euerer Königlichen Hoheit vier Briefe meines Assistenten Dr. Müller, in denen er seine bizarren Begegnungen mit Sr. M. in aller Ausführlichkeit schildert. Sie erhärten den früher formulirten Verdacht des überaus bedauerlichen Wahnsinns Sr. M. und sind als Zeugnisse, ja Beweismittel allerersten Ranges einzustufen. In den vergangenen Tagen hat Müller darüber hinaus mehrfach mit Sr. M. Separatvorstellungen besucht, über deren Maßlosigkeit er mir noch mancherlei mündlich mitgetheilt:

So mußten, um der neuen Einstudirung von Schillers *Tell* das echte Gepräge zu verleihen, die Hoftheatermaler eigens die Schweiz bereisen und an Ort und Stelle das Rütli, Altdorf und die hohle Gasse aufnehmen, um die Bühnenbilder der Natur unter größtem Aufwande abzustehlen. Für die drei Aufführungen des *Parsifal* wurden eigens zwölf der größten Güterwagen von der Bahnverwaltung requirirt, um die Decorationen von Bayreuth nach München zu überführen, welche dann, weil das eigentliche Magazin überfüllt ist, provisorisch im Glaspalast untergebracht, für die Proben immer wieder im Hoftheater aufgebaut, und zurückgebracht wurden, desgleichen für die Vorstellungen. Wegen all dem konnten im Hoftheater keine öffentlichen Aufführungen stattfinden, was in der Stadt hinter vorgehaltener Hand mit Entrüstung weitererzählt wird.

Dieser ganze Aufwand ist jedoch, laut Müller, gering zu achten im Vergleich zu den Summen, die der Fest- sowie der Thronsaal in der Neuen Burg Hohenschwangau verschlingen, welche nach anfänglicher Orientierung an Wagner's Oper *Lohengrin* nun zur Gralsritterburg im Sinne des genannten *Parsifal* ausgebaut wird. Für den Laien braucht es zur Diagnose des Wahnsinns Sr. M. nur dies: Ein menschenscheuer König, der seit Jahren keine Audienzen gibt und keinerlei Festlichkeiten besucht, der zudem in seinen ererbten Schlössern ungenutzte Säle in größter Zahl und Pracht besitzt, baut sich hoch in den Bergen eine Ritterburg nur für sich und seine irrwitzigen Gedankenspielereien –.

Zuletzt hat S. M., wie mir Müller weiter mittheilt, eine alte Marotte wieder aufgegriffen, der er lange nicht mehr gefröhnt, das Reiten in der beleuchteten Hofreitbahn des Nachts. Der König erfaßt dabei der Gedanke, die Reise an einen bestimmten Ort zu Pferde zu machen, berechnet die Distanz im Verhältnis zum Umfange der Reitbahn und reitet dann von 8 Uhr abends bis 2, 3 Uhr früh, gefolgt von einem Reitknecht, in der Bahn fort und fort rund herum, ein jedes Pferd so lang es gehen kann, hält nach einigen Stunden an, läßt sich in die Bahn ein Souper bringen und reitet dann wieder weiter, bis er an seinem Reiseziel angelangt ist. Der Reitknecht, der letztlich mit dem Könige in der Reitbahn ›von München nach Innsbruck‹ geritten ist, erhielt für diese Begleitung eine goldene Uhr mit schwerer Kette.

Das vielfältig und böswillig commentirte Stadtgespräch bilden freilich des Königs Lustbuben zu Pferde. Müller will davon nichts wissen, aber es ist allgemein bekannt, daß König Ludwig neuerdings in seiner Zuneigung zu dem jüngern Stallpersonal sehr energisch geworden ist. Einer der auserwählten Cheveauxlegers wandelte während einer langen Zaubernacht vertraulich mit seinem Landesherrn in dessen privaten Palmengarten. Am folgenden Tage hatte er ein Hufeisen mit Diamanten besetzt und einen Tausendmarkschein in der Tasche. Ein solcher Umgang mit den jungen Soldaten in den engen grünen Hosen bleibt nicht unbemerkt. Um Majestätsbeleidigungen aus dem Weg zu gehen, werden in den Bierkneipen derlei Geschichten auf den Namen »Huber« erzählt.

In der Zuversicht, Euerer Königlichen Hoheit einen erfreulichen Zwischenbericht geliefert zu haben, verharre ich in tiefster Ergebenheit stets als Euerer Königlichen Hoheit

dankbarer, unterthänigster Diener
Bernhard von Gudden

München, 10. Mai 1885

Bester Herr Prof. Westphal!

Wieder nutze ich einen bislang zumindest stillen Abend in unserer Anstalt, um Ihr letztes, höchst anregendes Schreiben zu beantworten. Das letzte Bier ist ausgegeben (wir reichen neben den drei Mahlzeiten täglich zweimal Brot sowie dreimal Bier. Manche Kranke erhalten täglich mehrere Liter, worauf die besuchende Verwandtschaft peinlich pocht, weshalb die Anstalt pro Tag drei Hektoliter verbraucht). In Stunden wie diesen überkommt mich oft eine gewisse Schwäche. Trotz der überaus rationellen Einrichtung ist das Gewimmel ungezählter verblödeter, bald unzugänglicher, bald zudringlicher Kranker, mit ihren lächerlichen oder ekelerregenden, bedauernswerthen oder gefährlichen Absonderlichkeiten verwirrend. Die Ohnmacht des ärztlichen Handelns, das sich meist auf Begrüßung und gröbste körperliche Pflege beschränken muß, die völlige Rathlosigkeit gegenüber all diesen Erscheinungsformen des Irreseins, für die es keinerlei wissenschaftliches Verständnis gibt, lassen mich die ganze Schwere des von mir gewählten Berufs empfinden.

Da finde ich denn geistige Entlastung darin, den Fall Rosenstengel zu reconstruiren. Bester Herr Professor – völlig fern steht es mir, mit meinen Zweifeln an der Präcision der von Ihnen vorgeschlagenen Terminologie Ihre Betrachtungsweise selbst in Frage stellen zu wollen. Im Gegentheil! Sie haben völlig Recht, mich auf das Typische hinzuweisen, und so denke ich denn über eine weitere frappirende Ähnlichkeit zwischen Ihrem Frl. N. und meiner Catharina Linck nach, namentlich die Krampfanfälle, die beide von Zeit zu Zeit befielen. Über die Frl. N. schreiben Sie, dieselbe schlage in solchen Momenten mit Armen und Beinen perpendiculär, die Daumen fest zwischen die Finger gekniffen, dann käme ein Würgen, schließlich ein Wälzen und Drehen des ganzen Cörpers, bis sie schnell und laut seufzend zu inspiriren beginne. Wollen Sie diesen Anfall mit den so genannten »Aussprachen« der Linck vergleichen, die Kölner Protestanten im Jahr 1711 festhielten? Ich schicke die Transcriptionen anbei, und wollen Sie daraus auch ersehen, auf welcherlei Quellen meine Arbeit beruht.

Übrigens bestätigt dieser historische Fall auch Ihre Beobachtung, daß die Abweichung stets im 8. Jahre erstmalig sich zeigt. Catharina Linck lief in diesem Alter zum ersten Mal aus dem Waisenhaus weg, dem sie doch alles verdankte, was nur durch eine den Verstand übersteigende, ja, ihm widersprechende Veranlagung zu begreifen ist.

Zeit, diese Befunde zu verschriftlichen, fand ich zuletzt keine, denn nach meinen ärtzlichen Aufgaben mußte ich jetzt immer – ins Theater! S. M. brennt in dieser Saison ein wahres Feuerwerk so genannter Separatvorstellungen ab, also Opern- und Schauspielaufführungen nur für ihn allein und seine wenigen Gäste, zu denen zu zählen ich mehrfach die Ehre hatte. Ganze drei Mal mußte ich den *Parsifal* durchsitzen, in seiner frommen Verderbtheit sicher das Merkwürdigste, was es gibt. Glauben Sie mir, das Werk stammt unmittelbar aus der Anstalt. Alle Heldinnen Wagners kennzeichnet ja ein Zug von Edelhysterie, etwas Somnambules, Verzücktes und Seherisches. Aber Kundry, die Höllenrose im *Parsifal*, ist geradezu ein Stück mythischer Pathologie; in ihrer qualvollen Zweiheit und Zerrissenheit, als Instrumentum diaboli und heilssüchtige Büßerin, ist sie mit geradezu klinischer Drastik und Wahrheit gemalt, mit einer naturalistischen Kühnheit im Erkunden und Darstellen schauerlich krankhaften Seelenlebens, die mir als etwas Äußerstes an irrenärztlichem Wissen erscheint. – Von Wagners Meisterschaft in der Behandlung Irrer bin ich demnach noch weit entfernt. Doch nachdem ich das Bier heute lauwarm ausgetheilt habe, erreiche ich Ähnliches wie der Meister vom Grünen Hügel: Alles schläft.

Ihr immerdar dankbar ergebener F. C. Müller

[66] **Elisabeth an Ludwig**

Gödöllö, den 17. Mai 1885

Lieber Ludwig!

Tausend Dank für Deine Schilderung des Abends bei der Paumgarten. Mir ist, als wär ich dabei gewesen. Ach, wär ich doch nur, dann hätte ich euch zwei begriffsstutzige Einfaltspinsel auf die richtige Spur gesetzt, als sich Anastasius Rosenstengel bei euch vorstellte: »Ich bin, der ich sein werde«, ist die Bedeutung des »J-H-V-H«, des jüdischen Jehovas! Gott selbst hat zu euch gesprochen, ihr Simpel, durch sein Medium Rosenstengel! Er hatte also bei der Paumgarten eine Aussprache, und ihr habt es nicht gemerkt! Ach, Selig sind die geistig Armen –.

Mir gewährt es große Befriedigung und eine tiefe Beruhigung, daß wir mit jenseitigen Geistern in Verbindung treten können. Doch die Menschen, mit geringen Ausnahmen, verstehen das nicht. Und was sie nicht verstehen, das erklären sie für Unsinn. Hier in Gödöllö gibt es einen Baum, der mein bester Freund in dieser Welt ist. Jedes Mal, wenn ich hinkomme, und bevor ich abreise, gehe ich zu ihm, und wir blicken uns einige Minuten schweigend an. Er ist der Vertraute meines Lebens; er weiß alles, was in mir ist und was in der Zwischenzeit geschieht, solange wir uns entfernt sind; er wird es auch niemand sagen.

Glaubst Du, ich könnte irgend jemandem, außer Dir, davon reden? Nicht einmal die Gräfin Larisch (meine Nichte Marie, die schöne Wallersee) versteht mich! Sie ist gerade hier, um mir bei der Abschrift aller meiner Gedichte zu helfen. Nur für Zukunftsseelen bereite ich den Druck vor. Was für ein Weib war dieser Rosenstengel! Sie war ein Zukunftsmensch! Sie wird meine Stimme hören, des bin ich gewiß.

Sei gesegnet und gesund
Deine Cousine Elisabeth

[67] **Ludwig an Müller**

Schloß Berg, den 20. Mai 1885

Lieber Dr. Müller!
Mein treu geliebter Freund!

Wieder einmal drängt es mich, einen Brief an Sie zu richten, der ich durch Sie noch mehr als sonst von dem heiligen Parsifal begeistert ward! Und nicht will der tiefe und mächtige Eindruck aus meiner Seeele schwinden! Sie haben damals dem Ihrigen Dank mündlich in so ergreifender, zu Herzen dringender Weise Ausdruck verliehen, daß ich nicht anders kann, als in diesen Zeilen aus tiefster Seele Ihnen meinen Dank meinerseits und meine Freude zu erkennen zu geben über das getheilte Empfinden, das mir durch Sie ward, edler Freund!

Oh, wie zieht es mich zu Ihnen, wie sehnt sich mein Freundesherz nach trauten Stunden des Beisammenseins mit dem Theuersten auf Erden. Eine Bitte! – Die Gewährung derselben würde mich zum Seligsten der Menschen machen, die abschlägige Antwort stürzte mich in's Elend. – Ich bitte flehentlich den Freund hieher zu kommen. Hier in Berg, wo ich jetzt bin und, verlassen, Höllenqual empfinde, ließe sich unsere junge Freundschaft vertiefen, und hierdurch die Gefahr des sich Ueberwerfens (das Gottlob bis jetzt nicht eintrat) durch weitere gemeinsame Eindrücke ferne rücken. Sage er nur ja!, und ich ertheile Befehl, Ihnen einen Urlaub zu gewähren.

Nur zu sehr drängt es mich, das mit Ihnen begonnene Gespräch über Kunst und Geschichte fortzusetzen. Interessiren Sie sich für die Photographie, diese wahreste der Künste? Mich mit ihr zu beschäftigen ist hier in Berg stets mein größtes Vergnügen. Hanfstaengl, der ein elegantes Atelier auf der Maximilianstraße besitzt, ertheilte mir vor Jahren Unterricht, tief übrigens in meiner Schuld stehend. Er machte nämlich, kaum daß ich verlobt war, meiner Braut mit Erfolg schöne Augen. Doch gab es wohl nie einen gelasseneren Hahnrei als mich. Ja, Sophie, »Weibes Wonne und Werth« war mir dadurch sogar noch lieber geworden. Hatte sie mir bis dahin die Arien der Elsa nur vorgesungen, so wurde sie jetzt, dank ihrer Treulosigkeit, zur echten Elsa: Sophie traute mir nicht, wie Elsa nicht Lohengrin, und so blieb mir, gleich dem Schwanenritter, gar nichts anderes übrig, als dieser Comödie der Irrungen ein Ende zu bereiten. Ihre Schwester, die von mir unendlich verehrte Kaiserin von Österreich, tobte darob gar sehr, was mir unendlich weher that als der flüchtige Kummer Sophie's. Doch noch jeder, und so auch dieser Theaterdonner verweht. Ich befahl dann Hanfstaengl zu mir, um ihn zur Rede zu stellen. Wir kamen auf sein Metier, die Photographie, und bald richtete er ein photographisches Atelier hier auf Schloß Berg für mich ein. Die Kaiserin ist übrigens auch eine begeisterte Anhängerin der Lichtkunst und sammelt Photographien der schönsten Frauen von Paris bis Petersburg. Wie stets zu dieser schönen Jahreszeit steht die Rückkehr in ihre Heimat kurz bevor und die Freude auf unser Wiedersehen ist meinerseits ins Unermeßliche gewachsen.

Die Vögel beginnen zu singen, es dämmert, ich muß schließen. Indem ich Ihnen, lieber Herr Dr. Müller, tausend herzliche Grüße sende, reiche ich Ihnen in Gedanken die brüderliche Hand und bin Ihr bewundernder, Sie sehr hoch schätzender und auf Ihr baldiges, mindestens eine Woche umfassendes und *den 10. Juni unbedingt einschließendes!* Kommen hoffender

Ludwig

Berlin, den 20. Mai 1885

Das ist ja ganz famos, was Sie mir da geschickt haben, lieber Müller! Dank der mir freundlich überlassenen Abschrift der Briefe dieser wackeren Kölner Protestanten (ein Witz für sich!) verstehe ich nun erst wirklich, was Sie da mit Ihren historischen Studien beabsichtigen. Kommt es einmal zur Aufhebung des Paragraphen 175 und tritt das Gespenst des Gefängnisses nicht mehr drohend vor das Bekenntnis der perversen Neigung, dann werden die betreffenden Fälle gewiß in größerer Zahl zur Cognition der Ärzte gelangen, in deren Fürsorge sie gehören. Bis es soweit ist, suchen Sie sich ihr Material im Schutthaufen der Geschichte selber. Gratulation zum großartigen Fund!

Nach der Beschreibung und den Selbstaussagen besagten »Rosenstengels« kommen zwei Diagnosen in Betracht: Zum einen die Hysterie, unter deren Gelegenheitsursachen geschlechtliche Abnormitäten die erste Rolle spielen. Rosenstengels »Aussprache« gleicht dem Delirium in der 4. Periode der Hysterie: Nach einem leichten epileptischen Anfall beginnt die Kranke zu predigen, zu singen, zu erzählen usw. Die Sprache ist oft auffallend geschickt und gewählt, die Urtheilskraft überraschend gut. Als echte Hysterische hätte sie thatsächlich keiner Hilfsmittel aus der Apotheke bedurft, um ins Delirium zu treten (»Quackerpulver« – herrlich, diese alten Kölner!).

Zum anderen ließe sich aber auch an einen periodischen Wechsel von Zuständen der Depression und Exaltation denken, wie wir ihn als *Folie circulaire* häufig genug beobachten. In dem Erregungsstadium tauchen bestimmte Empfindungen, Vorstellungen und Triebe empor, ganz wie bei anderen maniakalischen Formen. In dieser Phase tritt die conträre Sexualempfindung als Symptom des pathologischen Zustandes auf: im Trieb zum Onaniren und zu geschlechtlichen Berührungen von Mädchen. Im Depressionsstadium sinkt sie wieder unter. Unnöthig zu erwähnen, daß die Periodicität des pathologischen Mechanismus eng mit der Menstruation zusammenhängt. – Ich kann es kaum erwarten, mehr noch von Ihrem »Rosenstengel« zu erfahren!

Haben Sie indes Ihre schwache Stunde beim Anblick Ihrer Schützlinge überwunden? Ich darf wohl gestehen, daß auch mich der Eintritt in die psychiatrische Laufbahn Überwindung kostete. Doch wie anders sahen die Anstalten damals noch aus! Hier saß einer mit der Zwangsjacke bekleidet im Zwangsstuhle, dort lagen andere an Schultern, Händen und Füßen gefesselt im Bett. Mit Seilen zwangen wir Kranke 8–12 Stunden zum Stehen, auf dem Drehstuhl drehten wir sie pfeilschnell um die eigene Achse. Um den hypersthenischen Zustand des Gehirns herabzuspannen, öffneten wir die Schläfenarterien, setzten Schröpfköpfe an den Hals und Blutegel in die Nase. Ja, wir glaubten gar an heilsame Dosen therapeutischen Schreckens und tauchten die Irren gelegentlich in einen Zuber voller Aale. Und doch war mein damaliger Chef, Ideler, einer der gebildetsten, humansten und edelsten Menschen. Jene Generation war noch von pfäffischem Tobak geprägt und suchte den Ursprung einer Geisteskrankheit in der Sünde, also dem Zerfall mit Gott. So was muß man sich heute mal vorstellen!

Wo wir gerade von Chefs reden: Ich hoffe, Gudden läßt seinen Assistenten vergleichbare Rationen des süffigen bayerischen Bieres verabreichen wie den Irren? Dank auch für die Einführung in den *Parsifal*. Wagners Vorliebe für den Stabreim war meiner Liebe stets eine Verlegenheit, und seine banausisch fidelen Reimeren und pompösen Sprachphilistereien vermochten meiner Verehrung nur ein mühsames Lächeln abzuringen.

Mit collegialen und dankbaren Grüßen
Ihr Ihnen sehr gewogener Westphal

[69] **Müller an Ludwig**

Fürstenried, 23. Mai 1885
Mein huldvoller König!

Mit größter Freude beeile ich mich, das hoch beglückende Geschenk eines Urlaubs in Allerhöchstdersoselben Nähe anzunehmen. Prof. Gudden theilt das tiefe Gefühl meiner ehrenvollen Auszeichnung und erlaubt mir freundlich, mich vom 6. bis 12. Juni zu entfernen – wenn diese Tage Ew. Majestät belieben wollten?

Noch immer klingen die mächtigen Töne des *Parsifal* in mir nach. Mit wahrer Wehmuth hörte der treugehorsamst Unterzeichnete den letzten Ton der letzten Aufführung verklingen, und noch lange war ihm zu Muthe, als könne er niemals mehr aus jener idealen Sphäre, in welcher Kunst und Religion in Eins fallen, den Weg zum wirklichen Leben zurückfinden. Der Einsatz und die Behandlung des Chores im 3. Aufzuge haben mich ungemein beeindruckt, wo die zunächst düsteren, aufgetheilten Männerstimmen schließlich zum Ende sich mit den Weiberstimmen zu jenem meisterlichen Doppelchore erweitern, einem vielfachen Gewirr einzelner Stimmen, die doch alle zusammen ein großes, großartiges Ganzes ergeben. Ob Wagner dabei an die ja gleichfalls doppelchörige *Matthäus-Passion* unseres Altmeisters Johann Sebastian Bach gedacht hat, die gleichfalls an Karfreitag gebunden ist? Fast will es mir scheinen, als ließe sich aus diesem musikalischen Compositionsprinzip einiges lernen für die Behandlung meines eigenen historischen Stoffes, der auch aus lauter Einzelstimmen besteht, die zu einem Ganzen zusammengesetzt werden müssen. –

Mit Ew. Majestät bald hierüber mich mündlich austauschen zu dürfen, ist eine Aussicht, welche mir die Ungeduld bis dahin zu bemeistern erleichtert. In großer Vorfreude auch auf den photographischen Unterricht grüßt herzlich

Ihr dankbarst ergebenster Franz Carl Müller

[70] **Westphal an Gudden**

Berlin, den 25. Mai 1885

Lieber Gudden!

Mit Schrecken sehe ich, daß nun schon wieder fünf Monate seit Ihrem letzten Brief, den Sie Ihrer kargen Zeit mühsam abgerungen haben, abgelaufen sind. Wie gut verstehe ich Ihre Zeitnoth! Seit 1881 haben sich die Aufnahmezahlen bei uns verdoppelt, davon die Hälfte mit Delirium tremens. Wegen der Überfüllung werbe ich für den Bau eines eigenen Traktes nur für die Weiber, um auf dem Gebiete der Frauenheilkunde in unserem Bereich endlich voranzukommen. Dank auch für die Statistik aus Ihrem Haus, unsere Zahlen sind vergleichbar.

Auf die Ergebnisse Ihrer mikroskopischen Durchforschung des Gehirns auf der Suche nach der mechanischen Gesetzmäßigkeit der Seelenvorgänge warte ich mit Ungeduld. Meine eigenen »Klopfversuche« bei Meerschweinchen waren, offen gestanden, etwas grob. Die Hammerschläge auf den Kopf ließen sich weder gut dosiren noch lokal sicher eingrenzen, sodaß die Ergebnisse wissenschaftlicher Überprüfung nie standhielten. Wie stellen Sie denn selbige sicher? Und was stellen Sie überhaupt mit Ihrer Arche Noah an?

Daß Ihre ehemaligen Assistenten ihre schönen Arbeiten lauter anderen Zeitschriften überlassen, grämt mich gewaltig, doch hoffe ich auf Müllers Manuskript. Er scheint da Gewaltiges unter der Hand zu haben. Auch als Assistent scheint er sich ja ganz gut anzulassen. Sie hatten Recht, sich seine Dienste zu sichern!

Danke der Nachfrage, was mich selber angeht. Nicht berühmt, lieber Gudden. Unbestimmte Schmerzen hier und da und eine eigenartige Schwäche wollen einfach nicht abklingen. Es ist, wie wenn sich die Meerschweinchen rächen würden. Deshalb erlauben Sie mir bitte, für heute schon abzubrechen,

die freundlichsten Grüße übersendend
Ihr Paul Julius Westphal

[71] Müller an Gudden

Schloß Berg, 7. Juni 1885
Hochverehrter Herr Professor!

Melde, gut in Berg angekommen zu sein. An der Bahnstation in Starnberg erwartete mich ein Hofwagen und brachte mich her.

Das Schloß ist klein, behaglich und so bürgerlich wie Hohenschwangau. Namentlich die Zimmer des Königs selbst sind anspruchslos eingerichtet, nur mit (schlechten) Bildern und (mäßig großen, bezaubernden) Standbildern nach Wagner's Opern geschmückt. Auch der Garten ist bescheiden; er besteht eigentlich nur aus Wald, an dessen Saum längs des Sees ein Weg hinzieht, sowie aus einigen wenigen Blumenbeeten am Haus. Den verstörenden Luxus, den die Neue Burg Hohenschwangau sowie das königliche Appartement in der Residenz bezeugen, benöthigt S. M. also nur zeitweise. Dieser Wechsel von Prunk und Bescheidenheit läßt mich an eine *Folie circulaire* denken. Seine Bauwuth hat ihn indes auch hier nicht verlassen; den neu errichteten Eingangsthurm nennt er »Isolde«.

Wunderlich ist die Einrichtung des Personals. Der König lebt in Berg ganz allein, einige wenige Diener abgerechnet, mit nur einem Adjutanten und einem Cabinettssecretair, die beide in einem Nebenhause wohnen. Daraus ergibt sich eine merkwürdige Mischung von königlicher Haltung, von klösterlicher Absperrung und von unordentlicher Junggesellenwirthschaft. Daß der König von einer krankhaften Angst vor Attentaten beherrscht sein soll, wie Sie öfters schon erwähnten, kann ich angesichts dieses völlig unbewachten Schlosses nicht bestätigen.

Gleich nach meiner Ankunft ward ich von jenem mir bereits bekannten Cheveauxleger, Thomas Osterauer mit Namen, in eine absolut zu verdunkelnde Kammer geführt, in welcher sich S. M. seinem Steckenpferd widmete, der Entwicklung von Photographien. Ohne viel Federlesens warf er mir ein altes Hemd von sich über und weihte mich in die Geheimnisse seiner Kunst ein. Er führt dabei eine bewunderswerth ruhige Hand, läßt sich von dem unangenehmen Geruch der photographischen Agenzien nicht stören und spricht einsichtsvoll von den technischen und chemischen Grundlagen der Lichtcomposition. Spät nachts lud er mich ein, mit ihm auf seinem kleinen Dampfboote (»Tristan«) den See zu durchfahren, wobei er ein reichhaltiges Souper serviren ließ. Er weiß jetzt schon, daß meine Constitution der Seinen nicht gewachsen ist und entließ mich gnädig gegen 2 Uhr des Morgens.

Indem ich die Bitte wiederhole, Prinz Otto, den ich in leidlicher Verfassung verlassen, in Fürstenried gelegentlich aufsuchen zu wollen, schließe ich

In ausgezeichneter Hochachtung
Ihr ergebenster F. C. Müller

[72] **Gudden an Müller**

München, 9. VI. 1885

Lieber Herr Doktor!

Für Ihren Brief aus Berg danke ergebenst. Da Majestät geruht, Sie die Kunst der Photographie zu lehren, eröffnet sich Ihnen die einmalige Gelegenheit, photographische Bilder von ihm anzufertigen, die Sie mir dann discret zukommen lassen wollen. Denn die ungenauen Maße, die mir der Hut Sr. M. vermittelt hat, reichen leider für eine zuverlässige Einschätzung nicht aus. Insbesondere Aufnahmen beider Ohren, also etwa Portraits im Profil nach links und rechts, wären höchst willkommen. Auch eine Photographie des ganzen, aufrecht stehenden Körpers würde helfen, die Verhältnisse von Sr. M. Proportionen annähernd zu calculiren.

Im Übrigen gilt weiterhin: Nutzen Sie Ihr Genium, den Kopf Sr. M. genau zu vermessen, wenn sich die Möglichkeit dazu eröffnet. Bleiben Sie daher ruhig noch ein paar Tage länger als in Aussicht genommen, sollte S. M. Sie nicht entlassen. Wir kommen in Fürstenried derzeit auch ohne Sie aus.

Vergessen Sie keinen meiner Wünsche! Viel Erfolg bei deren Erfüllung wünscht

Mit den besten Grüßen
Ihr Bernhard von Gudden

[73] **Ludwig an Elisabeth**

Schloß Berg, den 11. Juni 1885
Liebe Cousine!

Die Gleichgestimmtheit unserer Herzen hat wieder einmal mir eine wahre Herzensfreude bereitet. Auch ich kenne und liebe einen Heiligen Baum. Er steht in meinem Linderhof und ich habe bei der Anlage des dortigen Gartens eigens Anweisung ertheilt, ihn nicht zu fällen, obwohl die Störung der Symmetrie durch ihn empfindlich ist. Die Sammlung Deiner kunstreichen Gedichte zu empfangen wird eines Tages die größte Freude meines Lebens mir bereiten.

Wie alle Jahre habe ich seit dem 9. Mai hier in meinem lieben Berg Quartier genommen. Die Zeit bis zu deiner freudig erwarteten Ankunft in Feldafing verkürzt mir mein junger Irrenarzt, den ich hergebeten. Er ist ein hinreißender Umgang. Ich lehre ihn die Kunst der Photographie. Dieser Drang nach Belehrung, dies Erfassen, dies Erbeben und Erglühen ist mir nie so rückhaltlos schön zutheil geworden. Und dann diese liebliche Sorge um mich, diese reizende Keuschheit des Herzens: so sitzen wir oft Stunden da, eines in den Anblick des anderen verloren. Er ist von märchenhafter Schönheit und Liebenswürdigkeit. Oh Er ist göttlich, göttlich! – Dem Berufe nach ist er Arzt, doch seiner Berufung nach – ist er ein Dichter! Mein Beruf ist, wie weiland Hans Sachs mit Walther von Stoltzing, ihn zu sich selbst zu führen, denn er weiß noch nichts von sich.

Gestern begingen wir höchst wonnevoll den Tristan-Tag. Zwanzig Jahre ist es nun her, daß ich die Uraufführung befohlen. Dieser Eindruck kann nicht verwischen, der fürs ganze Leben ein bleibender, beseligender, erhebender ist; jene Tristan-Tage waren die schönsten meines Lebens. Und nun gestern – huldreichster Tag, an dem ich erneut aus Dichters Traum erwacht! Zu schildern sind sie nicht, die Himmelswonnen, die mich Glücklichen durchbeben. Ein und All! Inbegriff meiner Seligkeit! Ich hatte das begnadete Sängerpaar Vogl samt einem kleinen Orchester auf die Roseninsel gebeten, die gerade im allerschönsten frischaufgeblühten Flor steht und Wellen sanfter Lüfte, Wogen wonniger Düfte aussandte. Wie ich mit Müller durch den Garten wandele und dann auf einer Blumenbank mit ihm mich niederlasse, sinkt die Nacht hernieder und die Vogls singen, hinter unserer Bank versteckt, Höhepunkte aus *Tristan und Isolde*, und zwar aus dem göttlichen 2. Aufzug und den wundersamen Schluss des 3. »Wie sich die Herzen wogend erheben! Wie alle Sinne wonnig erbeben! Sehnender Minne schwellendes Blühen, schmachtender Liebe seliges Glühen! endlos ewig, ein-bewußt: heiß erglühter Brust höchste Liebeslust!«

Herr Dr. Müller hat übrigens auch künstlerisches Talent und colorirt Photographien, die ich von meiner jüngsthin erworbenen Ruine Falkenstein geschossen habe. Müller malt mir darauf die Burg, wie ich sie vollendet haben werde – oh, es ist ein Genuß, der Wirklichkeit nachzuhelfen! Er bat mich um meine Photographie, zum süßen Andenken dieser köstlichen Tage. Nur zu gern gewährte ich ihm die Bitte, zum Preis für eine Gegenbitte. Anbei schicke ich Dir das Bild, das ich von Ihm in meinem Maurischen Kiosk geschossen habe. Meinst Du nicht, es verdiente einen Ehrenplatz in Deinem Schönheitenalbum?

Den Moment Deiner Ankunft kaum noch abwarten könnend grüßt Dich sehnsuchtsvoll

Dein treuer Vetter
Ludwig

Wien, den 14. Juni 1885

Lieber Ludwig!

Du hast schon einen sonderbaren Sparren im Kopf!

In vier Tagen gedenke ich, in Feldafing einzutreffen und freue mich, Dich also bald wiederzusehen. Bitte behalt Deinen Irrenarzt noch bei Dir, ich will ihn kennen lernen. Ist er auf der Photographie eigentlich eine Salome oder eine Judith? Schade, daß der Teller vor ihm leer ist – dein Kopf hätte da doch noch hübsch hineingepaßt! Eine solche Montage thät ich glatt in mein Album aufnehmen. Ich hab darinnen eine Abtheilung orientalischer Schönheiten, Photographien prachtvoller Damen aus der türkischen Haremswelt, dort würdet ihr gut hineinpassen.

So, meine Frauen rufen mich zum Packen.

Ludwig, mein Lieber, bis bald!
Deine Sisi

[75] **Gudden an Westphal**

München, 16. VI. 1885

Lieber Freund!

Daß Sie leidend sind, schmerzt mich. Ihre Meerschweinchen sind daran aber gewiß nicht Schuld. Daß Sie freilich keine verläßlichen Ergebnisse erzielen, wenn Sie ihnen wahllos den Kopf zertrümmern, darf nicht verwundern. Wir betreiben hier in unserem Labor einen, ich darf wohl sagen, gewaltigen operativen und zeitlichen Aufwand, um den pathologischen Veränderungen des Gehirns auf die Schliche zu kommen. Meine Methode ist insofern neu, als sie den Angriff gegen das *junge* Thier richtet. Je jünger dieses ist, desto ergiebiger und in die Augen fallender sind die Resultate. 1–2 Tage alte Kaninchen widerstreben wegen der noch geringen Entwicklung des Gefühls dem Messer und der Scheere nur wenig. Jeder Tag, den man wartet, ist ein Versäumnis, ruft lebhaftere Schmerzen und damit vermehrte Gegenbewegungen hervor. Zudem bedarf die nackte Haut keiner weiteren Vorbereitung, läßt sich reinlich schneiden und hübsch wieder nähen. Was aber der wesentlichste Vortheil ist, das ist die rasche und schöne Heilung. Vorausgesetzt, daß die Alten für Nahrung, Wärme und Schutz vor Beschädigungen durch andere Kaninchen sorgen, werden von den Jungen selbst die eingreifendsten Verletzungen mit Leichtigkeit überstanden.

Sollten Sie meine Methode überprüfen wollen, schlage ich Ihnen vor, mit einfachen Operationen zu beginnen, etwa der Fortname der Augen des neugeborenen Kaninchens bei gleichzeitiger Schließung der äußeren Ohrgänge. Die Section Wochen später ergibt, daß der Geruchssinn blindtauber Kaninchen in sehr hohem Grade sich ausbildet.

Als nächstes könnten Sie die Abtragung des einen oberen Hemisphärenlappens versuchen. Die Operation ist sehr einfach. Ein sagittaler Hautschnitt in der Mittellinie legt das Schädelchen des halbwegs mit Gurten zu bändigenden Thierchens frei; sobald es freigelegt ist, setzt man von der Seite her etwas über dem Niveau von Thalamus und Corp. Striat. ein kleines, scharfes bauchiges Messer an, zieht es durch Schädel und Hirn bis zur großen Hirnspalte durch, dreht es ein wenig um die Achse und hebt mit der gedrehten Klinge den abgetragenen Hirnlappentheil aus der Schädelhöhle heraus. Das Schädeldeckelchen fällt wieder zu und die vom Blut gereinigte Wunde der äußeren Theile wird sofort geschlossen.

Schwieriger ist die Fortname einer ganzen Hirnhemisphäre. Rathsam ist es, zunächst das Hirn in großem Umfange freizulegen. Die Operation ist umständlich, doch reinlich und hübsch, was man von der Entfernung des Nervus olfactorius nicht sagen kann. Diese Operation ist insofern etwas mißlich, als sie zum großen Theil, ohne daß man etwas sieht, in einer mit Blut gefüllten Höhle ausgeführt werden muß. Entfernt man übrigens beide Bulb. olf., so gehen die Thierchen, die, des Geruchssinnes beraubt, sich an den Alten und ihren Zitzen nicht mehr zurechtfinden, infolge mangelhafter Ernährung bald zu Grunde.

Zweckmäßig ist es, die gleiche Operation an jeweils einem Dutzend Thieren vorzunehmen, um den Zufall aus den Ergebnissen möglichst zu bannen. Die operirten Thierchen zeichnet man am zweckmäßigsten durch kleine Ausschnitte an den Ohren, läßt sie 6–8 Wochen, wenn man will und was in einzelnen Fällen sogar angezeigt ist, auch noch länger leben (bis sie erwachsen sind) und tödtet sie alsdann, wozu sich eine subkutane Injektion von Blausäure empfiehlt. Bei der Section operire ich nebeneinander ein zuvor behandeltes und ein unbehandeltes Thier, um im Vergleich zu klären, was durch diese zuvor gehabten Eingriffe im Gehirn geschieht, wo genau die Veränderungen stattfinden usw.

Bei der aufwendigen Art meiner Forschung bin ich natürlich auf die Mithilfe meiner Assistenten angewiesen. Müller, den Sie in der Zwischenzeit zu meiner Genugtuung doch noch schätzen gelernt haben, ist zu all dem leider nicht zu gebrauchen, zumal ihn S. M. der König nunmehr inofficiell zu seinem persönlichen Leibarzt promovirt hat. Da ich jetzt auch noch zum Vorsitzenden unseres Obermedicinalausschusses gewählt worden bin, wird es noch eine kleine Weile dauern, bis ich meine Forschungsergebnisse, die theils nur auf Zetteln, theils gar nur in meinem Kopfe existiren, publiciren kann. Selbstredend werde ich dann unser *Archiv* bedenken.

Sie planen an der Charité eine Abtheilung speciell für die Weiber? Darf ich fragen, weshalb Sie die Weiber ausgliedern wollen? Sie tragen doch nicht unerheblich zur Hebung von Sitte, Anstand und allgemeinem Wohlbefinden in einer Anstalt bei.

Mit besten Grüßen und Wünschen für Ihre Gesundheit,
Ihr Gudden

[76] **Müller an Gudden**

Telegramm, Berg, 21. Juni 1885
Kaiserin wünscht Führung durch Anstalt morgen 11 Uhr. Müller.

[77] **Müller an Westphal**

Fürstenried, 24. Juni 1885
Bester Herr Professor!

Entschuldigen Sie bitte gleich zu Beginn, wenn ich heute nicht auf Ihren letzten Brief eingehe, dessen väterliche Worte mir Trost gespendet, dessen fachliche Unterweisungen mir unsagbar viel zu denken gegeben haben, sondern Ihnen nur eine soeben stattgehabte Begegnung von höchstem wissenschaftlichen, um nicht zu sagen: philosophischem Interesse schildere.

Hier herrschte große Aufregung. Die Kaiserin von Österreich, die derzeit, wie jedes Jahr, zu Ferien in der alten Heimat verweilt, wollte unsere Oberbayerische Kreisirrenanstalt besuchen! Das Ganze kam so. Auf Wunsch Sr. M. habe ich diesen Monat einige Tage bei ihm in Schloß Berg am Würmsee verbracht. Die Kaiserin wünschte mich kennen zu lernen, um sich von mir alles von der Irrenpflege mittheilen zu lassen, was ich weiß. Sie hat einen Narren an Irrenhäusern gefressen, die sie auf ihren weiten Reisen in ganz Europa stets als Hauptsehenswürdigkeit besucht. Und so war ihr dringendster Wunsch, auch unsere Anstalt zu sehen. Ich alarmirte Gudden telegraphisch, dem kaum Zeit blieb, alles und alle auf Vordermann zu bringen. Nur in Begleitung einer Hofdame und einer Dienerin begab sich die Kaiserin dann zusammen mit mir und quasi incognito auf der Eisenbahn nach München. Von ihrer aberwitzigen Idee, in die Stadt zu *wandern* (was sie, rüstig und nicht zu ermüden, bei früheren Gelegenheiten schon gethan hat), ließ sie sich, Gott sei's gedankt, noch abbringen.

In unserer Anstalt führte Gudden sie dann durch alle Abtheilungen, von den Einzelzimmern der 1. bis zu den Schlafsälen der 3. Klasse, sie prüfte die Gitter vor den Fenstern und bewunderte die bis zu 30 mm dicken Scheiben auf der unruhigen Abtheilung. Den schlechten Eindruck, den der unbelebte Gesellschaftssaal, die leere Turnhalle, die öden Werkstätten und die mit zertrümmerten Gegenständen aller Art vollgestellte Bühne des Theaters hinterließen, versuchte Gudden zu entkräften, indem er die aufwendige Fürsorge für die körperliche Hygiene unserer Kranken herausstrich (pro Woche ein Bad, alle vier Wochen frische Bettwäsche, Rasur jeden 2.–4. Tag je nach Klasse) sowie die Verköstigung erläuterte, nach der sich mancher Münchner Tagelöhner sehnt. In jeder Abtheilung, selbst bei den Schwachsinnigen, sprach die Kaiserin ohne jede Prätention, ja, mit wirklicher menschlicher Antheilnahme mit den Kranken und ließ sich besonders gern und mit allergrößter Geduld deren Wahnvorstellungen bis in die kleinsten Einzelheiten erzählen.

Als wir nach gut zwei Stunden den Ausgangspunkt der Führung glücklich wieder erreicht hatten, überraschte uns die Kaiserin mit der Aufforderung: »Und jetzt besuchen wir den Otto!« Alarm in Guddens Gesicht, und in meinem gewiß nicht weniger. Aber was war zu thun? Recht besehen, war es nicht nur ihr gutes Recht, sondern ihre Pflicht, einmal wieder nach ihrem entfernten Cousin zu sehen. Und so fuhren wir denn hinaus nach Fürstenried. Dort herrschte, zu Guddens und meiner größten Erleichterung, Frieden. Prinz Otto saß auf einer Chaiselongue und blickte still aus dem Fenster.

»Grüß dich, Otto«, begann die Kaiserin und näherte sich ihm arglos, nicht achtend der Warnungen, die wir ihr im Wagen gegeben.

Mißtrauisch beäugte Otto seine Cousine.

»Pfüat di,« versuchte sie es noch einmal. Otto schwieg.

»Hock ma uns zamm«, antwortete er schließlich und rückte zur Seite.

»Geht's dir guat?«, fragte Elisabeth, nachdem sie Platz genommen hatte.

»Hoid dei Fotzn, du Brunskachei, du blede!«

Die Kaiserin schwieg betroffen. Nach einer Weile fragte Otto:

»Von woher kimmst du do grad her?«

»Von Wien.«

»Von Wien?« Ottos Augen begannen zu leuchten. »Vun do bin i aa her.«

»Sag bloß.«

»Ja siggst«, nickte Otto, und dann, erstaunt Elisabeth anblickend: »Erkennst mi ned?«

»Naa – wer bist du denn?«

Otto reckte sich und drückte den Rücken durch.

»I bin die Kaiserin von Östreich.«

Gebannt starrte Ihre k. u. k. Hoheit ihren Vetter an.

»Die Kaiserin von Östreich?«, fragte sie schließlich. »Ja, wann i dös gwußt hätt, Kaiserliche Hoheit!«

Im Bewußtsein seiner Würde blickte Otto von oben herab, den Kopf in den Nacken gelegt, die Lider gesenkt, um sich und lächelte huldvoll. Elisabeth sog seinen Anblick mit den Augen auf, sprachlos. Da hielt Gudden es nicht länger aus, trat vor, verneigte sich tief vor der Kaiserin und sagte:

»Wollen Kaiserliche Hoheit geruhen, den Wagen vorfahren zu lassen?«

Während Elisabeth in Ottos Anblick versunken schwieg, empörte der sich zu Gudden:

»Ja wos sogst du jetzt Kaiserliche Hoheit zu der Matz, die verreckte?«

Gudden baute sich breit vor ihm auf.

»Ihre kaiserliche Hoheit, Elisabeth von Österreich, wünschen nicht länger belästigt zu werden.«

»Die Kaiserin von Östreich – – –«, stammelte Otto, verwirrt Elisabeth anblickend. »Jo, des bin doch aber i!«

Betreten schaute Elisabeth Otto zu, wie Letzterer wild seinen Oberkörper wiegte, sich selbst dabei umarmend, und schließlich vorschnellte und sich auf sie stürzte.

»Die Irre, die vernagelte! Die dud so, wie wenn sie die Kaiserin von Östreich wär! Dös bin i! I bin die Kaiserin von Östreich, du Luangschippe du luftgselchta, du!« Obwohl sich zwei Wärter sofort auf Otto stürzten, war es ihm gelungen, der zurückweichenden Kaiserin den Hut vom Kopf zu reißen. Ohne sich weiter um die Etikette zu bekümmern, griff Gudden die Kaiserin am Arm und führte sie unter Ottos empörten Fluchen mit bestimmten Schritten in den nächsten Raum. Dort schüttelte die Kaiserin Gudden ab, lauschte kurz Ottos Kampf mit den Schlögeln und verlangte, ihr Cousin solle sofort losgelassen werden. Da Gudden sie nur versteinert anblickte, ging ich nach nebenan und gab den Befehl ihrer Kaiserlichen Hoheit weiter. Kaum ließen die Pfleger von Otto ab, beruhigte der sich auch wieder. Glücklich, Elisabeths Hut vertheidigt zu haben, setzte er ihn sich mit größter Zufriedenheit auf, heimlich und leise beobachtet von seiner Doppelgängerin. Gegen Guddens gedämpften Protest betrat Elisabeth noch einmal das Zimmer, stellte sich vor Otto hin und machte einen tiefen Hofknicks.

»Dös war a Mißverständnis, Kaiserliche Hoheit. I bin bloß die Sisi von Possenhofen.«

Otto nickte leicht mit dem Kopf, schloß kurz die Lider und tätschelte sacht Elisabeths Hand, noch huldvoller als wie zuvor.

Nach diesem Abenteuer war die Kaiserin erregt und glücklich. Etwas Schöneres habe sie noch in keinem Irrenhaus erlebt, meinte sie, und forderte mich auf, sie und ihre Hofdame, Gräfin Ida von Ferenczy, ins Hofbräuhaus zu begleiten, wo sie mit bayrischem Durst ein Krügel Bier leer trank (die Gräfin, mit der sie ausschließlich ungarisch spricht, griff nicht weniger herzhaft zu). Dies ist um so bemerkenswerther, als ich sie in den Tagen zuvor nur Veilcheneis habe zu sich nehmen sehen sowie etwas Milch, für die sie im Hotel Strauch in Feldafing eine eigene, aufwendige Viehwirthschaft unterhält, mit Kühen aus der Bretagne, aus Corfu, eine Lippizanerin usw. Sie hat übrigens fast genau so schlechte Zähne wie ihr Vetter, der genau genommen nicht ihr Vetter, sondern der Sohn ihres Vetters, d. i. Ludwigs Vater Maximilian ist. Sie ist acht Jahre älter als unser König, wirkt aber wegen ihrer überschlanken Figur und den jugendlichen Bewegungen von weitem jünger. Tritt man ihr näher, so ist's mit der berühmten Schönheit vorbei – 47 Jahre hinterlassen in jedem Gesicht Spuren. Da sie flink und geistreich und oft äußerst originell spricht, vergißt sich das jedoch rasch und sie nimmt ein als ein ungewöhnliches Menschenkind. Die Kaiserin und der König geben übrigens ein curioses

Paar ab. Beide groß, aber sie spindeldürr, nervös und quecksilbrig, er gravitätisch, pathetisch, behäbig – dürfte man, es wäre zum Lachen.

In der Hoffnung, Sie mit diesem bemerkenswerthen Fallbeispiel aus unserem Fache nicht gelangweilt zu haben,

verbleibe ich mit den schönsten Grüßen
Ihr. F. C. Müller

[78] **Elisabeth an Müller**

Feldafing, den 25. Juni 1885
Lieber Herr Doktor!

Wärmstens möchte ich Ihnen noch einmal danken für den charmanten Tag in München. Die Begegnung mit Otto hat mich sehr animirt. Wie gut zu wissen, daß wenigstens eine Kaiserin von Österreich glücklich ist! Der Gedanke an ihn wird immer einen calmirenden Einfluß auf mich bewahren.

Wollen Sie nicht noch einmal hier heraus kommen? Mein hiesiger Séjour ist angenehm ruhig und ungenirt, nur mein Königlicher Vetter embarassirt mich zuweilen, wohingegen es mit Ihnen so heiter auf der Roseninsel war wie lange nicht mehr. Keine meiner Hofdamen liest so schön wie Sie! Haben Sie nicht bemerkt, daß bei Shakespeare die Wahnsinnigen die einzigen Verständigen sind? In *Was ihr wollt* begreift einzig der Narr, wen Olivia liebt –. So weiß man auch im Leben nicht, wo die Vernunft und wo der Wahnsinn sich findet, so wie man auch nicht weiß, ob die Realität der Traum oder der Traum die Wirklichkeit ist. Neulich hat mich der Kaiser gefragt, was mich freuen würde. Doch ich fürchte fast, ein so großer Hund, als ich ihn mir wünsche, existirt gar nicht. Ich habe ihn daher um einen jungen Königstiger (der Zoologische Garten in Berlin hat drei junge) gebeten. Am allerliebsten aber wäre mir ein vollständig eingerichtetes Narrenhaus.

Gräfin Ferenczy läßt freundlich grüßen. Sie mögen sofort wiederkommen und den *Sommernachtstraum* mit uns lesen.

Dies ist ein Befehl!
Ihre Elisabeth

Berlin, den 31. Mai 1885

Lieber Gudden!

Ihr prachtvoller Brief über Ihre Versuche am Kaninchen läßt sich mit gerin-
gem Aufwand in einen höchst instructiven Aufsatz für unser *Archiv* verwandeln! Darf ich die wenigen nothwendigen Veränderungen vornehmen? Die
gesamte Leserschaft würde es Ihnen danken. Bedenken Sie, wieviel Ergebnisse mehr erzielt würden, operirten nach Ihrer Anweisung auch andere
Collegen. – Ich selbst habe mich bislang auf das Rückenmark beschränkt,
das ich Hunden mit einem Drillbohrer entferne, um die Progressive Paralyse
zu simuliren. Das Rückenmark untersucht sich ja leichter als das Gehirn, da
es sich gut in einzelne Schnitte zerlegen läßt, was beim Gehirne infolge seiner großen räumlichen Ausdehnung ja auf fast unüberwindliche Schwierigkeiten stößt. Oder haben Sie dafür auch eine Lösung?

Wegen meiner nachlassenden Kraft darf ich freilich meiner Lust, Ihre
geniale Methode auszuprobieren, nicht nachgeben und muß mich darauf beschränken, nur mehr unsere Weiberabtheilung voranzubringen, nach der
Sie sich zu erkundigen beliebten. Wie Sie wissen, ist der Geschlechtsapparat
des Weibes außerordentlich nervenreich und hat gleichzeitig sehr ausge-
dehnte Beziehungen zu den Organen des Darmkanals, dem Herzen und dem
Gehirn. Demgemäß übertragen sich krankhafte Zustände der Genitalien
auf dem Weg des nervösen Reflexes auf diese Organe und dokumentiren
sich hier als Verstimmungen und Funktionsstörungen mannigfacher Art.
Das Weib ist daher während eines beträchtlichen Theiles seines Lebens als
abnorm anzusehen. Ich brauche nicht über die Bedeutung der Menstruation
und der Schwangerschaft für das geistige Leben zu reden, darauf hinweisen,
daß beide Zustände das geistige Gleichgewicht stören und die Freiheit des
Willens beeinträchtigen. Wir sehen uns daher genöthigt, das normale Weib
für physiologisch schwachsinnig im Vergleich mit dem Manne zu erklären,
womit freilich nichts zum Nachtheile des Weibes gesagt ist. Ihre Vorzüge
liegen eben anderswo als die Vorzüge des Mannes, und die Differenzirung
der Geschlechter erscheint mir als eine zweckmäßige Einrichtung der Natur
(bei der Mann und Weib nicht schlecht fahren). Weiber erkranken demnach
geistig anders als Männer, was wir in der geplanten Weiberabtheilung systematisch zu erforschen hoffen.

Müller hat mir zuletzt, übrigens mit fast literarischem Talent, vom Besuch der Kaiserin in Ihrer Anstalt geschrieben. Chapeau!

Ihr Westphal

[80] **Ludwig an Müller**

Pürschling, den 30. Juni 1885

Mein lieber Doktor Müller! Theuerster Freund!

Da mit heute der schöne Juni-Mond zu Ende geht, in welchem Wir so manche genußreiche Stunde gemeinsam erlebten, so drängt es mich, in Hinblick darauf, Ihnen zu schreiben und den Monat Ihrer gedenkend zu beschließen. Es ist mir unmöglich, Ihnen mit Worten auch nur annähernd die Seligkeit zu schildern, die Sie, gütiger, heiß geliebter Freund und Gebieter, mir durch die in Berg zusammen verlebten, mir so rasch dahingeschwundenen Tage bereitet haben. Wie theuer war mir des Freundes Bitte, länger bleiben zu dürfen. Wie freudig willfahrte ich des Theuren Wunsch, ihm zum photographischen Portrait zu sitzen. Wie verwünscht, dieses eine Mal!, die holde Elisabeth, die den Einzigen nach München zwang und ihn mir raubte. Und wie edel, die Heilige, als sie ihn mir wieder schenkte. Vollkommen und ohne den Schatten eines Fehlers sind von allen, die ich kenne, nur Sie allein. Heute sind es sechs Monate, drei Wochen und fünf Tage, seit ich Sie kenne, ich danke dem Himmel, der Uns in Freundschaft verband! »Du bist der Stern, der meinem Leben strahlt, und wunderbar stets stärket mich Dein Anblick!« (*Wallenstein's Tod*).

Umwallt von ächtem reinen Äther, auf Bergeshöhen, in meiner Hütte auf dem Pürschling hoch über dem Graswangthale, fern der verhaßten Erdenwelt, die mich von je empört hat, schreibe ich diesen Brief. Sie schienen zu glauben, ich wäre im Allgemeinen unglücklich. Dem ist nicht so. Im großen Ganzen bin ich froh und zufrieden, nämlich auf dem Lande, und besonders hier, im herrlichen Gebirge – denn »auf den Bergen ist Freiheit und überall, wo der Mensch nicht hinkommt mit seiner Qual.« Hier oben bringe ich meine Zeit still, aber freudig zu. Angeregt von Ihnen und der Kaiserin lese ich Shakespeare sowie Grillparzer's *Der Traum ein Leben*, den ich für die Separataufführungen im Herbste angeordnet habe.

Was mir einzig fehlt, sind Sie, theuerster Freund, und solange ich Sie entbehren muß, ein Brief von Ihrer köstlichen Hand. Sie beschämen mich, wenn Sie mir, wie in Ihrem letzten Briefe, welchen ich stets am Busen trage, schreiben, Sie, den ich wie einen Gott verehre und preise, bedürften der Nachsicht. Sie, den der machtvolle Doppelchor aus dem heiligen *Parsifal* göttlich für Ihr Rosenstengel-Buch inspirirt! Welche Wonnen Sie mit diesem Geständnis mir bereiten, ist nicht auszusprechen! Daß Wagner dabei an Bach gedacht, ist eine schöne Vorstellung. So lieben es ja die Dichter, in ihren Werken auf eigene und fremde Werke zu verweisen, und wollen mit solchen Erinnerungen in uns geheime, unaussprechliche Gedanken wecken. Gewiß spielte Wagner an einen noch viel gewaltigeren Doppelchore an, welcher dem unsterblichen *Lohengrin* sein schönstes, vielleicht tiefsinnigstes Gepräge verleiht. *Lohengrin* war das erste Werk Wagner's, das ich, ein Jüngling von 15 Jahren, erleben durfte. Seitdem steht mein Schicksal unter seinem Stern. Höchst wirkungsvoll sind darin die Männerstimmen in zwei Chöre aufgetheilt, die sich Fragen und Antworten zurufen, sich Motive und Phrasen und Stichwörter gegenseitig zu geben scheinen, die selbst im Orchester, dem sozusagen dritten Chore, noch widerhallen. Ich lasse Ihnen sofort Wagner's Dichtung samt einem Clavierauszuge übermitteln.

Mit dem Meister selbst hatte ich leider so selten Gelegenheit, solche wichtigen Fragen zu besprechen, allein mußte ich meine Gedanken in mir tragen, abgestoßen, verkannt von der niederen Außenwelt. Sie! Sie! bringen mir die auf immer verloren geglaubten Ideale zurück. Nie mehr wollen Wir Uns trennen, nie von einander lassen bis zum Tode. O geliebter Freund, Alles verdanke ich ja Ihnen, daß ich denke und fühle, froh und glücklich bin! »O, Du bist der Lenz, nach dem ich verlange in frostigen Winters Frist.«

Ich bitte Sie, theurer Freund, geben Sie mir recht bald Nachrichten von Ihnen, und schreiben Sie dem Freunde, nicht dem Könige. O wie hart ist die lange Trennung für mich!

Gedenken Sie auch ferner in Liebe, mein Hort und höchstes Gut,
Ihrem unerschütterlich treuen Ludwig

[81] Otto an unbekannt

Ich bin der Schönste. Ich werde immer sehr schön sein.

[82] Elisabeth an Ludwig

Triest, den 15. Juli 1885

Lieber Ludwig!

Ich schreibe dies im Schloß Miramar, im Hafen wartet schon meine Yacht.
Bevor ich das Festland für eine lange Weile verlasse und mich ganz dem Meer,
dem vielgeliebten, hingebe, will ich Dir noch einmal danken für den echten
Sommernachtstraum, den ich mit Dir und Deinem Franz auf der Roseninsel
erleben durfte. *Mein* Franz baut mir grad eine Villa im Lainzer Thiergarten,
um mir zu gefallen und in der Hoffnung, ich möge in Wien endlich ein Refugium finden nach meinem Gusto. Da täuscht er sich natürlich. Wir müssen
nach Möglichkeit danach trachten, wenigstens einige Augenblicke zu erret-
ten, an welchen wir, jeder nach seiner Art, in unser eigenes Leben kommen
können. Ich entdecke mich jedes Mal neu, wenn ich in eine andere Atmosphäre gelange, die noch niemand eingeatmet und verbraucht hat. Dann atme
ich tief auf, wie aus einer neuen Brust. Und daher muß ich reisen, muß. – Aber
dem Kaiser zuliebe spiele ich mit und lasse, inspirirt von unserem herrlichen
Leseabend, mein Lainzer Schlafzimmer mit Scenen aus dem *Sommernachtstraum* ausmalen. Die Vorführung von Theaterspielen in den Theaterstücken
bei Shakespeare ist sehr tief. Er wollte damit sagen, daß unser ganzes Leben
nur ein Theaterspiel sei. Wir spielen uns immer selbst. Ich selbst komme mir
oft wie verschleiert vor, wie in einer innerlichen Maskerade: im Costüm einer
Kaiserin.

Das erinnert mich an eine besondere Episode im Schauspiel meines Lebens, von der ich dir glaub ich noch nie erzählt hab. Es war im Winter nach der
Wiener Weltausstellung, Faschingsdienstag 1874. Ich war damals gerade
zum ersten Mal Großmutter geworden, mit 36 Jahren! Aber so ist das, wenn
man mit 15 verpfändet und mit 16 verkauft wird. Um auch einmal vergnügt
wie andere Leute einen Hauptspaß verleben zu können, ohne den lästigen
Kometenschwanz von Ehrendamen, Kammerfrauen und Obersthofmeiste-
rin, ließ ich mich von meiner Friseurin bis zur Unkenntlichkeit verkleiden

und ging mit Ida zum Maskenball im Musikvereinssaal. Als uns langweilig wurde, das bunte Treiben immer nur zu beobachten, suchte ich mir einen jungen Cavalier aus, den Ida ins Gespräch zog und, nachdem sie sich von seiner Harmlosigkeit überzeugt hatte, zu mir hoch auf die Galerie schleppte. In der ihr eigenen Discretion zog sie sich dann zurück – leider!, denn ohne sie war das Gespräch mit dem jungen Mann, der sich als Friedrich Pacher von Theinburg vorstellte, ziemlich ledern. Das, vor dem ich hatte fliehen wollen, die öden Platituden, wenn ich den Cercle zu machen gezwungen bin, hatte ich mir da freiwillig an den Hals gebunden. Noch schöner wurde es, als ich ihn fragte, wie alt er mich schätze, und er auf Anhieb mein wahres Alter nannte, ohne mich hinter meiner Maske auch nur zu Gesicht bekommen zu haben! Jeder hergelaufene Kerl im Saal hätte mir etwas Schmeichelhaftes gesagt – und so hatte ich von ihm schnell genug und schickte ihn weg. Doch darauf baute sich der impertinente Pacher Fritz vor mir auf und sagte: »Das ist aber wirklich liebenswürdig, Gabriele (so nannte ich mich). Zuerst läßt du mich hier heraufkommen, quetschst mich aus und gibst mir dann den Laufpaß.« Dieser Trotz gefiel mir, und auf einmal schienen die unsichtbaren Schranken zwischen uns niedergerissen. Zwei Stunden lang schlenderten wir Arm in Arm, fortwährend plaudernd, durch den gedrängt vollen Saal. Erst weit nach Mitternacht begaben wir uns zum Ausgang, wo Ida und ich lange auf einen Fiaker warten mußten (einen Hofwagen konnten wir ja schlecht kommen lassen). Fritz vertrieb sich die Zeit damit, seiner Gabriele wenigstens die Kinnpartie zu entblößen – worauf Ida einen so markerschütternden Schrei ausstieß, daß ich meine wahre Identität durch ihre übergroße Angst verrathen glaubte. Da kam der Fiaker, wir stiegen ein, Fritz verabschiedete sich artig – und das war's. Was, hätte ich ihn einsteigen lassen? Viel und oft hab ich darüber nachgesonnen. O zeigte sich das Leben doch immer als der Maskenball, der es grundeigentlich ist, dieses Trauerspiel!

Lebe heiter und grüß mir den Franz
Deine Elisabeth

Fürstenried, 16. Juli 1885

Mein huldreicher König!

Für die neuerliche großzügige und sinnreiche Gabe dankt der so maßlos Beschenkte tief beglückt, und zwar nicht nur im eigenen Namen als Freund des Königs, sondern auch als Arzt des Königlichen Bruders, ja im Namen des prinzlichen Patienten selbst. Als Ihre huldvolle Gabe eintraf, befand ich mich bei Otto – ich darf ihn doch, dem Freunde gegenüber, ohne Curialien nennen? –, der, unruhig und erregt, an der Schwelle zu einem Wuthausbruch stand. Da erinnerte ich mich eines Ausspruchs jenes fast blinden Professors mit dem gewaltigen Schnauzbart, der im ersten Festspielsommer bei uns logirte. Er nannte das *Lohengrin*-Vorspiel »blau, von opiatischer, narkotischer Wirkung«. Erinnert – gethan: Ohne Verzug setzte ich mich ans Klavier, das in Otto's Salon steht und dank des abschließbaren Deckels seinen Zornesausbrüchen noch halbwegs standgehalten hat, und spielte, so gut es gehen wollte, vom Blatt. Ich bin kein geübter Spieler, die Liebe muß mir das Können ersetzen, aber ich kenne das Werk recht gut und radebrechte mich durch das Vorspiel (dessen hohe, schwebende, silbrige Geigen nun gleich gar nicht auf dem Klavier nachzuahmen sind) und in den ersten Akt hinein. Halb war ich bei den Noten, halb bei Ihrem Bruder, dessen Verhalten bei Musik ich beobachten wollte. Und thatsächlich, Otto stand bald neben mir, summte ein wenig, frei improvisirend, mit und – wendete mir das Blatt an der rechten Stelle! Später erzählte mir der Pfleger Mauder, Otto sei früher sehr gern ins Theater gegangen und habe vor allem für das Ballett große Leidenschaft empfunden. Da die Musik ihn sichtlich von dem ablenkte, was ihn kurz zuvor noch an den Rand eines Anfalls gebracht hatte, spielte ich einfach weiter – und so führten Otto und ich den gesamten *Lohengrin* musikalisch dürftig, nervlich aber heilsam auf. Wir sprachen die Gesangspartien mehr denn daß wir sie sangen, er Lohengrin, ich Heinrich und Elsa, er Ortrud, ich Telramund, und gemeinsam stümperten wir den Chor zusammen. Sichtlich hatte er nicht nur an der Musik, sondern auch an dem doch recht eigenthümlich zu nennenden Libretto seine Freude. Zwischen den einzelnen Aufzügen ließen wir uns einen Imbiß bringen, wie wenn wir im Theater wären, und Otto verhielt sich auch wie im Foyer, aß und trank ordentlich und führte eine Art Pausengespräch mit mir, wobei er recht treffend urtheilte, was uns geglückt, was mißrathen. –

Für die weitere Behandlung eröffnen mir diese ruhigen und gewiß heiteren Stunden neue Wege. Sofort habe ich sämtliche Pfleger nach ihrer musikalischen Vorbildung befragt: Da Braun einen soliden Baß singt und Mauder ein wenig die spanische Guitarre zupft, werden sie von nun an gelegentlich mit Otto musiciren. Nach einem Clavierlehrer in der Nähe, der von Zeit zu Zeit zum Spielen vorbeikommen soll, werde ich mich umgehend erkundigen. Warum bin ich nicht früher darauf gekommen!

Dem Königlichen Freunde dankt

aus tiefstem Herzen
Franz Carl Müller

[84] Westphal an Müller

Berlin, den 20. Juli 1885

Köstlich, lieber Müller, köstlich! Habe mich königlich, nein, *kaiserlich* amusirt! Wollen Sie diese herrliche Anekdote nicht in eine wissenschaftliche Studie für unser *Archiv* verarbeiten? Angesichts Ihrer flüssigen Feder freue ich mich noch mehr auf Ihre Arbeit über Ihre Catharina Linck. Schicken Sie mir Ihr Manuskript doch einfach so, wie es ist, als Grundlage unseres weiteren Briefgesprächs. Viel habe ich noch über diesen Fall nachgedacht und will mein letztes Schreiben noch durch folgende Überlegung ergänzen: Die Physiologen wissen, daß Mannheit und Weiblichkeit unzählige Grade zulassen, durch welche jener bis zum widerlichen Gynander sinkt, diese bis zur anmuthigen Androgyne steigt: Von beiden Seiten aus kann der vollkommene Hermaphroditismus erreicht werden, auf welchem Individuen stehn, welche, die gerade Mitte zwischen beiden Geschlechtern haltend, keinem beizuzählen sind. Von daher drängt sich die Frage auf: Hat je ein Arzt Catharina Linck untersucht? Wissen wir, was sich untenrum abspielte? Aus der Antike sind uns ja die so genannten Tribaden überliefert, deren Geschlechtstheil abnorm, sozusagen männlich, vergrößert war, weshalb ich die Genitalien des conträrsexuellen Frl. N. untersucht habe, doch war deren Clitoris von gewöhnlicher Länge.

Im Übrigen habe ich gerade gelesen, daß bei den Erkrankungen des Rükkenmarks die energische Anwendung des Glüheisens in neuerer Zeit wieder zu Ehren kommt. Vielleicht hilft Ihnen das bei Prinz Otto weiter?

Mit den verbindlichsten collegialen Grüßen
Ihr Westphal

Kenzen, den 25. Juli 1885

Mein lieber Doktor Müller! Bester Freund!

Erschüttert, begeistert durch Ihren herrlichen Brief muß ich dem Drange meines Innern folgen, Ihnen zu sagen, daß unnennbar die Seligkeit ist, von welcher ich durch Sie erfüllt wurde! Dank, Dank aus tiefstem Herzen und von ganzer Seele für Ihre so überaus glückliche Hand in der Behandlung meines Bruders. Zwar peinigt die Vorstellung, ein so hehres Werk wie den über alles geliebten *Lohengrin* stümperhaft aufgeführt auch nur sich zu denken. Doch verstehe, billige und wünsche ich die Fortsetzung Ihrer musikalischen Anwendung. Sollten Fürstenried's Auen eine junge, ansehnliche Clavierspielerin bereithalten, so sage ich jetzt schon meinen Dank im Namen meines Bruders für die zwiefache Aufmerksamkeit.

Da Otto in Ihrem Konzerte auch die Dichtung Wagner's gewürdigt, die Sie decent zu critisiren scheinen, offenbart er ein bewundernswürdiges, mich ganz und gar hoffnungsfroh für ihn stimmendes Verständnis für die Werke des Meisters. Wagner's Musik ist so ganz und gar nicht bloße Musik, wie die dramatische Unterlage, die sie zur Dichtung vervollständigt, nicht einfach Literatur ist. Der sonst so trefflich urtheilende Freund irrt – oder entbehrt noch der Einsicht –, wenn er glaubt, beides ließe sich trennen. Bedenke er: Die unstillbare Chromatik von Isoldes Liebestod ist eine literarische Idee. Die sieben Akkordklötze, die Walhall aufbauen, sind es nicht weniger. Der Es-Dur-Dreiklang, der das Rheingoldvorspiel ausmacht, ist ein akustisch-verbaler, also musikalisch-literarischer Gedanke, der Gedanke des Anfangs aller Dinge: »Es werde«.

Welch Freude erfüllt mich, demnächst solche Einsichten mit dem Freunde im abermaligen Gespräche zu vertiefen. In den kommenden Wochen werde ich in meinen Berghütten in Halbammer, Herzogstand und Grammersberg Aufenthalt nehmen. Am 20. August gedenke ich mich nach Linderhof und von dort wie stets zu meinem Geburtstage nach Schachen zu begeben, wo ich ein Zimmer für Sie einrichten lasse. Darf ich hoffen, der Freund, der heiß Entbehrte, werde meine Einladung annehmen und Unser Wiedersehen zu meinem Ehrentage ermöglichen?

Anbei lege ich einen Brief, den die Kaiserin mir zuletzt geschrieben. Sie erzählt darin eine reizende Geschichte von einem lang vergangenen Maskenball, dessen neuerliche Vergegenwärtigung jener unvergeßliche Sommernachtstraum-Abend auf der Roseninsel in ihr ausgelöst. Thränen himmlischester Rührung schossen mir in die Augen, weil in diesem ernsten Scherze die Wunder der Poesie wie eine göttliche Wirklichkeit in ihr armes, liebebedürftiges Leben getreten sind! Sage der weiseste der Ärzte, ob sich der Wirklichkeit und dem Glücke der holden Elisabeth nicht irgendwie nachhelfen ließe?

Ich bitte Sie, erfreuen Sie mich durch Nachrichten von Ihrer Stimmung, Ihrem Schaffen, Ihrem Leben!

Ihr bis in den Tod getreuer Ludwig

[86] Müller an Westphal

Fürstenried, 1. August 1885

Lieber Herr Professor!

Für Ihr freundliches Anerbieten, die Geschichte der doppelten Kaiserin im *Archiv für Psychiatrie und Nervenkrankheiten* zu veröffentlichen, meinen verbindlichsten Dank. Leider müsste die Anekdote aus Gründen der Schicklichkeit anonymisirt werden, womit freilich der Witz verloren ginge, der also späteren Generationen vorbehalten bleiben muß, die zerstreut in unseren Briefen blättern mögen.

Heute will ich endlich Ihre beiden letzten Briefe beantworten. Daß Catharina Lincks krampfhafte Verzückungen hysterisch bedingt waren, bezweifle ich. Einige Ärzte wollen die Existenz der Hysterie ja gar nicht gelten lassen und betrachten sie als eine Erfindung von überspannten Weibern, deren Unzüchtigkeit einen Deckmantel braucht und deren Langeweile Grillen erzeugt. Bedenkenswerther erscheint mir Ihre Diagnose der circulairen Geisteskrankheit, welche Sie mit Hinweis auf die mögliche pathologische Geschlechtsabartung näher erläuterten. Mit Gewißheit kann ich nur Ihre Frage beantworten, ob Catharina Linck je von einem Arzt untersucht wurde:

Ja, mehrfach, etwa als sie bei den Soldaten aufflog; jedes Mal ergab die Untersuchung, daß sie unbestritten ein Weib war, und zwar ein kerngesundes. Da Sie auch an Ihrem Frl. N. keine degenerative Abweichung erkennen konnten, dürfen wir festhalten, daß die perverse Neigung keinesfalls mit körperlichen Auffälligkeiten einhergeht. Die vermeintlichen Tribaden, die Sie zu erwähnen beliebten, waren doch nie mehr als eine abgeschmackte Erfindung, welche antike Poeten in ihren obszönen Gedichten allererst schufen, nicht wissenschaftlich beschrieben.

Freilich lehrt der Blick in die Vergangenheit, daß die Liebe vom Mann zum Manne in allen Ländern der Welt häufig geübt wurde. Bei Griechen und Römern war sie weit verbreitet, und deren Schriftsteller sprechen so ausschließlich von der Knabenliebe, daß man denken sollte, es hätte gar keine Weiber gegeben. Auch bei den roheren Völkern, namentlich bei den Galliern, war sie sehr im Schwange. Wenden wir uns nach Asien, so sehen wir alle Länder dieses Welttheils, von den frühesten Zeiten an bis zur gegenwärtigen herab, von dem Laster erfüllt, und zwar ebenfalls ohne es sonderlich zu verhehlen: Hindu und Chinesen nicht weniger als die Islamitischen Völker, deren Dichter sich ebenfalls viel mehr mit Knaben als Weibern beschäftigen (z. B. das Buch »Von der Liebe« im *Gulistan* des Saadi). Im christlichen Europa endlich hat Religion, Gesetzgebung und öffentliche Meinung ihr mit aller Macht entgegenarbeiten müssen. Doch konnte die gleichgeschlechtliche Liebe nicht einmal von der Todesstrafe ausgerottet werden, welche daher seit der Aufklärung abgemildert und für die Weiber wieder abgeschafft wurde. Die Allgegenwart der Erscheinung beweist, daß sie aus der menschlichen Natur selbst hervorgeht, was Sie so trefflich mit dem Begriff »anthropologische Constante« zu bezeichnen beliebten, den ich, Ihr Einverständnis vorausgesetzt, in meiner Publication einführen werde.

Diese Feststellung führt mich – leider! – zu neuen Fragen. Betrachtet man die überbordende Fülle der Zeugnisse homosexualer Empfindung, so zeigt sich, daß sie mal als Gipfel der Liebe gilt (Platon, *Symposion*), mal als läßliches Laster, mal als Frevel gegen Gott, erst in neuerer Zeit jedoch als eine zu heilende Krankheit. Um zu meinem Fall zurückzukehren: Weder die Ärzte noch die Richter Catharina Lincks hielten sie für behandlungsbedürftig. Ihrem Aufsatz über das Frl. N. dagegen entnehme ich, diese habe den sehnlichsten Wunsch verspürt, geheilt zu werden. Darf ich fragen, ob dieses Anliegen dem Frl. N. etwaig in den Mund geschoben wurde?

Solche grundsätzlichen Fragen verhindern den Abschluß meines Manuskripts, nach welchem Sie sich so freundlich erkundigen und welches Ihnen zu übersenden ich mich nicht entschließen kann, da es noch nicht die Form angenommen hat, über die allenfalls dann zu diskuriren wäre.

Für Ihre neuerlichen Rathschläge bezüglich des Prinzen Otto meinen herzlichsten Dank. Zum Glüheisen mußten wir noch nicht zurückgreifen, weil sich durch Zufall ergeben hat, wie stark der Prinz der himmlischen Macht der Musik erliegt. Zu der jungen Clavierlehrerin, die seit einiger Zeit zu ihm kommt, hat er nun jedoch Gefühle entwickelt, die die Behandlung in Frage stellen: Ersetze ich das hübsche Weib, das nurmehr ungern zu ihm geht, durch einen rüstigen Clavierspieler, so beschwöre ich, des bin ich gewiß, einen neuerlichen Anfall des Prinzen von vielleicht ungeahnter Heftigkeit herauf. Noch alle Lösungen, die mir im Sinne von Conolly's gewaltfreier Behandlung einfallen, entblößen nach einiger Zeit einen Pferdefuß!

In ausgezeichneter Hochachtung
Ihr ergebenster F. C. Müller

[87] **Müller an Ludwig**

Fürstenried, 1. August 1885

Mein huldvoller König

hat mich gebeten, ihm mein Leben und Streben zu schildern. Wie gern komme ich der Bitte des Freundes nach, dessen profunde Einsichten in das Verhältnis zwischen Dichtung und Musik in Wagner's Werken mir unschätzbare Aufschlüsse über die Gesetze der Composition an sich geschenkt haben. Dank der episch-dramatischen Anregungen des königlichen Freundes wird es mir vielleicht gelingen, die Geschichte der Catharina Linck endlich in eine bleibende Form zu bringen. Ich habe die Briefe, die ich bislang gesammelt, probeweise so aneinandergereiht, daß sie die verwegenen Abenteuer jenes Rosenstengels aus sich selbst heraus erzählen. Anbei sende ich dem Freunde eine Abschrift. Ich nehme hierbei meinen ganzen Muth zusammen und werde nicht klagen noch murren, wenn Sie mich schelten, tadeln oder das Zeug vielleicht gar nicht lesen wollen.

Außerdem findet der Freund noch ein Billet für die Kaiserin. Entscheiden

Sie selbst, ob der Scherz zu frivol gerathen. Billigen Sie ihn, so wollen Sie das Blatt unterschreiben und abschicken?

Die erlösende Macht der Musik wirkt auf Ihren Bruder übrigens noch viel animirender, seitdem er sie von einer reizenden Clavierspielerin vernimmt. Sie heißt Frl. Georgina Kaplan und stammt aus ordentlichen bürgerlichen Verhältnissen. Gerade ist sie wieder da, was mir die Gelegenheit schenkt, endlich diese überfällige Briefschuld abzutragen.

Den königlichen Freunde darf, nein muß ich derweil bitten, mir nicht mehr zu antworten bis zu unserem Wiedersehen. Prof. Gudden hat bereits mehrfach versteckt sein Ansinnen hervorgebracht, die Briefe, die der Freund mir zu schicken beliebt, einsehen zu wollen. Jedes Mal noch habe ich geflissentlich so gethan, wie wenn ich seinen Wunsch nicht verstanden hätte. So, wie ich ihn kenne, wird er demnächst dringlicher und offen damit kommen. Wenn ich ihm die Briefe daraufhin verweigere – wird er dann nicht ein Geheimnis vermuthen müssen, das gar keine Entsprechung in der Wirklichkeit hat? Wenn ich behaupten würde, die Briefe gleich nach der Lektüre zu verbrennen, würden sie dann nicht noch verdächtiger erscheinen und unlautere Neugier wecken? Es wäre also klüger, der Freund hörte auf mir zu schreiben oder er würde mir allenfalls kurze Zeilen übersenden, die ich jedermann und so auch Prof. Gudden zeigen könnte, welcher dann gezwungen wäre, von einer gewissen fixen Idee zu lassen, die er derzeit hegt. Er hat meinem Gesuch um Urlaub entsprochen, sodaß wir Gelegenheit haben werden, über mein Manuskript persönlich uns auszutauschen.

Treu und ergeben
Ihr Franz Carl Müller

[88] **Ludwig und Müller an Elisabeth**

5. August 1885

Liebreichste Titania!

Oberon ist empört und Zettel eifersüchtig! Wie kommt die Königin des Feenreichs dazu, sich als »Gabriele« auf irgend welchen Maskenbällen herumzutreiben, und sei es noch so lange her? Wer hätte ihr je erlaubt, nach Gefallen selbst zu wählen? Unsere Rechte sind bindender, da in jedem Fall poetischer!

Was ist das für ein Zwerg, der unser Bild verdrängt? Wie schaut der überhaupt aus? Bestimmt taugt der nicht für Dein Schönheitenalbum wie wir!

Oberon und Zettel

[89] **Gudden an Luitpold**

München, 11. VIII. 1885

Gnädigster Prinz und Herr!

Die Monate, welche seit meinem letzten Bericht an Euere Königliche Hoheit verflossen, wurden fleißig genutzt, weiteres Material zu sammeln, um unsere Diagnose zu erhärten. Mein Assistent Dr. Müller hat sich mit größtem Geschick in das Herz Sr. M. vorgearbeitet. Im Juni verbrachte er fast zwei Wochen in Berg, in wenigen Tagen wird er nach Linderhof aufbrechen, wohin ihn der König eingeladen hat, mit dem er in regem Briefwechsel steht. Wie beider Correspondenz in unsere Gewalt zu bringen, abzuschreiben und ohne Verzug und ohne äußeres Zeichen der vorzeitigen Lektüre weiterzuleiten, darüber mögen Ew. Königliche Hoheit gnädiglichst verfügen. Die Einsicht in die Briefe des Königs von Dr. Müller schlichtweg zu verlangen, würde mein vertrauensvolles Verhältnis zu ihm unrettbar zerstören, und das Trojanische Pferd, das mir zu installiren gelungen, wäre verrathen, bevor der finale Schlag erreicht.

Wie Dr. Müller mir mündlich mittheilt, hat S. M. ein weiteres Bauvorhaben begonnen: Er lässt die Ruine Falkenstein bei Pfronten zu einer prachtvollen Burg ausbauen. Damit Ew. Kgl. Hoheit sowie die anderen Bürgen des Darlehens von vorigem Jahr nichts davon erfahren, hat er sich eines Strohmannes bedient, um das Grundstück zu erwerben. Eine Straße hoch zur Ruine sowie eine Wasserleitung sind bereits im Bau. Ein Oberbaurath aus Regensburg, Max Schultze, erarbeitet die Pläne für eine dreistöckige Burg im byzantinischen Styl mit hohem Thurm. Münchner Maler, darunter Kaulbach junior, entwerfen Wandbilder und Innendecorationen. Was S. M. mit einer weiteren Burg so nahe, ja, in Sichtnähe der Neuen Burg Hohenschwangau will, übersteigt jede menschliche Vorstellungskraft. Dieses neue Vorhaben ist schönstes Zeugnis einer Bauwuth krankhaftesten Ausmaßes.

Des Weiteren muß ich Ew. Königlichen Hoheit mittheilen, daß die Vorlieben des besagten »Huber« in den Wirthshäusern unter dem Einfluß des Bieres mittlerweile ungenirt öffentlich besprochen werden. Häufiger denn je läßt der König die zum Kammerdienste kommandirten Opfer seiner Laune ablösen. Einige dieser Cheveauxlegers sieht man mit Brillantringen am Finger den Stalldienst verrichten. Zur Vorbereitung seines Aufenthaltes in Linderhof hat S.M. den Hof-Ballettmeister Fenzl angewiesen, mit auserwählten Leichten Reitern Tänze einzustudiren, welche im so genannten »Pfauen-Kiosk« oder im »Marrokanischen Haus« (genaue Kenntnis der Örtlichkeiten verspreche ich mir demnächst von Müller) zur Aufführung gebracht werden sollen. So ungeheuerlich diese Vorgänge sind, so dienstbar stellen sie sich doch auch Euerer Königlichen Hoheit Bestrebungen dar, und es wäre gewiß nicht vom Ziele abweichend, die Presse, wenn nicht zu ermuthigen, so doch wenigstens nicht daran zu hindern, der Öffentlichkeit dies und das von »Huber« und seinen »Schwolis« mitzutheilen, wie der Volksmund sie nennt.

In tiefster Ergebenheit verharre ich stets als Euerer Königlichen Hoheit

dankbarster, unterthänigster Diener
Bernhard von Gudden

[90] **Ludwig an Müller**

Hundinghütte, den 14. August 1885

Mein lieber Doktor Müller!
Theuerster, einziger Freund!

Wie wonnevoll! Vollkommen. So angegriffen von Entzücken! – Göttliches Werk! Dank, tiefst gefühlter Dank aus innigster Freundesbrust für jene theuren Blätter, die mit überwältigender Macht mir bis in die tiefste Seele drangen. Kaum hatte ich Ihr kostbares Schreiben erhalten, so eilte ich nach dem geliebten, traulichen Linderhofe, um dort auf hoher Linde Ihrer zu harren und im heimlichen Walde in der Hundingshütte mich in die fesselnde Lektüre zu versenken. Ich habe diese Hütte genauestens nach Wagner's Anweisung im ersten Akt der *Walküre* errichten laßen, rings um eine Esche, die zu meinem größten Bedauern so hoch in den Bergen nicht zu haben war, weshalb eine Buche als Esche verkleidet werden mußte. Ihr hohes Werk durfte nirgends zuerst gelesen werden als hier, wo stets der Sog einer Geschichte mich ergreift bis zum Selbstvergessen! Keine Worte habe ich für das übermenschliche Glück, jene himmlischen Wonnen, die nur Sie mir zu bereiten wissen, wenn Sie mich als hilfreich die Hand Reichender, als Gewährsmann, was sage ich, als Knecht gebrauchen wollen zur Vollendung des großen Werks, welches in Ihnen zum gewaltigen Ausbruche sich sehnt. »Du nahst als Gottgesandter, ich folg aus holder Fern, so führst du in die Lande, wo ewig strahlt dein Stern.«

Du! – wie schreibt sich das so wonnig süß! Mehr denn je ist es meinem stets für Sie schlagenden Herzen Bedürfnis, mit dem trauten »Du« Sie zu nennen. Darf der Freund, darf Carlos es wagen, wenn das nächste Mal er seine Augen traut in Posa's versenkt?

Und jetzt noch eine Bitte: Nenn mich du.
Ich habe deinesgleichen stets beneidet
Um dieses Vorrecht der Vertraulichkeit.
– Keinen Einwurf – Was du sagen willst, errath ich.
Dir ist es Kleinigkeit, ich weiß – doch mir,
Dem Könige, dem ist es viel. Willst du
mein Bruder sein?

Zitternd Ihrer Antwort und freudvollst Ihrem baldigen Kommen entgegensehend und -sehnend

Ihr bis in den Tod getreuer Ludwig

»Arm in Arm mit dir,
So fordr' ich mein Jahrhundert in die Schranken!«

[91] **Elisabeth an Ludwig und Müller**

Den 17. August 1885

O Eifersucht, welch süßes Gift! Oberon tobt und Zettel brüllt, nein wie köstlich. Ach, wüßte das nur der Pacher Fritz. Ich frage mich, ob er sich wegen der Liebe, die nie hat sein dürfen zwischen uns, quält. Ich seh ihn förmlich vor mir, wie er traurig sein Leben durchschreitet, wie er das graue Zwielicht des Jetzt mit dem gold'nen Einst unsrer einzigen Nacht vergleicht.

Hab', armer Freund, dich wohl betrogen,
Als ich mich in dein Herze stahl,
Hätt' mich fast selbst dort festgelogen
Zu unser beider Schmerz und Qual.

Was wohl aus ihm geworden ist? O, ich werde ihm schreiben und ihn um seine Photographie bitten. Dann werdet Ihr Narren sehn, daß er fescher war als ihr beide zusammen, mein Fritz! – Eure Gabriele

P.S. Ich schreibe dies auf dem offnen Meer. Von ihm kommt meine ganze Weisheit her. Das große Rauschen des Meeres ist die eigentliche Lebensatmosphäre unserer Seele. Auf dem Meer wird mein Atem weiter. Er geht nach dem Wellenschlag. Ich meine, das Meer entmenscht uns, es duldet nichts von dem Landthierischen an uns. Damit jedoch auch die Erde ihr Recht an mir erhalte, begleiten mich zwei Kühe und eine besonders schöne Malteser-Ziege. Ihre Milch nehme ich jeden Nachmittag um 3 Uhr zu mir. Sie macht die Reise ohne jede Begeisterung für das Schöne, aber sie hat Pflichtgefühl, denn sie ist eine Engländerin. Das ist mehr werth wie alle Ästhetik.

[92] **Müller an Gudden**

Linderhof, 20. August 1885

Hochverehrter Herr Professor!

Seit meiner Ankunft sind dies meine ersten freien Minuten, welche ich sogleich nutzen will, Ihnen meinen Aufenthalt bis hie zu schildern. Linderhof ist des Königs Herzblatt. So heiter und animirt habe ich ihn noch kaum erlebt wie in den Stunden, als er mich durch sein Schatzkästlein führte und mir die prunkvollen Decorationen aus Elfenbein, Meißner Porzellan und was mehr erläuterte. Mit kindlich zu nennender Freude sieht er die Kaskade im Garten sich in den Neptunbrunnen stürzen, in einer Flucht mit seinem Bett (die gesamte Anlage ist, wie Versailles, spiegelsymmetrisch auf das königliche Schlafzimmer bezogen). Anders als die Neue Burg Hohenschwangau ist Linderhof seit Jahren fertiggestellt, staubfrei und wohnlich. Die Villa ist das prachtvolle, in seiner Ausdehnung aber maßvolle Heim eines königlichen Junggesellen.

Zu meinem größten Leidwesen behält S. M. trotz des herrlichen Wetters seine verkehrte Tag- und Nachteintheilung bei und besteht darauf, fast jede Mahlzeit mit mir zusammen einzunehmen. Gegen 6 Uhr am Spätnachmittag ›frühstücken‹ wir auf einem Freisitz, welchen er in der Krone einer alten Linde hat bauen lassen und welcher bequem über Treppen zu erreichen ist. Der Baum darf die strenge Symmetrie seines französischen Gartens stören, denn er ist ›heilig‹. Das Diner findet grundsätzlich nach Mitternacht statt, im Speisesaal des Schlösschens, wo S. M. das ›Tischleindeckdich‹ jedes Mal entzückt: Wie von Zauberhand versinkt die leere Tafel im Boden, um reich gedeckt und geschmückt wieder aufzufahren. Nach Tisch werde ich meist gnädig entlassen, denn S. M. bearbeitet und retournirt umgehend die Eingaben der Minister, Acten und Briefe, die auch hier im entlegenen Graswangthale (und selbst in seinen Berghütten) täglich eintreffen. Das Souper erspart er mir, da ich, anders als er, tagsüber bei hellstem Sonnenschein keinen Schlaf finde. Diese ›Sommerfrische‹ kommt mich härter an als mein üblicher Dienst.

Während ich diesen verkehrten Tagesrhythmus für zwingend behandlungsbedürftig halte, gehören andere Absonderlichkeit des Königs den eher harmlosen *spleens* an. Das französische Parterre des formalen Gartens mit eben jenem ›heiligen‹ Baum beschließt eine Büste der Marie Antoinette, die er mit entblößtem Haupt zwanghaft berühren muß, geht er an ihr vorüber. Seine Anwesenheit in Linderhof bezeugen zwei emaillirte Pfauen, die zu diesem Zweck aus den Gobelinzimmern vors Schloß geschafft werden. Andere Herrscher schmücken sich mit Löwen oder Bären – die Pfauen wirken curios, wollen mir aber durchaus passen für einen erklärten Gegner des Kriegs und überzeugten Civilisten, der den zum persönlichen Kammerdienst bei ihm abkommandirten Cheveauxlegers die Stiefel verboten und dafür bestickte Hauspantoffel vorgeschrieben hat.

In dem weitläufigen englischen Garten, der sich an den französischen anschließt, hat sich S. M. eine künstliche Grotte bauen lassen. Täuschend echt ahmt das in den Berg eingelassene Bauwerk aus Backsteinen, Leinwand und Cement eine geräumige Tropfsteinhöhle nach, die sich über einen künstlichen See spannt. Es herrscht darinnen eine enorme Schwüle und ein eigenthümliches Licht, erst roth, dann blau, zuletzt leuchtete gar ein Regenbogen. Als ich die Grotte betrat, vernahm ich tiefe, langsame Basslinien von Streichern und erkannte das Vorspiel zum *Rheingold*, welches aus einer Mulde in der Höhlenwand blitzt. S. M. fütterte zwei Schwäne. Dann nahmen wir in einem rosenbekränzten Kahn, gebildet wie eine Muschel, Platz. Gemächlich ruderte ich uns über den künstlichen Teich, vorbei an einem Wasserfall. Dieser, die Wände, der Grund des Teichs schimmerten so unwirklich blau, daß man das Gefühl hat, sich nicht auf, sondern *im* Wasser zu bewegen. Dennoch bekundete S. M. seine Unzufriedenheit über das Blau, welches er sich noch blauer wünscht. Auf ein Zeichen Sr. M. nahm ich wieder Kurs aufs Ufer. Da ich rückwärtig saß, stieg ich zuerst aus. Der König erhob sich nur mühsam – und nun nahm das Unheil seinen Lauf. Wie er huldvoll im schwanken Kahne die Hand hob, um sich von mir helfen zu lassen, verlor der massige Mann das Gleichgewicht und fiel ins Wasser. Mit einem Schlag ward das Licht wundersam hell, die verborgenen Musiker hörten zu spielen auf und eilten ans Ufer des Sees. Doch anstatt zu schimpfen, schnaubte der König lachend, »Garstig glatter glitschriger Glimmer! Wie gleit' ich aus!« Trotz seines wollenen Anzugs fand er aus eigenen Kräften an Land, wo sich der Cheveauxleger Thomas Osterauer sofort seiner annahm. So fand der Abend ein abruptes, aber nicht ernstes Ende, und ich war froh, etwas zeitiger als sonst ins Bett zu kommen.

Übermorgen werden wir weiter nach Schachen ins Wettersteingebirge reisen, wo S. M. alljährlich seinen Geburtstag verbringt. Auch nach dort sind mehrere Boten nach München eingerichtet, sodaß Briefe kaum einen Tag laufen. Sie melden mir doch kurz Prinz Otto's Wohlergehen?

Indem ich Ihnen und unseren Irren alles Gute wünsche, verbleibe ich, wie immer, in Dankbarkeit und Verehrung

Ihr ganz getreuer Müller

[93] **Gudden an Müller**

München, 22. VIII. 1885

Lieber Herr Doktor!

Für Ihr vorgestriges Schreiben danke ergebenst. Bitte fahren Sie fort, mich fleißig über Bedeutendes und Unbedeutendes Ihres Aufenthaltes genauestens zu unterrichten. Sind Sie eigentlich mit Sr. M. allein oder sind noch andere Gäste gewärtig? Eignet sich Linderhof für einen ständigen Aufenthalt Sr. M.? Sind Nebengebäude vorhanden? Wo etwa logiren Sie? Ließen sich neben dem üblichen Personal zusätzlich Pfleger, Ärzte, Wachen u. s. w. unterbringen, im Falle, S. M. benöthigten eines fernen Tages mehr Pflege und Aufmerksamkeit als bislang?

Was Sie als harmlose *spleens* abzuthun belieben, beunruhigt mich tief. Hinter dem Tischleindeckdich etwa verbirgt sich eine pathologische Menschenscheu: Wie wir schon früher feststellten, leidet S. M. unter einer Blickphobie und duldet daher keine Lakaien um sich. Über die Verkehrung von Nacht und Tag müssen wir gar nicht reden, aber auch der Schwindelanfall im Muschelkahn ist besorgniserregend. Die Untersuchung der königlichen Ohrmuscheln mittels der mir freundlich überlassenen Photographien hat leider keine Deformationen ergeben, die eindeutige Rückschlüsse erlaubten. Könnten Sie mir doch nur die Maße des königlichen Hauptes verschaffen! Leidet S. M. immer noch so häufig an Kopfschmerzen?

Prinz Otto's Wohlbefinden hat leider dramatisch gelitten. Kaum waren Sie abgereist, hat er versucht, das Fräulein Clavierlehrerin nothzuzüchtigen. Nachdem die Pfleger ihn von ihr weggerissen, mussten sie ihn in den gepolsterten Krampfkasten sperren, den er zum größten Theil zertrümmerte, trotz des eisernen Beschlages. Gietl, der Ihre Abwesenheit als Vorwand benutzte, bei Sr. kgl. Hoheit vorbeizuschauen, räth zur sofortigen Faradisation in der Elektrisirmaschine. Ich neige zu einem anderen Verfahren, welches ich jedoch zuvor mit Ihnen besprechen will. Unser Göttinger College Ludwig Meyer überrascht derzeit die Fachwelt mit der Nachricht, Patienten mit Progressiver Paralyse mit der guten alten ›Einreibung‹ geheilt zu haben, also der Behandlung des Schädels mit einer Salbe von Tartarus stibiatus, Ihnen vielleicht auch als Autenrieth'sche Salbe oder Brechweinstein bekannt, Kaliumantimonyl-tartrat. Diese Einreibung bildete früher eine Specialität der Anstalt in Siegburg unter Jacobi (dem Großvater meiner Gattin), und man konnte in den verschiedenen Pflegeanstalten der Rheinprovinz die von Siegburg übernommenen Kranken an der tiefen Delle erkennen, die sie auf ihrem Schädel trugen und die als »Siegburger Siegel« bezeichnet wurde. Ich selbst habe als junger Assistent Jacobis mehrfach Einreibungen vorgenommen.

Im Allgemeinen dachte man sich die Wirksamkeit der Einreibung so, als ob durch den gewaltigen Chok der Entzündung und des Fiebers das Gefäßsystem des Gehirnes zu einer erhöhten Arbeitsleistung geräth, durch welche die vorhandenen Krankheitsstoffe auf Trab gebracht und mechanisch aus dem Gehirn entfernt werden. Im Besonderen wendete man sie daher in solchen Fällen an, wo die acute Zeit der Erkrankung im Abklingen begriffen und eine Abschwächung der geistigen Fähigkeiten zu befürchten war. In diesem letzten Augenblick sollte noch einmal zum Sammeln geblasen und der entscheidende Schlag geführt werden. Während die Einreibung in Siegburg bei allen Formen geistigen Irreseins nur *nicht* bei der Paralyse zur Anwendung gekommen ist, verwendet Meyer sie nun ausschließlich bei der Progressiven Paralyse. Von 15 Erkrankten sei in acht Fällen durch das Siegburger Siegel eine Besserung oder gar Heilung zu Stande gekommen. Ein Versuch mit Sr. kgl. Hoheit Prinz Otto scheint mir daher angerathen.

Die ganze Procedur erfordert durchschnittlich 14 Tage und lässt eine regelmäßig vertiefte, stark eiternde Fläche zurück, welche mit Unguent. basilic. 2–3 Monate lang offen erhalten wird. Mit diesem ganzen, etwas roh wirkenden Verfahren ist keinerlei direkter Schaden verbunden. Wohl befinden sich die Kranken während der Schwellung recht schlecht, mit der Abschwächung des gewaltigen Ödems aber kehrt auch Ihr Wohlbefinden wieder. Was meinen Sie?

In Erwartung Ihrer neuerlichen ausführlichen Nachrichten
freundlich grüßend
Ihr Gudden

[94] Ludwig an Elisabeth

Linderhof, den 24. August 1885
Liebe Elisabeth!

Für den heiteren Sinn, mit welchem Du dem Schabernack begegnet, den Franzens Sinn ersonnen, danke ich Dir aus tiefstem, stets für Dich schlagenden Herzen. Hat Dir der Pacher Fritz geantwortet? Wohin wird Dir mein Brief nachgesandt? Lebst Du noch auf dem off'nen Meer? Ebenjenes habe ich zu meinem größten Leidwesen noch nie von Angesicht gesehen und danke Dir für Deine stimmungsvolle Beschreibung desselben.

Ich bin im Himmel! »Leuchtende Lust, wie lachst du so hell und hehr!« Franz ist bei mir. Und stell Dir vor, er ist nicht nur mein Erlöser, sondern er heilt auch Otto! Franz singt mit ihm den *Lohengrin* und führt ihn in sein eignes, altes, heiteres Selbst. Gleich wie er hier ankam, habe ich ihn in der

Venusgrotte empfangen. Er wußte gar nicht, wie ihm geschah. Nach mancherlei anderem ertönte das Vorspiel des *Tannhäuser,* dessen Bühnenbild aus dem 1. Akt die große Grottenwand ziert: Tannhäuser im Schoß der Venus, von wilden Bacchantinnen, Faunen, Nymphen, Najaden und Sirenen umgeben. Ich sprach, von ihm an dem Bilde vorbeigerudert, über meine früher stattgehabte Reise nach Eisenach, von der Wartburg und ihrem herrlichen Sängersaal, den ich gegenwärtig in meiner Neuen Burg auf dem Schwanstein wiederauferstehen lasse, und daß nach alter Überlieferung Frau Holda, die römische Venus, im Hörselberg bei Eisenach lebe. Ich redete mich in einen rechten Rausch, und vergaß, beseelt von innerem Entzücken, beim Verlassen des Muschelkahns die Wellenmaschine, die eigens mit voller Kraft ich anzuwerfen befohlen hatte, und – fiel, nach vorherigem Ausgleiten, in's Wasser! Lache über meine Schande, Titania, ergieße Deinen Spott über mich Stümper! Und beneide mich, denn Franz lachte nicht, sondern sprang in's Wasser, um mich zu retten! »Traulich und treu ist's in der Tiefe: Falsch und feig ist, was dort oben sich freut.«

Um das Leben, dieses gottentsprosste, weihevoller denn je zu feiern, habe ich mich entschlossen, nunmehr meinen Finanzminister damit zu betrauen, meine Cabinettskasse in Ordnung zu bringen. Riedel ist ein tüchtiger, wohl erprobter Mann, der es an Treue zu mir nicht mangeln läßt. Die Zeiten des furchtbaren Leidens, des Entbehrens, des harten Entsagens sind vorüber! O sie müssen es sein auf immerdar.

In der glühendsten Hoffnung, Du mögest so glücklich sein wie ich, verbleibe ich

Dein immer treu Dich liebender
Ludwig

[95] **Ludwig an Müller**

O sink hernieder, Nacht der Liebe, gib Vergessen, daß ich lebe; nimm mich auf in deinen Schoß, löse von der Welt mich los.

Schachen, 26. August 1885

Hochverehrter Herr Professor!

Daß es soweit mit Prinz Otto kommen mußte, thut mir in der Seele weh! Wie geht es dem Frl. Clavierspielerin? Die Pfleger kamen also noch zur rechten Zeit? Ich verstehe gar nicht, wie man Frl. Kaplan mit Otto allein lassen konnte? Trotz des Prinzen Exzeß bitte ich Sie ernstlich, nein, flehe ich Sie an, Ihre Absichten in Bezug auf die Salbe zu überdenken. Sie sind doch immer und überall gegen Zwang! Ohne denselben, langanhaltend, ist das Siegburger Siegel doch gar nicht zu denken! Wollen Sie ihn nicht lieber mit Chloralhydrat in Schlaf wiegen oder allenfalls mit Morphium beruhigen? Vielleicht hat Prof. Gietl Recht und die sanfte! Faradisation zwiebelt den Prinzen zur Besinnung? In spätestens zehn Tagen bin ich zurück in Fürstenried und werde ihn wieder in ruhigere Bahnen lenken.

Mittlerweile sind wir in das Königshaus am Schachen umgezogen, herrlich gelegen hoch im Wetterstein; im Rücken eine grandiose Felsenwand, zu Füßen das abfallende Gebirge, über das der Blick bis in die Ebene von Partenkirchen schweift. Das von außen schlichte, zweistöckige Holzhaus ist zu ebener Erde eine echte Berghütte, die nur den einfachsten Bedürfnissen Rechnung trägt; Pferdedecken halten die Fußbodenkälte ab, Korbstühle reihen sich um den schlichten runden Speisetisch u. s. w. Windet man sich aber eine schlanke Wendeltreppe hinauf (dem Könige zwar nicht angenehm, aber nach Wunsch, weil die nachfolgende Überraschung verstärkend), so befindet man sich mit einem Mal – im üppigen Orient, in einem türkischen Saal, dessen bunte Glasfensterchen die Alpenwelt draußen vergessen machen. Teppichbehangene, kissenbestückte Diwane reihen sich rings um die Wände, Pfauenfederständer und goldene Hockerchen umstehen einen Springbrunnen in der Mitte des Raumes. Hier feierte König Ludwig seinen Geburtstag wie einen Münchner Faschingsball.

Denn ich bin nicht der einzige Gast Sr. M. Zu der Gesellschaft gehören noch Herr Wilhelm Bauer, der Leiberfinder Sr. M., ein sehr gebildeter und angenehmer Mann, der noch die anspruchsvollsten Wünsche des Königs in reelle technische Kunststücke zu übersetzen sucht. Derzeit arbeitet er daran, den Passagierkorb, den sich S. M. von zwei Pfauen zum Himmel gezogen wünscht, in eine von Gasballons gehaltene Seilbahn zu übersetzen, die Schloß

Hohenschwangau mit dem Alpsee verbinden soll. Auch ein Boot, das in bedeutenden Tiefen *unter* der Wasseroberfläche dahingleitet, entwirft er für den König. Bauer findet hier einen fachlich versirten Gesprächspartner in dem Theatermaschinisten Friedrich Brandt, in welchem ich jenen Bühnenarbeiter wiedererkannte, der mich nach der *Aufführung der »Esther« in St. Cyr* zu Sr. M. in die Residenz geleitete. Er hat für die Bühne Sr. M. schon das Unmögliche möglich gemacht, und da er auch bei den Bayreuther Festspielen mitwirkt, kam auch ich leicht ins Gespräch mit ihm. Nicht der Krieg sei der Vater, so S. M. wörtlich, sondern die Theaterbühne sei die Mutter aller Dinge. Obwohl wir uns alle fremd, vertieften wir uns bald in ein allgemeines, höchst interessantes Gespräch, an dem auch Rittmeister Hornig sowie Marstallfourier Hesselschwerdt theilnahmen. Letzterer berichtete von einer brandneuen Erfindung, die demnächst zum Patente angemeldet werden soll, einem so genannten Grammophon, welches auf einer runden Hartgummiplatte mittles Ritzung eingespielte Töne wiedergeben kann. Insbesondere der König malte sich begeistert aus, überall, in tiefster Waldeinsamkeit, im trauten Zimmer, ja im Bade der Musik zu lauschen, ohne Musiker bestellen, ertragen und bezahlen zu müssen.

Einschließlich Sr. M. waren wir alle türkisch costümirt, mit Fes und Pluderhosen direkt aus der Requisite der *Entführung aus dem Serail*. Der Springbrunnen plätscherte, Räucherpfannen dufteten und die beiden mir schon von früher bekannten Cheveauxlegers, Thomas Osterauer und Alfons Weber, ebenfalls türkisch gekleidet, wedelten mit den großen Pfauenfächern und reichten Mokka, türkische Süßigkeiten und Wasserpfeifen, deren Tabak, ganz der Sitte gemäß, ein süßes Kraut beigemengt war. Weit nach Mitternacht begaben wir uns auf einen nächtlichen Spaziergang, dessen eigentlicher Zweck die Rückkehr war: Hunderte kleiner bunter Glaslichter, mit Wachskerzen bestückt, zogen sich schmückend um das Haus und die zu ihm führenden Serpentinen entlang. Oben wieder angekommen zischten die Raketen eines Feuerwerks durch die Luft, womit der Höhe- und Schlußpunkt des Festes markirt war.

Damit will auch ich schließen, jedoch nicht ohne Sie meiner unverbrüchlichen Hochachtung zu versichern

Ihr getreuer F. C. Müller

[97] **Ludwig an Müller**

Wüsstest du nicht, was ich begehre, da doch die Furcht, mir's zu erfüllen, fern meinem Blick dich hielt?

[98] **Ludwig an Müller**

Wie mein Blick dich verzehrt, erblindest du nicht?

[99] **Müller an Ludwig**

Weil Du erblindet, wähnst du den Blick der Welt erblödet für Dich?

[100] **Ludwig an Müller**

Dies furchtbare Sehnen, das mich sehrt; dies schmachtende Brennen, das mich verzehrt.

[101] **Müller an Ludwig**

Den kein Himmel erlöst, warum mir diese Hölle?
Den kein Elend sühnt, warum mir diese Schmach?

[102] **Ludwig an Müller**

Bist du Erlöser, was bannt dich, Böser, nicht mir auch zum Heil dich zu einen?

Zwangvolle Plage! Müh ohne Zweck!
Dich täuscht des Wunsches Ungestüm, zu vernehmen, was du wähnst.

[104] Gudden an Müller

Fürstenried, 1. IX. 1885

Lieber Herr Doktor!

Für Ihre farbenreiche Schilderung des Königshauses am Schachen, der dort versammelten Gesellschaft sowie der Geburtstagsfeierlichkeiten danke ergebenst. Läßlicherweise vergaßen Sie, mir Auskunft über die Schmerzen Sr. M. zu ertheilen. Nicht nur Grad, sondern auch genaue Lokalisirung wäre höchst wünschenswerth.

Trotz Ihrer Bedenken habe ich mich entschlossen, S. kgl. Hoheit mit der Einreibung zu behandeln, da er sich nun einmal so gar nicht beruhigen will. Sicher, um die Einreibung lege artis auszuführen, bedarf es des Zwanges. Ihr Wunsch, Prinz Otto mit Chloralhydrat zu betäuben, ist jedoch nicht weniger gewaltthätig. Ja, ja! Es gibt verschiedene Zwangsjacken. Einer macht sie aus Drillich und legt sie um den auswendigen Menschen, ein anderer macht sie aus Äther, Morphium, Blausäure, nach dem letzten Modejournal aus Chloralhydrat und legt sie direkt um das Gehirn. Da von der reinen Betäubung, welche Sie vorschlagen, jedoch keine Heilung zu erwarten ist, habe ich vor vier Tagen mit der Einreibung begonnen. Dem im Zwangsstuhle festgezurrten Prinzen habe ich auf der Höhe des Scheitels, und zwar gerade dort, wo sich die Naht des Scheitels mit der Stirnnaht begegnet, ein thalergroßes Stück ausrasiert und mit eben jener starken Quecksilbersalbe eingerieben. Mauder wiederholt seitdem die Einreibung mehrmals täglich. Heute schon war unser erstes Ziel erreicht: Die Haut des Schädels S. kgl. Hoheit ist so aufgetrieben, seine Augen, ja das ganze Gesicht bis zur Unkenntlichkeit verschwollen, daß wir die Einreibungen eingestellt haben und die Einreibungsstelle nun mit feuchtwarmen Breiumschlägen behandeln. Sie müssen nichts besorgen, während dieser acuten Phase sehe ich persönlich jeden 2. Tag nach ihm.

Leider darf ich Ihnen nicht verhehlen, daß Frl. Kaplan neben dem Prinzen v. a. in *Ihnen*, der sie zu der Annahme der Stelle gedrängt, Ihren Peiniger erkennt, und fragt mich, wie ein Arzt sie überhaupt zu einem Wahnsinnigen schicken konnte?

Bleiben Sie im Uebrigen, solange S. M. dies wünscht, und geben Sie allen seinen Wünschen in Betreff Ihrer Person nach.

Mit den besten Wünschen für eine erholsame Sommerfrische
Ihr Gudden

[105] Ludwig an Müller

O gönne mir, daß mit Entzücken ich deinen Atem sauge ein! Laß fest, ach! fest an mich dich drücken, daß ich in dir mög' glücklich sein.

[106] Müller an Ludwig

Getrennt, geschieden sollen wir uns seh'n:
dies muß die Strafe, dies die Sühne sein.

[107] Anna Magdalena Francke an Dorothea Rosina Pott

Glaucha vor Halle, den 30. Juny 1713

Buß und Reu knirscht das Sündenhertz entzwey.

Meine treue Schwester in dem Herrn

Aus deinem werthen Schreiben erkenne ich deine Liebe, welche je mehr und mehr reich wird in dem daß du so treulich vor mich betest und nicht müde wirst, mich zu stärken. Ich muß frei gestehen, daß in gedachtem Brieff mich vielfältig getroffen befinde. Ja, wie wahr du sprichst! Man kann mit Sophia nicht buhlen, man muß sich ihr im Geiste und im Fleische gantz ergeben. Der fleischlichen Liebe Gebrauch mag mit dieser göttlichen Gemeinschafft nicht zusammen stehen. Wann ich mein Gewissen erforsche, darff ich sagen, daß ich bin auch in der Ehe geistlich eine keusche Jungffer blieben. Niemahlen habe auch nur die geringste Lust bei Empfängnis meiner dreyen Kinder empfunden. Gleich nach der Trauung hat mich der Herr gesegnet mit meinem ersten Knäblein. Kaum entbunden ward ich sogleich wieder schwanger, doch nahm mir der Herr meinen ersten Sohn, noch bevor der zweite, mein Gotthilf August, zur Welt kommen, welcher kränkelt seit dem Tage seiner Geburt. Ein früh hinweggeraffter und ein schwächlicher Sohn ward mir zum Zeichen, daß mein Leib zur Ehe nicht geschaffen und der Herr mich zu andrem bestimmt. Als ich abermals übers Jahr meine Tochter an diese sündhaffte Welt geboren, so nennete sie Francke nach ihrem Paten Johann Freylinghausen Johanna, ich aber Sophia, zu Ehren der himmlischen Sophia. Möge sie eine keusche Braut Christi werden, nachdem ich selbsten mich durch meine Ehe nothwendig mit dem Weltgeist eingelassen.

Nachdemahlen ich meinem Eheherrn einen Sohn und eine Tochter (sowie den ersten Engel) geschencket, habe ich meine Pflicht vor erfüllet erachtet. Er aber trug Angst im Hertzen, es möchte uns noch einmahlen ein Kind abberufen werden und zweye seyen nicht genug, umb Gottes Befehl zu genügen, uns zu mehren. Seitdem trage ich schwer an meinem ehelichen Kreutz, welches leider nicht leichter worden, seitdem unsere Kinder herangewachsen. Wie aber, mein trautes Hertz, soll ich meinem Ehejoch entkommen? Flöße du mir, kluge Freundin, die Worte ein, die auch Francke bestimmen werden, unsere Ehe in eine geschwisterliche Liebe zu verwandlen. – Er ist vor wenigen Tagen zum Pastor an St. Ulrich in Halle gewählt worden; weltlich gesinnte Geister würden jetzo in Triumphgeheul verfallen, so ehrenhafft ist das Anerbieten. Gerade darumb bin ich stricte dagegen, daß er das neue Amt antritt.

Ach wie verlangt mich darnach, all dieß mit dir von Angesicht zu Angesicht zu besprechen. Auch umb deine und der Susanna Mühlhahnin Fragen nach der Vereinigung mit der himmlischen Sophia zu erörtern. Vielleicht dörffen wir Weiber uns Sophia nicht als unsere liebe Braut und Gehülfin denken, sondern als treuer Mann und Bräutigam, aber ohne thierische Glieder? Möchtest du, hertzliebe Freundin, nicht belieben, eine Reise hierher zu thun? Nicht bergen kann ich mein hertzliches Verlangen, Dich von Person einmahl wiederzusehen. Deine Söhne, welche wohl behalten hier ankommen und fleißig studiren, haben die Erinnerung an dein liebes Gesicht schmertzlich erneuret. Sie sprechen von dir in hohen Ehren, sind wohl gerathen und fromm und kommen zu zweyen Malen in der Woche zu mir, am collegium pietatis Theil zu nehmen. Bey denen Urchristen gab es keine Priester und Bischöfe und lutherische Ministerien. Die Urchristen brauchten kein Gebäude vor ihre Andacht, keine vorgeschriebne, leeren Formeln vor ihre Frömmigkeit, in summa: keine Kirche. Und also auch wir nicht.

Erst gestern sind wir allesamt bey mir in meiner Stube in großer Liebesvereinigung zusammengeflossen, als unsere Catharina Margaretha Linckin, welche im Waysenhaus erzogen und welche als Kind ich gut gekannt, zum ersten Mal Mund und Hertze geöffnet, ihre begangenen Missethaten zu bekennen und zu bereuen. Dieselbe ist vor Jahren von hier ohn Abschied verschwunden und bey den preußischen Trouppen im Kriege in Brabant wieder auffgetaucht, als männlicher Musketier verkleydet. Sie hat mehrere Campagnen mitgemachet, ist im Felde gestanden von Kanonendonner und Musketengewitter umtost und hat in Schlachten Mann gegen Mann gekämpfet. Bitterlich bereuet sie nun, andern Soldaten das Leben geraubet zu haben in einem Kriege, der weder sie noch ihren Feind was angangen. Betet auch des Morgens und des Abends um die Seelen, welche sie vorzeitig abberufen. Befraget, weshalben sie sich in Mannskleyder gesteckt, antwortet sie, dieß hätte sie darum gethan, weil sie hätte wollen ein keusches Leben führen. Im Uebrigen weiß sie wohl, daß Gott verbothen, daß ein Weib keine Mannskleyder anziehen solle (5. Mose 22, 5); solches, meinet sie, gienge aber nur die Weiber an, und keine Jungffern.

Stelle dir die Linckin groß vor, mit dem Leibe eines Jünglings, hellen weichen Locken und einem gar angenehmen Gesichte. Sie träget feines Leinen und schöne Stoffe, welche mit ihrem Stand als arme Magd gar schwerlich harmoniren, doch ward ihre Nothdurfft von christlichen Gönnern so herrlich ausstaffiret, als sie, zu ihrem eignen Schutze noch in Mannskleydern, zurück nach Halle marschiret. Wann sie der Hunger gezwackt, hat sie sich voller Gottvertrauen im Gasthause an den Tisch gesetzt und zu essen begonnen, ohne einen Heller in der Tasche. Befraget, wer sie sey, öffnete ihr Gott den Mund und vor Staunen und Mitleid wetteifreten die andren, ihre Zeche zu zahlen. *Bittet, so wird euch gegeben; suchet, so werdet ihr finden; klopfet an, so wird euch auffgethan.* So ist sie wohl behalten wieder hier eingetroffen, und habe noch keinen unserer Zöglinge so Gott ergeben und himmlisch gesinnt gefunden wie Catharina Linckin. Besuchet auch jedes collegium pietatis wie deine Söhne. – Ich wiederhole, ich wollte, du wärest hie mit uns.

Ergebe dich der gnädigen Beschirmung Gottes und verharre
deine Anna Magdalena Franckin

Halle, den 5. Julii 1713

Wohlehrenvester, Vielgeehrter Herr

Ich lebe der Hoffnung daß Mein hochgeehrter Herr in währendem Kriege noch lebt und in annoch anhaltendem erwünschten Zustand sich befindet. Die durchtriebene Jungffer, so M h H so stattlich geputzt nach Halle zurückgeschickt, hat unsere schönsten Erwartungen übertroffen. Nachdem Catharina Linckin wohlbehalten hier eingetroffen, habe dieselbe sogleich zu mir gebeten und bewirthet, um mir dieselbe zu verbinden. Auff daß nicht Francke Gelegenheit habe, ihr gleichfalls Wohlthaten zu erweisen, habe ich sie zum Tuchmacher der Universität geführt, allwo der Meister sich ihre Künste zeigen lassen und nach gehabtem Examen sie bey sich behalten. Daselbst machet sie nun Flenell, drucket auch Kattun bunt und hält 8, 9 und mehr Spinn Mägdgens, welche ihr zuarbeiten.

Nachdem ich dem Tuchmacher eine Predigt von der Duldung und Toleranz gehalten, auch einige Kreutzer gegeben, lässet er die Linckin nach ihrem Willen bald in weiblichen, bald in männlichen Kleidern gehen. Schreyen die bösen Buben auff den Gassen ihr hinterher, hat sie vor jeden einen Spruch parat, welcher noch die ärgsten Spötter verstummen lässet. Dieweil die Linckin gewitzter als mancher lateinische Handwercksgesell, so meine Vorlesungen verschnarchet, habe dieselbe recht in mein Hertz geschlossen. Damit sie nicht der Uebermuth ergreiffet und glaubet, mich um den Finger wicklen zu können, habe derselben Mittheilung von deren Vorleben gemachet, welches ich aus M h H Brieffen erfahren.

Daß ein ehemaliges Waysenmägdlein aus den Glauchaer Anstalten im Kriege als Musketier bey den preußischen Trouppen gedienet und nun in Hosen durch Halle spatziret, stellet das allgemeine Stadtgespräch für. Reibe mir die Hände vor Freude, wann ich Francke an meinem Haus vorüber nach St. Ulrich gehen sehe, wo er bald als Pastor primarius eingesetztet wird, und die gleichen Buben, so die Linckin nunmehro fast ehrfurchtsvoll passiren lassen, fallen anitzo über ihn her, der sich in Christo schlecht zu wehren weiß. Empfangen ihn dann die ehrwürdigen Männer, so ihn erwählet, mit versteinerten Gesichtern und beredtem Schweigen.

Hätte die Catharina Linckin also bißhero nicht segensreicher walten können, so ist es gestern annoch besser kommen: Soldaten haben die Linckin aufgegriffen und wollen sie nicht wieder lassen ziehen. Wie mein wohlgeehrter Herr weiß, gehen hier in Halle abscheuliche Soldatenwerber um, die Handwercker, Lehrlinge, Studenten in den Gasthof führen, mit Branntwein gefügig machen und zum Unterschreiben des Werbecontracts mehr zwingen als überreden. Ja, zuweillen umstellen die Werber eine Kirche und zerren jeden kräfftigen Mann aus dem Gottesdienst, überfallen auch des Nachts Bürgerhäuser und Baurenhöfe und lassen nicht wieder los, wen sie gefangen. Also ist es auch Catharina Linckin ergangen, die in männlicher Kleydung in den Gärten vor den Thoren spatzirte. Dieweil dieselbe vom Soldatenhandwerck genug, weigret sie sich, den Contract zu unterschreiben. Als die Werber dieselbe dennoch nicht wollen lassen gehen, giebet sie sich als Weib zu erkennen. Die Werber lassen sie trotzdem nicht ziehen: Wer Hosen tragen kann, sey vor eine Muskete nicht zu schwach. Bleybet der Linckin nichts übrig, als Johanna Sophia, die Tochter der Franckes, welche sie mit sich geführet, zu mir um Hülffe zu schicken. Doch gilt bey denen Soldaten weder mein gutes noch böses Wort: Die Linckin wird im Rathause in gefängliche Hafft gebracht.

Kaum ward in der Stadt Kunde darvon, so eillen Anna Magdalena Franckin, meines Collegen Eheliebste, besagte Tochter Johanna Sophia sowie die Brüder Pott, zween studiosi, vors Rathaus und begehren Einlaß. Als man ihnen den Zutritt zur Linckin verweigret, kehren dieselben sich nicht um, sondern heben an, auff offnem Marckt zu beten und zu singen, lesen capitelweis aus der Hl. Schrifft vor und verursachen in summa ein solch greülich Lärmen, so nicht observiret worden, seit der Türcke die kaiserliche Residenz belagert. Francke tritt schließlich herzu und bittet Frau und Tochter sanfftmüthig, mit ihm nach Hause zu kehren, doch bleyben sie standhafft, und wollen erst abtreten, wann die Linckin wieder frey. Gesegnet und gepriesen seyen die Weiber!

Entstehet aus dem Schwartzpulver, so M h H mir geschicket, nunmehro ein Flächenbrand, welcher, so Gott will, die Glauchaer Anstalten in Schutt und Asche legen wird.

Meinem hochverehrten Herrn auff ewig verbunden
Christian Thomasius

Halle, den 7. Julii 1713

Großachtbar-Wohlgelahrter und Hochgeehrter Herr

Obgleichen Mein hochgeehrter Herr mein zuletzt abgelassenes nicht beantwortet, will ich Hochmuth nicht mit Stoltz vergelten und Ihm in aller Demuth nochmalen schreiben und vor die Jungffer Catharina Margaretha Linckin bitten, welche unschuldig auf dem Rathause in gefänglicher Hafft sitzet. Die Linckin ward in Meines hochg. Herrn Waysenhause großgezogen; MhH hat dieselbe vor dem Strange bewahrt, als sie in männlicher Tracht Musketier worden, von den Trouppen weggelauffen und wieder eingefangen. Die Linckin darff demnach Sein Zögling, Schützling, gar Kinde heißen. Doch ereilet dieselbe nunmehro ein strenges Schicksal, maßen ihr gütiger Vater sie verlassen und unschuldig im Loch verderben lässet. Ich selber eillete vom Rathause zum Regimente Alt-Anhalt und zur Regierung, doch will man mich nicht hören. Habe nur erwirckt, daß die Stärckungsmittel von den Wachen durchgelassen, welche Seine hochlöbliche Eheliebste der Linckin zugedacht. Da nun ohne Zweiffel die Linckin zu Unrecht gefänglich gehalten, sintemal sie ein Weib und also nicht zum Musketier tauget, muß MhH sich endlich ein Gewissen machen und sein Kinde befreyen.

Denn daß es überhaupt so weit kommen mit der Linckin ist Sein Werck. Deren Exemplum lehret, daß nicht die Natur böse, sondern allein durch üble Auferziehung der schlechte Samen zur Frucht gelange. Sein Waysenhaus, wo man die Kinder als wie in einem SpinnHause überwachet, verkehret dieselben in Mönche, das ist zu groben, ungezogenen, höchst melancholischen, phantastischen, eigensinnigen, widerspenstigen, unerträglichen und hämischen Leuten. Meinen Gedanken nach halte ich manches Zuchthaus vor höher, als MhH vielmals gelobetes Waysenhaus. Zwar gleichen sich die Anstalten im äußerlichen Zwang; doch müssen die Insassen eines Zuchthauses nicht den greulichen Mißbrauch des Wortes Gottes erdulden und sich einer gewaltsamen innerlichen Reformation unterwerffen wie die armen, Ihm zugefallnen Waysen. Es riecht in Seinen Anstalten nach offenkundigem Papismus und ich würde Ihm die Kuh und Schwein nicht zu hüten geben.

MhH will keinen Dissensum leiden, sondern alle diejenigen unterdrükken, die mit Ihm nicht einig seyn. Es ist aber die ungebundne Freyheit, die allem Geiste das rechte Leben giebet, und ohne welche der menschliche Verstand gleichsam tot und entseelt ist. Es ist gewiß das einzige Mittel, den Verstand der Menschen vor Schaden zu sichern, oder überhaupt Witz in der Welt zu erhalten, wenn man dem Witz seine Freyheit läßt. Die wahren Freunde des Lichts verbieten keiner dem andern seine Meinung, auch wann sie sich nicht gut miteinander vertragen, denn sie wissen: Die Weisheit ist an niemand gebunden.

Dannenhero es höchlich zu bedauren, daß MhH soeben von unserem Könige ein Edikt erwircket, womit alle Comödien, Schauspiele, Operas und Balletts, Maskeraden und Redoutten, Harlekine und Marktschreier, Kartenmacher und Glückstöpfer verboten. MhH täuschet sich, wann er die Poesie vor entbehrlich, ja schädlich hält. Die Kunst zu dichten bestehet nemblich größten Theils darinnen, daß die erdichteten Sachen wahrscheinlich seyn oder doch der Wahrscheinlichkeit ziemlich nahe kommen. Die Dichtung hat ihren unstreitigen Nutzen um der Schwachen willen, welche die heilsamsten und zum Studio der Weisheit gehörigen Wahrheiten eher vertragen können, wann sie in allerhand Erfindungen gleichsam eingehüllet seyn, als wann sie nacket und bloß ihnen vor die Augen geleget werden. Vertreibet dahero auch die Dichtung die Finsternüß und führet zum Licht. Empfindet im Uebrigen Seine Eheliebste mir gleich, hat sich mit Seiner Tochter und zween Studenten auff eine Comitragodia vereiniget und bringen Tag vor Tag vor dem Rathause ein Spectacul zur Aufführung, welches das Volck mehr bejublet als alle die von Ihm verbotenen Lustbarkeiten.

Meines hochgeehrten Herrn dienstwilligster Diener
Christian Thomasius

[110] **Grumbkow an Thomasius**

Berlin, 23. Julyi 1713

Wohl Edler und hochgelahrter
Sonders hochgeehrter Herr Professor

Vor Meines hochverehrten Herrn Sorge umb mein Leben dancke ergebenst. Habe den Krieg lustig überlebet, bin von unsrem neuen Könige decoriret und promoviret worden und unterschreibe mich anitzo General und Director des Generalkriegscommissariats. Damit auch MhH Nutzen aus dem Wechsel der Regierung will ziehen, theile demselben im Vertrauen mit, daß unsere neue Majestät Friedrich Wilhelm sein Land besser will kennen lernen, weßhalb Derselbe eine große Reise begonnen, auf welcher er am 12. Augusti auch in Halle eintreffen wird. Bereite sich MhH also vor, auff einer Audienz vortheylhafft vor sich einzunehmen. Habe dem jungen Könige bey der Frage nach einer Verbesserung des Justiz Wesens bereits den Namen Meines hochverehrten Herrn empfohlen, sintemal alle Römische Benahmsungen und lateinischen KunstWörter sollen gäntzlich zum Gebrauch auffgehoben und die Benennung durchgehends auf Teutsch gegeben werden. Habe Sr. M. von Meines hochverehrten Herrn hochlöblichen Streitt umb die teutsche Sprache relationirt und mag derselbe versichert seyn, daß ihm der Gebrauch derselben an der Universität nie wieder verboten.

Zu denen Reformen unsres jungen Königs gehöret auch die Erneuerung des Heeres, dessen Stärcke um etliches zuzunehmen gesonnen. Maßen die Grenzen unsres Königreichs auff der Landkarte mancher Orts noch frisch gepinslet, hungret dem Könige stark nach Soldaten und haben die Werber Befehl, keinen wieder lauffen zu lassen, den sie einmal gefangen. Hoffe MhH also nit auff Mäßigung derer Werber, sondern werbe er selbsten im Volck vor deren gutes Werck. S. M. verspüret eine große Liebe zu denen Soldaten und hat eine Sammlung langer Kerls begonnen, welche er sich aus allen Ecken Europas kommen lässet. Deren geübte Paraden, wann sie vor seinem Schlafzimmer exerciren, seynd sein größtes Vergnügen.

Ist dieß im Uebrigen die einige Lustbarkeit, welche er sich vergönnet; die Mätressenwirthschaft seines seligen Vaters und die üppige Hoffhaltung hat er stante pede ausgekehret. Im so genandten Tabacks-Collegium versammlet er Abend vor Abend seine engsten Getreuen, wozu Weiber ebenso wenig Zutritt wie zu den wenigen Bällen und Täntzen, zu denen er schon geladen. Sparsamkeit ist nunmehro das oberste Gebot, am Hofe wie im Staat, und während er denselben Rock Tag vor Tag trägt, läßet er die Röcke seiner langen Kerls, um Stoff zu sparen, immer kürzer schneidern, sodaß der Podex kaum bedecket.

Sey MhH gewarnet, daß das eigentliche Ziel S. M. in Halle nit er selbsten, sondern die Anstalten des Professor Francke. Damit der bösartige Märchenerzähler den jungen König nit allzu leichte mit seinem klebrigen Gespinste einwickle, habe S. M. gestern im Tabacks-Collegium an Catharina Linckin erinnret, welche sich im Felde unterm Galgen als Mägdlein aus dem Hällischen Waysenhaus entblößet und welche Sr. M. Werber nunmehro erneut auffgegriffen. Mag MhH an besagtem Tage seinen König also zum Rathhause führen, sintemal S. M. willens, die Linckin von Angesichte zu sehen und selbsten über sie zu entscheiden.

Der ich bis ans Ende des Lebens immerdar seyn werde des Thomasischen Nahmens unparteiyscher Verehrer

General Friedrich Wilhelm von Grumbkow

[111] Dorothea Rosina Pott an Anna Magdalena Francke

Halberstadt, den 28. Julij 1713

Hertzliebste Schwester im Glauben

Wie mich dein Brieff erfreuet, in welchem du die geheimsten Kämmerlein deiner Seele auffschließest, ist nicht mit Worten zu sagen. Ach, das wollte dir der Herr vergelten und in Zeit und Ewigkeit dich mit Segen überschütten. Ich wünschte, ich hätte gleichfalls stets so jungfräulich empfunden wie du. Allein, nachdem ich in meinen Johann Andreas vernarrt gewesen, und er in mich, lüsterte mein verliebtes Auge nach seines Leibes Zierrathen, und damit wir nicht in Sünde fallen, machten wir nicht viel Federlesens, sondern heyratheten einander je eher je lieber und waren miteinander sehr vergnügt. Unverwelcklich blühete unser Rosenbette, und ist auch nicht verdorret, nachdem ich das jüngste unserer zwölf Kinder geboren. Als er mit dem Tode abgangen, ist mein Fleisch mit ihm gestorben, worüber ich von Hertzen vergnügt. Hoffe, die Jahre, so Gott mir noch bestimmet, mich von der gehabten Fleischeslust zu reinigen, zu entsündigen und entsühnen.

Ob mir dabey die himmlische Sophia eine Hülffe, bezweiffle mehr und mehr. Meiner Wenigkeit zu gedenken, so hange doch an der Gnade meines allersüßesten Jesu, und ist dieses wieder meine einzige Uebung worden, daß seine unaussprechliche Liebe in mir möge vermehret und eine inbrünstige Gegenliebe angezündet werden. Du aber hoffest auff die Vermählung mit der himmlischen Sophia. Was du auff meine Gewissensfrage nach deiner hiefür nothwendigen Keuschheit geantwortet, habe auch nach mehrmaliger Lesung deinem Briefe nicht entnommen. Doch will ich dir sagen, was du in deiner anhaltenden Ehe kannst thun. Wem es ein rechter Ernst ist, der muß nicht allein die Sünde meyden, sondern muß sich auch vor der Gelegenheit zu sündigen hüten. Verlaß dein eheliches Bette. Stelle Francke auf evangelische Weise dessen Eitelkeit und Thorheit in eurem Alter vor, und wie dadurch eure Gemüther von Gott abgezogen und zu eurer Seelen Schaden zerstreuet werden. Erinnere ihn, worinnen er die wahre Lust und Freude finden kann, nämlich in dem Herrn Jesu, seiner Liebe, Freundlichkeit und Süßigkeit.

Daß du, auserwählte Freundin, meine Söhne so wohl auffgenommen, vergelte dir Gott in Ewigkeit. Du raubest mir doch die Sorge einer Mutter, ihre Söhne bey dir in Gegenwart eines reitzvollen jungen Weibs zu wissen, welche auf gar wunderliche Abwege gerathen? Habe der Mühlhahnin deine Erzählung von der Catharina Linckin und euren liebreichen Versammlungen in Christo vorgelesen und sie verspüret, gleich mir, großes Verlangen nach ebensolcher christlicher Gemeinschaft. Seit Susanna in Ruf kommen, die Leute anzuschwindlen und zu täuschen, bleiben alle vorherigen Freunde weg und kommet nur der Pfarrer Clauder regelmäßig zu uns.

Susanna grübelt oftermalen über ihre gehabten Gottesreden nach; sie bleibet dabey: ein göttlicher Funcke hat sie angezündet. Aber, so zweifflet sie jetzo, vielleicht waren es nicht Gottes Worte, sondern ihre eignen, göttlich inspirirt? Wahr ist es ja, ihre Worte, so sie weiterhin überkommen, sind zierlich gesetzet und von eignem Reitz vor das Ohr. Immer noch schreibe ich mit, was sie in der Eingebung saget. Lese ich derselben dann vor, was sie gesprochen – das Kind kann ja nicht selber lesen – so stellet sie die Worte ein wenig um, summt hübsche Melodeyen darzu und hat auff diese Weise schon vier Lieder verfertiget, welche ich dir lehren werde, wann wir uns einmahl wieder sehen.

Vor drey Tagen kam der Pastor Clauder, betet mit uns und singt, da stehet Susanna auf und spricht in feierlichem Tone:

Sing, unsterbliche Seele, der sündigen Menschen Erlösung,
Die der Messias auf Erden in seiner Menschheit vollendet,
Und durch die er Adams Geschlechte die Liebe der Gottheit
Mit dem Blute des heiligen Bundes von neuem geschenkt hat.

Der Pfarrer Clauder staunet und schüttlet den Kopf, nimmt meinen Bleystifft, schreibet den Vortrag mit, spricht ihn laut nach, schüttelt nochmalen den Kopf und erklärt es dann vor einen Hymnus wie die Alten sie gedichtet. Verlangt ein sauberes Blatt Papier, Feder und Dinte und schreibet den Gesang nochmalen, worbey er die Zeilen so einrücket, wie ich dir abgeschrieben.

Zeithero betrachtet er die Mühlhahnin als ein Wunderthier und wann nicht der Heilige Geist in sie gefahren, so hat sie doch der Genius geküsst. Kömmt jetzt jeden Abend in meine Stube, Susanna zu lauschen, welches mir ein Beschwerniß, da ich deine Kräutlein dann nicht mag gebrauchen.

Befehle dich hiermit der Liebe des Herrn Jesu, und verharre aufrichtig

deine Gebet- und Dienstverbundenste
Dorothea Rosina Pott

[112] Thomasius an Grumbkow

Halle, den 13. Augusti 1713

Wohlehrenvester, Vielgeehrter Herr

Zum glücklichen Avancement eille zu gratuliren. Ehrerbietigsten Danck sage auch vor dessen Fürsprache bey unserem neuen Herrscher, welcher heute Halle besuchet und mich sogleich gefraget, ob ich derjenige, welcher an den Universitäten durchgesetzet, gelehrte oder gottesfürchtige Dinge in Teutscher Sprache vorzubringen. Hatte dahero schönste Gelegenheit zu erinnern, daß das Studium sowohl der alten als heutigen Teutschen Sprache allzu sehr negligiret wird: da doch ohne die erste die Antiquitäten des teutschen Rechtes, der Religion, der Dichtung usw. nicht verstanden werden können, und ohne die letzte ein jeder zu allen Geschäften im bürgerlichen Leben ungeschickt ist. Worauff Seine Majestät mir gnädig sein Einverständnis zu verstehen gegeben.

Gestehe Meinem hochverehrten Herrn, vom Anblicke des Königs und höchstdesselben conduite überrascht zu seyn. Nach MhH Relation von Deroselben Sparsamkeit hatte nicht solche LeibesFülle erwartet. Gepaart mit der Krafft seiner Jugend veräußert sich dieselbe in einen rasch entflammbaren Zorn, welcher einem Herrscher nicht gut zu Gesichte stehet. Er führet jederzeit ein Stöcklein mit sich, und wann der Kutscher den Wagenschlag nicht geschwind genug öffnet, oder ein Bettler müßig am Wege stehet, ist er sich nicht zu schade, selbsten das besagte Rohr auff die Sünder niederprasseln zu lassen. Theile diesen meinen Eindruck MhH mit im Vertrauen, es mögte Ihm im Tobacks-Collegium gelingen, mäßigend auff das jähzornige Gemüth unseres jungen Herrn einzuwircken.

Seine Majestät trafen sambt Gefolge um 3/4 auff 12 Uhr vor dem Waysenhause ein und ließen sich von Francke persönlich die ganze innere Verfassung der Anstalten zeigen, ward also ins Paedagogium geführt, in die Bibliothek, den Buchladen, ins Mägdleinhaus, in den Speisesaal und die Küche, den Schlafsaal, die Naturalienkammer und alle Stockwerke hinan bis auf den Altan, woselbst sich Se. Majestät arretirten und Francke ins Kreutzverhör nahm.

»Was hält er vom Kriege?« Antwortet Francke: »Ew. Königliche Majestät muß das Land schützen, ich aber bin berufen zu predigen: Selig sind die Friedfertigen.«

»Das ist gut. Aber seine Leute, hält er die nicht vom Kriege ab?«

»Mit studiosis theologiae werden, wie Ew. Majestät selber wohl wissen, Kirchen- und Schulämter besetzt.«

»Aber die Jungens, machet er denen nicht weis, daß sie der Teufel holen mögte, wenn sie Soldaten werden?«

»Ich kenne manchen christlichen Soldaten. Ich habe mehr Gönner unter denen Soldaten als unter den Geistlichen. Diese können nicht vertragen, daß ich ihr Thun nicht in allen Stücken billige.«

Bis hero mußte ich Francke in geheim Achtung zollen vor die Standhafftigkeit, mit welcher er Christi Botschaft vertheidigt. Wie derselbe aber an den roth anlauffenden Minen Seiner Majestät unschwer kann erkennen, ist er dabey, sich um Kopf und Kragen zu reden, und setzet also hinzu, daß nicht nur im Alten Testament fromme Könige auf Gottes Befehl Kriege geführt, sondern auch im Neuen Testament Paulus den Römern lehret, daß die Obrigkeit das Schwert nicht umsonst trage, sie sey Gottes Dienerin zur Strafe über den, der Böses thut. Wann die Noth ihn fordert, sey der Krieg nicht wider Gottes Wort etc. – Ist dahero der Respect, welchen vor meinen Widersacher empfunden, dahin geschmoltzen wie der letzte Schnee im Frühling.

Zufrieden rüsten Seine Majestät darob zum Auffbruch und fragen im Gehen noch nach der Jungffer, so im Waysenhause erzogen und seinem seligen Vater als Musketier gedienet, ihm diesen Dienst aber versaget. Dieweil Francke erblasset, trete ich vor aus der Reihe der begleitenden Herren und theile unterthänigst mit, Catharina Linckin säße im Rathszuchthause gefangen, weil sich die Werber und deren Gegner nicht auff ihr Schicksal vereinigen können. Befehlen Seine Majestät darauff, die Linckin zu besuchen und rollet der ganze Tross vor dem Rathause vor. Wie der König aus dem Wagen steiget, singen und beten Anna Magdalena Franckin nebst Tochter und denen Studenten Pott wie gehabt aus Leibeskräfften. Erst, als der König mit offnem Munde vor ihnen stehen bleibet, nehmen sie dessen Ankunfft wahr und verstummen. In größter Sorge, sein Stöcklein könnte unwissend Franckes Eheliebste und Tochter strafen und damit ein Unheil anrichten, welches der König selbst nicht gewollt, introducire ich beyde unterthänigst Seiner Majestät. Höchstdieselbe wissen darauff zum ersten Mal an diesem Tage nichts zu sagen und schielen mit immer noch offnem Munde nunmehro zu Francke hinüber, welcher seinen Gott zu bitten scheinet, die Erde unter ihm aufzuthun und ihn zu verschlingen.

Schließlich wird die Linckin dem Könige in der Rathsstube vorgeführet. Dank der guten Kost, so die Franckin ihr gesendet, hat die Hafft wenig an ihr gezehret und ist sie dasselbe imponirende WeibStück, welches MhH gekannt. Sie trägt ein fleckicht Mieder und grobleinen Rock; einig die Haare, welche ungeflochten auff ihre Schultern fallen, erinnren an ihr gewöhnliches Mannshabit. Statt sich dem König zu Füßen zu werffen, wie ich ihr bedeute, stellet sie sich ruhig vor ihn hin und mustert S. M. so auffmercksam, wie Höchstderselbe die Linckin.

»Ist sie ein Weib?«, fraget der König nach einer Weillen.

»Ja, so Gott will.«

»Warumb stecket sie sich dann in Mannskleyder?«

»Um zu thun, was Weibern verboten.«

»Wie Krieg zu spielen zum Exempel?«

»Um den Ruhm meines Königs zu vergrößren. Vor ihn habe ich viel Schuld auff mich geladen und etliche Söldner des Feindes vom Leben zum Tode befördret und mich mehrmalen als Musketier vor andren ausgezeichnet.«

Der Könige fraget bey seinem Gefolge, ob richtig, was die Linckin saget, und stimmet man ihrer Aussage zu. Sehe ich dahero den Moment gekommen vorzutreten und zu sagen, daß die Linckin Recht habe, man vernachlässige die Weiber und traue ihnen weniger im gemeinen Leben zu, als sie thatsächlich zu leisten vermögten. Wann die Linckin entlassen, so werde dieselbe bey mir studiren. Erhebet sich drauff ein Gemurmel und Geraune, doch ist es mir Ernst damit. Denn was hinderts, daß ein Frauenzimmer nicht ebensogut als ein Kerl etwas sollte können lernen! In der Geburtshülffe haben sie ihr Geschick erwiesen, ohne studirt zu haben, und in den anderen Künsten sind sie eben nicht angeleitet worden. Ueberreiche dahero dem Könige meinen

»Vorschlag einer Jungfer-Academie«, welchen ich wohlweislich vorbereitet und nach welchem sich im abendlichen Tabacks-Collegio gelegentlich zu erkundigen M h Herrn bitte.

Der König beschließt endlich, daß Catharina Linckin abermalen von einem Arzt oder einer Hebamme soll untersuchet werden. Ist dieselbe ein Mann, sollen die Werber ihn behalten, ist sie ein Weib, soll sie bei Strafe niemalen wieder Mannskleider anziehen. – Mir bleibet aber vor heute nurmehro M h H Danck abzustatten vor desselben unschätzbaren Geschencke, so Er mir mit der Linckin sowie mit der Ankündigung des Besuches Sr. M. bereitet, denn der heutige Tag hat mir Triumphe vergönnet, welche Cäsar in Gallien nicht gesehen.

Verbleibe lebenslang Meines hochgeehrten Herrn
dienstwilligster Diener
Christian Thomasius

[113] Anna Magdalena Francke an Dorothea Rosina Pott

Glaucha vor Halle, den 18. August 1713

Und ich sahe einen neuen Himmel und eine neue Erde.

Vertrauteste Freundin in Christo

Ich kann nicht lassen, die wunderbare Gnade Gottes zu preisen, welche über dich so reichlich ausgegossen ist. Dencke nur, wie leicht der Herr mir den Weg geebnet, um deinem klugen Rath zu folgen: Als Francke vor fünff Tagen in das neue Pfarrhaus von St. Ulrich in die Stadt gezogen, habe ich mich geweigret und bin nicht mit ihm gangen. Ich habe vor ihn das meiste gepackt, ein Geringes an Geschirr und Wäsche vor mich behalten und ihn dann am bestimmten Tage mit Gott ziehen lassen. Er hat die ganze Zeit nicht glauben wollen, daß es mir Ernst, hat mich dann mit allerhand guten Worten zu bereden versucht, aber ich bin standhafft blieben. Heute weiß ich: Niemalen hätte ich heyrathen sollen. Meine dreyen Brüder sahen es mit großem Unvergnügen und wollten mit Macht meine Ehe verhindern, das Aufgebot hintertreiben, ja mich mit Gewalt entführen. Ach, hätte ich doch im Wollen meiner Brüder damals nicht schnöden AdelsDünkel, sondern Gottes Willen erkannt. Nun bin ich vorerst im Guten von Francke geschieden und will sehen, wie ich ihm eine hülffreiche Schwester kann werden.

Zeithero lebe ich dem Höchsten sey Danck in Gott vergnügt. Ich hoffe zukünfftig auff ein Leben mit Hausbrüdern und Hausschwestern, unter welche dich zu zählen die Erfüllung meines innigsten Wunsches wäre. Habe deine zween Söhne eingeladen, die leeren Kammern zu bewohnen, welche mein Ehegemahl und mein Sohn (Gotthilf ist mit ihm gezogen) zurückgelassen. Um weder Johann Tobias noch Johann Heinrich darff sich die Mutter sorgen. Sind beyde löblich fromm und beseelt von dem Herrn und haben fleißig geholffen, unsere geliebte Schwester im Glauben, unsre Catharina Linckin, mit Gebet aus dem Rathszuchthause zu holen, in welches sie eingesperret, weil sie nicht wieder zu denen Soldaten hat wollen.

Nachdem die Linckin frey gelassen, hat der Tuchmacher dieselbe nicht mehr nehmen wollen, dieweil er nicht dafür gut stehen könne, daß sie keine Mannskleyder mehr anziehe, wie ihr anbefohlen. Dieweil ich seit Franckes Auszug keine Magd mehr zur Hülffe, habe ich die Linckin zu mir genommen. Sie hacket das Holz, schüret das Feuer im Ofen, füttert die Hühner, jätet das Unkraut, lüftet die Betten, in summa habe ich an ihr eine Magd und einen Knecht zugleich. Darvor begehret sie keinen Lohn, sondern isset nur und trincket und betet mit uns in christlicher Gemeinschafft.

Meine liebe Tochter Sophia theilet ihre Kammer mit derselben, dieweil unter Christen kein Unterscheid zwischen Herr und Knecht seyn solle, wie das zärtliche Kind selber meynet. Sie wircket zuletzt stets etwas müde und gähnet oftmalen am Tag. Ich hoffe, es ist nur das letzte Wachsthum und Reiffen ihres Cörpers. Ich schicke sie früh zu Bette, und die liebe Catharina gehet dann gleich mit ihr in die Kammer, um sie später nicht auffzuwecken. Mir behagt dies wohl, kann ich doch Lichter sparen und mich weiter in das Geheimnis der göttlichen Sophia versencken.

Trautes Hertz, was ich jetzo zu schreyben ansetze, mag dir merckwürdig in den Ohren klingeln, aber ich kann mich nicht enthalten, dir meine innersten Gedancken mitzutheilen. Im Rathszuchthause hat der Medicus der Linckin Leib visitiret und an derselben nichts männliches entdecket. Allein ein vollkommen Weibes Bild ist sie auch nicht, dann wie sonst erkläret sich ihr Wunsch nach männlicher Kleydung? Verstohlen betrachte ich die Linckin und frage mich, ob dieselbe einen Mann in sich verspüret, ja bereits wiedergeboren und mit der himmlischen Sophia verschmoltzen? Vielleicht, beste Freundin, daß wir beyde noch zu sehr im Fleisch verhafftet, und uns die Vereinigung mit der himmlischen Sophia oder unserem paradiesischen Schatz und Bräutigam zu irdisch fürgestellet? Ob uns die Linckin lehret, was diese Vereinigung thatsächlich bewircket, nämlich das Entstehen eines Wesens beyderley Geschlechts, wie Gott Adam zuallererst erschaffen? Die Vereinigung mit der göttlichen Sophia wäre dann nicht als irdische Lust zu denken, sondern wahrlich als Geburt eines neuen, gantzen Mann-Weibs oder Weib-Manns.

Solche Gedancken hege auch, weil Catharina ein wahrer Hertzensschatz, so immer ein Lächeln auff denen roten Lippen, heitern Sinns und liebreichen Gemüths. Sie erinnret an Salomos *Mensch, der da isset und trincket und hat guten Muth in aller seiner Arbeit, das ist eine Gabe Gottes.* Seitdem sie mit uns, äußert sich die Gnade und der Seegen unsers lieben Gottes mehr und mehr. Insonders meine Sophia ist fröhlicher und liebreitzender als je. Aber auch deine Söhne verwandlen sich unter ihrer Gegenwart, doch nicht so, wie du befürchtest. Höre nur, was geschiehet.

Nachdem Franckes Gegenwart uns im collegio pietatis nicht länger hemmt, haben wir uns gestern Abend in meiner Stube zu einem Liebesmahl vereiniget. Wie sangen und beteten innig, und baten dann den Hl. Geist, im Gebete den unter uns zu bennenen, der das Abendmahl austheilen soll. Wie wir unser Gebet beendet, blicken wir alle wie auff ein Zeichen unsere Catharina an, welche darauff mit sonderlicher Würde und Liebe das Brod bricht und den Wein ausschencket. Es war ein überaus feierlicher Actus, wobey alle Anwesenden in ein heiliges Erzittern und Erbeben vor der Majestät Gottes, und auch wieder in frohlockende Freudenbewegungen von dem Ueberschwang Seiner Liebe und Freundlichkeit gebracht wurden. Nach gehabter Stärckung singen wir wieder und sprechen auch den herrlichen Gesang, welchen du uns von Susanna Elisabeth Mühlhahnin mitgetheilt. Da wird dein Johann Heinrich allmählich in einen sonderlichen Zustand gesetzet und wie mit übernatürlicher Freude überschüttet. Johann Tobias dagegen bezeuget unter vielen Thränen, daß ihm sein gantzes Hertz gleichsam im Leibe zerschmoltzen wäre. Haben beyde zwar keine Aussprachen gehabt, aber doch gelinde Bewegungen vom Hl. Geist. Welche Freude und Liebe uns hernach vereinet, kann meine Feder nicht beschreiben. *Unser Mund sei voll Lachens. Vergnügte Ruh, beliebte Seelenlust.*

Bin selber zwar noch nicht mit der göttlichen Sophia vereiniget, doch

fühle mich auch ein wenig neu geboren und will denn wieder den Nahmen
meiner Jungfrauenschaft tragen und

sterbe deine treueste Dienerin
Anna Magdalena von Wurmb

[114] Francke an Thomasius

Halle, den 20. Augusti 1713
Großachtbar-Hochgelahrter Herr Professor

Daß so lange auf Dessen werthes vom 15. May zu antworten verzogen, hette
ich billig eine reprimende verdienet, wo nicht Mein hertzgeliebter Freund
darinnen die Heilige Schrifft und die darin enthaltenen Wunderwercke wie
die Verwandlung von Wasser in Wein auff der Hochzeit zu Kana auf scep-
tisch tractiret und ein Gespött und Gelächter daraus gemachet. Mein hochverehrter Herr poussirt mit denen die da meinen, die Religion sey nur ein aus
menschlicher Arglistigkeit entstandnes Werck, welches dem gemeinen
Volk, denen Weibern und Kindern zu Gute erfunden, damit sie nicht wider
die Herrschaft muchsen möchten. Es laufen endlich Seine sceptische princi-
pia sambt Seinem Naturrechte auf einen puren atheismum aus, weshalb dann
auch unsere Universität überall in einen bösen Ruf kömmt.

Der Hauptfehler im Gedanckengebäude meines liebwerthesten Gönners
ist dessen Annahme, als ob der edelste Theil der Seele des Menschen in dem
Verstand ihren Sitz hätte und also durch Ausbesserung desselben auch der
böse Wille des Menschen nothwendig könnte ausgebessert werden. Vernunft ohne die Heilige Schrifft ist aber ein düsteres und verfinstertes Licht,
das den Menschen ins Verderben führet. Wer nur, wie mein hertzwerther
Gönner, deßwegen die Jugend unterrichtet, daß er sie gelehrter mache, wird
deshalb endlich befinden, daß er ohne wahre Frucht gearbeitet. Denn am
meisten ist daran gelegen, daß der natürliche Eigenwille gebrochen werde.
Alle Klugheit muß GOttes Ehre zum Ziel und Zweck haben. Wo sie etwas
anders suchet, ist sie Falschheit, Betrug, Heucheley und Arglist.

Daß die Catharina Linckin so von Gott abgangen, lieget nicht an der Aufferziehung in unsrem Waysenhaus, wie mein hertzlieber Freund vermeinet,
sondern daß sie nicht lange genug darinnen ausgeharret und weggelauffen,

noch bevor ihr böser Wille gebrochen. Was Er mönchisches decorum, Zwang und Ueberwachung nennet, ist in Wahrheit himmlische Liebe und eins von den Hauptstücken bey der guten Ertziehung, daß nemblich die Untergebenen stets in der Aufsicht der Informatorum gehalten werden, wodurch die innerliche Bosheit äußerlich nicht ausbrechen kann und die Begierden und Laster nach und nach geschwächet werden. Wann die Kinder aus der Schule entlassen und ihr Kopf kein Christenthum mehr fassen mag, werden dieselben nicht dem bloßen Müßiggang und kindlichem Muthwillen überlassen; zur Erholung der natürlichen Kräffte wird ihnen eigens ein Informator gehalten, welcher sie in ihrer freyen Zeit mit Lust und Vergnügen und ohne Kopffbrechen in der Mathematik anweist wie auch zur Astronomie, daß sie sich über die Allmacht und Unendlichkeit Gottes verwundern, als welche sich in der Größe, in der Menge und in der Ordnung der himmlischen Cörper herrlich zu erkennen giebet. Desgleich werden die Mappae Geographicae in ihren Ruhestunden gebrauchet, und ist ihnen angenehm zu erfahren, wie die Welt eingetheilet werde, in welche Länder und Reiche, welches darinnen die vornehmsten Städte sind und wo sie gelegen. Wenn man die Kinder sollte aufs Feld oder in den Garten spatziren gehen lassen, wird der Informator sie Pflanzen, Vögel und Käffer lehren, auch die Jahreszeiten geeignet vors Pflanzen und Ernten usw. und also ihre Gottseligkeit beförddern. Denn das ist schon Böses gnug thun, wenn man die Zeit verlieret, daran die Ewigkeit hanget.

Müßiggang ist die Brutstätte allen Uebels, und gehöret zu dieser Todtsünde auch die Lesung von Romanen, die mein hertzwerther Gönner bis in den dritten Himmel lobet. Die Romanschreiber stoßen nemblich sehr wohl wider die Regeln der Wahrscheinlichkeit an, und diesen Fehler findet man auch bei denen, die sonst sinnreiche und ehrbare Erfindungen haben.

Verharre in der Hoffnung, der Herr möge auch Meinem hochzuehrenden Herrn die Augen öffnen und bleybe

Treuergeben in Gott
Aug. Hermann Francke

Jesum unsere Liebe!
Halle, den 24. Augusti 1713

Mein allerliebstes Kind und mein einiges Herz!

Wie herzlich verlanget mich dich zu sehen und zu sprechen, doch nicht anders, als wenn es dir und dem lieben Gott gefällig. Zehn Tage werden es heute, daß du dich weigrest, mit deinem Gemahl in seiner neuen Wohnung zu
leben. Zehn Tage auch, in welchen ich alleine nach denen Gründen forschen
muß, welche dich bewogen, dein mir in heiliger Ehe gegebenes Wort zu brechen und greülich wider den Herrn zu sündigen, welcher uns verbunden bis
daß der Tod uns scheidet. Dieweil du nicht mit mir sprechen willst und meine
eigne Thür mir verschlossen bleibet, bitte ich dich mit diesem Brieff: Sage
mir doch den Weg an, wie ich wieder Eingang in dein Hertze finde.

Daß der weise Salomo seine Sprüche endet mit dem *Lob des tugendsamen
Weibes*, ist dir bekannt. Er erinnret uns daran, daß man über das Himmlische
das Zeitliche nicht vergessen dürfe, und daß auch die Welt an uns ein Recht
habe. Gotthilf, Freylinghausen und ich ergeben uns zwar in Christo gern in
die schlechte Wirthschafft, in welche dein Ausbleiben uns geworffen. Doch
verträgt unser Sohn das dürftige Essen nicht, welches die Magd mehr schlecht
als recht kocht und immer zu spät und lau zu Tische bringt; auch wältzet er
sich unruhig in den kalten Betten, welche nicht erwärmet werden, hustet
wieder und entbehret bitterlich ein wohl bestelltes Haus. So du vor mich keine Gnade empfindest, so erbarme dich unsres einigen Sohns, mein viel geliebtes Hertz.

Bis ein SubDirector vor die Anstalten bestellet, siehet Freylinghausen
dort an meiner Statt nach dem rechten. Er hat erfahren, daß du Catharina
Margaretha Linckin sowie die beyden Studiosi Pott zu dir genommen und
mit denselben eine christliche Hausgemeinschafft gegründet. Mit der
Linckin als Magd in meinem Hause stellest du nur mich bloß und giebest mich
der Lächerlichkeit preis, was ich in Demuth zu tragen bereit. Nicht aber kann
ich dulden, daß zween junge unverheurathete Männer mit unserer Johanna
Sophia in der Blüthe ihrer Jahre unter einem Dache leben. Johann Tobias Pott
ist eines einfältigen Gemüths, aber doch dabey lüsternd nach allerhand nicht
ohne Grund verdächtigen Schrifften und sonderlichen Meynungen. Sein
Bruder Johann Heinrich ist von Natur schwachen Verstandes, von starcker

Phantasie, und dabey eines sehr heftigen, eigensinnigen, und zu extremis geneigten Wesens. Die Mutter ist an den Irrwegen ihrer Söhne Schuld, denn sie ist voller Fürwitz, Eigenliebe und Eigensinn, und habe ich nur aus Duldsamkeit und Liebe deinen anhaltenden Brieff Wechsel mit derselben erlaubet. Mit den zween Brüdern Pott im Hause muß ich nunmehro besorgen, daß unserer Tochter bekannte Neigung zu einem lüderlichen Wesen sie anfällig vor Verführung und Gelegenheit zur FleischesLust machet. Keines Falls dürffen die Brüder Pott länger in meinem Hause leben und hast du dieselben ohne Verzug zu entfernen. Bedencke, ich bitte nicht in in meinem Namen, sondern im Namen unsrer Tochter, ihrer Unschuld und ihres Rufs in der Welt.

Es fragen mich hier manche theuere Seelen nach dir und wundern sich sehr über dein Fernebleiben. Glaube mir, mein liebes Kind, daß ich dich allezeit in meinem Hertzen habe und daß mir nach dem Willen Gottes das Angenehmste wäre, nahe bey Dir zu sein und das süße Evangelium mit dir zu genießen.

Der große Gott sey Dein fester Stab und Schild. Adieu
Aug. Herm. Francke

[116] **Anna Magdalena an August Hermann Francke**

Glaucha vor Halle, 25. August 1713

Ein jegliches hat seine Zeit, und alles Vornehmen unter dem Himmel hat seine Stunde. Hertzen hat seine Zeit, fernen von hertzen hat seine Zeit.

Mein liebster Bruder!

Ich mag dich wohl einen Bruder nennen, der du mir genugsam brüderliche Treue erzeigest. Ich hoffe, dir dieselbe mit so schwesterlicher Treue zu vergelten, daß du die tüchtige Hausmutter, von welcher Salomo schwärmt und welche ich dir oftmalen nur schlecht gewesen, nicht länger vermissest. Ja, du hast ein Recht zu erfahren, weshalb ich fortan als Braut Christi zu leben gedencke. Vernimm deine eigenen Worte in deinen *Grundregeln Christi*. Dort schreibest du:

»*Ein Jeglicher unter euch, der nicht absaget allem, das er hat, kann nicht mein Jünger seyn* (Lukas 14, 33). Das ist die erste Grund- und Vorbereitungsregul des wahren Christenthums, auff Gut und Blut, Schande und Schmach und auff alles, dafür sich sonsten die Natur fürchtet, muß es getrost gewagt seyn, wenn man ein guter Christ will seyn.

Ich bin der Weg, die Wahrheit und das Leben. Niemand kömpt zum Vater dann durch mich (Joh.14, 6). Das ist die andere Grund- und Hauptregul, nemblich wenn des Menschen Hertz von der Creatur und sich selbst abgewandt ist, daß es alle seine Heiligkeit, Seeligkeit, Friede und Freude, Wollust, Ehre, Reichtumb und alles in dem Herrn Jesu suchet und durch Jesum allein zu Gott zu kommen trachtet.

Wer nicht sein Kreutze auff sich nimmt, und folget mir nach, der ist mein nicht werth (Matth.10, 38). Wer nicht allem, was seinem Fleische und Blute wohl anstehet und bequem zu seyn düncket, mit Lust oder williglich absaget, sondern will das Ansehen für der Welt und seines Fleisches Geschmächligkeit und sündliche Gewohnheiten beybehalten, der ist ein Heuchler und Maulchrist, und derselbe unterstehe sich nicht, sich zu rühmen, daß er Christo angehöre.«

Diesen deinen Worten habe nichts hinzu zu fügen als daß es mir Ernst ist mit der Nachfolge Christi. Unser Heyland Jesus Christus hat keine irdische Braut genommen und ward nicht verheurathet. Also sollen auch wir nicht heurathen und Kinder in diese verderbte Welt setzen, um ihr Elend zu verlängern und das selige Ende noch weiter hinaus zu zögren. Da mir in der Hl. Tauffe der Name Magdalenens verliehen worden, welche ihre gehabten Sünden so auffrichtig bereuet, daß sie die treueste Jüngerin unseres Erlösers worden; also will ich auch ihr nachfolgen und mein sündhaftes Ehebette verlassen. Unsere Schwachheit ist uns ja bekannt, die man zur Entschuldigung seiner Sünden gebrauchet. Was kann aber mehr zu sündigen reitzen, als wenn Manns und Weibs-Bild sich in einem warmen weichen Bette mit allerley Gebehrden, Stellungen des Leibes, Umbarmungen etc. begegnen? Wie kann man sich hernach mit der menschlichen Schwachheit entschuldigen, wenn man selbst Gelegenheit zur Geilheit und Fleischeslust gegeben? Was treibet einen denn für Noth dazu, daß man sich selbst in solche Gefahr zu sündigen begebe und das Fleisch errege, welches man kreutzigen soll?

Ich habe dahero unser EheBette auf immer verlassen und werde ehestens die Hausgemeinschafft wieder mit dir aufnehmen, wann du mir ein wahrer Bruder in Christo seyn willst. Nach Gottfried Arnolds *Göttlicher Sophia* kann keine irdische oder auch himmlische Schönheit, kein Umfassen und Beyliegen mit der Süßigkeit, Sinngebung und Vergnügung der Weisheit verglichen werden. Und wer einmal einen Geschmack von der Herzlichkeit dieser seiner Braut in sich selbst genossen hat, dem wird das andere eckel und roh.

Daß du selbsten noch viel zu eng mit Frau Welt umstrickt, von ihren sündhafften Armen umschlungen, verräth deine weltliche Sorge um unsre Tochter. Sophia, die zween Brüder Pott, Catharina Linckin und ich leben in einer ächt urchristlichen Gemeinschafft von Brüdern und Schwestern, weshalb ich die Potten keines Falls wegschicken werde. Im Uebrigen schläft die Linckin mit Sophia und hast du also nichts zu besorgen.

Der Herr wird dich, mein treuer Bruder, gegen dein liebevolles Hertz stark machen, dein Sehnen mindern und meine Abwesenheit dir erträglich machen.

A. M. Wurmbin

[117] **Thomasius an Francke**

Halle, den 27. Augusti 1713

Großachtbar-Wohlgelahrter und Hochgeehrter Herr

Wie ich mit Bedauren erfahren, wird Dessen häusliches Unglück in der Akademie, am Brunnen, bey denen Salzsiedern und auff der Bleiche besprochen und mit der Post in die gantze Welt getragen. Erlaube mir dahero, zu Seiner Erbauung ein Büchlein naß aus der Presse zu überschicken, *Von der Kebs-Ehe*, welches Ihm in dessen neuen Zustande als Trost dienen mag und als Vademecum, sich ins Zukünfftige darein zu schicken.

Die Eheliche Gesellschaft ist die natürlichste unter allen und hat zu ihrem Endzweck nicht die Belustigung der Sinne oder Beförderung oder Geld, sondern die Vereinigung der Gemüther. Wem diese nun abhanden kommen oder sonstwie nicht zu erreichen, dem bietet sich seit alters her das Concubinat an. In oberwähntem Büchlein habe ich mir nicht vorgenommen, die Freyheit zu vertheidigen, eine Beyschläferin zu halten, noch weniger, die heutigen Tages gebräuchlichen Gesetze anzufechten, welche die Kebs-Ehen bey Straffe verbieten. Ich erlaube mir aber zu zeigen, daß die Kebs-Ehe von den Juden, Griechen, Römern als auch unter den christlichen Kaisern 900 Jahre lang für einen ehrbaren und zugelassenen Stand gehalten worden. In den ersten Jahrhunderten der Christlichen Religion ist zwischen dem Ehestand und der Kebs-Ehe zwar einiger, aber doch nur geringer Unterschied gewesen. Das Concubinat ist erst zur Sünde erkläret worden, als um das Jahr 1000 die Ehe zum Sacrament erhoben und denen Priestern der Ehestand gäntzlich verboten worden. Maßen aber der päbstlichen Geistlichkeit die Gabe der Keuschheit ermanglete, so mußte man ihnen vor weitere 500 Jahre die Concubinen weiter zulassen, so daß diejenigen noch für keusche Geistliche gepriesen wurden, die mit nur *einer* zufrieden waren. Seit Martin Luther den päbstlichen Saustall ausgekehret, thun die Gelehrten unter denen Protestanten freylich so, als verbiete die Bibel die Kebs-Ehe, welches ein dummes, abgeschmacktes und ungelehriges Vorurtheil. Nicht die Bibel verbietet das Zusammenleben mit einer Beyschläfferin, sondern einig das kanonische Recht, welches auff einer verstellten Gottesfurcht und einer angemaßten Herrschaft über das bürgerliche Regiment beruht.

Im Uebrigen stimmen MhH eheliche Liebste und Tochter mit mir überein; leben die beyden doch mit Johann Tobias und Johann Heinrich Pott unter einem Dache, und räthselt die Stadt nur, mit welchem Mme Franckin, und mit welchem Johanna Sophia jeweils das Lager theilen, oder ob die vier gar jedes Eigenthumsverhältnisse zwischen sich auffgelöset und in ächter Gemeinschafft der Leiber aller mit allen leben.

Verharre Meines hochgeehrten Herrn auffrichtiger Freund
Christian Thomasius

[118] August Hermann an Anna Magdalena Francke

Halle, den 28. Augusti 1713

Mein allerliebstes Kind

Empfange meinen hertzlichen Danck vor dein wohl abgefaßtes Schreiben. Warumb hast du, mein Engel, Mund und Hertze nicht früher aufgethan und den Weg erfraget, nachdem du also in die Irre gangen? Siehe, dein gnädiger Gott antwortet dir in deiner GlaubensNoth also: Wir werden allein gerecht durch den Glauben an den Herrn Jesum. Durch diese Rechtfertigung wird der Mensch gantz und vollkommen wie die Gerechtigkeit Gottes. Darumb aber *dürffen* wir uns niemalen gantz von der Sünde lösen, dieweil ohne sie keine Gnade Gottes. Die Schrifft will nicht, daß der Mensch ohne Sünde und Reitzung zu sündlicher Lust sey, und zwar zum Unterscheid des Guten und des Bösen. Daraus erfolget, daß beides wahr sey: Wir sind vollkommen und wir sind nicht vollkommen. Nämlich wir sind vollkommen in Christo durch unsere Rechtfertigung. Wir sind aber nicht gantz vollkommen, daß wir nicht mehr sollten wachsen können nach der Ablegung des Bösen und Annehmung des Guten. Da nun dem Menschen um Christus willen nicht zugerechnet wird, was noch an ihm anklebet, dürfen, ja müssen wir in Gräntzen unserer sündhafften Natur nachgeben und also in der christlichen Ehe etwan der Gemeinschafft der Leiber pflegen. Da Gott uns beyde zu diesem Zwecke vereiniget, bete ich, er möge dir deine gegenwärthige boßhaffte Sünde in Gnaden verzeihen, dieweil sie in frommer Absicht geschehen, und dich bald in Seelenfrieden zu mir zurück geleiten.

Da du meinem Wunsche nicht entsprichst, deine wohnliche Gemeinschafft mit denen Brüdern Pott zu beenden, zwingst du mich leider darzu, meine Tochter Johanna Sophia vor dir zu schützen und dieselbe zu mir zu nehmen. Nachdemalen dieselbe zum Gespött der Gassen worden, und Wetten abgeschlossen, welcher der zween Potte seinen Heiligen Geist in sie ergießet, habe ich beschlossen, Freylinghausens langjährigem Wunsche zu willfahren und ihm Johanna Sophia zur Frau zu geben. Nach gehabter Hochzeit wird sie hier bey uns im Pfarrhaus von St. Ulrich wohnen, allwo die Stelle der edelen Hausmutter durch deine Weigerung schmertzlich vakant.

Auch von deiner neuen Magd, so bitte ich von Hertzen, mögest du dich trennen. Wie mir ein Getreuer in Gott berichtet, welcher in einer christlichen Versammlung bey dir gewesen, hat die Catharina Linckin in der Entzückung gesaget, das Waysenhaus werde binnen drey Wochen abbrennen und ich sterben. Sind deren Aussprachen also eine kitzliche Materie und hoffe, du mögest derselben nicht auf den Leim gehen.

Klopfe an meine Thür zu jeder Stunde des Tages und es wird dir auffgethan. Ich habe dich von Hertzen lieb, mit der Liebe, die aus der Wurzel der Liebe Christi erwachsen.

Adieu. Der Deinige
A. H. Francke

[119] **Anna Magdalena Francke an Dorothea Rosina Pott**

Glaucha vor Halle, den 30. August 1713

Jesus!

Auserwählte Freundin in dem Herrn

Mit flüchtiger Feder schreibe diesen Brieff, welchen dir Catharina Linckin selbsten übergeben wird. Dieselbe muß eilend verschwinden, reiset heute Nacht noch zu Fuß von hier ab und wird in wenigen Tagen bey dir eintreffen. Hertzlich bitte ich dich, liebster Engel, ihr auszuhelffen in der Noth, ihr vors erste ein Obdach zu gewähren und Arbeit zu geben. Thue an ihr, was du deinem Jesum auch gewähren würdest. Während dieselbe ein letztes Mal mit Sophia und deinen Söhnen betet, will ich dir rasch schildern, was geschehen.

Nach einiger Abwesenheit wegen seines neuen Amtes hat Francke heute einmal wieder die öffentliche Betstunde in denen Anstalten geleitet und über den Krieg geprediget. Christus sey der einzige Held, der rechte Kriegsmann, von dem allein alle Krafft, Stärcke und Heldenmuth komme. Die größten Helden unter denen Menschen wären die christlichen Märtyrer und Luther auf dem Reichstag zu Worms gewesen. Wo nun gottlose Obrigkeiten sich über Gott setzen und Christum vom Thron herunterstoßen, da müssen die Gläubigen sich den unrechtmäßigen Befehlen widersetzen, aber nicht durch äußere Gewalt, sondern indem sie das Martyrium erdulden. Bey diesen Worten fängt die Gemeinde zu zischen und murren an, denn verstehens alle recht, daß er gemeinet, man dürfe sich derer Werber nicht all zu sehr widersetzen, die weiter ihr Unwesen hier treiben.

Erhebet sich darauff Catharina Linckin, welche neben meiner Sophia unter denen ledigen Mädgen gesessen, von ihrer Bank, fällt meinem Eheherrn ins Wort und saget laut: »Einer jeglichen Herrschaft ist vergönnt, so viel Knechte anzunehmen, als Nothdurft und Hauswirthschaft bedarf. Einem Könige ist wohl verstattet, so viel Kriegsknechte zu werben, als zur nöthigen Vertheidigung bei feindlichem Einfall ins Land dienen müssen. Zwangwerben aber, dabei die Oeconomien zu Grunde gehen, da ein Landmann oder Hausvater einen einzigen Sohn oder Knecht hat, ihm denselben mit Gewalt abnehmen, ist im Lande einer christlichen Obrigkeit ohnstreitig eine große Sünde.« Francke solle nicht die Gedrückten zur Stiefelleckerey ermahnen, sondern den König vor dessen großer Sünde warnen. Wie sie Francke einen feigen Mann nennet, so sich mit der Macht ins Bette lege, ertönet aus allen Kirchenbänken Zustimmung. Da erheben sich der Gerichtsdiener und der Policeymeister, welche auch der Betstunde gelauschet, blicken zu Francke und der Linckin – und haschen sie zu spät, denn dieselbe reißet sich von Sophia los, stürmet aus der Kirchen und schüttelt ihre Verfolger ab wie weiland Moses die Ägypter, als er das Meer theilte. Ist vor den Rest des Tages verschwunden blieben und haben die Männer, so zu mir gekommen, dieselbe auffzugreifen, sie nicht finden können. Erst nach Mitternacht, als ich seufzend meine Mediationes begonnen, schlüpfet die Linckin zur Thür herein. Mit deinen Söhnen haben wir berathschlagt und also beschlossen, daß sie zu dir soll eillen und deinen Schutz genießen. Meine Sophia heulet Rotz und Wasser darüber und will sich nicht von ihrer Freundin trennen, will am liebsten mit ihr fliehen und habe größte Noth, sie zurück zu halten. Weshalben auch sie fort von hier will, verstehe ich nur zu gut, dann stell dir vor, liebste Freundin, Francke will sie mit Freylinghausen verheurathen, welcher meine Sophia aus der Tauffe gehoben! Der alte Bock zählet so viele Jahre wie ich, und werde ich niemalen meine keusche Braut Christi ihrem Oheim überlassen.

Doch nun sey zuvörderst vor die Linckin gesorgt, welche vor meinem Tische stehet, bereit zum Aufbruch. Sophia grüßet und bittet ebenfalls, christlich vor die Linckin zu sorgen. Vor allem, lieb Hertz, bewahre strengstes Stilleschweigen über alles.

Erlaße dich und die Linckin der Hand des Herrn und bin

deine treue
Anna Magdalena Wurmbin

[120] **Ludwig an Müller**

Berg, den 2. September 1885

Über alles geliebter, einziger Freund!

Ich glaube, wenn Sie gewußt hätten, wie furchtbar die Strafe ist, die Sie über mich verhängten (die harte Strafe der Trennung), Sie hätten sich kaum zu diesem Schritt entschlossen. Seien Sie versichert, vollkommen ist es Ihnen gelungen, mich zu martern und zu peinigen. Doch ich will nicht murren, will nicht mit Klagen den Freund ermüden; ich küsse die Hand, die mich geschlagen. Oh, kürzen Sie sie ab, die entsetzliche Frist der Trauer, beglücken Sie den Freund durch das Versprechen, nicht lang fernbleiben zu wollen. Ich will reißen, mächtig reißen an dem Freundesherzen, bis die trennende Scheidewand einsinkt, der düstre Trauerflor verweht, der sich zwischen Uns gelagert hat.

Ach Gott, die Begierde, eins mit dem Geliebten zu werden, war so mächtig, so unbezwinglich! Und wenn ich fehlte, seien Sie nachsichtig, vergeben Sie mir; ach, übergroße Sehnsucht nach Versenkung, nach Einschlürfen seiner Himmelswonnen ließ mich Ihr Gebot übertreten; nun verdammen Sie mich.

Désormais jamais!
Désormais jamais!
Désormais jamais!!!
Juré au nom du Grand Roy et invoquant l'aide puissant du Seigneur.

Oh, schreiben Sie mir und verzeihen Sie Ihrem seine Schuld tief bereuenden Freunde. Nein, nein, Wir trennen Uns nie; mein Lebensnerv wäre abgeschnitten, grenzenloser Verzweiflung wäre ich preisgegeben; Selbstmordgedanken wären mir nicht ferne. Was ist selbst der blendende Besitz der Krone gegen einen Freundesbrief von Ihnen? Wie das kurze Erdenglück gegen ewige Paradieseswonnen! Ja, Parsifal kennt seine Pflicht, geht geläutert aus allen Proben hervor. Am Gral erglüht die Schrift: »Stark ist der Zauber des Begehrenden, stärker der des Entsagenden.« Durch Überwindung der Sinnlichkeit, durch Verneinung der Welt der Erscheinung gelangt der Mensch dazu, immer reiner und erhabener den Geist zu entfalten und zu läutern und so die Stufe höchster Vollkommenheit zu erreichen.

Lassen Sie sich mein geläutertes Herz zu Füßen legen. »Verstoß mich nicht, wie groß auch mein Verbrechen! Verlaß, ach!, verlaß mich Ärmsten nicht!« Ich warte hier in Berg auf die Rückkehr des schmerzlich Vermissten, schmerzlich Geliebten.

Bis in den Tod treu und ewig liebend
Ludwig

München, 4. September 1885

Ew. Durchlaucht

darf Ich für den Empfang Meines jüngsten Sohnes im Voraus ergeben danken. Prinz Arnulf wird Ew. Durchlaucht mündlich expliciren, was schriftlich hier nur angedeutet werden kann.

Seit Unserem letzten Gedankenaustausch sind zehn Monate vergangen, in welchen die Lage der königlichen Cabinettskasse noch ernster geworden ist. Es ist keine Übertreibung festzustellen, daß die privaten Schulden des Königs im Begriffe sind, eine Staatskrise heraufzubeschwören. Wenn nicht baldigst die vorhandenen Verbindlichkeiten von mittlerweile 14 Millionen Mark getilgt werden, so ist zu befürchten, daß Hunderte, ja vielleicht noch mehr Existenzen dem ökonomischen Ruine verfallen. So groß ist die Gutmüthigkeit und Loyalität dieser Handwerker, Bauunternehmer, Künstler usw., daß Einzelne sich in Hypotheken-und Wechselschulden gestürzt haben, um die Cabinettskasse nicht drängen zu müssen. Das Alles erzeugt in der Stadt einen dumpfen Unmuth, der nichts Gutes ahnen lässt. Das traurige Schicksal der Betroffenen findet nicht bloß in ganz Bayern, sondern weit über dessen Grenzen hinaus einen Widerhall, welcher durch kein Mittel von den Stufen des Thrones ferne zu halten ist, was in einer Zeit, wie die gegenwärtige, wo die socialen Verhältnisse mehr und mehr unterhöhlt werden, höchst bedenklich erscheint.

Vor kurzem nun hat S. M. der König den Finanzminister des Bayerischen Staates gebeten, seine Privatschulden zu begleichen. In pflichtbewußter Ausübung seines Amtes ist dem Herrn Minister Riedel nichts anderes übrig geblieben, als seinen Herrn daran zu erinnern, daß seit dem unseligen Jahre 1848, ja im Grunde seit der Verfassung von 1818 Staat und Herrscher getrennt sind, jener diesen über die Civilliste apanagirt und darüber hinaus der König keinen Zugriff auf staatliche Gelder und der Finanzminister mithin rechtlich keinerlei Möglichkeit hat, dem Wunsch des Königs Folge zu leisten. Seit Empfang von Minister Riedels Antwort sucht S. M. nun, denselben zu entlassen, weshalb sich bereits das gesamte Cabinett vor den unbestritten tüchtigen Mann gestellt und sich nur als Ganzes entlassen lassen will.

Bereits im März dieses Jahres ist Kriegsminister von Maillinger zurückgetreten aus Gründen, die Ihnen Legationssecretair Graf Eulenburg näher erläutert haben dürfte. Der im Mai daraufhin wiederholten Bitte der Regierung, die abkommandirten Reitersoldaten aus dem persönlichen Dienst zu entlassen, hat der König bislang nicht entsprochen. Die Mißhelligkeiten, die sich hierdurch ergeben und die auf eine ernsthafte Erkrankung Sr. M. schließen lassen, wird Mein Sohn Ew. Durchlaucht mündlich erläutern.

Mittlerweile liegt der Entwurf des Gutachtens vor, das Professor Seydel zum Recht der Regentschaft in Bayern erarbeitet und welches Mein Sohn Ew. Durchlaucht zu überreichen die Ehre haben wird. Danach ist die bestehende Rechtslücke in der Verfassung dermaßen auszulegen, daß der erste Thronerbe die Regierung anregen kann, die Regentschaft zu prüfen, welche die Sache beiden Kammern vorlegen muss. Da der erste Thronerbe, Prinz Otto, von Seinem Bruder schon vor Jahren entmündigt wurde, und beide Meine Neffen kinderlos sind, fällt dieses schwere Loos Mir als dem nächsten Thronprätendenten zu. Sollte der schwer erkrankte König die Regierung nicht länger ausüben können, dürfte Ich die Verantwortung nicht von Mir weisen und sähe Mich gezwungen, die Regentschaft zu übernehmen, allerdings *nur* unter der Voraussetzung der vollständigen Billigung dieses Schrittes durch den Kaiser. Hierüber mit Ew. Durchlaucht genauestens zu berathen habe Ich Meinen Sohn Arnulf ganz besonders angewiesen.

Zu traurig, ja tragisch wäre es, könnte der zweite Ludwig »der Deutsche«, den unsere vaterländische Geschichte hervorgebracht und dem unverbrüchliche Treue Ew. Durchlaucht so bewegend in Hochderoselben letzten Briefe geschworen, Seine Liebe zum Reich nicht länger in regierungsthätiger Kraft Ausdruck verleihen. Allein, es sei daran erinnert, daß S. M. 1870/71 nicht zu bewegen war, persönlich in Versailles zu erscheinen und daß Meiner Person in Vertretung Seiner damals das vornehme Recht anheimfiel, jenen nunmehr berühmten Brief zu überreichen, der den damaligen Könige von Preußen zu bewegen vermochte, dem Aufruf der deutschen Mittelmächte zu folgen und die Kaiserkrone aus den Händen der vornehmsten Fürsten ältesten Geschlechts huldvoll entgegenzunehmen und somit das Deutsche Reich ruhmreich neu zu gründen.

In solcherart gezeigter, gelebter und bewiesener Treue zum Reich, dessen weiterer glücklicher Bestand Mich mehr besorgt denn je, zeichnet

Mit ganz besonderer Hochachtung
Pz. Luitpold von Bayern

Fürstenried, 9. September 1885

Hochverehrter Herr Professor!

Meine unumwunden vorgetragene Bitte wird Sie überraschen, doch vertraue ich auf Ihre väterliche Güte und collegiale Freundschaft und wage daher offen die Frage: Hätten Sie an der Charité irgend eine Stelle für mich? Der Grund, weshalb ich mich baldigst zu verändern suche, ist folgender: Während meines Aufenthalts beim Könige in den Bergen im Rahmen seiner Geburtstagsfeierlichkeiten ist die Situation hier mit Prinz Otto unhaltbar geworden. Erschüttert muß ich nun mein tiefstes Versagen eingestehen, bin ich doch nicht unschuldig an gewißen tragischen Vorkommnissen, die sich in meiner Abwesenheit ereignet und infolgederen ein junges Fräulein, welche ich zu des Prinzen Beruhigung Clavier spielen ließ, schwer zu Schaden gekommen ist.

Damit nicht genug, bin ich alles andere als einverstanden mit der Behandlung, die Prof. Gudden dem rasenden Prinzen in der Folge angedeihen läßt. Trotz meinem Einspruch hat er ihm das alte Siegburger Siegel verpaßt, das Ihnen noch ein Begriff sein dürfte. Als ich zurückkam, war das eingeriebene Stück der Kopfhaut S. kgl. Hoheit schwarz und brandig und löste sich unter dem Einflusse der warmen Umschläge los, sodaß ich es mit der Pinzette herausnehmen mußte. Das entstandene Loch ist wie mit dem Meißel ausgestemmt und man sieht auf dem Grunde den blanken Schädel mit seinen verschiedenen Nähten freiliegen. Die Einwirkung der Salbe ist so gewaltig, daß sich in der Mitte nicht nur die von der ernährenden Knochenhaut beraubte äußere Schädelplatte abgestoßen hat, sondern auch noch die innere. Die harte Hirnhaut liegt jetzt frei, ohne jeden weiteren Schutz, und man kann ihr Pulsieren sehen.

Wenn Prof. Gudden morgen hier herauskommt, um sich das lebende Gehirn Prinz Ottos anzusehen, werde ich das sofortige Ende dieser Mißhandlung verlangen, und damit die längste Zeit sein Assistent gewesen sein.

De profundis tönt also mein Hilferuf zu Ihnen, dessen Beantwortung mit banger Hoffnung entgegensieht

Ihr stets dienstbarer
Franz Carl Müller

[123] **Ludwig an Müller**

Berg, den 11. September 1885

Ueber Alles theurer, vielgeliebter Freund!

Wünschen Sie meinen Tod? Ach, für Dich zu sterben! Sterben! – Ja – sterben. – O, schaudern Sie nicht vor dem Gedanken daran zurück, thun Sie dies nicht. – Mit Ihm und bei Ihm leben – doch ohne Ihn ist des Lebens Werth und Inhalt für mich verschwunden – dann hinüber, hinüber. – Der See vor meinem Fenster, so nah, wie lieblich plätschern seine Wellen lockend ans Ufer. O daß mich Lethes kühle Fluthen netzten und im Vergessen die minnige Gluth zischend verlöschte, die mich so qualvoll verzehrt! Traulich und treu ist's in der Tiefe.

Doch nein! Er soll mich nicht sterben, nicht dahinsiechen lassen; o Er wird es nicht; Er wird denjenigen, der nur für Ihn auf Erden weilt, nicht zur Trennung von Ihm verdammen. Übe Er Barmherzigkeit! Verlange Er nicht von mir, diese Höllenqualen länger zu ertragen; meine wahre, göttliche Bestimmung ist diese: bei Ihm zu bleiben als treuer, liebender Freund, nie Ihn zu verlassen; ich sterbe, wenn ich ohne Ihn leben muß. Ich halte es nicht mehr länger aus, so ganz ohne Nachricht von Ihnen zu sein! Wollen Sie, daß ich ganz und völlig gesunde, so zögern Sie nicht länger, Theuerster der Menschen, ich beschwöre Sie, und erfreuen Sie mich recht bald mit einem ausführlichen Briefe, noch heilsamer aber einem Besuche. »Bist Du so göttlich als ich Dich erkannt, sei Gottes Gnade nicht aus Dir verbannt«, das heißt hier: Entziehen Sie mir nie, nie, nie Ihre liebevolle Freundschaft, ich beschwöre Sie darum.

Treu bis in den Tod, liebend bis hinüber in wonnigere Welten
Ihr Höriger Ludwig

[124] **Westphal an Gudden**

Berlin, den 11. September 1885

Lieber Gudden!

Was ist denn mit Müller los? Empfange gerade einen Brief von ihm, in welchem er mich um eine Stelle an der Charité bittet, und zwar flott. Sie wollen ihn doch nicht ernsthaft loswerden?

Heute nicht viel mehr von mir, eine eigenthümliche Muskelschwäche zwingt mich zu pausiren. Nachdem Chloralhydrat meine Schmerzen nicht länger betäubt, habe ich mir mit Opium geholfen. Doch meine Selbstbeobachtung führt zu dem Schluß, daß an der im Schrifttum geäußerten Meinung, Opiumgenuß führe zur Sucht, etwas dran ist. Ich setze jetzt große Hoffnung in das Diacetylmorphin, das die Elberfelder Farbenfabrik Bayer synthetisch herstellt. Es empfiehlt sich nicht nur gegen Husten, Bluthochdruck und Herzerkrankungen, sondern decidirt auch als erstes Mittel der Wahl gegen Morphinabhängigkeit. Da die Firma unsere Charité seit langem beliefert, darf ich schon einmal vorkosten. Demnächst kommt es auf den Markt unter dem Handelsnamen »Heroin«.

Ihre Antwort wegen Müller erwartend grüßt freundlichst
Ihr Westphal

[125] **Gudden an Westphal**

Telegramm, Post München, 12. September 1885
Bewegen Sie Müller unbedingt zum Bleiben. Brief folgt. Dank, Gudden.

[126] **Westphal an Müller**

Berlin, den 13. September 1885
Nun mal langsam, lieber Müller!

So groß können Ihre Verfehlungen gar nicht sein. Ihnen ist doch der mißliche Fehlgriff des Prinzen gar nicht anzulasten. Da ich keine Anstellung für Sie aus dem Hut zaubern kann, rathe ich Ihnen dringend: Bleiben Sie vor Ort und nutzen Sie die Lage, in die Sie gerathen sind, denn Gudden braucht Sie, mehr, als Sie vielleicht ahnen. Die Fachwelt wundert sich schon, daß seine mühseligen Experimente immer noch nicht veröffentlicht sind. Mein ehemaliger Assistent, Carl Damasio Wernicke, publicirt gerade sein *Lehrbuch der Gehirnkrankheiten* in drei Bänden, das Gudden noch stärker unter Zugzwang bringt. Da Sie ihm den Rücken freihalten, ist er abhängig von Ihnen, und das kann Sie ruhig etwas robuster im Umgang mit ihm machen.

Im Übrigen ist sein Versuch beim Prinzen mit dem Siegburger Siegel so abwegig nicht. Die Schädeltrepanation gehört ja zu den ältesten chirurgischen Eingriffen der Menschheit überhaupt. Früher hoffte man, dem eingeschlossenen Dämon eines Besessenen durch solch ein Loch zur Flucht zu verhelfen. Sie, der Sie die geschichtliche Überlieferung so hochschätzen, thäten gut daran, die zu Grunde liegenden tieferen Einsichten nicht zu verachten, sondern wissenschaftlich zu verstehen.

Für den historischen, ja weltkundlichen Abriß über die conträre Sexualempfindung in Ihrem vorletzten Brief meinen besten Dank. Nur erinnerte mich Ihr Gebrauch des abwertenden Begriffes »Laster« zu sehr an Schopenhauer, der sie noch »eine nicht bloß widernatürliche, sondern auch im höchsten Grade widerwärtige und Abscheu erregende Monstrosität« nennen zu müssen glaubte. Streng sollten Sie sich vor solchen überkommenen Urtheilen verwahren. Was wir heilen wollen, geht weder den Sittenwächter noch den Richter an.

Meines Erachtens nach weisen Sie vorschnell jegliche Formen körperlicher Degeneration als Ursache der conträren Sexualempfindung zurück, ja, Sie scheinen sogar deren Krankhaftigkeit selbst zu bezweifeln. Weshalb ich mich im Uebrigen gegen Ihre Insinuation verwahren und ausdrücklich bemerken muß, daß nichts in meine vormalige Patientin, die Fräulein N., hineinexaminirt worden ist; sie litt unter ihrer krankhaften Veranlagung und begehrte Heilung. – Will Ihre Arbeit diesbezüglich nicht voran, thun Sie am besten, den Gegenstand für einige Zeit liegen zu lassen. Für solche Aufgaben braucht man die nöthige Muße und den nöthigen Humor. Übrigens bin ich weit entfernt, Ihnen eine Meinung aufdrängen zu wollen und gern bereit, Ihren Aufsatz in unser *Archiv* aufzunehmen, selbst wenn ich mit dem Inhalt desselben dissentiren sollte.

Es freut sich auf den weiteren Austausch mit Ihnen
Ihr Ihnen gewogener
Westphal (diktirt)

Schachen, den 21. September 1885

Hochverehrter Herr Professor!

Wie Ich von Professor Gietl erfahre, geht es Meinem geliebten Bruder, Sr. Kgl. H. Prinz Otto, nicht nur wesentlich schlechter als noch vor wenigen Wochen. Er ist auch einer ›Therapie‹ unterworfen, welche nur abstoßend, abscheulich, menschenverachtend genannt zu werden verdient. Unverzüglich wünsche Ich, von seinem behandelnden Arzte, Dr. Müller, über die Gründe für die Verschlechterung seines Zustandes und über die besagten Maßnahmen unterrichtet zu werden, außerdem über die Mittel, welche er zur abermaligen Verbesserung des gesundheitlichen Zustandes Meines Bruders zu ergreifen gedenkt. Da Ich am 29. d. M. den Stand Meiner Bauten im Chiemsee zu überprüfen beabsichtige, wird es am zweckmäßigsten sein, wenn sich Ihr Assistent am 28. in Berg einfindet und Mir während Meiner Anwesenheit in Herrenchiemsee Bericht erstattet.

Mit vorzüglicher Hochachtung
Ludwig

Berlin, 22. September 1885

Eurer Königlichen Hoheit

lege ich meinen unterthänigsten Dank zu Füßen für Höchstdero gnädigen Brief sowie die persönlichen Ergänzungen durch Prinz Arnulf. Es wird mir zur höchsten Ehre, von dem hohen Bayerischen Königshause ins Vertrauen gezogen zu werden, von dessen Gliedern ich jederzeit mit so gnädigem Wohlwollen beehrt worden bin. Ich habe stets geglaubt, die sicherste Grundlage für die Zukunft des Reiches in dem deutschen Sinne unserer angestammten Dynastien suchen zu sollen. Es ist mein Stolz, daß ich bei Bethätigung meiner Meinung nicht nur allgemein den Beifall des Erlauchten Hauses Bayern gefunden habe, sondern im Besonderen nun auch die Zustimmung Eines, der noch im Jahr 1867 seine Opposition gegen die reichsfreundlichen Entscheidungen des bayerischen Königes offen zu äußern beliebte und der am 3. December 1870 zu Versailles jenen Kaiserbrief nur aus militärischem Gehorsam, aber gegen seine eigene innerste Überzeugung, zu überreichen bereit war.

Seitdem kann ich nicht erkennen, daß König Ludwig nicht ein weiser und friedfertiger Regent gewesen, der seinem Land kluge Vortheile zu verschaffen gewußt. Obwohl von national deutscher Gesinnung beschäftigt ihn vorwiegend die Sorge für die Erhaltung des föderativen Prinzips der Reichsverfassung und der verfassungsmäßigen Privilegien seines Landes. Sein königliches Bewußtsein ist nicht bloße Eitelkeit, sein mehrseitiges Wissen nicht blendende Allwisserei, sein staatsmännisches Thun keine Thorheit. Er mag seine Schrullen haben, doch steckt viel in ihm, weshalb ich den Ausführungen des Prinzen Arnulf bezüglich der Erkrankung Sr. M. nicht leicht zu folgen wußte.

Wenn Ew. Kgl. Hoh. die Offenheit erlauben, so scheinen mir die privaten Schulden Sr. M. keineswegs eine Tragödie des Staates, sondern nur eine des Hohen Hauses Wittelsbach heraufzubeschwören, was sie nicht minder schmerzlich, aber doch weniger bedeutsam macht. Da die Agnaten des königlichen Hauses aus eben der Cabinettskasse apanagirt werden, welche einen so ungünstigen Stand angenommen, ist Ew. Kgl. Hoheit Sorge mehr als verständlich. Meinem unmaßgeblichen Eindrucke nach handelt es sich um Unstimmigkeiten innerhalb der königlichen Familie, welche glücklich nur dort geklärt werden können. In ein solches reinigendes Gewitter gehörte dann auch die Behandlung der Frage, ob nicht die im Raume stehende Einsetzung der Regentschaft als eigentlichen Zweck die Intrhonisation Ew. Kgl. Hoheit ältesten Sohnes zum Zwecke habe.

In der Hoffnung, daß Eure Kgl. Hoh. mir die bisher gewährte gnädige Gesinnung persönlich bewahren wollen, verharre ich in Ehrfurcht Eurer Kgl. Hoh. Unterthänigster Diener

v. Bismarck

München, 23. IX. 1885

Allerdurchlauchtigster Großmächtigster König!
Allergnädigster König und Herr!

Eurer Königlichen Majestät erlaubt sich der allerunterthänigst treugehorsamst Unterzeichnete für das Allerhöchste Handschreiben seinen allerunterthänigsten Dank zu Füßen zu legen und beeilt sich zu versichern, daß Dr. Müller zur huldreich angeordneten Zeit sich einfinden und verlangten genauesten Bericht über das Wohlbefinden Seiner Königlichen Hoheit Prinz Otto gehorsamst erstatten wird. Es ist dies sein eigenster Wunsch, wie Dr. Müller mir mit Nachdruck versichert, da aus Euerer Königlichen Majestät allergnädigstem Schreiben ein gewisses Mißverständnis zu sprechen scheint, welches auszuräumen Dr. Müller kaum erwarten kann. Im Uebrigen erlaubt sich der allerunterthänigst Unterzeichnete, Eure Königliche Majestät um Schonung und Gnade für den jungen Arzt zu bitten, den nur Pflichtgefühl zu seinem überhasteten Schritt verleitete.

Ohne Dr. Müller vorgreifen zu wollen, erlaubt sich der treu gehorsamst Unterzeichnende allerunterthänigst mitzutheilen, daß die höchst bedauerliche plötzliche Verschlimmerung des gesundheitlichen Zustands Sr. kgl. Hoheit Prinz Otto Dr. Müller keine andere Wahl ließ, als ohne Verzug von Schachen abzureisen, untröstlich, sich von Euerer Königlichen Majestät nicht verabschieden zu können, doch im Vertrauen, daß dieser Schritt im Nachhinein gnädiglichst Billigung erfahren würde. Seine Königliche Hoheit Prinz Otto ist seitdem auf dem Wege der Besserung, dank einer neuen Behandlung, die der allerdemüthigst Unterzeichnende vollständig billigt und von deren glücklichem Abschluß er die schönsten Hoffnungen sich macht. Der furchtbare Druck, welcher so qualvoll auf dem Gehirn Seiner Königlichen Hoheit lastete, ist dank des Löchleins, welches durch eine Salbe schonend entstanden, heilsam entwichen.

In allertiefster Ehrfurcht erstirbt Eurer Königlichen Majestät allerunterthänigst treugehorsamster

Bernhard von Gudden

Schachen, den 24. September 1885
Tannhäuser-Tag

Theuerster! Geliebtester Freund!

Professor Gudden's Brief mit seiner glorreichen Kunde traf soeben ein, am Tannhäuser-Tag! Welch göttliches Zeichen der Überwindung des schuldhaften Selbst liegt darin, ein Zeichen der Sühne und Vergebung. Tannhäuser! »Oh! Die Qual der Liebe! Wie Alles schauert, bebt und zuckt in sündigem Verlangen.« Doch die Liebe befreit von allem Irdischen, erlöst den Sünder! Mein eigenes inneres Selbst ist unzertrennlich mit diesem Werk verbunden; in dem darin heilig und segenverleihend sich offenbarenden Geiste will ich leben und sterben.

Oh, ich wußte es wohl, Wir konnten Uns nicht mißverstehen! Eher ginge in diesem Momente in Blitzesschnelle die Welt aus Fugen und Angeln, als daß dies je der Fall sein könnte. Um unsere Versöhnung zu besiegeln, wollen wir im Chiemsee ein herrliches Fest feiern, weshalb ich befohlen habe, die Herreninsel in ein Meer von Lilien und Rosen zu baden und prachtvoll zu illuminiren. Ballettmeister Fenzl wird mit seiner Trouppe *Les plaisirs de l'île enchantée* für uns aufführen, wofür ich eigens bei dem Componisten Max Zenger eine Musik bestellt habe. O, es wird zauberhaft! Ich zähle die Tage bis zu unserem Wiedersehen, wie verabredet am 28. in Berg!

Bis in den Tod getreu
Ludwig

Gegeben zu Schachen, wo ich Ihrer gedenke, unentwegt, immer.

München, 26. IX. 1885

Lieber Westphal!

Für Ihre freundliche Fürsprache bei Dr. Müller meinen herzlichsten Dank! Er hat sich so sehr über die Consequenzen seines Handelns erschrocken, daß er fast das Handtuch geworfen hätte. Gottlob bleibt er mir treu und erhalten. Hat sich Ihr Schwächeanfall mittlerweile hoffentlich gelegt? Wo haben Sie

Schmerzen, und welcher Art? Wie bekommt Ihnen das Heroin? Seien Sie meiner besorgtesten Antheilnahme gewiß.

Ihre Vorüberlegungen zur Gründung einer eigenen Frauen-Heilanstalt habe ich mit größtem Interesse gelesen. Allerdings sollten Sie nicht nur an die Gebärmutter denken, sondern auch an die Gehirnunterschiede. Körperlich genommen ist das Weib ja ein Mittelding zwischen Kind und Mann, und geistig ist sie es auch. Beim Weibe ist der Kopf nicht nur absolut, sondern auch relativ kleiner. Ein kleiner Kopf umschließt natürlich auch ein kleines Gehirn. Th. L. W. von Bischoff, Professor der Anatomie in München, wog 559 männliche und 347 weibliche Gehirne. Als Durchschnitt aus allen Wägungen ergab sich für das männliche Gehirn 1362, für das weibliche 1219 Gramm. Damit ist alles gesagt: Ein kleines, leichteres Gehirn leistet nun einmal nicht so viel wie ein größeres, schwereres. Diese Wahrheit wird mit einer Hartnäckigkeit befehdet, die einer besseren Sache würdig wäre.

Sie fragten, wie wir hier die Gehirne untersuchen. Dazu haben wir ein so genanntes Microtom entwickelt, eine Schneideapparatur, welche uns erlaubt, Gehirne in hauchdünne Scheibchen zu zerschneiden. Dazu muß man allerdings sehr gut gehärtete Objecte zur Verfügung haben. Ganze menschliche Gehirne faulen selbst in einer Lösung von doppeltchromsaurem Kali, auch wenn sie noch so frisch sind und man sie vor der Herausnahme aus dem Schädel mit der Lösung injicirt. Sie müssen also vorher einige Zeit in Alkohol gelegen haben. Ist das Gehirn genügend gehärtet, wird es in dem zylindrischen Behälter des Microtoms fixirt mit Hilfe einer Masse von 15 Gewichtstheilen Stearin, zwölf Theilen Fett und einem Theil Wachs. Diese Mischung schmiert nicht und klebt dem schweren, beidgriffigen Messer nur wenig an. Geschnitten wird unter Wasser, weshalb der Zylinder mit dem eingegossenen Präpaparat in einem dafür geeigneten Behältnis steht. Die Schnitte werden mit flachen numerirten Tellern aufgefangen, mit carminsaurem Ammoniak tingirt, mit angesäuertem Wasser übergossen, nach zwölf Stunden auf mit gummirten Etiquetten versehenen Glasplatten befördert, in gläserne Alkoholwannen gebracht, nach der Entwässerung herausgenommen, mit Nelkenöl gepinselt, bis sie durchsichtig geworden sind, endlich mit Darmafirniss und Deckplatten versehen. Uns ist es gelungen, auf diese Weise ein menschliches Gehirn in 2000 Schnitte zu zerlegen.

In hohem Grade lehrreich ist schon die makroskopische Durchmusterung einer solchen lückenlosen Schnittreihe. Am schönsten und klarsten, wie der reinste Duft, treten sie einem auf dunklem Untergrunde bei schräger Durchleuchtung entgegen. Aber schon beginnt die Noth mit den Arbeitsräumen, die sich bei der Menge der Präparate rasch als zu klein herausstellen, und das umso mehr, wenn man einzelne Züge und Gruppen rasch hintereinander durch ganze Reihen verfolgen will. – Sie werden verstehen, daß ich angesichts dieser aufwendigen Procedur nicht zugeben kann, meine Methoden vor der Zeit bekannt zu machen, um noch gegenüber vorschnellen, gewissenlosen Nachahmern das Nachsehen zu haben. Keines Falls wünsche ich also diesen oder frühere Briefe an Sie, umgearbeitet zum Aufsatz, in unserem *Archiv* wiedersehen. – Nur Geduld, nächstes Jahr wird man noch viel von mir hören!

Mit allen guten Wünschen insbesondere für Ihre Gesundheit
Ihr Gudden

[132] **Müller an Gudden**

Herreninsel im Chiemsee, 30. September 1885
Hochverehrter Herr Professor!

Seine Majestät der König wünscht den sofortigen Abbruch der Behandlung Sr. kgl. Hoheit Prinz Otto mit der Einreibung. Wollen Sie also bitte Mauder veranlassen, die Unterbindung der Heilung umgehend einzustellen und dem Prinzen stattdessen einen schönen Verband anzulegen, welcher täglich unter Beachtung der peinlichsten Sauberkeit zu erneuern ist. S.M. hat nicht gezögert, seinem größten Unmuth über das Siegburger Siegel in entschiedenen Worten Ausdruck zu verleihen.

Im Übrigen sind wir bei schönstem Herbstwetter gut hier eingetroffen; Extrazug bis Rimsting, Wagen bis Stock am See, von dort per Frachtdampfer, der sonst Baumaterialien und Güter übersetzt, zur Insel. Genauestens überwacht S.M. den Fortgang seines hiesigen Schloßbaues. Der Haupttrakt ist fertiggestellt, der nördliche Seitenflügel steht im Rohbau, zum südlichen werden die Fundamente gelegt. Die innere Ausstattung ist so weit vorangetrieben, daß S.M. zum ersten Mal im Schlosse Wohnung nehmen kann. Die schlichten Zimmer, die er sonst im ehemaligen Augustiner-Chorherren-Stift bewohnte, habe nun ich bezogen. Das größte Vergnügen Sr.M. hier ist es, im blau ausgeschlagenen Rollwagen auf den Gleisen der Baubahn von einer kleinen Lokomotive sich über die Insel ziehen zu lassen.

Zu Ihrer Freude kann ich Ihnen mittheilen, daß mir unversehens gelungen ist, die Maße des Hauptes Sr. M. zu ermitteln, welche Sie so hartnäckig von mir zu erlangen suchen. Eine Stunde vor dem Beginne einer Theateraufführung überraschte mich S. M. in einem Prunkgewand von Ludwig XIV., unglücklich, weil die dazu gehörige hohe Thurmfrisur nicht halten und auch Friseur Hoppe die Behebung des Mißstandes nicht glücken wollte. Um die Perücke mit Schere, Nadel und Faden zu weiten, nahm ich genau die Maße des allerhöchsten Hauptes, die Sie sie schon mehrfach gewünscht, und paßte mit ihrer Hilfe die schwere Haartracht an. Danach beträgt die Schädelcircumferenz 58 cm, die Ohrhinterhauptlinie 26, die Ohrscheitellinie 25, Ohrstirnlinie 31, Längsumfang 33, Ohrkinnlinie 28,5, Längsdurchmesser 20, größter Breitedurchmesser 16, Distanz der Gehörgänge 16, der Jochfortsätze 15,2 cm. Ich hoffe, Sie werden mit dem Ergebnis so zufrieden sein wie mein königlicher Gönner.

Wollen Sie mir bitte das Wohlergehen des Prinzen Otto genauestens schildern. S. M. erwarten diesbezüglich Ihre Antwort.

Mit vorzüglicher Hochachtung
F. C. Müller

[133] Gudden an Müller

München, 3. X. 1885

Bravo, mein lieber Müller, bravo!

Für die erfolgte Vermessung des königlichen Hauptes meinen verbindlichsten Dank. Odysseus hätte sich nicht listenreicher anstellen können! Ihr Ingenium ist wahrhaft bewundernswerth. Zu welcher Gelegenheit erschien S. M. denn also gerüstet? Sie erwähnten eine Theateraufführung? – Allerdings werfen die von Ihnen ermittelten Zahlen einige Fragen auf. Die Maße erscheinen mir übertrieben groß, erheblich größer, als nach den Photographien wahrscheinlich. Täuschen Sie sich auch nicht?

Daß es Ihnen gelungen ist, Ihr Mißverständnis mit Sr. M. auszuräumen, freut niemandem mehr als mich. Der königliche Wunsch stimmt mit der ärztlichen Nothwendigkeit glücklich überein; die so heilsame Öffnung des Schädels S. kgl. Hoheit Prinz Otto wird nun bestens versorgt zuwachsen. Er grüßt Sie übrigens beide freundlich!

Zu allen Sie erwartenden Vergnügungen wünscht frohes Genießen

Ihr Gudden

[134] **Müller an Elisabeth**

Herreninsel im Chiemsee, 6. Oktober 1885

Kaiserliche Hoheit!

Nur ungern erlaube ich mir den kecken Muth, Ew. Kaiserlichen Hoheit schriftlich mich zu nahen. Doch die Sorge um unseren gemeinsamen Freund, S. M. den König von Bayern, läßt mich die Scheu überwinden. Hat Er Ihnen je von hier gesprochen, seinem neue Schloß im Chiemsee? Kaiserliche Hoheit, es spottet jeder Beschreibung, nein, es übersteigt den Verstand. Ludwig baut mit größter Sorgfalt, höchstem Aufwand und ungescheut aller Kosten – Versailles nach. Die Gartenfassade gleicht dem Vorbild wie ein Ei dem andern. Aber erst die Prachträume des Grand Appartement! Die Spiegelgalerie, umrahmt von den Salons de la Guerre und de la Paix, Salle des Gardes du Roi, Première Antichambre, Salon de l'Œil de Bœuf, alles streng im Style Ludwigs XIV., wiedererstanden im Chiemsee, bewundernswürdig, staunenswerth, vollkommen nutzlos – verrückt!

Denn anders als die Raumschöpfungen, die ich in Linderhof und in der Neuen Burg Hohenschwangau bewundern durfte, bewohnt Ludwig das Grand Appartement gar nicht. An den Draperien im rot-goldenen Galaschlafzimmer haben 30 Näherinnen sieben Jahre lang gearbeitet, um in aufwändigster Nadelmalerei die Bettvorhänge mit Jupiter und Ganymed, Herkules und Omphale usw. zu schmücken. Doch mehr noch als wie in Versailles dienen diese Prunkräume nur zur Schau, zu nichts sonst – und werden nur von einem einmal im Jahr geschaut! Sein eigenes Petit Appartement hat er im Style Ludwigs XV. einrichten lassen. Obwohl kleiner als das Grand Appartement, sind die Räume doch kaum weniger kostbar. Allein der Schreibtisch im Arbeitszimmer, eine Kopie des Bureau du Roi ebenjenes Louis XV, ist für 55 000 Mark von Paris geliefert worden. Noch nie hat Ludwig daran gearbeitet.

Jeden Abend lässt er die Spiegelgalerie erleuchten: 52 Kandelaber und 33 Lüster mit rund 2 200 Kerzen. Für morgen Nacht ist gar eine Illumination der ganzen Insel anberaumt, die mich in Angst und Schrecken versetzt. Riesige Blumenarrangements sind heute auf Güterwagen aus Holland angekommen. Sie füllen die Lücken im noch jungen Park. Anderswo sind Coulissen gemalt worden: So etwa die hohe Hecke entlang des großen Rasenstücks, welches sich in der Hauptachse vom Prunkbett bis in den See erstreckt. Diese Allee wird morgen Nacht mit auf Flößen verankerten Attrappen 500 Meter in den See hinaus verlängert werden. Maschinisten des Münchner Hoftheaters und Ingenieure der Elektrotechnik verstecken überall im Garten Scheinwerfer, welche mittels elektrischen Stroms den Park, seine Brunnen, die Blumen-rabatten und Laubengänge usw. in märchenhaftes buntes Licht tauchen wer-den. Um sich verständigen zu können, wenn Ludwig durch den Park spazie-ren wird, haben sie eigens eine Telephonanlage eingerichtet. Zur *Fête de l'île enchanté* hat Ludwig außer mir nur Persönlichkeiten vom Hofe Louis XIV. geladen: Sie schauen, portraitähnlich gemalt, in getreu nachgemachten Co-stümen aus den Fensteröffnungen des Seitenflügels heraus.

Kaiserliche Hoheit – lachen Sie nicht. Mir ist bewußt, daß Monarchen anders leben als das Volk, dem ich angehöre. Doch Ludwig hat für all das kein Geld. Was Sie in der Zeitung über seine Schulden lesen, ist nicht zur Hälfte wahr – es ist viel schlimmer! Es kann, es wird nicht lange so weiterge-hen. Bringen Sie ihn zur Vernunft, beenden Sie seine Verschwendung, sagen Sie ihm die Wahrheit, um seinetwillen. Mein Verhältnis zu unserem Freunde ist nicht derart, daß ich mir solch deutliche Worte erlauben dürfte.

Bitte theilen Sie unserem gemeinsamem Freunde keinesfalls mit, daß ich mich an Sie gewandt.

In tiefster Verehrung
Ihr Franz

München, 10. x. 1885

Gnädigster Prinz und Herr!

Für die mir zuletzt mündlich gnädiglichst mitgetheilten Äußerungen der Zufriedenheit Ew. Königlichen Hoheit mit seinen Diensten erlaubt sich der treu gehorsamst Unterzeichnete, sich Ew. Königl. Hoheit abermals dankbarst zu Füßen zu werfen. Neueste Erkenntnisse, welche uns mein Assistent Müller zu verschaffen gewußt, erlauben nun, die Einschätzung der geistigen Gesundheit Sr. Majestät des Königs abschließend vorzunehmen.

Wie sich Ew. Königliche Hoheit erinnern werden, fehlten der ärztlichen Kunst zur sicheren Diagnose noch die genauen Maße von Größe und Umfang des königlichen Hauptes. Sie liegen nun vor und bestätigen unsere schlimmsten Befürchtungen: Mit einem Kopfumfange von 54 cm kann der König geistig gar nicht gesund sein, wie alle neueren Forschungen belegen. Alle die, deren Geistesfähigkeiten den Durchschnitt übersteigen, haben einen großen Kopf, 57 cm Umfang und mehr. Dagegen findet man weniger als 55 cm fast nur bei geistig sehr schlecht ausgestatteten Männern, und bei 53 cm kann man mit Sicherheit auf pathologische Verhältnisse rechnen. Natürlich muss man die Körpergröße in Betracht ziehen, ein großer Kopf wird auf kleinem Körper bedeutungsvoller sein als auf großem Körper, und umgekehrt. Bei der ungewöhnlichen Körpergröße Sr. M. wäre daher ein Kopfumfang von mindestens 56 cm von Nöthen. Mit seinen 54 cm verfügt der König aber nur über den Kopf eines Weibes.

Der zu kleine Kopf Sr. M. wirkt im Uebrigen nicht nur nachtheilig auf seine Geistesgaben. Wie Gley (*Revue philosoph.* 1884, Januar) nachweist, lassen sich bei conträrer Sexualempfindung Anomalien in der cerebralen Organisation nachweisen. Gley nimmt an, die damit Behafteten hätten ein weibliches Gehirn bei männlichen Geschlechtsdrüsen und das krankhafte Gehirnleben bestimme das Geschlechtsleben. S. M. der König von Bayern bestätigt traurig die Richtigkeit dieser Vermuthung.

Abschließend kann nun das irrenärztliche Gutachten über den Gesundheitszustand Sr. M. bestellt werden.

In tiefster Ergebenheit Euerer Königlichen Hoheit unterthänigster Diener Bernhard von Gudden

[136] Ludwig an Müller

Unterwegs nach Berg, 11. Oktober 1885

Geliebter, Heiliger! –

In überirdische Sphären ward ich entrückt, Unermeßliche Wonne habe ich geatmet. In meinem Herzen herrschst Du als unumschränkter König, Dir wird es gehören bis zu seinem letzten Schlag. Traumgleich wonnevoll ist mir zu Muthe. – Ich kann nichts thun als Dich anbeten. –

Ach, was ich glücklich bin! – In ewiger Liebe Dein bis in den Tod getreuer, glücksseeliger

Ludwig

[137] Elisabeth an Müller

Corfu, den 13. Oktober 1885

Daß Sie mir schreiben, gfallt mir. Was Sie mir schreiben, aber nicht. So an Hosenscheißer bist also, lieber Franz!

Na, so fein bürgerlich darfst Du nicht denken, das ist ja zum Lachen, und außerdem fatal. Du rechnest Deinem König die Zahl der Lichter nach? Geh weiter! Wenn 30 Näherinnen 7 Jahre lang an einer Bettdraperie gearbeitet haben, die keiner auf- und zuzieht und noch nicht einmal anschaut, so haben 30 Näherinnen doch 7 Jahre lang gute Arbeit gehabt! Als echter Herrscher treibt Ludwig das Münchner Kunsthandwerk auf nie dagewesene Höhen. Was bist Du für ein dummer Zettel! Du willst Deinem König doch nicht aufzählen, was die Flitterwochen gekostet haben! Dir zuliebe schreib ich ihm und werde ihn schelten, aber – es wird nichts nützen!

Lieber Franz, lassen Sie doch die Kaiserliche Hoheit weg, wenn Sie mir schreiben, ich kenne sie ja selber kaum. Lesen Sie noch so schön Shakespeare mit Ludwig? Mein Reiseführer hier ist jetzt Homer. Seit Jahren schon nutze ich die langen Stunden, wenn meine Haare gemacht werden, dazu, Sprachen zu lernen. Nun also griechisch, alt und neu. Es ist so heilsam, sich mit etwas recht Schwerem plagen zu müssen, um darüber die eigenen Gedanken zu vergessen. Ich habe mir dazu einen jungen griechischen Vorleser angeschafft. Er hat einen Buckel, ist in mich verliebt und deshalb ganz poetisch, das nutzt dem Unterricht. Er hört auf den klangvollen Namen Constantin Christomanos. Damit ich ihn mit Ihnen vergleichen kann, übersetzen wir den *Sommernachtstraum* ins Neugriechische. Thun Sie mir den Gefallen und schreiben Sie mir eine Epopöe Ihrer Eifersucht!

Ihre Elisabeth

[138] **Müller an Westphal**

Fürstenried, 15. Oktober 1885

Hochverehrter Herr Professor!

Nicht genug kann ich Ihnen – einmal mehr! – danken für Ihren klugen Rath hier auszuharren. Alles hat sich wieder eingerenkt, und auch Prinz Otto scheint seinen Peiniger und die Schmerzen, welcher jener ihm zugefügt, glücklich vergessen zu haben. Zumindest begrüßt er Prof. Gudden freundlich, wenn er sonntags hier heraus nach Fürstenried kommt. Im Anschluß an die Visite steigt Gudden übrigens stets in den Keller hinab zu Franz Nissl, seinem bevorzugten Assistenten, der seine Sonntage hier zuzubringen pflegt. Er hat das Präparatenzimmer in der Münchner Anstalt sehr schön eingerichtet, doch da der Chef viel Unordnung hineinbringt, hat sich Nissl ein Ausweichquartier hier bei uns in Fürstenried geschaffen. Er bekam dafür sogar 500 Mark aus dem Vermögen des Prinzen. Nissl fürchtet sich stets ein wenig vor den Besuchen des Chefs, der in seiner rastlosen Wißbegier hier viele Stunden lang sitzen kann, während sich die Bretter mit Präparaten zu Bergen um ihn anhäufen, geduldig einen Schnitt nach dem andern musternd, ohne je daran zu denken, sie fein säuberlich ins Regal zurückzustellen. – Ob Gudden mich übrigens so braucht, wie Sie meinen, mag dahingestellt sein. Er trifft sich jetzt gelegentlich mit hohen Thieren, sogar Mininisterpräsident Lutz soll darunter sein. Vielleicht ist ihm unsere Anstalt also bald zu klein.

Sie rügen in Ihrem letzten Brief zurecht meinen Gebrauch des Wortes »Laster« an Stelle der »conträren Sexualempfindung«, mit der ich allerdings immer noch nicht warm werde. Vielen Conträrsexuellen fehlt ja jedes Bewußtsein für das ›Conträre‹ ihres Zustandes. Die meisten fühlen sich sogar glücklich in ihrer Triebrichtung. Folgt man der Lehre von den sexuellen Zwischenformen, muß man die lebendige Substanz in allen Lebewesen männlich *und* weiblich denken, was zur dauernden und nothwendigen Bisexualität aller Lebewesen führt. Danach wäre die gleichgeschlechtliche Neigung nicht ein Rückschlag oder eine unvollendete Entwicklung des Geschlechtes, sondern die Geschlechtlichkeit eben jener sexuellen Mittelstufen. Daß in jedem menschlichen Wesen auch die homosexuale Anlage vorhanden ist, wird erwiesen durch die Thatsache, daß in der Pubertät jene schwärmerischen Jugendfreundschaften die Regel sind, die nie eines sinnlichen Charakters ganz entbehren. Es gibt auch keine Freundschaft zwischen Männern ohne jedes sinnliche Element, so wenig damit das Wesen der Freundschaft bezeichnet ist, das ja dem Geschlechtlichen peinlich entgegengesetzt ist. In summa bleibt festzuhalten, daß wir ein Phänomen versuchen zu begreifen, das weder krank macht oder ist noch der Heilung bedarf. Eigentlich doch gute Nachrichten für uns überlastete Ärzte.

In ausgezeichneter Hochachtung
Ihr Franz Carl Müller

[139] **Elisabeth an Ludwig**

Corfu, den 16. Oktober 1885

Verliebt, verliebt! und folglich dumm;
Ich kann dich nur bedauern
Lang geh' ich schon hinieden um,
Mich macht die Liebe schauern.

Herzbester Vetter!

Ich schreibe Dir von Corfu, einem der schönsten Flecken der Erde. Eben, in diesen Minuten, weicht die Nacht dem Tag. Das erste Licht gleitet von den steilen Bergen hinab und wirft lange samtene Streifen auf das Meer. Weniges später kommt die Sonne selbst in Posaunen und ergießt ihre goldenen Haare über das Wasser und färbt es ganz unwahrscheinlich blau, blauer als der Himmel, blauer als jeder Begriff von Blau. Es ist hier schöner als alles, was Du Dir künstlich errichten kannst.

Theurer Ludwig, selbst hier liest man allerhand in den Zeitungen. Du errichtest allen Ernstes auf Deiner Insel im Chiemsee ein zweites Versailles?

Das ist schon der höhere Rappel! Der Ludwig, den sie den zweiten »Deutschen« nennen, huldigt dem Erbfeind! Die alt-bayerischen wie die deutschnationalen, die ultramontanen wie die liberalen Kräfte müssen sich, wenn auch aus unterschiedlichen Gründen, gleichermaßen vor den Kopf gestoßen fühlen. In der Zeitung steht ferner, Du suchst neue Mittel zum Weiterbau deines Versailles in Paris, und bietest als Sicherung das Versprechen, Bayern werde bei einem etwaigen Angriff Frankreichs auf das Deutsche Reich neutral bleiben. Du bist ja ein Haderlump, ein ganz miserabliger!

Obacht, daß Du Dich dieses Mal nicht zu weit traust. Ich habe ein merkwürdiges Gefühl. Warum soll das Volk, ich meine das arme, niedrige Volk uns lieben, uns, die wir im Überfluß, im Glanze leben, während die anderen bei schwerer Arbeit kaum das tägliche Brot haben und darben?

Ihr Lieben Völker im weiten Reich,
So ganz im Geheimen bewundre ich euch:
Da nährt ihr mit eurem Schweiße und Blut
Gutmüthig diese verkommene Brut!

Halt ein, lieber Ludwig, mit allen Deinen Bauten und besinne Dich. Oder bist Du, wie ich, ohnehin immer auf der Suche nach Deinem Schicksal? Ich weiß, daß mich nichts davon abhalten kann, es an jenem Tage zu treffen, an dem ich es treffen muß. Das Schicksal macht lange die Augen zu, aber einmal erblickt es uns doch.

Ob ich mit dem Pacher Fritz meinem Schicksal entronnen wäre? Er hat mir geantwortet auf meinen anonymen Brief, den ich in London hab abstempeln lassen. Aber hör nur, was er schreibt: »Ich bin ein kahlköpfiger, ehrsamer, aber glücklicher Ehemann geworden, habe eine Frau die Dir an Größe und Gestalt ähnelt, und ein herziges kleines Mäderl.« Eine Photographie liegt nicht bei. – Mein Vorleser klopft, ich muß schließen. Er holt mich ab zu einem Spaziergang zu einer tiefen Meeresbucht hinab, der ›See des Chalkiopulos‹. Aus dem silbernen Wasserspiegel ragt die Odysseusinsel auf, ein Bündel hoher, schwarzer Zypressen, eine weiße Einsiedelei umfangend. Sie könnte das Vorbild zu Böcklins Toteninsel gewesen sein (kennst Du das Bild?), der allerdings nie auf Corfu war, was merkwürdig genug ist und zeigt, daß dieser Künstler ein *Seher* war. Es ist unten ein Fährmann, der ganz wie der Charon aussieht. Ich lasse mich von ihm zum Eiland rudern, wie eine sehnsüchtige Seele. Drüben auf der Insel empfängt mich immer der Einsiedler. Er bringt mir Honig und Mandeln, damit ich davon genieße und die Oberwelt vergesse. Das solltest Du auch.

Es sendet Dir die Möve den Gruß
von Deiner Elisabeth

[140] Westphal an Bismarck

Berlin, den 26. Oktober 1885

Durchlauchtigster Fürst
Hochgebietender Herr Reichskanzler!

Gestatten Ew. Durchlaucht dem Unterzeichneten, Hochderselben einige Zeilen vorlegen zu dürfen. Nie würde ich wagen, pro domo vor Ew. Durchlaucht zu treten; die Sache, welche mir den Muth einflößt, betrifft das engere wie das weitere Vaterland, weshalb ich es für Untreue hielte zu schweigen.

Im Abstand weniger Tage haben die Herren Professoren Erb aus Heidelberg und Leidesdorf aus Wien, beide ihres Zeichens hoch anerkannte Capacitäten im Bereiche der Psychiatrie, unabhängig voneinander bei mir angefragt, ob auch ich in meiner Eigenschaft als Director der Irrenabtheilung der Königlichen Charité ein Schreiben der Königlich Bayerischen Regierung in München erhalten habe, welche sich nach der Bereitschaft der Herren Professoren erkundigt, in einem Fall von höchster Bedeutung als Gutachter zur Verfügung zu stehen. Ich selbst bin nicht angeschrieben worden, vermuthlich aus naheliegendem Grund: Es dürfte um die Begutachtung des Gesundheitszustandes Seiner Majestät des Königs Ludwig von Bayern gehen; ein *preußischer* Irrenarzt wäre dafür undenkbar, so unzweifelhaft seine Reputation auch sonst sein möchte.

Diese Vorgänge zu erahnen ermöglicht mir eine Kette überaus glücklicher Zufälle. Seit einem Jahr erhalte ich genaueste Kenntnisse aus dem intimen Kreis Sr. M. des Königs Ludwig. Der junge Leibarzt Seiner Königlichen Hoheit Prinz Otto, Dr. Franz Carl Müller, schreibt mir im Wunsche nach collegialem Austausch die vertraulichsten Einzelheiten vom Leben nicht nur seines Patienten, sondern auch von dessen allergnädigstem Bruder selbst. Da Gerüchte, die Absetzung des Königs stehe unmittelbar bevor, bis nach Berlin dringen, mögen solche Nachrichten von höchstem Werth sein, geht es dabei doch auch um den Bestand des Kaiserreichs und seiner Theile, weshalb ich Ew. Durchlaucht unterthänigst anerbieten möchte, die Briefe Müller's einzusehen.

Wie den Briefen zu entnehmen, ist S.M. der König von Bayern ohne Zweifel geistig gesund. Allenfalls mag der Irrenarzt in ihm einen dégénéré supérieur erkennen, was ihn jedoch nicht zwangsläufig regierungsunfähig macht. Würden alle gekrönten Häupter mit krankhaften Veranlagungen – Ew. Durchlaucht werden mir die schroffe Offenheit des Arztes verzeihen – für regierungsunfähig erklärt, so wäre kaum ein Thron besetzt.

Da ich den Muth gefaßt habe, Ew. Durchlaucht auf meine möglichen Dienste hinzuweisen, darf ich die mir anvertraute Anstalt Deroselben gegenüber nicht vergessen zu erwähnen. Gerade und ausgerechnet im Vergleich zu Bayern steht die preußische Irrenpflege weniger glanzvoll da, als sie dem Behufe und Berufe Preußens als Vorbild der Deutschen Nation sollte. In Bayern sind in den letzten Jahrzehnten gleich sechs Anstalten eigens neu errichtet worden, zuletzt in München, wo sich die Oberbayerische Kreisirrenanstalt der liberalsten Unterstützung insbesondere in der Forschung erfreut. Leider verzettelt man sich dort mit dem Experiment am Thiere, das noch keinen einzigen Gemüthskranken geheilt hat. Unserer Königlichen Charité hingegen bietet sich die Möglichkeit, sich nicht nur an die Spitze der Forschung im Kaiserreich zu setzen, sondern zugleich auch den gefährlich zersetzenden socialen Unfrieden in unserer modernen Gesellschaft wissenschaftlich zu bannen. Es handelt sich um die Lösung der Familie, Volk, Nation und Staat bedrohende, so genannten ›Frauenfrage‹.

Seit der Antike wurde von den namhaftesten Ärzten immer wieder vermuthet, daß die Gebärmutter (hystera) ein grundsätzlich krankmachendes Organ ist. Die These, die es zu beweisen gilt, lautet, daß in jedem Weibe der Keim zu Krankheit und Wahn steckt, daß also das Weibsein selbst eine Art krankhafter Abweichung vom gesunden Mannesein ist. Entstünde nun auf dem Gelände unserer Charité, nächst der Irrenabtheilung, ein eigener Trakt nur für die Weiber, die mit gewißen Symptomen zu uns kommen, ergäbe sich die Möglichkeit, die Hysterie am Objekt rein zu studiren.

Seit rund zwanzig Jahren werden, nicht zuletzt im Umfeld der Socialdemocratie, die unsäglichsten Behauptungen über Wesen und Bestimmung des Weibes erörtert. So laut die so genannten Feministen ihre Lügen auch herausposaunen, so oft sie sie auch wiederholen, werden sie zwar nicht wahrer, aber doch von der Öffentlichkeit immer interessirter wahrgenommen. Unsere, der Ärzte, Pflicht ist es, hier zu rathen und zu warnen. Sollen wir uns über die Mißhandlung der weiblichen Leber durch übertriebenes Schnüren aufregen, die Mißhandlung des weiblichen Gehirns aber, das demnächst gar mit dem Wahlrecht oder Universitätsstudien gequält werden soll, ruhig mit ansehen? Höchste Zeit ist es, die falschen Vorstellungen vom Weibe ärztlicherseits zurechtzurücken. Die Lösung der Frauenfrage ist von weitestreichender Bedeutung für das Gemeinwesen, für die Erziehung der Jugend, Einrichtung der Schulen, rechtliche Fragen der Ehe, der Vormundschaft usw. Mir ist bewußt, daß Ew. Durchlaucht die Consequenzen einer solchen epochemachenden Diagnose vollständig erfassen und verzichte auf weitere Ausführungen bezüglich der ›Krankheit Weib‹.

In unterthänigster Erwartung der Winke, wem ich allenfalls die Briefe Müllers aushändigen und zugleich ein Gutachten nebst Bau- und Kostenplan zur Errichtung einer Frauenheilanstalt auf dem Gelände der Charité überreichen darf

verbleibe ich Euer Durchlaucht ehrerbietigst ergebener
Prof. Paul Julius Westphal

[141] Ludwig an Elisabeth

Linderhof, den 27. Oktober 1885
Liebe Cousine!

Du mußt dem Pressegesindel nicht glauben. Ich baue Versailles nicht nach! Das wahre Versailles gibt es nicht mehr. Schon vor der Revolution durch allerlei Umbauten geschändet, wurde es während der Schmach des letzten Jahrhunderts geplündert, versteigert, ausgeräumt. Das Bett von Louis XIV., le lever du Roy – lange verloren! Der Spiegelsaal: leer! Was heute in den Grands Appartements steht, wurde aus anderen Schlössern herbeigeschafft. Nein, ich ahme Versailles nicht nach, sondern ich erschaffe ein Abbild *echter* als das Original. Bei mir steht die Escalier des Ambassadeurs, die in Versailles schon vor hundert Jahren abgerissen wurde. Meine Chambres de Parade sind allesamt größer und prachtvoller. Meine Galerie des Glaces ist länger, und in ihr wurde kein Deutsches Reich gegründet und kein wahnsinniger deutscher Kaiserschwindel erfunden. Ich baue Versailles' *ursprünglichen* Zustand, so rein, wie Ludwig XIV. ihn nie gesehen, welchen es nie gegeben hat. Ich kann Dich daher vollkommen beruhigen: Ich errichte kein politisch fragwürdiges Monument für den französischen Absolutismus; ich baue das Denkmal *meines* Königtums.

Franz und ich weihten Schloß und Park vor kurzem mit einem zauberhaften Fest ein, ich im Costüm der unsterblichen Marie Antoinette, der ich eine Art religiösen Cultus widme, Franz als ihre Freundin, Mme de Lamballe. Das Schloß erstrahlte im hellsten Glanz, alle Zimmer erleuchtet, und dann erst der Garten, festlich illuminirt, der Latonabrunnen mit seinen heiteren Fontänen – o, es war brillant, köstlich, über die Maßen schön! Inbegriff meiner Seligkeit! Zehn köstliche Tage lang bewohnte Franz mit mir mein Petit Appartement. Wie kleidet ihn die Tracht des glorreichen Jahrhunderts! Noch besser als das Germanenfell, in welchem er im Sommer in der Hundinghütte doch auch ganz und gar entzückte. Er ist das Wunder der Welt, was bin ich ohne Ihn –!? Wie in manchen Irrenanstalten üblich, überraschte er mich in der marmornen Schwimmhalle, die ich mir in Herrenchiemsee habe bauen lassen, mit einem so genannten Plongirbad: Er nahte sich mir heimlich von hinten und schubste mich plötzlich ins Wasser, zu meinem heilsamen Schreck und allergrößten Vergnügen, denn er sprang gleich hinterdrein. O ja, er heilt mich! Seine Liebe erlöst mich!

Erreicht Dich dieser Brief noch auf Corfu? Die von der glühenden Sonne versengten Gefilde Hellas denke ich mir um diese Jahreszeit eher abstoßend denn anziehend. Hier neigt sich der herrlichste Herbst seinem Ende entgegen. Wie jedes Jahr werde ich mich am 31. d. M. nach München begeben, in diese unselige Stadt, wo ich elend und betrübt, oft im höchsten Grade melancholisch bin. Einzig das Theater, und die Nähe zu ihm! wird mir den Aufenthalt in dem verfluchten Nest erträglich machen.

Ewig Der Deine
Ludwig

Berlin, 31. Oktober 1885

Hochverehrter Herr Professor!

Für Ihr Schreiben danke gefälligst.

Wollen Sie freundlichst den Legationssecretair der preußischen Gesandtschaft in München, Graf Eulenburg, treffen, der sich gegenwärtig zu Consultationen in Berlin aufhält, und ihm die genannten Briefe sowie etwaige weitere Erkenntnisse über den Gesundheitszustand Seiner Majestät des Königs von Bayern mittheilen. Weiteres ergeht durch meinen Secretair.

Ihre rührige Sorge um Volk, Reich und Vaterland gereicht Ihnen zu Ehren. Wie das Weib, welche als Gattin und Mutter jegliche Gemeinschaft erst begründet, den Staat bedrohen kann, entzieht sich jedoch meinem Verständnis.

Ihnen und der Ihnen anvertrauten Anstalt nur das Beste.
Mit vorzüglichster Hochachtung

v. Bismarck

[143] **Ludwig an Müller**

Linderhof, den 1. November 1885

Theuerster, geliebtester Freund!
Einziger!

Betrachten Sie mich zukünftig, wenn Sie je an mich zu denken die Güte haben sollten, als zerschmettert! Geworfen, geschleudert von den höchsten Gipfeln der Seligkeit hinab in die tiefsten Klüfte einsamster Verzweiflung. O daß ich bei Elisabeth ruhte am Grunde des Meeres wie in ihrem erschütternden Gedicht.

Wie leicht schied ich von Ihnen! Wie glücklich wähnte ich mich, nach Ablauf dreier kurzer Wochen Sie wieder sprechen, wieder sehen zu dürfen. O ich Thor! Denken Sie nur: Ich habe gestern die Reise nach München abbrechen müssen. Unterwegs erreichte mich ein Brief Possart's der mir schrieb, die Proben, welche er für die Separatvorstellungen anberaumt, seien ihm untersagt, die Herstellung der Costüme und Coulissen nicht genehmigt worden. *Der Traum ein Leben*, welchem ich den ganzen Sommer über entgegengefiebert, soll nicht wahr werden! O es tobt, es stürmt in mir! Wer wagt es, den Befehlen des Königs zu widersprechen?! Wer schüchtert den treuen Possart derart ein, daß er mir nicht länger zu gehorchen wagt? »Der Rache Werk sei nun beschworen aus Meines Busens wilder Nacht! Die ihr in süßem Schlaf verloren, wißt, daß für euch das Unheil wacht.« O wie schön es wäre, München an allen Ecken anzuzünden! Sie verstehen, theuerster Freund, daß ich unter solchen Umständen nicht in die Stadt zurückkehren kann, wo mein Wort nicht mehr gilt. Wir werden uns daher viele Wochen nicht sehen, es muß so sein u. sollte mir das Herz darüber brechen.

Einzig der Gedanke an Sie und die Pläne für unsere Zukunft halten mich am Leben. Ich werde in Linderhof nun doch ein Theater errichten lassen. Die Pläne hierzu sind seit Jahren schon gezeichnet. Es soll auf dem Linderbichl gebaut werden, gerade dem Schloß gegenüber am Ende des französischen Gartens, wo jetzt der Monopteros steht. Dollmann hat mir schöne Entwürfe geliefert, in Anlehnung an unser herrliches Residenztheater des Meisters Cuvillié. Auch das Schlafzimmer hier werde ich erweitern lassen und habe bereits Anweisungen ertheilt.

Des Weiteren muß das Schloß im Chiemsee jetzt schneller zu Ende gebaut werden. Bislang war ich für die flache Gegend sowohl als für den See nicht eigenommen. Die Kunst allein mußte dieses Unangenehme mir angenehm machen. Wie ist dies nun so anders, seit ich die Insel mit dem Freunde bewohnt, seitdem Er mir die Augen geöffnet für die Schönheit auch dieses Theils der Welt! Baldigst müssen wir besprechen, wie Sie Ihre Räume im Trakt der Marie Antoinette ausgestattet wünschen. Ich werde sämtliche historische Beschreibungen, Gemälde und Kupferstiche heraussuchen lassen und einen verständigen Mann nach Versailles senden, um den heutigen Zustand im photographischen Bilde festzuhalten. Ist alles erst gesammelt, werden wir festlegen, was zu übernehmen, was zu verändern ist, nach Ihrem Willen, o Du Köstlicher!

Ludwig

Gegeben am 25. Tage nach unserem ersten »Du«, welches schriftlich zu wiederholen ich noch nicht gewagt.

Berlin, den 9. November 1885

Lieber Müller!

Hapert's bei Ihnen? Selbst wenn Conträrsexuelle, wie ich gerne zugeben will, in der Regel keine äußeren Krankheitsmerkmale aufzeigen, so sind sie doch alle mehr oder minder tiefe Psychopathen. Als Theilerscheinung eines neuropsychopathischen Zustandes ist die conträre Sexualempfindung klinisch zu betrachten und hat die Bedeutung eines funktionellen Degenerationszeichens, welches auf anderweitige Entartungen verweist wie Neurosen, Hysterie, Neurasthenie, epileptoide Zustände usw. In der Mehrzahl der Fälle finden sich psychische Anomalien (glänzende Begabung für schöne Künste, besonders Musik, Dichtkunst usw., bei intellectuell schlechter Begabung oder originärer Verschrobenheit) bis zu ausgesprochenen Degenerationszuständen (Schwachsinn, moralisches Irresein). Laut Lombroso gehört dazu auch die Neigung zu Verbrechen; Ihre Catharina Linck ist ja ein schönes Beispiel hierfür.

Müller, ein offenes Wort unter Collegen: Kann es sein, daß Sie zufällig in die Sphäre eines Conträrsexuellen mit ausgebildeter Effeminatio gerathen sind? Hier in Berlin liest man Überraschendes in den Zeitungen über ausgerechnet Ihr Umfeld. Solche Männer fühlen sich weiblich dem Manne gegenüber. Der Knabe liebt es, in Gesellschaft kleiner Mädchen zu verweilen, mit Puppen zu spielen, der Mama in der Besorgung der Hausgeschäfte zu helfen; herangewachsen verschmäht er Rauchen, Trinken, männlichen Sport, findet dagegen Gefallen an Putz, Schmuck, Kunst, Belletristik usw. bis zur Schöngeisterei. Kann er bei einer Maskerade in weiblicher Rolle erscheinen, so ist dies seine höchste Lust. Dem Geliebten sucht er zu gefallen, indem er das zu bieten anstrebt, was dem weibliebenden Manne am anderen Geschlecht gefällt – Züchtigkeit, Anmuth, Sinn für Ästhetik, Poesie usw. Wenn ich recht liege, befinden Sie sich in einer einmaligen Situation. Handeln Sie klug!

Daß Ihr Verhältnis zu Gudden sich wieder einrenken mußte, lag ja auf der Hand. Bleiben Sie noch eine Weile, es ist zu Ihrem Besten. Was sind das denn für Treffen Guddens mit der Regierung? Oder ist das vielleicht geheim?

Mit allen guten Wünschen
Ihr Westphal

Fürstenried, 16. November 1885

Mein lieber theurer Herr!

Ich danke dem Freunde tausendmal für die Güte, im Schloß in Herrenchiemsee Räume für mich einrichten zu wollen – aber mich entsetzt die Großzügigkeit, die an Verschwendung grenzt, und kann sie auf keinen Fall annehmen. Auch ich will treu sein, aufrichtig und ehrlich und muß daher gestehen, daß ich mich geradezu davor fürchte, das Frankreich des 17. und 18. Jahrhunderts in seiner vermodernden Üppigkeit mit fêtes galantes, Karussels, Ringstechen und divertissements wieder emporsteigen zu lassen, mit unendlichen Kosten. Was hat ein Wittelsbacher mit den Bourbonen zu schaffen? Daß die Separatvorstellungen von Dritten unterbunden, offenbart leider nur zu deutlich den Unwillen, der in München gegenüber Eurer Majestät herrscht, und der sich nunmehr gegen den königlichen Willen durchzusetzen weiß. Um so dringender müssen Sie in Ihre Residenz zurückkehren, zum Entsetzen Ihrer Feinde und zur Freude des Volkes, Ihrer Regierung und Ihres treuen Freundes.

Von Otto habe ich gute Nachrichten zu vermelden. Seine Wunde verheilt, die Delle wächst zu und wird bald von Haaren verdeckt sein. Leider kehrt mit der Besserung auch seine Unruhe zurück. Weder Mauders Guitarrenspiel noch die ›Regierungsgeschäfte‹ vermochten ihn gestern zu beruhigen. Ich suchte also nach einem neuen starken Eindruck, der ihn ablenken könnte. Da kam mir ein waghalsiger Einfall: Ich stieg mit ihm die Treppe zu Nissls Präparatekeller hinab, von dem ich Ihnen früher schon erzählt habe, und zeigte ihm die Hirnschnitte, die dort zu Tausenden in den tadellos geordneten Regalen lagern. Sofort abgelenkt von dem, was ihn quält, betrachtete er die dünnen, in Glas eingeschlossenen ›Häutchen‹, erschrak auch nicht vor den ganzen menschlichen Gehirnen und gab sich dem kitzligen Grusel der Leichenfledderei hin. Mit einer Einsicht, die mich überraschte und freute, erkannte er, daß die Schnitte mit Hilfe des Microtoms erzeugt werden, welches auf Nissls Labortisch steht und in welchem sich ein menschliches Gehirn befand, das Nissl letzten Sonntag angefangen hatte zu zerschneiden. Otto ergriff das schwere, fest mit dem Geräth verbundene Messer und machte sich kurzerhand an seinen ersten hirnanatomischen Schnitt. Kurz nur bedachte ich den Schaden und Ärger, den er Dr. Nissl bereiten mochte.

Doch da dieser zuletzt von keinen außergewöhnlich seltenen Präparaten erzählt hatte, ließ ich Otto schalten – schließlich hat er die Einrichtung dieses
Kellers bezahlt, ist sozusagen Hausherr und kann auch einmal sein Labor
nutzen. Und so machten wir uns denn daran, das Gehirn feinsäuberlich zu
zerlegen. Ich zeigte ihm die Schraube, mit der man die Schnittdicke variieren
kann, lehrte ihn, die im Wasser treibenden Schnitte aufzufangen usw. und
stellte fest, daß er zum Naturforscher wesentlich mehr Begabung und Geduld mitbringt als ich. Seine innere Qual vergaß er über diese Beschäftigung
ganz, und so hoffe ich, eine neue Methode gefunden zu haben, Otto's Gemüth zu beruhigen.

Mit Nissl habe ich schon gesprochen, er konnte nicht gut böse sein. Er
wird jetzt, bevor er sonntags geht, jene Forschungen sicher vor uns ver-
schließen, welche wir nicht anrühren sollen, und uns ansonsten sein Reich
überlassen.

In freundschaftlicher Treue
Franz

[146] **Luitpold an Bismarck**

München, 28. November 1885

Ew. Durchlaucht

belieben leider zu irren in der Annahme, die Schuldenfrage Sr. M., meines
geliebten Neffen, sei nur eine innere Angelegenheit des bayerischen Königshauses. Seitdem die Presse ausführlich berichtet, rühren sich die Gläubiger.
Jeder von ihnen erfährt erst jetzt, wie viel er Leidensgenossen hat, und daraus entsteht eine Furcht, daß die Mittel nicht ausreichen, um alle zu befriedigen. Diese Aufregung geht tief ins Land hinein und erstreckt sich von einem hiesigen Elfenbeinschneider, welcher 700 000 M. zu fordern und seine
Arbeiter außerhalb Bayerns hat, bis in den Elsaß. Für gelieferte Backsteine
zum Bau im Chiemsee stehen 900 000 Mark offen. Der Bauunternehmer
selbst verlangt 2½ Millionen; der Hoftapezierer 70 000 M. Die Schwestern
Dora und Mathilde Jörres, deren Münchner Atelier für Nadelmalerei die
Schlafzimmer in Linderhof und Herrenchiemsee ausgestattet haben,
50 000 M. u. s. f.

Nach bayerischen Gesetzen kann die Civilliste vor Gericht verklagt und folgerichtig auch gerichtlich beschlagnahmt werden. Nun wird zwar jeder treue Unterthan vor Herbeiführung einer Einschränkung der persönlichen Kasse Sr. M. des Königs zurückschrecken. Allein bei manchen werden die Gefühle der Loyalität durch die Noth zurückgedrängt werden, und andere werden den Ausweg ergreifen, ihre Forderungen an den Wucherer oder Ausländer abzutreten, welche Loyalitätsrücksichten nicht kennen. Der Fortgang der gerichtlichen Procedur kann in keinem Falle von Staats wegen gehemmt werden; ihnen vermag auch Landesherrliche Macht nicht Halt zu gebieten.

Ein König auf der Gant ist aber unter keinen Umständen denkbar als souveräner Fürst seines Landes. Daß das Ansehen der Monarchie hierdurch schwer beschädigt würde, muß Ew. Durchlaucht nicht näher explicirt werden. In der Nichtbereinigung des königlichen Schuldenwesens liegt daher eine erhebliche Gefahr für das monarchische Prinzip. Die Belastungen innerhalb unseres Hauses, wie sie Ew. Durchlaucht zu betonen beliebten, wiegen dagegen gering.

Mögen Ew. Durchlaucht sich überzeugt halten, daß auch Ich nichts sehnlicher erstrebe als die Aufrechterhaltung der so innigen und vertrauensvollen Beziehungen, welche zum Heile Deutschlands die Kronen Preußens und Bayerns verbinden. Mögen Ew. Duchlaucht erkennen, daß es einzig Sorge um den Erhalt der bayerischen Krone ist, welche Mich bestimmt, mit Ew. Durchlaucht das weitere Vorgehen abzustimmen. Mit der Betheuerung dieser Gesinnungen verbinde Ich die Versicherung der hohen Werthschätzung für Ew. Durchlaucht und zeichne

Mit besonderer Hochachtung
Luitpold, Prinz von Bayern

[147] **Ludwig an Müller**

Neue Burg Hohenschwangau, 4. December 1885
Ueber Alles theurer, vielgeliebter Freund!

Heute vor einem Jahr ward es, daß wir Uns kennen lernten, um Uns nie mehr zu trennen und nie voneinander zu lassen bis zum Tode. Vivat Rex et Franciscus in aeternum! Seitdem schwebt mir immer Ihr Bild vor dem geistigen

Auge. Sie allein sind die Quelle meiner Seligkeit, immer ist es der Gedanke an meinen hehren Freund, der mich neu belebt, mich mit nie verlöschender Begeisterung erfüllt.

Wie liebe ich Sie noch inniger für Ihre treu aufrichtigen Worte. Zwischen uns sei Wahrheit, heißt es im Schauspiele, zwischen uns sei Unwahrheit, heißt es im Leben. Das muß so sein und nichts ist thörichter, als das Leben für die Wahrheit nehmen zu wollen. Und so will ich denn an Unserem Ehrentage Ihnen, Edelster Franz, ein Geheimnis sagen, auf daß nichts, Nichts! zwischen uns stehen möge: Mit den Wittelsbachern habe ich nichts zu schaffen. »Ein ewiges Rätsel bleiben will ich mir und anderen.« Deshalb ist die Verehrung, welche ich den Bourbonen entgegenbringe, auch kein schändlicher Verrath, weder an Bayern, noch an Deutschen. Mein Pate, Ludwig I., mein hochverehrter Großvater, war selbst ein Patenkind des vom bittern Schicksal zum Märtyrer auserkorenen Louis XVI., des Gatten der unsterblichen Marie Antoinette. Und so stehe ich denn in der rechtmäßigen Nachfolge jener großen Herrscher.

Geboren am Sterbetage Ludwigs des IX., des Heiligen, Königs von Frankreich, Wohlthäter der Menschheit, ließ ich im lieblichen Graswangthale, wo Ludwig der Bayer mein ehrfürchtig verehrtes Kloster Ettal gründete, Linderhof errichten, eigentlich »Meicost Ettal – L'état c'est moi«, in Verehrung des nächsten großen Ludwigs, des XIV., dessen Reiterbüste im Vestibül steht, wie Sie sich gewiß erinnern. Sein und mein Schicksal sind untrennbar verbunden. Er ist die strahlende Sonne, ich bin die mondlichte Nacht. Sein Schlafzimmer habe ich in Herrenchiemsee daher in Roth auskleiden lassen, meines in Blau. Im Salon de l'Œil de Bœuf, wo in Versailles die Dauphins getauft wurden, habe ich ein Deckengemälde befohlen, welches dieser Vereinigung Ausdruck verleiht: Aurora, die Morgenröthe, entsteigt dem Ozean und küsst ihren Gemahl Asträos, den Gott der Abenddämmerung, zum Gruße und Abschiede, worauf er erblasst. Ist das nicht köstlich? Aufstieg und Untergang, Werden und Vergehen, ein ewiger Kreis, und so ist denn mir das Vergehen bestimmt, auf daß wieder Morgen werden möchte. Diese Auferstehung, die meinen Untergang verlangt, ist symbolisirt in der Sonne selbst und ihrem schönsten Gott, in Apoll, dem Gott der Sonne, der Dichtung und der Musik.

Unter seinem Deckenfresko wurde ich im Steinernen Saal in Nymphenburg getauft, auf ewig in Seinem Namen! In bewußter Abkehr von Versailles habe ich daher Apoll die Decke im großen Paradeschlafzimmer in Herrenchiemsee gewidmet und die Escalier des Ambassadeurs. In der zentralen Nische steht dort der herrliche Apoll; in den seitlichen Bildfeldern Orpheus und die Musen (nicht Portraits der Gesandten). Und wo in Versailles Lilienwappen die Bourbonen sinnfällig machen, glänzt bei mir, Apollo gegenüber, Minerva, die Göttin der Weisheit und der Wissenschaft. So schließt sich in Herrenchiemsee der Kreis meines Daseins. Nicht länger herrscht der König; es herrscht einzig die Kunst.

Sie verstehen mich doch, theuerster Freund und Dichter? Auf's Neue schwöre ich dem Einzigen ewige Liebe und Treue

Ludwig

[148] **Müller an Elisabeth**

Fürstenried, 9. December 1885

Kaiserliche Hoheit! – Entschuldigen Sie:
Liebe Freundin!

Wenn Sie Ludwig dazu bewegen können, seine Schulden zu bezahlen, lasse ich mich gerne noch viel gründlicher auslachen! Weinen Sie Thränen der Heiterkeit über den Spießer, welcher in kleinlicher Sorge vergeht, aber bangen Sie um den königlichen Freund. Letzterer erklärte mir soeben das Vermächtnis, welches das Schloss im Chiemsee darstellt. Es ist eine Art Schwanengesang. Nichts wird ihn abbringen, das Werk zu vollenden, denn es begründet nicht nur sein Dasein, sondern es beendet, wenn ich ihn recht verstehe, auch eine welthistorische Epoche.

Zu den Räthseln seiner Ausführungen gehört der Satz, er habe mit den Wittelsbachern nichts zu schaffen. Wissen Sie, liebe Freundin, wie das gemeint ist? In München ist man immer noch ungehalten, daß er vor einigen Jahren nicht an den großen 700-Jahr-Feierlichkeiten des Hauses Wittelsbach theilgenommen hat. Man hält das für ein Beispiel seiner pathologischen Menschenscheu, die seine Regierungsfähigkeit in Frage stelle. Jetzt frage ich mich, ob seine Abwesenheit bei diesem Fest nicht einer tieferen Einsicht entsprang, ja, einem Eingeständnis gleichkam? Seine diesbezüglichen Ausführungen schreiten, wie so häufig, auf dem Kothurn daher und enden mit einem Zitat der Beatrice aus Schiller's *Braut von Messina*, welche bekanntlich ihre Eltern nicht kennt. Lese ich zu viel hinein in diese Stelle von Ludwig's Brief, liebe Freundin, wenn mir scheint, auch er stelle seine eigene Abkommenschaft in Frage? Bitte, befreien Sie mich von solchen dummen Gedanken, die, wenn wahr, meine Sorge um Ludwig ins Unermeßliche steigern.

À propos Sorge. Auch Sie haben mir nicht wenig Kummer bereitet mit Ihrem Wunsch nach einem eifersüchtigen Klagegesang auf Ihren verwachsenen griechischen Vorleser:

Scheinen will mir, daß er den Göttern gleich ist,
jener Mann, der neben dir sitzt, dir nahe
auf den süßen Klang deiner Stimme lauscht und,
                    wie du voll Liebreiz
ihm entgegenlachst
– und so weiter.

Glückliche Tage unter südlicher Sonne wünscht von Herzen

Ihr Franz

[149] **Westphal an Gudden**

Berlin, den 12. December 1885

Lieber Gudden!

Prof. Erb aus Heidelberg und Prof. Leidesdorf aus Wien schreiben mir, unabhängig von einander, das Gleiche, nämlich sie hätten ein befremdliches Ansinnen abgelehnt, das aus München an sie herangetragen worden sei. Wissen Sie Genaueres?

Sie hatten die Güte, sich nach meiner Gesundheit zu erkundigen. Das Heroin bekommt mir gut, doch scheint es der Progressiven Paralyse nicht abzuhelfen. Gudden, ich sterbe an der Krankheit, der ich mein halbes wissenschaftliches Leben gewidmet habe. Die Muskelschwäche, die mich so lange schon genirt, geht allmählich zur Lähmung über. So muß ich denn jetzt die Dinge ordnen, solange ich noch kann, und will daher Ihnen das Anerbieten unterbreiten, eines Tages meine Section vorzunehmen und insbesondere mein Gehirn und mein Rückenmark Ihren Forschungen zur Verfügung stellen. Wenn Sie an mir bitte nachweisen könnten, daß die Syphilis, welche ich mir als Student zugezogen und welche vollständig ausgeheilt, *nicht* die Ursache der Progressiven Paralyse ist, wäre ich Ihnen über das Grab hinweg zutiefst verbunden.

Hiermit ein gesegnetes Weihnachtsfest
Ihr Westphal

[150] **Ludwig an Müller**

Neue Burg Hohenschwangau, 17. December 1885
Mein geliebtes schönes Wunder!

Zum morgigen Tage rufe ich dem Geliebten zu:

Heil Dir Sonne, Heil Dir Licht!
Heil Dir leuchtender Tag,

dessen beglückende Wiederkehr ich freudig begrüße! Aus begeisterter Seele entsende ich dem treu geliebten Freunde zum neu beginnenden Lebensjahre die glühendsten Segenswünsche.

Zugleich bitte ich den Freund, flehe den Theuren an, das anstehende Fest der Liebe bei mir zu verbringen. Mich peinigt stets sich steigernde Sehnsucht nach dem Theuern. Er ist der Mittelpunkt des Alls für mich, nichts hat Sinn und Bedeutung ohne ihn. Solange Wir noch auf Erden sind, oh laß Uns zusammen sein, Ihr Todestag ist auch der meine. Sie sind meine Welt, mein Gott! Erbarmen Sie sich meiner, telegraphieren Sie gleich nach Erhaltung dieser Zeilen, Sie wollten kommen, und zwar bald, sehr bald; kommen, um nie mehr zu scheiden; oh, erfüllen Sie diese flehende Bitte! Glauben Sie mir, Ihr Freund geht sonst rettungslos zu Grunde.

Ich schmeichle mir, daß auch der geliebte Freund meiner bedarf. Lange haben Sie mir keine Blätter mehr von der edlen Rosenstengelin gezeigt. Trügt mich der Eindruck, oder stockt sein hehres Werk? Eine Stimme in meinem Innern ruft laut und mächtig: »Er ist ein Künstler, zu Großem geboren, und Deine erste und heiligste Pflicht ist, Ihn, für den du geboren, auf ewig erkoren bist, zu lieben, ihm zu helfen, ihm zugethan zu sein in unverbrüchlicher Treue!« – Dies ist keine vorübergehende Schwärmerei; dies ist das innere Gebot, nach welchem meine Seele handeln muß; ja, so ist es, bei

Gott! Bei dem fürchterlich Wahren! – Trotz des Schneetreibens vor meinem Fenster ist mir zu Muthe wie Hans Sachs am Morgen des Johannistages:

> Mein Freund, das grad' ist Dichters Werk,
> daß er sein Träumen deut' und merk'.
> Glaubt mir, des Menschen wahrster Wahn
> wird ihm im Traume aufgethan,
> all Dichtkunst und Poeterei
> ist nichts als Wahrtraumdeuterei.

Kommen Sie über das Christfeste nach Hohenschwangau, dort wollen wir Ihr Werk vorantreiben.

Ludwig

[151] **Gudden an Westphal**

München, 25. XII. 1885

Lieber Westphal!

Gerührt nehme ich Ihr generöses Anerbieten an, eines hoffentlich fernen Tages Ihre Section vorzunehmen. Doch lassen wir Ihr Hirn einstweilen noch an seinem Platze! Wir haben hier ja zuletzt bei dem Prinzen Otto ermuthigende Erfahrungen mit der guten alten Einreibung gemacht. Wollen Sie nicht kommen und sich ebenfalls das Siegburger Siegel aufdrücken lassen? Bei völligem Gelingen der Operation darf der Schmerz nur einige Stunden währen, während des Übergangs von der Entzündung zur Eiterung. Überlegen Sie es sich doch!

Wir hatten hier in unserer Anstalt ausgerechnet gestern an Heilig Abend einen klassischen Anfall von Hysterie, wie Sie ihn sich für Ihre neue Weiberabtheilung nicht schöner hätten wünschen können, mit allem drum und dran, den Contorsionen und großen Bewegungen samt Kreisbogen, den plastischen Stellungen mit den ausdrucksvollen Gebärden und schließlich Delirium. Um der Hysterischen, übrigens eine überaus wohlgenährte Jüdin, ihr Martyrium zu erleichtern, versuchte ich mich zum ersten Mal wie in der Salpêtrière üblich an der Compression des Ovariums. Wir legten die Kranke auf den Rücken und ich drückte die geballte Faust mit aller Kraft gegen die

Stelle der Ovaralgie. Es trat Resolution ein und nach einigen Schluckbewegungen kehrte ihr Bewußtsein zurück.

Unser Freund Müller hat diesen großartigen Auftritt zu meinem Bedauern verpaßt. Vielleicht hätte er neue Inspiration für seinen Beruf erhalten. Irgend etwas stimmt mit ihm nicht. Still und in sich gekehrt ist er neuerdings, sein ganzes Wesen scheint mir verändert. Obwohl ich gewöhnlich nie Urlaub ertheile, habe ich seiner Bitte nachgegeben, über Weihnachten und Neujahr seine Eltern in Bayreuth besuchen zu dürfen. Welchen Eindruck haben denn Sie von ihm? Was hat er Ihnen denn in letzter Zeit so geschrieben? Sollte ich Ihrer schwachen Gesundheit zuviel zumuthen, schicken Sie mir seine Briefe doch einfach, ich werde sie umgehend retourniren.

Welches Ansinnen an die Herren Professoren Erb und Leidesdorf ergangen ist, kann ich mir beim besten Willen nicht vorstellen. Ihnen nochmals alles Gute und zum Neuen Jahre die besten Wünsche

Ihr Gudden

[152] **Gudden an Luitpold**

Telegramm, Post München, 25. December 1885
Müller nach Hohenschwangau abgereist. Gudden

[153] **Dorothea Rosina Pott an Anna Magdalena Francke**

Halberstadt, den 4. Januar 1714
Meine liebe Schwester in Christo

Die flüchtige Catharina Linckin, welche du in Gottes Namen zu mir geschikket, ist nie hier ankommen. Den Brieff, welchen du vor sie geschrieben, hat mir erst vor einer Woche ein gewisser Anastasius Rosenstengel überbracht, welcher in verwildertem Auffzuge zwar, aber in christlicher Demuth an meine Thür geklopfet, just als ich mich eben mit dem Pastor Clauder und der Susanna Elisabeth Mühlhahnin zu Lesung und Gebet niedergesetzet. Mit tieffem Kratzfuße reichet derselbe mir deinen Brieff, aus welchem ich denn genugsam deinen Schützling erkennet. In geheim verwünschete ich den Augenblick, dieweil ich der Linckin, wann ich allein vor mich gewesen und wir nur zu zweyn, schnell die Flausen aus dem Kopfe und die Hosen vom Leibe gezogen hätte. So aber ward ich gezwungen, gute Mine zum bösen Spiel zu machen und besagten Rosenstengel anzuhören, welcher dem Pastor Clauder und der Mühlhahnin eine recht abenteuerlich Geschicht seines Wohers und Wohins erfindet. Darauff lädt der Pfarrer Rosenstengel ein, mit uns zu beten und zu singen, und nachdem derselbe, wie du angekündiget, hiebey eine ächt christliche Devotion und Liebe zum Ausdrucke bringet, auch vielerley schöne Sprüche an rechter Stelle einwirfft, verspricht Pfarrer Clauder, ihm bei der Suche nach Arbeit zu helffen. Schon andern Tags bringt er ihn bey Gilles de Leuze unter, einem französischen Strumpfwirker, so bey uns in St. Paul eingepfarrt und dem Anastasius Rosenstengel nunmehro in der Werckstatt zur Hand gehet, wovor ihn der Meister in Kost und Logis genommen.

Ich muß gestehen, trautes Hertz, daß mir die Catharina Linckin lieber gewesen wäre, und daß mir einiger maßen schwindlig wird, so offt ich an ihren Betrug an Land und Leutten dencke, und daß ich ungewollt deren einige Mitwisserin allhier. Allein, sie ist genau so, wie du gesaget, ein milder Sonnenschein in dieser kalten Winterszeit, ein fröhlich Gesell, ein guter Kamerad und rechter Christ vor dem Herrn. Dencke, was er nun gleich vor ein gutes Werck begonnen, welches dem Pfarrer Clauder in Monaten nicht beygefallen: Rosenstengel lehret Susanna Elisabeth das Lesen und Schreiben. Er kömmt hierfür stets eine Stunde ehender unsere christliche Versammlungen und malet Susanna Buchstaben fein säuberlich in ein Schreibehefft, welches er von seinem geringen Lohn vor sie erworben, führet auch ihre Hand in zierlichen Linien an und zweiffle ich nicht, daß die Mühlhahnin binnen Kurtzem lesen und schreiben wird.

Das fromme Kind wird mir derweil immer unheimlicher. Sie stehet viel am Fenster, ohne kokett nach draußen zu blinzlen, ja sie scheinet gar nichts zu sehen, sondern stieret auf eine Stelle und murmelt Worte, als spräche sie mit ihrem Gott. Erhitzet wachsen ihr die Worte auf der Zungen, und sie wird von der Passion fortgetrieben, nicht anderst als eine Rasende, die außer sich selbst ist, und folgen muß, wohin ihre Raserey sie führet. Neulich satzte ich mich mit meinem Strickstrumpf neben sie und hörete deutlich Worte, welche ich aber gar nicht verstund. Nun habe ich sie in ihrem Schreibehefft wiederfunden:

Wen du nicht verlässest, Geist,
Nicht der Regen, nicht der Sturm
Haucht ihm Schauer übers Herz.
Wird dem Regengewölk,
Wird dem Schloßensturm entgegensingen
Wie die Lerche, du da droben.

Auch ein ander Lied hat Rosenstengel ihr geholffen auffzuschreiben, und ist noch viel weniger einsichtig:

Fetter grüne du Laub
am Rebengeländer
hier mein Fenster herauf
Gedrängter quellet
Zwillingsbeeren, und reifet
schneller und glänzend voller.

Ahndet meine kluge Freundin und saget's mir, was in dem Kinde vorgehet? Findet sich doch gar kein erbaulich Wort mehr in deren Versen. Ist dieselbe gar toll? Was kann das fromme Kind nur haben?

Rosenstengel, welchen schon beyseite genommen und in geheim befraget, bewundret wie schon der Pfarrer Clauder der Mühlhahnin Lieder. Er saget, Christus sey in ihr und wircke in derselben als ein Zunder, der funken will, eine Ideen- und Thatengebährende Krafft, die Welten schaffet. Er wünschet gar sehr die Lieder im Druck zu sehen, weßhalben ich hier das erste Hefft übersende. Er läßet dich und Sophia von Hertzen grüßen und anfragen, ob solcher Druck nicht in Verlag und Buchhandlung des Waysenhauses könne geschehen? Als Titel schläget er vor: *Worte und Wunder*; oder *Wahre Wunder Worte*. Nie reden wir von dir, ohne daß er deiner nicht im Höchsten gedencket, gleichfalls deiner Johanna Sophia. Daß ihr die Linckin vermißt, kann gar leicht ermessen, dann unsere christlichen Versammlungen haben sehr gewonnen, seitdem Rosenstengel mit uns. Kommen jetzo wieder mehr meiner Freunde, welche fortblieben, als die Mühlhahnin sich so verirret, so die Petersen und die Praetorius. Zuweillen schielet der Pfarrer Clauder währendem Gebet merckwürdig Rosenstengel von der Seiten an, doch kann er auch nicht anders, als ihm das beste Zeugniß geben.

Zuletzt noch zu dir, edle Freundin, deren männliche That meine höchste

Bewunderung verlanget, deinen Ehegemahl allein ins neue Haus ziehen zu lassen. Der böse Feind nimmt sie freylich nicht ungerochen hin und will Francke also der armen Sophia die Spanischen Stieffel anpassen, um dich zu zwingen. Gieb nicht nach, bleybe standfeste und drohe, die von ihm erzwungne Hochzeit deiner Tochter weder auszurichten noch zu besuchen. Das Geschrey und Lärmen, so sich hierauff in der Stadt erheben wird, will derselbe gewiß nicht wagen.

Die Liebe unsers holdseligen Jesu erfülle deine werthe Seele mit allerley christlichen Segen nach seinem Wohlgefallen, ich aber verharre deine treueste Freundin in Christo

Dorothea Rosina Pott

[154] Anna Magdalena Francke an Thomasius

Glaucha vor Halle, den 10. Januar 1714

Hochgeehrtester Herr Professor
Lieber Gevatter

Leider Gottes mögte es zu unser beider Nachtheile gereichen, wann die Leute mich bey Ihm eintreten sehen. Lasse dahero Meinem hochgeehrten Herrn dieß Brieflein überreichen und bitte Denselben, sich der genauen Vertraulichkeit zu erinnren, mit welcher Er früher zu meinem Ehegemahl und meiner Wenigkeit gestanden und welche zu unser beyderseitigen Vergnügung und Stärckung groß war. Wie sich mein lieber Gevatter heimlich dencken kann, bin ich eins mit Ihm in seinem Abscheü vor die Glauchaer Anstalten, welche nur mit dem äußern Schein der Gottseligkeit geschmücket. Mein ehelicher Freund ist wie der gefallne Adam vom Inneren ins Äußere gegangen, vom Geist ins Fleisch. Die Apostel haben nicht befohlen, Buchhandlungen und Druckereyen und Apotheken anzustellen. Wie können die Höker zu Glaucha Gottes Gnade hoffen, wann Christus die Händler aus dem Tempel geworffen? Keine Arbeit, keine weltliche Sorge, kein Streben nach Gewinnst muß die innere Heiligung stören. Wer vor seinen äußern Unterhalt arbeitet, bezeugt nur seine verderbte Vernunft und mangelndes Gottvertrauen.

Also wie ich Meinem hochgeehrten Herrn in dessen Dissens mit Francke immer beystehen werde, so erbitte umgekehrt Seine liebreiche Hülffe. Mein

Ehegemahl will meine Tochter mit seinem Adjunkt Freylinghausen verheirathen, gegen ihren und meinen erkläreten Willen. Freylinghausen ist 27 Jahr älter als meine Tochter, welche gerade erst das 17. Jahr begonnen, und ist eine solche Verbindung daher weder nach Gottes, Menschen, noch der Natur Rechten zu wünschen. Als Patin meines hertzlieben Gevatters jüngster Tochter bitte ich denselben inniglich, Er wolle Francke von dem übereilleten Schritte abhalten, sintemal meine Tochter gesinnt, sich gäntzlich der Ehe zu enthalten. Sey Er versichert, daß ich Ihn werde mein Leben lang in mein Gebet einschließen.

Vor meines hertzwerthen Gevatters Erbauung schicke ich Ihm anbey ein Hefftlein mit Liedern, so eine Jungffer in Halberstadt, Susanna Elisabeth Mühlhahnin mit Namen, in göttlicher Inspiration gedichtet und welche Er nach vorheriger Prüfung zum Drucke befördren mag.

Darf dem lieben Gevatter zuletzt noch mittheilen, daß unser gemeinsamer Schützling, die Catharina Linckin, glücklich aus Halle entkommen und andernorts ein neues Leben unter dem Namen Anastasius Rosenstengel angenommen.

Die ich in Anwünschung aller göttlichen Gande verharre mein Hochgeehrter Herr und lieber Gevatter

Gebet- und Dienstwilligste
Anna Magdalena von Wurmb

[155] **Anna Magdalena Francke an Dorothea Rosina Pott**

Glaucha vor Halle, den 20. Januar 1714

HErr, du bist würdig, zu nehmen Preis und Ehre und Krafft; denn du hast alle Dinge geschaffen, und durch deinen Willen haben sie das Wesen und sind geschaffen.

Auserwählte Freundin in Christo hertzlich geliebet

Welch wunderbaren Aufschluß hat dein werther Brieff erbracht, liebste Schwester im Glauben! Catharina Linckin ist also dieselbe, welche unter dem Namen Anastasius Rosenstengel vor Jahr und Tag von gar zu Ungläubigen daran gehindert, große Wunder in der gottlosen Stadt Cölln zu thun. Mehr denn je halte ich davor, daß sie inwendig ein halber Mann oder besser, in summa ein WeibMann sey, weshalb sie sich auch den Nahmen »Rosen Stengel« gegeben. Diesen zu verstehen braucht es keinen Gelehrten. »Anastasius« verteutschet sich darzu in der »Aufferstandene«. »Anastasius Rosenstengel« bedeutet also so viel wie »das wiedergeborene Mann-Weib« oder »Adam und Sophia« oder »der gantze Mensch vor dem Fall«!

Daß die Linckin von der himmlischen Sophia beseeliget, offenbaret sich auch darinnen, daß dieselbe wie unser Herr Jesus einem Menschenfischer gleich deinen christlichen Kreis vermehret, kaum daß sie zu dir kommen. Ihr Wesen ist also reitzend wie Gottfried Arnold die Wiedergebornen beschreibet, und kann niemand der Anziehung widerstehen, die danck des Höchsten von ihr ausgehet. Insonders meine Sophia vermisset ihre gehabte Stubenkameradin sehnlich und bittet dieselbe hertzlich zu grüßen. Wie wünschen wir uns beyde zu euch nach Halberstadt. Ohne die Linckin fehlt unsren Versammlungen der warme Mittelpunct. Deinen Söhnen hat Francke sein Haus verboten und also unsre äct christliche Hausgemeinschafft vorerst auffgehoben. Der Linckin Auffenthalt begehret er starck von mir zu erfahren, doch schweige ich eisern und fürchte nun nicht länger, daß er sie wird entdecken.

Meine eintzige Freude ist meine Tochter, die gar nicht ans Heurathen dencket, ja dasselbe je eher je lieber fliehen und statt dessen brünstig mit euch beten möchte. Freylinghausen kömmt sie jetzt mehrmalen in der Woche besuchen und bringet ihr stets eines seiner Liedlein mit, welche wir vorhero gern gesungen; doch jetzo, nachdem wir der Mühlhahnin starke Kost genossen, schmecken seine Reimlein wie fade Brühe. Ich wollte, die Mühlhahnin könnte solchen lüderlichen Reimenstümplern und Meistersängern das Handwerck legen. Es ist etwas Neues in ihren Tönen, dessen göttliche Krafft ich spüre, ohne mir darüber Rechenschafft ablegen zu können. Dieweil ich nicht in Franckes Buchhandlung gehen und den Druck von der Mühlhahnin Heft verlangen mag, habe einem geschmackvollen, wenn auch weltlichen Kunstrichter deren Lieder anvertrauet.

Sophia saget Freylinghausen in Ehren, aber offen und ehrlich ins Angesichte, daß sie ihn nicht will heurathen, doch hoffet er, ihr durch Gewöhnung den Widerwillen zu rauben. Wie du mir gerathen, habe ich ihm und Francke meinen Willen Kund gethan, die Hochzeit weder auszurichten noch ihr als Brauttmutter vorzusitzen. Dem Auffgebot, wann es in der Kirchen verlesen, bin vor versammleter Gemeinde zu widersprechen gewillt. Nachdem Francke meinen Ernst verspüret, ergibt er sich nicht in den Willen Gottes, sondern bläst zu verstärcktem Angriff. Täglich schicket er seine Armeen, Botschafter und Unterhändler, welche von früh bis spät mir meine vermeintlichen Sünden vorstellen. Herr erbarme dich meiner! Seitdem ich Francke verlassen, fühle ich mich als wiedergeborne Jungfrau, die ihr Jawort dem Herrn Jesu mit Nachdruck gegeben und es mit ihren Thränen versiegelt.

Hiermit der Gnade empfohlen verharre ich deine
Anna Magdalena Wurmbin

[156] **Thomasius an Anna Magdalena Francke**

Halle, den 24. Januari 1714
Hochgeehrte Frau Professor, insonders werthe Gevatterin

Aus deren angenehmes vom 10. ersehe mit Bedauren, daß Ihr das höchste menschliche Gut abhanden gekommen, namentlich die Gemüthsruhe; zu ihr gelangt man durch eine zwischenmenschliche Liebe, die sich am vollkommensten in einer vernünfftigen Liebe zwischen Ehegatten ausdrückt. Obzwar sich wahrhaftige Liebe zwischen Eheleuten nicht nothwendig in anderer Gesellschaft kundthun muß, so gibt doch die Trennung von Tisch und Bett beredt Auskunfft über den Grad des jeweiligen Glücks. Ueberschicke dahero der unglücklichen Gevatterin meine Schrifft *Von der Arzney wider unvernünfftige Liebe* zur gefälligen Abhülffe. Habe gleichfalls heute der Frau Professor ehelichen Liebsten zu einer heilsamen Purgation verholffen, als ich demselben im Collegio vom fröhlichen Weiterleben der vermißten Catharina Linckin unter dem schönen Namen Anastasius Rosenstengel berichtet, was derselbe mit stummem Erröthen und Erblassen quittiret, als wann ich ihn zur Ader gelassen.

Dieweil ich die Kunst, vernünfftig und tugendhafft zu lieben als das eintzige Mittel betrachte, zu einem vergnügten Leben zu gelangen, kann ich der werthen Gevatterin leider nicht dienlich seyn in ihrem Wunsche bezüglich deren Fräulein Tochter. Daß dieselbe ihren alten Oheim verabscheut, verstehe zwar vollkommen; daß sie hingegen gar nicht heirathen will, ist nicht recht, und wird sich früher oder später auch ändern, sowie sie sich in eine schönre Larve als die des Oheims vergafft. Bin unbesorgt, daß sie sich denselben mit Hülffe ihrer Mutter vom Leibe halten wird und dießfalls meiner Einrede nicht bedarff.

Vor die Lieder der Susanna Elisabeth Mühlhahnin, welche beykommend zurückschicke, sage besten Danck. Besagte Mühlhahnin ist mir, obgleichen nicht von Person, von früherer Begebenheit bekannt, als dieselbe sich erdreistet, einer krancken Jüdin zu prophezeien, dieselbe werde pünktlich zum Christfeste den Messias gebären. Ersehe aus deren eigenthümlichen Liedern, daß sich der Mühlhahnin geistliche Raserey nunmehro in eine poetische verwandlet. Doch muß man sich vor der irrigen Meinung hüten, welcher auch die geehrte Gevatterin aufgesessen, als ob was Göttliches in der Poesie wäre, zumahl da dieser Irrthum von den heydnischen Oracul ihren Ursprung nimmt. Die Poeten der Alten achteten sichs für eine Ehre, von den Musen begeistert zu seyn, oder es wenigstens zu heißen. Sie begaben sich fast allen eignen Antheils, den sie an ihren Sachen hatten, um nur für göttlich erleuchtete Männer gehalten zu werden, die gleich den Propheten nicht von sich selbst, sondern aus höherer Eingebung geredet und geschrieben hätten. Bey der Einfalt der ältesten Völcker war dieses auch ein leichtes. Bey Licht betrachtet ist allerdings im Gegentheil gewiß, daß ein Dichter zum wenigstens dann, wann er die Verse macht, göttlich oder irdisch inspirirt seyn kann. Die Leidenschafft lässet ihm nemblich nicht Zeit, auch nur eine Zeile aufzusetzen, sondern nöthiget ihn, alle seine Gedanken auf die Größe seines Glücks oder Unglücks zu richten. Der Affect muß schon ziemlich gestillet seyn, wenn man die Feder zur Hand nimmt. Sind daher der Mühlhahnin Lieder allzu frühe auffgeschrieben, wirr und bis anjetzo unerhört. Vielleicht, daß diese Zukunfftspoesie den Beyfall späterer Generationen kann gewinnen, nicht aber der gegenwärtigen, weshalb vom Druck Abstand zu nehmen, das Hefftlein aber wohl zu verwahren.

Der ich mit allem gebührenden Respect und vollkommener Ergebenheit bin der hertzwerthen Gevatterin dienstbarer

Christian Thomasius

Dorothea Rosina Pott an Anna Magdalena Francke

Halberstadt, den 8. Februar 1714

Meine liebste Schwester in Christo

Wes das Hertze voll, des gehet der Mund über, saget man. Laß mich also ohne Weiters herausblatzen: Anastasius Rosenstengel und Susanna Elisabeth Mühlhahn wollen einander heirathen! Wie aber soll das nur angehen? Und weiß die Mühlhahnin, daß Rosenstengel ein Weib? Und muß ich es ihr nicht sagen? Aber was geschiehet dann mit Rosenstengel? – O meine auserwählte Freundin, in meinem armen Kopfe wirblen die Gedancken im Kreis und mir schwindlet!

Es kam also. Gestern Abend haben wir hier in meiner Stube ein Liebesmahl gehalten so wie ihr in seligern Zeiten zu Halle. Rosenstengel hatte einsmahlen so himmlisch davon erzählet, daß der Petersen Gemüth sich gar innig darnach gesehnet. Der Pfarrer Clauder zögret, doch als auch die Mühlhahnin ihn umschmeichelt, williget er ein und verspricht, wie bey denen Urchristen, selbsten nicht der Pfarrer zu seyn, sondern nur ein Sünder unter Sündern. Wir rüsten uns mehrere Tage im Fasten und Gebet und versammeln uns also gestern zum Liebesmahl. Und gantz wie bey euch zeiget auch uns der Geist an, daß Rosenstengel mögte Brod und Wein austheilen. Der Pfarrer Clauder muchset nicht darwider und muß ingeheim wohl auch zugeben, wie würdig Rosenstengel sein Amt verrichtet: »Ich habe euch ein Mahl meiner Liebe zubereitet, und euch den köstlichen Wein meiner Liebe eingeschencket: denselbigen sollet ihr trincken, daß ihr vor Liebe sollet gantz taumlend und truncken werden, und vor Freuden nicht sollet wissen, was ihr sollet anfangen und wie ihr einander liebreich genug begegnen sollet.«

Mit einem besondern Mahl, welches ich vorbereitet, stillen wir des Leibes Nothdurft, trincken vom köstlichen Wein, welchen Rosenstengel mitgebracht, und reden immer lauter und lustiger wie auf der Hochzeit zu Kana. Als wir uns aber auf die Knie legen und beten wollen, da wird mir die Gnaden- und Liebeskrafft zu starck in meinem Hertzen, da kann ich mich nicht mehr halten, sondern muß in Jauchzen, Lachen und Loben ausbrechen. Wie ich aber um mich blicke, sehe ich, daß es den andern Mitversammleten ebenso ergehet. Die Petersen singet mit dem Pastor Clauder ein muntres Lied im Wechselsang, die Praetorius hält meine Hand und bittet in liebereichen Worten um Vergebung, daß sie mein Haus zuweillen gemieden, und Rosenstengel und Susanna fallen einander verzückt ins Wort. Saget Rosenstengel zur Mühlhahnin:

»Siehe, meine Freundin, du bist schön. Schön bist du und kein Makel ist an dir. Wie eine Rose unter den Dornen, so ist meine Freundin unter den Töchtern.«

Antwortet die Mühlhahnin:

»Wie ein Apfelbaum unter den wilden Bäumen, so ist mein Freund unter den Söhnen. Es duften deine Salben köstlich; dein Name ist eine ausgeschüttete Salbe, darum lieben dich die Mägde.«

»Du hast mir das Hertz genommen, meine Schwester, liebe Brautt, du hast mir das Hertz genommen mit einem einzigen Blick deiner Augen.«

»Des Nachts in meinem Bette suchte ich, den meine Seele liebet. Ich suchte, aber ich fand ihn nicht. Mein Freund ist weiß und roth, sein Mund ist süß, und alles an ihm ist lieblich.«

»Wie schön und lieblich bist du, du Liebe voller Wonne! Wie schön sind deine Brüste, liebe Brautt. Laß deinen Mund sein wie guter Wein, der meinem Gaumen glatt eingehet und Lippen und Zähne mir netzt.«

»Er küsse mich mit dem Kusse seines Mundes; denn deine Liebe ist lieblicher denn Wein.«

Während Rosenstengel und Susanna frey das Hohelied nachsprechen, verstummen wir andren nach und nach und betrachten gebannt das Schauspiel, welches die beyden mitten unter uns geben. Dieweil uns allen die Worte Salomonis vertraut, halten wir uns nicht vor Zeugen einer Inspiration und Aussprache, doch fühlen wir alle einen göttlichen Zauber ins uns, welcher verhindret, daß keiner von uns einschreitet, als Rosenstengel nach Susannens letzten Worten sie sanfft an sich ziehet und gar zärtlich auff den Mund küsset. Welches eine Weillen dauret, während wir Mitversammlete dies gar schöne Paar betrachten, so Gott vereint. Wendet sich schließlich Susanna an uns alle und saget:

»Meinem Freunde gehöre ich und nach ihm stehet mein Verlangen.«

Und Rosenstengel antwortet:

»Ich habe begehret sie mir zur Brautt zu nehmen und bin ein brünstiger Liebhaber ihrer Schönheit worden. Ich habs beschlossen sie heimzuführen, daß ich mit ihr leben mögte.«

»Zeuch mich dir nach, so lauffen wir. Der König führe mich in seine Kammer.«

In diesem Augenblicke stehet unser Pfarrer Clauder mit einem Ruck auff, sodaß sein Stuhl mit Getös umschlägt, öffnet den Mund – und weiß nichts zu sagen. Rosenstengel und Susanna sehen sich nochmalen tieff in die Augen, lächlen, und fraget dann Rosenstengel freundlich den Pfarrer, ob er wolle ihr Auffgebot annehmen und nächsten Sonntag in der Kirche zum ersten von dreyen Mahlen verlesen. Der Pfarrer siehet verlegen von einem zum andren, blicket unsicher uns Mitversammleten an, nicket schließlich und saget, die Augen unverwandt und lieblich auff Susannen gerichtet: »Die Liebe ist starck wie der Tod und Leidenschaft unwiderstehlich wie die Hölle. Ihre Glut ist feurig und eine Flamme des Herrn, so daß auch viel Wasser nicht mögen die Liebe auslöschen, noch die Ströme sie ersäuffen.« Mit solchen Worten beenden wir das Liebesmahl und gehen alle nach Hause, die Mühlhahnin von Pfarrer Clauder bis zu ihrer Mutter Hause begleitet.

Trautes Hertz, obgleichen ich fühle und weiß, daß Gott diese Verbindung gestifftet, kann ich darob nicht anders als unglücklich seyn. Daß Rosenstengel und die Mühlhahnin verliebet, habe schon in deren Schreibestunden bemercket, wann sie sich auff seinen Schoß gesetzet, um sich die Hand desto besser führen zu lassen. Aber kennet sie auch sein Geheimnüß? Muß Rosenstengel ihr nicht beichten, daß er ein Weib? Wann ich die Linckin aber nun anzeige, wem ist damit geholffen? Allein der Wahrheit, und ob diese von großer Hülffe, bezweiffle. Dann die Linckin müßte wieder reißaus nehmen, unsere christlichen Versammlungen würden wieder Schaden nehmen, mein Haus wäre wieder geächtet, und der Mühlhahnin hätte ich den Schatz geraubet. Aber ich kann doch auch nicht stille schweigen?! Hülff, beste Freundin, ich weiß nicht weiter. *Erbarme dich, mein Gott, um meiner Zähren willen und lehre uns thun nach deinem Wohlgefallen.*

Dorothea Rosina Pott

[158] **Grumbkow an Thomasius**

Berlin, 10. Februar 1714

Wohledler und hochgelahrter, Sonders hochgeehrter Herr

welchem leider nur Verdrüßliches zu communiciren. Ueber Meines hochgeehrten Herrn Schrifft *Von der Kebs-Ehe* ward in denen vergangenen Tagen eine große Bewegung in Berlin. Verständige Clerici und Politici billigten sie; die Weiber verstunden sie iedoch unrecht und meinten, ihre Männer dürfften Concubinen halten neben ihnen, darüber wurden sie sehr alarmirt; die Königin hat bitterlich geweinet. Der König selbst detestiret die Schrifft sehr und sieht es so an, daß MhH die Hurerei defendire, und will ihm einen derben Verweis schreiben lassen. »Ich habe das nit wuhst, das der Thomasius so gottlose ist«, sprach der König gestern im abendlichen Tabacks-Collegium, »der ganze Kerl tauget nicht. Frangk soll seine Beschwehren gegen Tomasio regckta an mir überschicken und soll nur Curaghe haben, ich werde ihn schon sutteniren in alles was recht ist.«

Der Streitt Meines hochgeehrten Herrn mit seinen hällischen Widersachern drohet also, sich zu seinen Ungunsten zu entscheiden. Professor Francke persönlich hat die Regirung angeregt zu untersuchen, ob MhH besagte Schrifft nicht gegen die Reichsverfassung und Landesconstitution verstößet. Man glaubt allgemein, Francke werde nicht ruhen bis zur Absetzung Thomasii, und Thomasius ruhet nicht, bis er destructionem der Anstalten effectuiret. Einige halten gar dafür, nothwendig müsse Er oder Francke abgesetzt werden: dieser wegen der unerhörten Stücke, deren ihn Thomasius beschuldigt, wenn er nemlich sie erweiset; jener wegen der nie erhörten Anschuldigungen, wenn er sie nicht erweisen kann. Derweil hat Seine Majestät die Privilegia des Waysenhauses nicht allein willig confirmiret, sondern auch mit gnädigem Wohlgefallen vermehret. Sehe dahero keinen Nutzen, den König an die Jungffer-Akademie zu erinnren, welche MhH zu gründen wünschet.

Die letzte schlechte Zeitung, welche vor denselben in petto, betrifft unsern gemeinsamen Schützling Catharina Margaretha Linckin. Allhier ist ein Policeybericht eingelauffen, welchem zu entnehmen, daß dieselbe vor ihrer Flucht aus Halle währender Predigt des Professors Francke von einer höchstnöthigen Kirchen-, Haus- und Hertzensreformation zu reden anfangen. Insonders der Regirstande sey »bis auf den Grund verdorben und verübe viel Tyrannei, viel Boßheit und Greuel: Doch werde denen Gewaltigen ein gewaltiges Gericht und Urthel Gottes über den Hals ziehen, daß gewiß alsdenn mancher wünschen wird, daß er doch nur ein Säuhirte als daß er ein Regent gewesen wäre, und doch die herrliche Gelegenheit, die ihm Gott in die Hand gegeben, so vielen Menschen zu dienen, nicht besser angewendet, sondern solche in schändlicher Weise zu eigener Ehre, Pracht, Hoffart, Unterdrückung der Armen und Elenden und andern dergleichen Sünden gemißbrauchet.« Dieweil dem Könige die Linckin in Person bekannt, hat man ihm diesen Bericht verlesen. Er fluchet nun seiner Milde, und daß er dieselbe hat lauffen lassen, anstelle sie seinen Soldaten wieder einzuverleiben. Sehe M h Herrn Zweck mit derselben also nunmehro erfüllet und halte es vor klüger, dieselbe fallen zu lassen, wann sie wieder auf dem Kampfplatz des Lebens sollte erscheinen.

Meines Hochgeehrten Herrn dienstwilliger
Friedrich Wilhelm von Grumbkow

[159] **Anna Magdalena Francke an Dorothea Rosina Pott**

Glaucha vor Halle, den 17. Februar 1714

Ich beschwöre euch, ihr Töchter Jerusalem, daß ihr die Liebe nicht aufwecket und nicht störet, biß daß es ihr selbst gefällt.

Liebwertheste Freundin

deren Hertze weiß, was zu thun: der Liebe ihren Lauff zu lassen, welche Gott begründet. Ich bin gewiß, daß Rosenstengel die Mühlhahnin eingeweihet und daß dieselbe nicht betrogen, sondern daß derselben eben nach der Linckin verlanget. Bedencke doch: Die Mühlhahnin wird sich mit Rosenstengel, welchem die äußern thierischen Sinne gesperret, vereinigen, ohne sich fleischlich beflecken zu müssen, deren Jungfrauschafft bleibet ohnverletzet. Ihrer beyder allerreinste himmlische Belustigung wird von allem Ueberdruß und Eckel entfernt seyn. Susanna Elisabeth muß ewig Gott preisen, einen solchen Gemahl gefunden zu haben. Einen solchen wünschte ich meiner Sophia! Als ich ihr deinen Brieff von besagtem wundersamen Verlöbnis vorgelesen, ist sie erblasset und erglühet, hat zu schluchzen anfangen und kann ich mir wohl dencken, daß sie Trauer empfindet, dieweil ihr ein solches Glück nie soll werden. Wann sie schon heurathen muß, würde ich sie lieber Rosenstengel als Freylinghausen in die Arme legen.

Vergeblich habe ich Prof. Thomasius um Hülffe in der leidigen Ehesache gebeten. Wenn es denn zum Äußersten kömmt, werde ich mich mit meiner Sophia an einem anderen Ort in die Kost verdingen müssen. Zuvörderst würden wir unsre Schritte zu dir lenken; Sophia möchte ohnehin lieber gestern als morgen nach Halberstadt reisen. – Auch der Mühlhahnin Lieder will mein Gevatter Thomasius nicht zum Druck verhelfen, sintemal sie nicht göttlich, sondern künstlich seyn. Sprich der Mühlhahnin nicht darvon, ihr mögte darüber die Lust am Heurathen vergehen. Gott unser Herr bringe die lieben Hertzen mit allem Vergnügen zusammen und heilige seine Ordnung an ihnen, daß sie werden eine Versüßung ihres Lebens, eine Gelegenheit vieler Uebung der Gottseligkeit, einer Auffmunterung beiderseits Gaben und tägliche Vermehrung des danckbaren Preises Gottes aus ihrem Hertzen und Munde.

Bitte das Brauttpaar von Hertzen zu grüßen und vertraue euch alle an der sanften Fürsorge des allmächtigen Gottes

deine treue Freundin in Christo
Anna Magdalena Wurmbin

[160] **Clauder an Francke**

Halberstadt, den 26. Februari 1714
Hochehrwürdiger, Hochachtbarer, Hochgelahrter und in Gott andächtiger, Insonders Hochgeehrtester Herr Professor

Gestatten Euer Hochwürden die Nachfrage wegen eines gewissen Junggesellen, Anastasius Rosenstengel mit Nahmen, Schönfärber und Cattundrucker allhier, welcher sich in unsrer St. Pauli Kirchen zu Halberstadt will copuliren lassen mit der Jungfer Susanna Elisabeth Mühlhahnin, Hrn Johann Joachim Mühlhahnen, weiland gewesenen Blechziehers und Zinkbläsers nachgelaßene eheleibliche Tochter. Besagter Rosenstengel ist vor zween Monaten ohnversehens in Halberstadt eingetroffen und niemandem hier bekannt. Er saget, er sey des Hrn. Cornelii Josephi Rosenstengels, gewesenen Berghauptmanns in Guttenburg, bey Prage in Böhmen belegen, nachgelassener eheleiblicher Sohn. Dieweil er ein frommer Mann, welcher von dem Evangelium Christi freudig mittheilet, auch sonst bey seinem Meister und andernorts einen guten Eindruck hinterlassen, habe keine Gründe funden, dessen Ansinnen zu widersprechen.

Nach der ersten Proclamation vergangnen Sonntag ist aber ein Geschrey entstanden, besagter Rosenstengel sey schon verheirathet und habe zu Halle Weib und Kinder. Will Hochwürden also die Güte haben zu sagen, ob ihm gemelter Rosenstengel bekannt und ob derselbe dort thatsächlich ein Weib schmächlich hat lassen sitzen?

Ein ander Gerücht, so in der Stadt umgehet, lautet: Anastasius Rosenstengel sey gar kein Mannsbild. Die künfftige Schwiegermutter wünschet daher, denselben zu besichtigen, wie dieselbe mit dem Brauttpaar in Praetorius' Garten spatziret. Er kriegt also sein Ding aus denen Hosen und saget, sie sollte nunmehro sehen, ob er nicht ein Mann sey. Dabey stund er aber so gegen Abend und die Sonne, daß die Mutter seine Männlichkeit nicht mocht erkennen. Sie nimmt dahero ihre Tochter bey Seite und befiehlet ihr, sich von ihrem Bräuttigam ins Probierstübchen führen zu lassen und ihm einen Vorgeschmack auff die Freuden der Ehe zu gewähren, um ihm darbey in die Hosen zu greiffen und darnach zu fühlen, ob derselbe ein Weib sey. Die fromme Tochter entsetzet sich iedoch vor der Mutter und weigret sich, solches vor der Hochzeit und ehelichem Beyschlaff zu thun.

Nicht nur hierinnen unterscheidet sich die Jungffer Susanna Mühlhahnin von den Mägden ihres Alters. Dieselbe hat vor Zeiten fatale Eingebungen gehabt, welche auff ein gar zartes Gemüthe schließen und zweifflen lassen, ob dieselbe überhaupt zur Ehe tüchtig. Würde dahero nicht zögren, Proclamation und Trauung abzubrechen, falls Hochwürden irgend eine Einrede betreffs besagten Rosenstengels vorbringen.

Der ich in Anwünschung aller göttlichen Gnade verharre Euer Hochehrwürden ergebenster

Israel Clauder, Pfr.

[161] Anna Magdalena Francke an Clauder

Glaucha vor Halle, den 1. März 1714

HochwohlEhrwürdiger, Großachtbarer und
Hochwohlgelehrter Herr Pastor

Dessen angenehmes vom 26. februari ist wohl hier eingetroffen. Dieweil mein ehelicher Liebster wegen Ueberhäuffung der Geschäfte und Einrichtung der neuen Pfarre an St. Ulrich einige Verdrießlichkeiten und Verhindernüß, antworte Meinem hochgeehrten Herrn in dessen Namen: Ein Anastasius Rosenstengel aus Guttenberg bey Prag ist hier nicht bekannt. Desgleichen ward auch von keinem Weib in Mannskleidern gehöret. Zwar vermissen manche Weiber und Kinder allhier ihren ehelichen Gatten und Vater, doch wissen alle von dessen fernerm Verbleib. Dahero sich also hier keine Gründe finden, weßhalb die Proclamation zu Halberstadt zu hintertreiben, ist mit der Trauung, wie denn die Brauttleute wünschen, fortzuschreiten.

Meinem Hochgeehrten Herrn Dienst- und Gebetwillige
Anna Magdalena Franckin

[162] Anna Magdalena an August Hermann Francke

Glaucha vor Halle, den 1. März 1714

Das Weib schweige in der Kirche.

Ist es das, was du wünschest, mein lieber Bruder in Christo?

Freylinghausen war eben hier, das bestätigte Auffgebot zu bejublen mit Sophia, welche schreyend vor ihm darvongelauffen. So hast du es also einzurichten gewußt, meinen vor aller Augen und Ohren letzten Sonntag in der Kirche eingelegten Widerspruch gegen die Copulation unserer Tochter mit ihrem Oheim abzuwieglen. Hast die lutherischen Ministerien beschwatzet hinter zugeschloßnen Thüren, hast deine eigne Macht gemißbrauchet, um meinen Einspruch ungeschehen zu machen. Gilt denn mein Wort nichts? Daß du dich einmal so von deiner eigenen Lehre entfernen würdest und Paulus nachfolgen mit seinem berüchtigten Worte. Vergiß die Peitsche nicht!

Adieu
Anna Magdalena Wurmbin

[163] Dorothea Rosina Pott an Anna Magdalena Francke

Halberstadt, den 20. Merz 1714

Treue Schwester im Glauben

Nach deinem Willen ist es also geschehen: Anastasius Rosenstengel und Susanna Elisabeth Mühlhahnin sind am 18. März in unserer Kirche St. Pauli getraut worden. Der Pfarrer Clauder wollte erst nicht, sintemal der Mühl-hahnin Mutter nicht glauben wollen, daß Rosenstengel ein Kerl. Tausend Ängste habe ausgestanden deßwegen. Doch ist Rosenstengel ein Weg bey-gefallen, deren Argwohn endlich zu befrieden: Er hat nemblich bey einem Spaziergange sein Ding aus denen Hosen gekrigt und damit die Mutter und die Petersen bepißet. Zeithero bin ich gantz eins mit dir darin, daß die Linckin sich mit Sophia bereits vereiniget und ein Mann-Weib worden.

Jedenfalls habe ich nach besagtem Vorfall der Trauung mit freudigem Hertzen beygewohnt. Hat der Pfarrer Clauder auch ein schiefes Gesicht ge-zogen, so konnt er die Freude der Gemeinde über das schöne Paar nicht trü-ben. Dieweil der Bräutigam wie die Brautt und deren Mutter arm, sind wir von der Kirche in mein Haus gezogen und haben die Hochzeit mit einem abermaligen Liebesmahl gefeiert, mit geistlicher und leiblicher Speise. Wäh-rendem Schmause erhebet sich Rosenstengel, den Pokal in der Hand, und prostet seiner Liebsten zu: »Nimmermehr kann eine irdische Brautt einem Manne geschmückter, keuscher, züchtiger und anmuthiger vorkommen als diese hochgelobte Jungfrau. Anjetzo verbindet uns der Herr auff Leben und Tod zusammen. Er wird unsere Sünde wegnehmen und sie in die Tieffe des Meers werffen. Ich werde deine alten Sündenlumpen ausziehen, daß du ge-hest nacket im Paradieß wie Eva vor dem Fall. Also wirst du an mir thun, wann ich komme dich zu umfassen und zu hertzen.«

Obgleichen die Petersen und die Prätorius diese Worte verstunden, als ob Rosenstengel von der irdischen Lust geredet, wußt ich es doch besser und freute mich im Stillen ob der geistlichen Verschmelzung, welcher Susannen nunmehro mit Rosenstengel theilhaftig werden soll.

Als das vermählte Paar heute zu mir kam, sich abermahls vor das Fest zu bedancken, fand die Mühlhahnin im Gebet wieder innige Worte. »Mehr, als ich ahndete, schön, das Glück, es ist mir geworden«, sagte sie, eigenthümlich auf den Worten tänzelnd. Und da wir so vertraut beysammen sitzen und nie-mand außer uns, so wage ich, dieselben nach ihrer Beywohnung mit der himmlischen Sophia zu fragen, auff daß ich mich daran erbaue. »Dieß gehö-ret Englischen Zungen zu beschreiben«, weichet Susanna aus. Rosenstengel aber gestehet, »alle Wollust der Jugend und alle vermeinte Vergnügung derer leiblich-Verlobten ist weniger als nichts zu rechnen gegen diese himmlische Ergetzung. Es ist eine süße Entzückung aller Seelenkräffte und Versenckung aller Sinnen in diese Liebesfluthen, wenn diese allerschönste Brautt einem

Geiste begegnet. In aller Freyheit darff man ihrer genießen und sich im paradisischen Liebesspiel an ihre Brust legen und saugen bis zur Sättigung. Tausend und aber tausend Küsse und Umbfassungen reichen offt an einem Tag nicht zu, womit die Schönste einem zu ihr eingekehrten Geiste begegnet.« So und noch weiter erzählte Rosenstengel, während Susanna bescheidentlich erröthend die Augen niederschlug. Ich aber bestaune mit Verwunderung, wie du die unermüdlichen Liebesreitzungen der himmlischen Sophia vorhergesehen, und verbleibe

ewig deine Freundin treu im Gebet und Glauben
Dorothea Rosina Pott

[164] Müller an Westphal

Fürstenried, 7. Januar 1886

Hochverehrter Herr Professor!

Ein ruhiger Morgen erlaubt mir, endlich ausführlich und grundsätzlich auf Ihren Brief zu antworten. Leider ist es mir unmöglich, Ihren Ausführungen zuzustimmen. Die Anzeichen der Entartung, die Sie als Auswuchs oder Beleg der homosexualen Empfindung verstehen, haben ganz andere Ursachen, die außerhalb der Individuen, nämlich in ihrem gesellschaftlichen Umfeld zu suchen sind. Die meisten Männerliebhaber befinden sich in einer peinlichen Lage. Auf der einen Seite ein starker, in seiner Befriedigung wohlthätig und als Naturgesetz empfundener Trieb zum eigenen Geschlecht – auf der anderen Seite die öffentliche Meinung, welche ihr Thun brandmarkt, und das Gesetz, welches sie mit schimpflicher Strafe bedroht. Nach meiner festen Überzeugung ist weitaus der größte Theil der bei homosexual Empfindenden beobachteten geistigen Störungen oder krankhaften Dispositionen nicht auf Rechnung ihrer geschlechtlichen Neigungen zu setzen, sondern sie sind hervorgerufen durch die falschen Anschauungen über ihr Wesen und Treiben und, damit zusammenhängend, durch die Gesetzgebung und die herrschende Meinung über diesen Gegenstand. Wer nur annähernd einen Begriff hat von den geistigen und moralischen Leiden, die ein Männerliebhaber erdulden muß, von der Angst vor scheußlichsten Erpressungen, von den ewigen Heucheleien und Verheimlichungen, von den unendlichen Schwierigkeiten, die sich der ihm naturgemäßen Befriedigung seines Triebs entgegenstellen –, der kann sich nur darüber wundern, daß nicht noch mehr nervöse Erkrankungen vorkommen, qualvolle Seelenzustände bis zu Gemüthskrankheit, Nervensiechtum und Selbstmord.

Diesen Thatsachen müssen Gesellschaft und Gerichte gerecht werden; die Erstere, indem sie solche Unglückliche bedauert, nicht verachtet, die Letzteren, indem sie sie straflos läßt, insofern sie sich innerhalb der Schranken bewegen, die überhaupt der Bethätigung des Sexualtriebes gezogen sind. Man ist den homosexual Empfindenden gegenüber ungerecht und meistens viel zu streng. Jeder Beischlaf, der weder dem einen, noch dem anderen der betheiligten Erwachsenen schadet, ist ethisch indifferent. Unsere Gesetze sind in diesen Dingen noch recht verkehrt und strafen aufgrund alter theologischer Dogmata. Ob nicht die strafgerichtliche Verfolgung auch der mannmännlichen Liebe aus den Codices zu streichen, hat der Gesetzgeber der Zukunft reiflich zu erwägen.

Im Übrigen gab und gibt es homosexual empfindende Personen, die keinerlei der von Ihnen aufgezählten Entartungszeichen aufweisen: Wie erklären Sie sich eine Frau wie die Susanna Elisabeth Mühlhahn, die Gattin jenes Rosenstengels, die keine Männerkleider trug, aber doch gewiß nicht weniger abweichend begehrte? Was in den homosexual Geliebten vorgeht, sehe ich noch nicht deutlich vor mir, weshalb mir der Abschluß meines Manuskriptes, wie ich frei einräumen will, immer noch nicht gelingen will.

In freudiger Erwartung Ihrer critischen Antwort
Ihr F. C. Müller

[165] **Elisabeth an Ludwig**

Corfu, den 10. Januar 1886

Lieber Vetter!

Warum habt's ihr zwei mich bloß in eine Fortsetzung der unseligen Geschichte mit dem Pacher Fritz getrieben? Das hab ich jetzt davon! Auf meinen abermaligen Brief hat er mich auf die allerimpertinenteste Weise sekirt: »Ich habe dich als gescheite, gebildete und interessante Frau mit einem originellen Einschlag kennen gelernt, der alles Gewöhnliche weitab lag. Recht leid thut's mir, daß du nach elf Jahren noch immer es nöthig findest, mit mir Verstecken zu spielen. Eine Demaskierung nach so langer Zeit wäre ein hübscher Spaß und ein gutes Ende zu dem Faschingsdienstag 1874 gewesen, aber eine anonyme Correspondenz entbehrt nach so langer Zeit des Reizes«!

Ach, ich hasse die Menschen und die Männer mehr denn je. Wenn Valerie heiratet, werde ich mich nie mehr freuen, sie zu sehen. Ich bin wie manche Thiere, die ihre Jungen verlassen, sobald jemand sie anrührt. Ein letztes Gedicht hab ich dem Pacher Fritz noch hinterhergeworfen:

Ein ganz gemeines Beast,
Kahl war er auch, dazu noch schiech,
Gehört nur auf den Mist.
Von seiner Schmach ist alles voll,
Und jedes Echo heult's
Von Fels zu Fels, im Land Tirol –
Und Eine ist, die theilt's!

Die Poesie und die Kunst sind mein einziger Trost. Derzeit rüste ich zu einer Seelenbrautfahrt nach Troja. Ein begabter Künstler schlägt mir den sterbenden Achill lebensgroß aus einem Marmorblock.

Mein Lieb ist aus Stein,
Mein Herz ist aus Stein,
Kalt wie sein Marmor bin ich.

Das ist so und muß so sein und ist besser so, denn alles andere ist eine – Eselei. Das Schicksal gibt den Gewißheiten und dem Dünkel der Menschen manchmal Ohrfeigen. Es ist wie der Kyklope, der den Odysseus besonders ehrenvoll verschlingen wollte – ein Poem aus seinem Verschlingen machen wollte.

Eine solche Ohrfeige hab ich übrigens auch jüngst bei der mühsamen Besteigung des Sapphos-Felsens erhalten, aus der ich ebenfalls ein Poem machen wollte. Weil der leukadische Felsen auch in der Schifffahrt interessant ist, erlaubte ich leider einigen Offizieren und Matrosen meiner Yacht mitzugehen. Dieses Rudel junger Leute schwatzte nun derart laut und von so wenig zur Örtlichkeit passenden Dingen, daß irgend eine poetische Stimmung nicht möglich war. Als wir nach drei Stunden hinaufkamen, fühlte ich mich wie in einem Eisenbahnrestaurant. Beim Aufstieg schon war es ganz trüb geworden und dann goß es, was es nur konnte, wir sahen nichts.

Als kleines Neujahrscadeau liegt das getrocknete Blatt eines Ölbaums für Dich bei, der hier seine Blätter am Ufer treiben lässt, Laub in Welle, Welle in Laub, wie in einer Ekstase der Vereinigung. So könnte man den Tod ruhig erwarten, denn es wäre ein Ineinanderfließen von verwandten Elementen, ohne Kampf. Ich hätte Dir das Blatt gern selbst ans Herz gelegt, so thue ich es brieflich, mit innigem Glückwunsch zum Jahr 1886

Deine Sisi

[166] Ludwig an Müller

Neue Burg Hohenschwangau, 14. Januar 1886

Mein Ein und All!
Göttlich hehrstes Wesen, dem ganz ich zu eigen bin!

So glücklich bin ich in dem Gedanken an den einzigen, den glühend geliebten Freund, den Inhalt, den Herrn meines Lebens, selig durch Unsre Liebe, die himmelentstammt ist, die wunderwirkende, ewige, heilige! Nach den gottvollen Tagen, die wir über die vergangenen Feiertage neuerdings miteinander verbracht, bitte ich den Freund um baldige Antwort auf folgende Frage, welche ich seit längerem bedenke und in hehrstem Ernste stelle: Wenn es des Theuren Wunsch und Wille ist, so verzichte ich mit Freuden auf die Güter der Erde, auf die Krone und ihren öden Glanz, um nimmer mich von ihm zu trennen. Länger getrennt und allein zu sein, kann ich nicht ertragen. Vereint aber und bei ihm, dem irdischen Dasein entrückt, ist das einzige Mittel, mich vor Verzweiflung und Tod zu bewahren.

Dies ist nicht die Eingebung flüchtiger Aufwallung, es ist qualvolle Wahrheit! Wie furchtbar, wie entsetzlich traurig schaut es in der Welt jetzt aus: Die Geister der Finsternis herrschen; ach, überall Trug und Verrath, Eide gelten nichts, Verträge werden gebrochen. Was gilt noch mein königliches Wort? Franz, ganz verzweifelt bin ich: In Herrenchiemsee stocken die Arbeiten, kein Material mehr wird geliefert, Arbeiter, Handwerker entlassen. O, ich darf nicht daran denken, mich überwältigt der Schmerz. Unter der Regierung des Königs Ludwig, meines verehrten Großvaters, kam es vor, daß 20 Millionen aus den Überschüssen des Staates für seine Bauten verwendet werden konnten. Wenn ich nun das gleiche *einmal* beanspruche, so müßte dies doch auch für mich zu ermöglichen sein? Und so, daß lästige Bedingungen nicht gestellt werden, was dem König gegenüber entschieden unwürdig und verwerflich ist! Rheingold! Rheingold! Reines Gold! Oh leuchtete noch in der Tiefe dein lauterer Tand!

Da mich in meinem geliebten Bayern derzeit weder das Bauen noch das Theater erfreut, spiele ich erstmalig mit dem Gedanken, für längere Zeit im Süden, das heißt am mittelländischen Meere mich aufzuhalten; aber nur dann, wenn Sie Lust hätten mitzureisen. Ziel der Reise, von der ich glaube, daß Sie dieselbe in Zukunft kaum bereuen würden, wäre die liebliche Insel Corfu, welche die holde Elisabeth in den schillerndsten Farben mir beschrieben. Sollten wir auf griechischem Boden ein nie geahntes Arcadien entdecken, so stellte sich diese erste Reise vielleicht nur als ein kleines Praeambulum zu einem längeren Aufenthalte im Süden dar.

Immer der Deine bis über den Tod hinaus
Ludwig

P. S. Sage der Geliebte – hat er schon einmal darüber nachgedacht, sich einen Bart stehen zu lassen?

[167] **Ludwig an Elisabeth**

Linderhof, den 14. Januar 1886
Liebe Elisabeth!

Meinen innigsten Dank für das getrocknete Blatt aus geweihter Erde, welches Du mir zum Neuen Jahre geschickt. Auch ich rufe Dir innigst meine treuesten Segensgrüße in Betreff des Neuen Jahres zu. Möge das Jahr 86 ein in jeder Hinsicht freudebringendes für Dich werden und mögest Du die unselige Geschichte mit dem Pacher Fritz rasch vergessen! Wie hätten Franz und ich ahnen sollen, daß jener Wicht der Held nicht war, den einen Faschingsabend lang er vorzuspielen befähigt.

Auch für die Schilderung der Besteigung des berühmten Sappho-Felsens Deinerseits, welche Dir leider nicht die versprochene Erhebung der Seele zu schenken vermochte, meinen verbindlichsten Dank. Wie unselig jene Banausen, die nicht werth, Ort und Augenblick mit Dir zu theilen. Mir hat weiland der Joseph Kainz den ganzen Rütli-Schwur verdorben. Ich hatte ihn,

wie Melchthal im 2. Akt von Schiller's *Tell*, die Wanderung »durch der Su-
rennen furchtbares Gebirg« antreten lassen und versprach mir die höchste
Wirkung seiner neu von den Naturgewalten inspirirten Declamation. Doch
was antwortete er, als er nach drei Tagen in Buochs eintraf und ich ihn fragte,
wie es war? »Scheußlich!« Und als ich ihn bat, die Rütli-Scene zu sprechen,
da weigerte er sich schlichtweg! Er langweile sich mordsmäßig dabei, immer
dieselben Verse zu sprechen und – schlief ein!

Angeregt durch Deine wunderliebliche Schilderung der südlichen Gefilde prüfe ich mein Herz, ob ich die Last des Daseins in ungastlicher Ferne ertragen könnte. Darf ich die Frage an Dich richten, wie lange Du noch im Süden zu verweilen gedenkst und ob Dir an einem Besuche unsererseits gelegen
wäre? Dich wiederzusehen unter dem lauen Himmel Arcadiens wäre ein
Glück, um welches ich mich selbst alle Zeit bis zum Eintreffen und darüber
hinaus beneidete!

Das erfolgte Gelingen einer solchen Reise könnte ernste Folgen nach
sich ziehen. Denn ich trage mich mit dem Gedanken, das Königreich Bayern
entweder an Bismarck, meinen Freund und Wohlthäter, oder an meinen
Oheim Luitpold zu verkaufen. Diesen Schritt würde ich freilich erst wagen,
nachdem ich mich eines neuen Reiches versichert hätte, in welchem meine
Regierung glücklicher und segensreicher sich entfalten könnte. Sage mir, ist
Dir etwaig eine Insel bekannt, welche sich hierzu eignen würde?

Denkbar wäre auch, mein Königreich einzutauschen gegen ein geeigne-
tes Land, sollte der dasige Potentat lustig sein, mein liebes Bayern regieren zu
wollen. Ich ziehe auch Ägypten sowie die Thäler des Hindukusch in Erwägung, hauptsächlich aus dem Grunde, weil bei diesen Ländern die Entfaltung
eines größeren Herrscherglanzes möglich scheint. Vor einiger Zeit habe ich
ein Buch über den Chinesischen Winterpalast gelesen, welcher vor Jahren
ein Raub der Flammen wurde. Gegenwärtig zeichnet mir Hofbaurath Julius
Hofmann einen ersten Entwurf, wie dieser herrlichste Palast, den Du Dir
denken kannst, wieder zu errichten wäre. Wie gut würde er sich in den genannten Weltgegenden machen! Welch trautes Heim entstünde für Franz
und mich, welch erhabnes Leben, gestaltet vom strengen chinesischen Hof-
ceremoniell, dessen überwältigende Würdigung des Herrschers sinnig ab-
sticht von den leeren, maschinenhaften Floskeln meines, ja selbst Deines
Hofes. O welchen Empfang würden wir Dir bereiten, der Kaiserin! Dann,
dann endlich würdest auch Du verstehen, wie mißgeleitet die Völker

Europa's zur Stunde sind. Könnte ich doch nur wirklich herrschen und die Menschen heben, all' Deine düstern Ahndungen verlören sich im Nichts.

Auch Franz möchte solch ein Ortswechsel gut thun. Könnte ich Ihm nur nützen durch meine Gegenwart, könnte ich nur den Dichter in Ihm befreien, den das Sclaventhum seines Berufes in Ketten gefangen hält, mit Freuden verließe ich Land und Leute mit Ihm! Vielleicht, daß ihn das Meer befreite, und auch mir möchte es wohlthätig sein, einmal den brausenden Weltatem zu trinken und eins zu werden mit dem Elemente, von welchem wir stammen und zu welchem wir zurückkehren.

Auf den Knien im Staube vor Dir erlaube mir den Saum Deines Kleides zu küssen

Ludwig

[168] **Müller an Ludwig**

Fürstenried, 17. Januar 1886

Mein huldreicher König!
Theuerster Freund!

Danken Sie um Gottes Willen nicht ab! Im Augenblicke würden Sie Ihre Stellung, welche ohnehin schwankend, verspielen, und die Wälle, welche Sie noch schützen, brächen ein. Es thut mir weh, aber ich muß dem Theuern in Erinnerung rufen, daß auch Er dem Gesetz unterliegt. »Verträgen halte die Treu'! Was du bist, bist du nur durch Verträge; bedungen ist, wohlbedacht deine Macht.« Und daher ist ein Griff in die Staatskasse selbstverständlich undenkbar. Ihr Großvater, Ludwig I., mußte in den Wirren des Jahres '48 auch deshalb abdanken, weil er zwischen dem Staat und sich nicht zu trennen wußte. Jene abgezwackten Gelder für seine Bauten, die Sie erwähnen, wirkten schädlicher als jede Lola Montez, und errichtete er doch herrliche Straßen und stattliche öffentliche Gebäude in München damit!

Ludwig, theurer Freund – kommen Sie zur Vernunft! Unterbrechen Sie jedes Bauen und bedienen Sie die dringlichsten Schulden. Wir wollen innehalten und klug entscheiden, was nothwendig, was überflüssig ist, was allenfalls zu Ende gebaut werden soll und von was wir uns trennen können.

Werthester Freund, auch ein längerer Aufenthalt im Süden scheint zum gegenwärtigen Zeitpunkt nicht rathsam. Es sähe ja wie eine Flucht oder wie ein freiwilliges Exil aus, welches zersetzenden Kräften in München genug Argumente in die Hand lieferte, entgültig gegen die Monarchie zu ziehen. Vielleicht aber müssen wir dennoch nicht auf eine kleine gemeinsame Reise verzichten. Noch viel habe ich über Ihre Eindrücke aus der Schweiz mit Schiller als getreuem Führer nachgedacht, welche Sie mir in den zurückliegenden Feiertagen so lebhaft vors Gesicht zu bringen wußten. Sie haben den Wunsch in mir erweckt, Gleiches zu erfahren, und haben ja so Recht: Um mein Buch über Rosenstengel abschließen zu können, muß ich an die Originalschauplätze reisen, muß Halle und Halberstadt besuchen. Will der Freund mich nicht begleiten? Sie könnten auf dem Weg gen Norden einige Tage in München verbringen, sich dem Hof und dem Volke zeigen und dann mit mir, incognito wie weiland mit Herrn Kainz in der Schweiz, ins befreundete Preußen reisen. Ob der Freund mir officiell eine Forschungsreise gewähren und Prof. Gudden diesbezüglich Anweisung ertheilen will?

In der Hoffnung auf Ihre Zusage und Ihr baldiges Kommen

Ihr eigen
Franz

[169] **Ludwig an Bismarck**

Neue Burg Hohenschwangau, 19. Januar 1886
Mein lieber Fürst!

Mehr als jeder andere kennen Sie den Geist edler Selbstverleugnung, freudigen Opfermuthes und echter Vaterlandsliebe, in welchem Ich, Bayerns König, dem Könige Preußens die Würde eines deutschen Kaisers anbot. Soviel in Meiner Macht lag, habe Ich zum Aufbau des Deutschen Reiches beigetragen. Daher darf Ich nun umgekehrt von der deutschen Nation erwarten, daß sie es nicht duldet, wenn ein deutscher Fürst bedrängt wird. In wenigen Tagen wird bei Gericht über einige gegen Meine Cabinettskasse erhobenen Klagen verhandelt werden. Sollte man es thatsächlich wagen, sich am Eigenthum des Königs zu vergreifen, muß Ich Mich vor die Frage gestellt sehen, ob Ich noch die Zügel der Regierung in der Hand behalten kann. Über die Tragweite dieses Schrittes bin Ich Mir vollkommen im Klaren.

Sähe Ich Mich zur Abdankung gezwungen, so käme Mein Onkel auf den Thron. Welche Auswirkungen der schwarze Luitpold und mit ihm die ultramontanen Partheigänger der Bayerischen Patrioten, welche die Mehrheit des Landtags innehaben, für Bayerns Haltung zum Deutschen Reich haben würden, wissen Sie, Mein lieber Fürst, noch viel besser abzuschätzen als Ich. Es muß daher auch im ureigensten Interesse Ihres Königs, des deutschen Kaisers, Meines vielgeliebten Oheims liegen, einen Wechsel auf dem bayerischen Thron nicht zu wünschen. Dies abzuwenden wäre leicht mit einem Darlehen in Höhe von 6 Millionen Mark möglich, welches sofort auszuzahlen wäre und welches Mir erlaubte, die dringlichsten Geschäfte zu befriedigen. Mein lieber Fürst, nie durfte Ich an Ihrer bedingungslosen Treue zweifeln. Fest baue Ich auch jetzt, in der schwersten Stunde, da das Schicksal Mich gänzlich niederzudrücken droht, auf Sie! Bitten Sie den Kaiser, seinem Münchner Confrater und Neffen einträchtig zur Seite zu stehen. Legen Sie Ihm Meinen ehrerbietigsten Dank zu Füßen, bester Bismarck!

Ich erneuere in diesen Zeilen die Versicherung wahrer Bewunderung und unwandelbarer Zuneigung, von der Ich stets für Sie, Meiner lieber Fürst, beseelt bin. Ihnen Meine herzlichsten Grüße sendend, bleibe Ich immerdar

Ihr aufrichtiger Freund Ludwig

[170] Elisabeth an Müller

Corfu, den 20. Januar 1886

Lieber Schelm!

Für wie dumm halten Sie mich? Sie lieben also Sappho? – Im Süden Corfus liegt die Insel Leukadien, dessen berühmter Felsen seit alters her all jene heilt, die in der Liebe Schiffbruch erlitten. Sappho liegt dort begraben. Es ist eine beschwerliche Wanderung steil bergauf durch Knüppelbüsche zu jenem Unglücksfelsen, beinahe der letzte Erdenpunkt der Insel. Auf drei Seiten ist Meer. Wo der Thurmfelsen völlig senkrecht, ja überhängend jäh in die Tiefe stürzt, dort, an dieser allerschauerlichsten Stelle raubt der Sprung jedes Herzeleide. Ida (sie läßt schön grüßen) lehnte sich über den Abgrund, daß mir schwindlig wurde, wilde Immortellen zu pflücken. Hier sende ich Ihnen ein gepreßtes Exemplar unsterblicher Liebe.

In einer Senkung dort oben erkennt man ein ausgescharrtes Felsengrab. Was kann es sein, wenn nicht das Grab der Sappho? Hier wuchern Kamille, Salbei und Thymian, Hyazinthen, wilde Levkojen und der brandrote Mohn. Das ist das Todtenbett der Sappho, »auf Blumen thronend«, wie ihre berühmte Ode an die Aphrodite apostrophirt. Das Cap der Sappho ist so groß, so schön, so erschütternd, daß es aufhört den Glauben der Wirklichkeit für sich zu haben. Ich sank auf einen Felsen nieder, endlos schauend ob Gott seine Erde irgendwo schöner geschaffen habe. Aber nein, dieses wahrlich ist ihr ehrwürdigster Punkt, um dort die Liebe sterben und begraben sein zu lassen. Und wie im liebfrommeren Alterthum sollten ihre Jünger und die Gläubigen der Schönheit hierher pilgern, Sappho und der Dichtung zu huldigen und sich selbst Heilung, Trost und paradiesische Begeisterung für's ganze Leben zu holen.

Bereden Sie Ludwig und kommen Sie her! Daß unser Freund an der großen Wittelsbacher-Feier damals nicht theilgenommen hat, hab ich immer verstanden. Es war Scham und ein scharfer Sinn für die Realität: Er hat Bayern '70/71 ins Deutsche Reich geführt und der souveränen Herrschaft der Wittelsbacher in ihrem eigenen Königreich ein Ende bereitet. Was gab es da ein paar Jahre später abgeschmackt sich selbst zu feiern?

Aber es stimmt, man munkelt seit jeher einiges in München. Bei der Heirat meines Cousins, des damaligen Kronprinzen Max, dem die Cavalierstour in den Budapester Bädern schlecht bekommen war, flüsterte man, es gebe weder Hoffnung noch Wahrscheinlichkeit auf einen Erben der Krone Bayerns. Max' zehn Jahre jüngerer Bruder Luitpold hatte da freilich schon einen Sohn, neun Monate nach der Hochzeit. Nach drei Jahren unfruchtbarer Ehe soll Max daher selber seine Marie gebeten haben, sich von einem anderen ein Kind machen zu lassen. Sein bester Freund, Ludwig Freiherr von und zu der Tann-Rathsamhausen, wurde 10 Monate vor Ludwigs Geburt zu Max' persönlichem Adjutanten ernannt. Ludwig sieht ihm ja auch ähnlich, und er sollte dankbar sein, denn er war viel fescher als mein trockener Cousin. Das médisante Gewäsch wäre längst verstummt, hätte Ludwig nicht vor Dienern einmal seine Mutter zur Rede gestellt. Ich weiß also nicht, ob die Gerüchte wahr sind, aber ich halte es für möglich, daß Ludwig sie für wahr hält.

Bei seiner Geburt ist allerdings thatsächlich nicht alles mit rechten Dingen zugegangen, das weiß ich mit Sicherheit. Es ist ja auch zu unwahrscheinlich: Ludwig soll am Tag des Hl. Ludwigs, dem 25. August, Schlag 1 Uhr in der

Nacht zur Welt gekommen sein, auf die Stunde genau wie sein Großvater, Ludwig I. Das ist natürlich zu schön, um wahr zu sein. Wir in der Familie und auch die Bediensteten wurden beschworen, das Geheimnis zu bewahren: Ludwig kam schon ein paar Tage früher zur Welt und hieß zunächst Otto. Nur weil der Großvater es sich so sehr wünschte, verschob man den officiellen Tag der Geburt des Thronfolgers und benannte ihn nach dem damals noch amtierenden König. – Bester Franz, eigentlich sollte ich dieses Blatt zerreißen. Lassen Sie niemanden und schon gar nicht Ludwig wissen, daß ich Ihnen das erzählt hab!

Seien Sie gesegnet und glücklich
Ihre Elisabeth

[171] **Bismarck an Ludwig**

Berlin, 26. Januar 1886

Allerdurchlauchtigster König!
Allergnädigster Herr!

Aus dem huldvollen Schreiben vom 19. ds. Monats habe ich mit tiefer Betrübnis die Schwierigkeiten ersehen, denen gegenüber Eure Majestät meine Mitwirkung in Anspruch nehmen.

Ich bin den Möglichkeiten, welche sich hier zur Erfüllung der Allerhöchsten Wünsche bieten, ohne Verzug nähergetreten und fand die hiesigen Finanzkreise bei meinen vertraulichen Sondierungen mit der Situation bekannt. Nach ihren Angaben beläuft sich das augenblickliche und dringliche Bedürfnis auf 6 Millionen Mark und würde die Anschaffung dieser Summe möglich sein, aber nur gegen Sicherheiten und nur unter der Bedingung, daß durch Verzicht auf weitere Bauten die Mittel zur Verzinsung und Rückzahlung der Anlage verfügbar gestellt würden. Da nun ein solcher Verzicht auf Fortsetzung der begonnenen Bauten nicht in Eurer Majestät Intentionen liegt, so habe ich weder in den Kreisen der Geldmänner noch in dem Hausministerium Seiner Majestät des Kaisers eine Aussicht gewinnen können, die nöthige Summe aufzubringen.

So sorgfältig ich auch alle Möglichkeiten erwogen habe, welche sich mir bieten könnten, um Eurer Majestät, meinem Herzenswunsche entsprechend, den geforderten Dienst zu leisten, so weiß ich doch kein anderes Mittel der Allerhöchsten Erwägung zu unterbreiten, als den Befehl an Allerhöchstdero Staatsministerium, die Bewilligung der erforderlichen Summen bei dem Landtage unter offener Darlegung des Sachverhältnisses zu beantragen. Es unterliegt nach meinem allerunterthänigstem Dafürhalten keinem Zweifel, daß die Landesvertretung, in Bethätigung der bewährten Anhänglichkeit des bayerischen Volkes an sein Herrscherhaus, nicht nur die Rückstände der Cabinettskasse, sondern auch die Mittel für den Abschluß der begonnenen Bauten bewilligen werde. Die Stände Bayerns bedürfen keiner Sicherheit und werden ein Interesse daran empfinden, daß die von Eurer Majestät zur Zierde des Landes begonnenen Bauten nicht dem Verfall, sondern der Vollendung entgegen geführt werden.

Die Verzinsung der 6 Millionen zu 3½% betragen nur 225 000 Mk. zu den bestehenden Ausgaben der Cabinettskasse und der Landtag wird sie nebst den zur Vollendung der angefangenen Bauten erforderlichen Summen gewiß bewilligen.

Eure Majestät wollen sich huldreichst überzeugt halten, daß die Unmöglichkeit, in der ich mich befinde, Allerhöchstihren Wünschen auf einem directeren Wege zu entsprechen, mich, in Erinnerung an die Gnade, die Eure Majestät mir stets erwiesen haben, und an Allerhöchstdero Recht auf die Dankbarkeit des gesamten Vaterlandes, sehr unglücklich macht; aber ich würde in gleicher Lage auch meinem eigenen Herren bei dem besten Willen keinen anderen Rath zu geben vermögen als den, welchen ich gewagt habe, Eurer Majestät allerunterthänigst zu unterbreiten.

In tiefster Ehrfurcht ersterbe ich Eurer Majestät unterthänigster Diener v. Bismarck

[172] **Bismarck an Luitpold**

Berlin, 26. Januar 1886

Eurer Königlichen Hoheit

danke ich ergebenst für das Schreiben, welchem ich die implorable Lage der königlichen Cabinettskasse entnehme. Da S. M. keinerlei Aussicht mehr haben, in Bankenkreisen ein Darlehen zu erhalten, bleibt Allerhöchstdemselben nur noch, den Landtag anzugehen. Einen solchen Versuch sollte Ew. Kgl. Hoh. nicht hindern, da Ew. Kgl. Hoh. Bestrebungen hierbei sicher zum Ziel kommen werden. Sollten die kgl. Minister die Vorlage wegen Deckung der Schulden an den Landtag bringen und erklären, daß sie auf allerhöchsten Befehl handeln, so wird aus der Volksvertretung der Anstoß erfolgen, der nöthig ist, dem Könige die Regierung zu entziehen. Es braucht dies nicht in Form einer Auflehnung zu geschehen. Der Abgeordnete, welcher der Katze die Schelle anhängt, kann erklären, daß der in der Verfassung vorgesehene Fall der Regentschaft vorliegt. Die Minister könnten dann ihrerseits Zweifel an der Regierungsfähigkeit aussprechen und dann wird sich das Weitere von selbst entwickeln.

Nicht auszuschließen ist allerdings, daß die bayerische Patriotenpartei, die im Landtag die Mehrheit hat, dem Wunsch des Königs entspricht, als Gegenleistung aber den Rücktritt des gesamten Liberalen Ministeriums verlangt. Wie man hört, könnte den bayerischen Patrioten die Ablösung der jetzigen Regierung bis zu 30 Milionen Mark werth sein. Politisch wäre es jedoch im höchsten Grade unerfreulich, wenn König Ludwig durch ultramontane Hülfe von seinen Verlegenheiten befreit würde; die hierdurch nothwendige Entlassung des jetzigen Ministeriums und ein Seitenwechsel nach der ultramontanen Seite hin würde der Deutschen Politik Sr. Majestät des Kaisers große Ungelegenheiten bereiten. Von daher ist die Übernahme der Regierungsgeschäfte durch Baron von und zu Franckenstein unbedingt zu vermeiden, das Ministerium Lutz aber unter allen Umständen zu halten.

Unser Gesandter in München berichtet, daß das Ministerium Lutz soeben privatissime eine Anleihe von 500 000 Mark aufgenommen hat, um die dringlichsten Schulden Sr. M. ohne dessen Wissen zu decken. Ich kann das Ministerium zu diesem weisen Schritt nur beglückwünschen. Werden thatsächlich Klagen eröffnet, lassen sich diese mit Hilfe dieses Nothgroschens zum Schutze der Monarchie noch glücklich abwenden. Im Übrigen braucht nur ein betheiligter Advokat unwohl zu werden, und jeder Process kann nach Wunsch verzögert werden.

In Ehrfurcht erstarrt Ew. Kgl. Hoh. unterthänigster Diener
v. Bismarck

Neue Burg Hohenschwangau, 1. Februar 1886

Mein vielgeliebter Freund!

Mein schönes Wunder!

Ich schreibe diese Zeilen in meinem trauten gotischen Erker, an der einsamen Lampe, draußen schneit es still; da ist es so heimlich, so anregend wirkt diese Stille. O Franz, Alles wird sich fügen! Meinen guten Stern habe ich um Rath gefragt, meinen Freund, die größte Tendenz unseres Zeitalters, den von mir hochverehrten Reichskanzler Bismarck. Er hat mir den Weg gewiesen, wie ich die bedauerliche Baisse in meiner Kasse überwinden und alle meine Bauten glücklich zu Ende führen kann. Ich werde Ministerpräsident Lutz befehlen, dem Landtag eine Vorlage zur Ordnung der Verhältnisse meiner Finanzen zu machen, welcher sie gewiß billigen wird, denn das Volk steht treu zu seinem König. So geht alles rechtlich seinen Gang, die Verfassung wird geehrt und ich werde frei, nur mehr für Ihn zu leben, für Ihn, der der Welt ein göttliches Werk schenken wird!

Ja! Ja! Ja! Reisen Sie nach Halle und Halberstadt und all die lieblichen Orte, welche gerade würdig genug waren, von Rosenstengels Füßen getreten zu werden! O welche Freude empfinde ich über Ihren weisen Entschluß, welcher Ihr Buch glücklich zum Abschluß bringen wird. Leider, leider! ist es mir nicht möglich, Ihrer entzückenden Einladung zur Begleitung auf dieser Reise Folge zu leisten. In München neugierigen Gaffern mich zu produciren und als Ovationsopfer herzugeben kann ich nicht, und ich will auch nicht als Decoration bei Hofgesellschaften oder Faschingsfesten fungiren. Da weder in Bayern noch im Auslande mein Incognito aufrechtzuerhalten ist, ließen sich unglückliche, meinerseits ungewollte Aufeinandertreffen mit Bürgermeistern, Rathsdeputationen, lokalen Adelsfamilien usw. nicht vermeiden, was mir jede Poesie auf dieser Reise raubte. Zudem haben Sie mich selbst ja gewarnt, daß es nicht thunlich sei, eben jetzt das Land zu verlassen.

Beiliegend finden Sie ein Blatt, welches Sie aller beruflicher Pflichten, so lange Sie es wünschen, entheben wird. Nie und nimmer mehr werde ich daran denken, der Krone zu entsagen; ich danke meinem Gott auf Knien, daß er mich auf diese Höhe stellte und Königliche Gewalt mir verlieh, damit ich schonungslos alles niedermähe, was der Erreichung des heiligen Zieles entgegen sich stemmt. Mir ist, als hätte ich diese willkommene Macht, den Glanz der Königswürde nur und einzig deshalb von Gott als Lehen erhalten, damit ich in allem Ihren Willen zu erfüllen im Stande sei, damit ich mit mächtigem Schwert Ihre Feinde vernichte, damit ich Ihnen diene, oh Sie Einziger, Sie Inbegriff von allem Heiligen und Gottentstammten! – Kein Mensch liebt Sie so begeisterungsvoll und innig, wie ich Sie liebe, dies behaupte ich kühn.

Auch ich werde in der Zeit Ihrer Abwesenheit fleißig arbeiten. Ich habe Hofbaurath Hofmann angewiesen, den Chinesischen Winterpalast, von welchem ich Ihnen zuletzt mündlich erzählt, da im Augenblicke noch kein Land im Süden zu haben, am Plansee in Tyrol zu errichten, am südlichen Ausgang des Graswangthales. Auf dem Weg nach Fernstein sind wir an der schönen Ebene schon vorbeigekommen, erinnert sich der Geliebte? Stets bin ich gern dort gewesen, wo Kaiser Ludwig der Bayer zu rasten beliebte, und habe mich über das kristallklare Wasser rudern lassen. O ja, deutlich ruft mir die innere Stimme zu: Heilige Tage nahen, das im Geist Erschaute wird vollendet.

Ludwig

[174] **Gudden an Luitpold**

München, 14. II. 1886

Gnädigster Prinz und Herr!

Mein Assistent Dr. Franz Carl Müller wird morgen früh auf ausdrücklichen Befehl Sr. M. und ausgestattet mit einem persönlichen Schutzbriefe, welchen er mir vorgewiesen, nach Preußen aufbrechen. Officiell reist er nach Halle und Halberstadt, um für sein nicht fertig werdendes Buch zu forschen. Dies mag jedoch nur die halbe Wahrheit sein. Ich empfehle daher dringend, ihm einen verläßlichen Mann nachzuschicken. Welches andere Ziel kann die Reise haben, als Gelder in Preußen aufzunehmen? Es würde mich nicht wundern, richteten sich seine Schritte thatsächlich nach Berlin.

Wie ich erfahren habe, sind die angesehenen Profesores Erb (Heidelberg) und Leidesdorf (Wien) angeschrieben worden, um sich für den Erhalt der Monarchie in Bayern verdient zu machen. Höchst bedauerlich, daß die Herren abgelehnt haben. Ebenfalls ist zu bedauern, daß durch diesen unbedachten Schritt eine gewisse Öffentlichkeit hergestellt wurde, die dem

Wohl der Sache Ew. Königl. Hoheit wenig zuträglich sein dürfte. Ich empfehle daher als weiteren Gutachter meinen Schwiegersohn Hubert Grashey, ord. Professor für Psychiatrie in Würzburg und Vorstand der dortigen Irrenabtheilung des Spitals.

In tiefster Ergebenheit Euerer Königlichen Hoheit
unterthänigster Diener
Bernhard von Gudden

[175] **Müller an Ludwig**

Halle, 20. Februar 1886
Mein huldreicher König!

Vermelde, glücklich in Halle an der Saale angekommen zu sein, einer uralten, stolzen und sehenswerthen Stadt. Die Francke'schen Stiftungen liegen unmittelbar vor den Thoren im ehemaligen Dorfe Glaucha und sind so groß und weitläufig wie ein eigener Stadttheil. Das berühmte Waisenhaus ist stattlich in Stein ausgeführt, daran schließen sich zu seiner rückwärtigen Seite zwei Reihen Fachwerkhäuser, welche einen langgestreckten Hof bilden. Wie zu Francke's Zeiten leben und lernen hier noch Buben und Mädchen in diversen Schulen. In der so genannten Canstein'schen Bibelanstalt werden Bibeln in Oktav und Folio, in deutsch, polnisch, tschechisch, wendisch und was noch mehr gedruckt. Es gibt eine Apotheke, eine Verlagsexpedition samt Buchhandlung – ganz habe ich den Überblick noch nicht über diesen evangelisch-emsigen Bienenschwarm. Zwei Sehenswürdigkeiten locken den Besucher von Ferne: zum einen die Wunderkammer, welche die unwahrscheinlichsten Dinge versammelt, die von den Hällischen Missionaren aus der ganzen Welt zurückgeschickt wurden. Da gibt es ein ausgestopftes Krokodil, chinesische Frauenschuhe, ein grönländisches Kajak, einen indischen Klappaltar mit dem Gotte Wischnu, menschliche Fehlgeburten »in spiritu conservante« (fast wie in Nissl's Laboratorium), »ein Malabarisch Barbier-Meßer, womit sich aber nur Malabaren barbiren lassen«, wie der Katalog der Sammlung von 1741 aufzählt, sowie einen »Japanischen Bauchreißer mit Silber beschlagen, womit sie sich selbst den Leib aufreißen müßen, wenn einer etwas versehen hat«. Die zweite Sehenswürdigkeit ist die Bibliothek, welche jeden Bücherfreund in Verzückung gerathen läßt, so hübsch ist sie aufgestellt und so reich sind ihre Schätze.

In dieser Bibliothek sitze ich nun Tag für Tag und lese Drucke und Handschriften aus der Frühphase der Stiftung, die 1695 als improvisirte Armen- und Bürgerschule in Francke's Pfarrhaus begann. Stellen Sie sich vor, ich habe Rosenstengel's Matrikeleintrag im allerersten Waisenalbum entdeckt! Catharina Linck war erst das 7. Mädchen, welches überhaupt ins Waisenhaus aufgenommen wurde. Sie ist in »Gehoffen 4 Meilen von Halle« geboren, wo auch immer das sein mag. Ihre »Qualitates accedentium« waren: »kennet die Buchstaben«; das heißt, sie hat sich noch vor Eintritt ins Waisenhaus das Lesen selber beigebracht. Ihr Abgangszeugnis (»Qualitates abeuntium«) lautet: »War so vor sich hin« – Sie hatte also früh ihren eigenen Kopf!

Doch hiermit noch nicht genug. Ich habe auch Rosenstengel's Bild entdeckt! Es ist das Frontispiz einer anonymen Schrift mit dem Titel *Umständliche und wahrhaffte Beschreibung einer Land- und Leute-Betrügerin.* Es zeigt Catharina Linck links »Als eine Weibes-Person und Inspiratische Prophetin« und rechts »Als eine verstellte Manns-Person und Soldate, unterm Nahmen Anastasius Rosenstengel.« Damit der Freund sich das Portrait vorstellen kann, habe ich es durchgepaust, noch etwas verbessert und schicke es anbei. Sage der Freund: Wäre der herrliche Titel dieser Broschüre nicht auch etwas für mein Buch? O, ich danke Ihnen, ich habe gar keine Worte für meinen Dank, für die Anregung und den Befehl zu dieser Reise.

Ihr vergnügter Franz

[176] **Müller an Elisabeth**

Halle a. d. Saale, 25. Februar 1886

Kaiserliche Hoheit!
Liebe Elisabeth!

Für die getrockneten Immortellen und die poetische Schilderung des »Grabs der Sappho« meinen innigsten Dank. Es mag eine höhere Wahrheit in der Legende stecken – doch habe ich nie an Sappho's Sprung vom Leukadischen Felsen geglaubt. Jene Geschichte mit der unglücklichen Liebe zum jungen Phaon, der die Alternde verschmäht, haben die römischen Dichter erfunden;

weil sie ihr in der Poesie das Wasser nicht reichen konnten, holten sie die Unsterbliche vom Parnass und ertränkten sie im Meer. Bei dieser Gelegenheit darf ich mir vielleicht die Beobachtung erlauben: Alle wirklich nach Emancipation strebenden, alle mit Recht berühmten und geistig hervorragenden Frauen weisen männliche Züge auf. Gleich die erste der geschichtlichen Abfolge nach ist Sappho, und von ihr schreibt sich die Bezeichnung eines geschlechtlichen Verhältnisses zwischen Frauen untereinander mit dem Namen der sapphischen oder lesbischen Liebe her.

Man hat Sappho von philologischer Seite eifrig von dem Verdachte zu reinigen gesucht, daß sie wirkliche, das bloß Freundschaftliche übersteigende Liebesverhältnisse mit Frauen unterhalten habe, als ob dieser Vorwurf, wenn er gerechtfertigt wäre, eine Frau sittlich herabwürdigen müsste. Dem ist keineswegs so, eine homosexuale Liebe ehrt das Weib vielleicht sogar mehr als das heterosexuale Verhältnis. Katharina II. von Rußland, Königin Christine von Schweden sowie sicherlich George Sand gehören in diesen Kreis, und auch meine Catharina Margaretha Linck – Sie erinnern sich, jener Rosenstengel – der oder dem ich hier vor Ort nachforsche. Etliche Briefe, die ihr Leben beleuchten, konnte ich hier schon ausfindig machen. Ein Fehler, der mir beim Abschreiben unterlaufen ist, hat mich auf einen vielleicht fruchtbaren Gedanken für die endgültige Form meines Manuskriptes gebracht: Nach dem Mittagessen copirte ich auf einem bereits halb beschriebenen Blatt versehentlich nicht den angefangenen, sondern einen anderen Brief. Als ich den Fehler bemerkte, las sich der ›vermengte‹ Brief bündiger und besser als die beiden echten. Versuchsweise entnehme ich jetzt den Originalbriefen Zitate und setze diese wiederum zu neuen Briefen zusammen, welche die Geschichte charakteristisch erzählen. Ich weiß allerdings noch nicht, wohin mich das führt –.

Ihre Mittheilungen über die Gerüchte, die Abstammung unseres gemeinsamen Freundes betreffend, haben mir die Augen geöffnet für manche seiner Liebhabereien. Lohengrin, welchen Ludwig früh schon vergöttert, muß den Brabantern seine Herkunft verschweigen. »Nie sollst du mich befragen!«, befiehlt er Elsa, mit dem bekannten tragischen Ende. In jüngerer Zeit neigt der König eher Parsifal zu, der nicht weiß, wo er herkommt und wer sein Vater ist! Ich fürchte, nicht nur Ludwig selbst, sondern auch andere halten die Gerüchte für wahr oder sind an ihrer Wahrheit interessirt, um eigene Ansprüche daraus abzuleiten.

Halten Sie Ihre Hand schützend über unseren Freund, bittet

Stets der Ihre
Franz

[177] **Ludwig an Müller**

Hohenschwangau, den 1. März 1886

Theuerster Freund!

Wie Ihnen danken für die anschauliche Schilderung Halle's und der dort sich befindlichen Francke'schen Stiftungen, mehr aber noch für den Blick in Ihre ureigenste Werkstatt, in Ihr Forschen, Combiniren und Wägen. Fast denke ich, Ihr Werk müßte nicht nur Rosenstengel selbst zum Gegenstande haben, sondern auch die Geschichte, wie Sie ihm auf die Schliche gekommen. Ob daher der Titel jener Broschüre über die »Land- und Leute-Betrügerin« geeignet, erscheint mir zweifelhaft. Weniger denn je, ich darf es dem Freunde gestehen, leuchtet mir seine Rede über die Distance ein, die zwischen uns und der Vergangenheit klaffen soll und welche Sie unüberbrückbar zu nennen beliebten. Vielleicht, daß der Freund einfach noch nicht gründlich genug gesucht, die Lücken zu füllen? In dem Briefromane, den Ihre Sammlung der Quellen mittlerweile ergibt, fehlen noch schmerzlich die Briefe, welche sich Rosenstengel und die Mühlhahnin doch geschrieben haben müssen. Ließen sich solche unmittelbaren Zeugnisse der Liebe beider noch finden, o wie unwiderstehlich würde die ganze Geschichte!

Immer wieder hole ich das köstliche Doppelportrait hervor, welches Sie angefertigt und mir geschickt – Dank! aus tiefster Seele Dank! – und studire die Unterschiede und Gemeinsamkeiten der zwei Rosenstengel. Beim Nachsinnen ist mir ein Einfall gekommen, welchen ich mit Ihnen besprechen muß.

Von meinem großväterlichen Erbe her besitze ich herrliche Stiche Dürer's, von denen schon immer etliche im Umlauf waren, weil es bei der Druckgraphik per se kein Original gibt. Könnten wir nicht nachhelfen, und die Welt mit mehr Dürer's beglücken? Die Welt, sie will doch betrogen sein! Sie haben eine so glückliche Hand! Wie herrlich haben Sie den Rosenstengel copirt, da müßte ein Rhinoceros doch ein Leichtes sein! Schreiben Sie mir umgehend, was Sie von meinem Plane halten und wie Sie sich seine Umsetzung vorstellen. »Was je ich ersehnt, ersah ich in dir; in dir fand ich, was je mir gefehlt!«

Sie bleiben bis zu Unserem zugleich eintretenden Tode mein König und Gott, der Herr meines Lebens, der Grund meines Daseins. Meine Krone trage ich um Ihretwillen.

Ihr Ludwig

[178] **Elisabeth an Ludwig**

Troja, den 4. März 1886

Grad schad, lieber Ludwig, daß ihr mich nicht besuchen kommt. Ob in der Levante ein Herrscher lustig wäre, sein Land gegen Bayern einzutauschen, weiß ich zwar nicht. Aber schau's dir halt selber an, wo's dir gfallt. Ich bin sicher, es thäte Dir gut. Auch unser Franzl muß mal etwas anderes sehen, wenn aus ihm noch etwas werden soll. Du glaubst also, er ist ein Dichter? Ich habe ihn geprüft, gewogen, und für zu leicht befunden. Er hat keine eignen Worte, er muß sich fremder bedienen. Ich habe ihn aufgefordert, mir ein Gedicht zu widmen – da hat er eins von Sappho abgeschrieben. Ich habe ihm die Schönheit des Südens poetisch verklärt; seine Antwort war zwar recht originell, aber doch nicht die eines Dichters. Er ist mehr ein Deuter, der die Worte wägt, kenntnisreich, belehrend und unterhaltsam, aber doch nur ein Sammler fremder Gedanken. Sein Buch über den Rosenstengel will er jetzt aus Originalbriefen zusammenstückeln, die er nach eigenem Gusto ausschlachtet, mal hier ein Satz, mal dort eine Expression – ob das was wird, darf man so seine Zweifel haben.

Hier in Troja brächte ihn die antike Welt, welche noch allerorten zu spüren ist, auf ganz andere Gedanken. Heute sah ich im Ölwald tanzende Mädchen. Sie hielten einander an den Händen, die eine hinter der anderen, und schlängelten sich langsam vor- und rückwärts, den Oberkörper leise in den Hüften wiegend. Die Haarkronen der Mädchen brannten von roten Bändern, ihre Busen sprangen bei jeder wilden Bewegung. Ein schönes schwarzzöpfiges Mädchen zog als Vortänzerin die ganze Kette an einem roten Seidentuch nach sich und sang ein Lied, und jede Strophe wiederholten sie alle zusammen. Ich schaute dem lieblichen Schauspiel lange zu. Wir haben auch so getanzt, meine Schwestern und ich, in Possenhofen, obwohl wir keine Griechinnen waren.

Ich ging weiter und gelangte zu einer Hütte, die etwas abseits zwischen großen Bäumen liegt. Plötzlich durchschnitt ein einziger schriller, langgedehnter Schrei die Luft; er brach ab – aber die Luft erzitterte davon. Dann erhob er sich wieder und mit ihm ein ganzer Chor von jammernden Lauten, alle in einem Ton, langanhaltend und kläglich – plötzlich, zu gleicher Zeit, zusammenknickend, entzweireißend und verstummend. Ein Klagegesang von vielen Weibern war es. Nach einer Pause setzte der Gesang von neuem mit größerer Macht ein, um abermals abzubrechen. Diese Pause war wie das Innehalten des stürmischen Atems des Meeres. Eine musikalisch rasende Brandung: der ganze Wald war erfüllt von ihrem Tosen, das sich an den Baumstämmen brach. Und aus dieser wilden, weißen Flut, die sich mit immer denselben wenigen Lauten hob und senkte wie das Meer, ragte von Zeit zu Zeit, gleich einem spitzen Riff, das oft von den Wellen bedeckt wird, doch nie aus ihrer Mitte verschwindet, eine einzige Stimme heraus, die jeden Laut an Schrecken, jedes Schwert an Schärfe übertraf. Es war die Stimme der Mutter, welche keinen Trost über den Tod des Sohnes fand, gefällt in der Blüthe seiner Jahre.

Solches sind die Töne und Bilder, aus welchen die Dichtung erwächst.

Sei glücklich und gesund
Deine Sisi

[179] **Müller an Ludwig**

Halberstadt, 8. März 1886

Mein huldreicher König!

Von Halle bin ich auf der Eisenbahn nach Halberstadt weitergereist, dessen altdeutschen Charme ich nicht genug zu rühmen weiß. Eine ganz und gar alte Stadt. Die Balken der Fachwerkbauten verbiegen sich überall, die Füllung sinkt ein, das Ganze fällt mit der Zeit ein wenig zusammen und wird dadurch noch fester. So schön habe ich Menschen in den Fenstern noch nicht lehnen sehn. Aus dem Häusermeer strebt ein gotischer Dom rank und schlank gen Himmel. Hinterm Chore wohnte Johann Wilhelm Ludwig Gleim, vor hundert Jahren vieler Freunde Freund, mit denen er Briefe tauschte und die er in seinem Haus im Bild versammelte, Lessing, Klopstock, Herder – sein ›Freundschaftstempel‹ würde dem Freunde prächtig gefallen!

Auch hier ist mir ein großartiger Fund gelungen. Meines Wissens fand die Hochzeit von Anastasius Rosenstengel und Susanna Mühlhahn in der Pfarre St. Paul statt. Ich spazierte also zu der ulkig romanisch-gotisch verbauten Kirche und bat den Küster um das Kirchenbuch, das in einem wuchtigen Schrank in der Sakristei lag. Nicht lange, und ich fand den Eintrag:

»Der Junggesell Anastasin Rosenstengel, Schönfärber und Cattundrucker alhier, Hrn. Cornelii Josephi Rosenstengels; gewesenen Berghauptmanns in Guttenburg, bey Prage in Böhmen belegen nachgel eheleibl Sohn und Jungfer Susanna Elisabeth Mühlhahnin, Hrn Johann Joachim Mühlhahnen, weiland gewesenen Blechziehers und Zinkbläsers nachgelaßene eheleibl Tochter in unser St. Petri und PauliKirchen öffentl copulirt.«

Rosenstengel log also, daß sich die Balken bogen wie in den Halberstädter Häusern! Er erfand sich einfach einen Vater und eine eheliche Herkunft aus der Nähe von Prag – so weit weg, daß der Pastor Clauder schwerlich die Wahrheit überprüfen konnte. In den Francke'schen Stiftungen in Halle ist mir diesbezüglich übrigens zuvor ein weiterer Fund geglückt. Kurz nach der Hochzeit der Rosenstengels in Halberstadt schrieb Franckes Adjunkt Freylinghausen an seinen Chef:

»Ich wil noch mit einer zwar unsaubern doch recht curieusen Historie von unser Catharina Margaretha diesen Brief schließen, welche diese ist, daß sie wieder ihre Männerkleider angeleget, nach Halberstadt gezogen, den Namen Rosenstengel angenommen, sich für einen Leinwandsdrucker ausgegeben, und sich von unsern guten Claudern mit einer dortigen Weibes Person copuliren lassen. Wir haben wegen des Pseudo Rosenstengelii Beschaffenheit Herr Clauder Nachricht gegeben, worauf jener mit seiner jungen Frau sich auß dem Staube gemacht hat.« Wie die Hallenser Wind von der Hochzeit in Halberstadt bekommen haben und wer dort Rosenstengel rechtzeitig gewarnt hat, das wünsche ich alles glühend zu wissen.

Der Traueintrag im Kirchenbuch wurde übrigens später ergänzt: »NB. Dieser benahmte Kerl ist eine recht Gottloses Weibstück gewesen so viele himmelschreyende Sünden und Sodomitereyen begangen. Davor sich auch die Heyden entsetzen möchten. Ihre begangene boßhafftigen Sünden müßen unserer Jugend kein Aergerniß zugeben, gantz geheim unter suchet worden.« – Wie weht einem in einem solchen alten Kirchenbuch doch der Atem der Geschichte an – man hört den Pfarrer Clauder noch förmlich schnauben! Wie muß er sich geärgert haben, derart von der Linckin betrogen worden zu sein!

Ist mein Freund mit meinen Funden zufrieden? Vermißt er immer noch die Liebesbriefe der Catharina Linck und der Susanna Mühlhahn? Als Leser eines Romans hätte er recht. Doch schreibt sich die Historie anders. A priori muß man concediren, daß die Suche vergeblich wäre: Rosenstengel und Mühlhahn können sich nicht geschrieben haben, weil die Briefkultur allererst im Entstehen war. Das Senden eines Briefes war noch ungewiß und theuer, nur die Regierung, Händler und Gelehrte schrieben Briefe. Das Volk schrieb sich nicht, und schon gar keine Liebesbriefe. Von daher ist die Suche nach solchen Zeugnissen aussichtslos, solche Briefe werden nicht auftauchen.

Daß die Sammlung der von mir gefundenen Schriftstücke einem Roman gleicht, wie der Freund feststellt, macht mich ein wenig unglücklich, aber was hilft's? Die Wirklichkeit ist nun einmal unwahrscheinlicher als jede Erfindung. Und daher zögere ich auch, mit dem Freunde auf Originalfälschungen zu verfallen, wie Sie zuletzt angeregt. Erinnert sich der Freund noch an das Schicksal des genialen, unverstandnen Herrn Beltracchi? Wollen wir nicht lieber bei der Wahrheit bleiben?

Stets der Ihre
Franz

[180] **Gudden an Müller**

Fürstenried, 12. III. 1886

Lieber Müller!

Hier draußen hat sich ein entsetzliches Unglück ereignet. Prinz Otto hat sich den Schlüssel zu Nissl's Labor zu verschaffen gewußt und ist unbemerkt – Mauder war sträflicherweise eingeschlafen – in den Keller hinabgestiegen. Eine Weile scheint er sich Nissl's Wunderkammer aufmerksam angesehen zu haben, hat Hunderte Präparate aus den Regalen gezogen, natürlich ohne an's Zurücklegen an den rechten Ort zu denken, und das ganze Labor nach und nach in eine fürchterliche Unordnung gebracht. Dann aber scheint er es mit der Angst bekommen zu haben. Ob ihm schwante, daß auch sein Gehirn einmal fein säuberlich geschnitten in einem Weckglas liegen wird? Von blinder Wuth gepackt begann er, all jene herrlichen Glaswännchen mit roher Gewalt zu zertrümmern. Vom Klirren des Glases, vom Scheppern der zu Boden stürzenden Gegenstände und Regale wachte Mauder endlich auf und eilte in den Keller hinab. Dort sah er Otto mit dem schweren Messer, welches er aus seiner Verankerung im Mikrotom gerissen, blindlings gegen die Regale wüthen. Mauder holte Braun zur Verstärkung und zu zweit gelang es ihnen endlich, den Prinzen zu überwältigen. Alle drei haben sich Prellungen und Schnittwunden zugezogen, die ich soeben persönlich verarztet habe. Das Fleisch heilt wieder – Nissl's Arbeit zweier fleißiger Jahre hingegen ist unrettbar zerstört! All die selbstlos geopferten Sonntage! All die sorgfältigst geschnittenen Präparate, der Geduld mühsam abgerungen, für immer verloren!

Wie Prinz Otto an den Schlüsel gekommen ist, kann sich niemand erklären. Ahnen Sie, wie dies geschehen konnte?

In der Hoffnung, Sie mögen Ihre Forschungen im Felde glücklicher abschließen als Nissl und baldigst an Ihren Platz zurückkehren, grüßt

Ihr Gudden

[181] **Ludwig an Müller**

15. März

Mein vielgeliebtes Weib!

Ach, ich weiß noch gut, wie Du zum ersten Mal in den Laden meines französischen Meisters tratest, feine Strümpfe zu kaufen, zu welchen Dir die Münzen im Beutel gar schmerzhaft ermangelten. Doch die Sehnsucht nach so feinem Zeug auf Deiner samtweichen Haut war zu übermächtig. Der Zufall wollte es, der Meister war beschäftigt, die Meisterin in der Küche, und so ward ich der vom Schicksal Auserwählte, Dir die fein nach französischer Art gewirkten Strümpfe vorzuzeigen und anzuprobieren. O wie köstlich war der Blick auf deinen zarten Fuß, o wie durchschauerte mich die Wärme Deiner Haut, als ich Dir zärtlich den Strumpf bis über das Knie zog. Doch wie traf mich Dein Blick bis ins Mark, welchen Du tief in meine Augen und bis zu meiner Seelen Grund versenktest. Ich hielt inne. Sanft legtest Du Deine Hand auf die meine und zogst sie, mir unverwandt in's Auge blickend, unwiderstehlich weiter. So ward ich von Stund an Dein Sklave für immer.

Ich zähle die Stunden bis zu unserem Wiedersehen.

Dein Anastasius Rosenstengel

[182] **Westphal an Müller**

Berlin, den 18. März 1886

Lieber Müller!

Sie fragten zuletzt, wie ein conträrsexuelles Weib normale Mädchen verführt und was letztere dabei verspürt. Da mir in meiner langen Praxis solche Fälle schon vor Augen gekommen sind, will ich Ihnen meine Beobachtungen nicht vorenthalten.

Gewöhnlich reizt die Conträrsexuelle die gesunde junge Frau zu einer schwärmerischen Liebe auf, die dem weiblichen Naturell auch Weibern gegenüber nicht sehr auffällig ist. Küsse, Umarmungen, Zusammenliegen im Bett, Liebkosungen usw. fallen bei Mädchen viel weniger auf als bei Knaben und rufen auch beim normalen Weib, das von einem anderen zum Gegenstand solcher Zärtlichkeit gemacht wird, in der Regel nicht den gleichen Ekel hervor. Ganz allmählich, durch geschickt herbeigeführte Steigerung bringt es die Conträrsexuelle dazu, bei ihrem Opfer Wollustempfindungen durch Küssen der Brustwarzen und durch Reibung der Klitoris hervorzurufen. Die Excesse, die in dieser Weise begangen werden, übertreffen an Intensität diejenigen der Männer; ein Orgasmus folgt in manchen Fällen dem anderen, Tag und Nacht, fast ohne Unterbrechung.

Das Wunderbare dabei ist aber, daß die Geliebte sich in der Regel der Abnormität der ganzen Sache nicht recht bewußt wird und sehr leicht schwärmerisch verliebt bleibt. In unserer Abtheilung durfte ich vor nicht langer Zeit Zeuge eines solchen Verhältnisses werden. Ein normales Mädchen wurde von einer als Mann verkleideten Conträrsexuellen getäuscht und in ein Liebesverhältnis verwickelt, das in einer formellen Verlobung seinen vorläufigen Abschluß fand. Danach wurde jedoch die Betrügerin ertappt, verhaftet und zur Beobachtung in unsere Anstalt versetzt. Aber auch nach ihrer Entlarvung blieb das normale Mädchen verliebt und besuchte ihren »Liebling«, der, nun weiblich gekleidet, ihr um den Hals fiel und sie in einer wollüstigen Weise vor allen Leuten abküsste, die kaum zu beschreiben ist. Ich war selbst dabei anwesend und drückte nachher dem gesund und blühend aussehenden Mädchen (Wirthstochter) mein Erstaunen darüber aus, daß sie in ihren Gefühlen dem falschen Jüngling gegenüber verharre, nachdem sie doch von ihm in der Weise betrogen worden sei. Die Antwort war echt weiblich: »Ach, sehen Sie, Herr Doktor, ich liebe sie halt und kann nicht anders.« Eine derartige psychische Liebe ist beim Manne kaum denkbar. Und so kann ein normales Weib von einer Conträrsexuellen systematisch verführt werden, sich in sie über die Ohren verlieben und mit ihr Jahre hindurch arge sexuelle Excesse begehen. Pathologisch wird die Sache nur, wenn die Perversion durch längere Gewohnheit fixirt wird, was infolge der natürlichen Ausdauer des Weibes in der Liebe leicht eintreten kann.

Es füllt in den sexuellen Relationen zweier Conträrsexuellen immer die eine Person die männliche, die zweite die weibliche Funktion aus, und dies ist von größter Bedeutung. Das Verhältnis Mann-Weib erweist sich hier als fundamental an der entscheidenden Stelle, als etwas, worüber nicht hinauszukommen ist. Trotz allen sexuellen Zwischenformen ist der Mensch am Ende doch eines von beiden, entweder Mann oder Weib.

Wie Sie ein Verhalten, wie das soeben beschriebene, in Ihrem letzten Brief als »ethisch indifferent« bezeichnen können, übersteigt meinen Horizont. Natürlich gehören Personen solchen Schlags keines Falls vor Gericht – wie jeder Kranke gehören sie zum Arzt. Lassen Sie die Ihnen Befohlenen nicht im Stich!

Mit allen guten Wünschen
Ihr Westphal

[183] **Müller an Ludwig**

Halberstadt, 23. März
Mein allerliebstes Hertz!

Heute habe mich hertzlich nach Dir gesehnet, welches wohl dein liebstes Schreiben verursachet, dadurch ich gleichsam in dein werthestes Hertz, welches vor Liebe gegen mir überfließet, gesehen. Glaube nur, mein Engel, daß meine Liebe nicht geringer ist, gegen dir, als die deinige zu mir. Du bist ja wohl derjenige, den mir allein der Herr ausersehen. Ich kann ja wohl nicht Worte finden, meine innigliche und brünstige Liebe, die der Herr stets vermehren wolle, dir vorzustellen. Ob ich wohl weiß, daß ich dich, mein Herzenskind, demnächst mit göttlicher Hülfe sprechen und in Liebe umfangen werde, so hat doch mein in dich ganz verliebtes Hertz deine liebsten Zeilen nicht unbeantwortet lassen können. Deine nach meiner Rückkunft sich sehnende Liebe erquicket mich und erfreuet mich, doch nicht weniger deine Gelassenheit. Unsere Freude wird dann desto größer sein, wenn sichs ein wenig verziehen möchte. Wie werden uns, mein herzliebster Anastasius, noch überschwänglich aneinander freuen und Gott preisen um alle seine Güte und um seine Wunder, die er an uns beweiset.

Deine Susanna

P. S. Aus Brautbriefen der Anna Magdalena von Wurmb an August Hermann Francke.

[184] **Clauder an Francke**

Halberstadt, den 30. Martij 1714
Hochehrwürdiger, Hochachtbarer, Hochgelahrter und in Gott andächtiger, Insonders Hochgeehrtester Herr Professor

Nach Hochehrwürdens Rath und Willen habe besagten Anastasius Rosenstengel und die Jungffer Susanna Elisabeth Mühlhahn vor zween Wochen copuliret. Zeithero hat sich gemelter Rosenstengel als schlechter Gesell erwiesen welcher, kaum daß er verheurathet und in die Kammer seiner ehelichen Liebsten im bescheidnen Hause von deren Mutter eingezogen, aus derselben nicht wieder herauskommen. Auch auff mehrmaliges Bitten und Drängen von Meister de Leuze, der Gesell möchte sich an der Werckbank wieder sehen lassen, hat sich der Strumpfwircker und Kattundrucker nicht dahinselbst begeben, weshalb ihn der Meister fortgejaget, wann er nicht selber wär weggeblieben.

Ohne Lohn aber kein Brod, sintemal auch die junge Ehegattin die Kammer nicht mehr verlassen, um wie vorhero fremder Leute Wäsche zu waschen. Als dannenhero der Hunger sie gebissen, hat besagter Rosenstengel den geringen Brauttschatz seiner ehelichen Liebsten auff den Marckt getragen und daselbst Linnen, Kleyder und Bettgewand verkaufft. Solches verargt ihm die Schwiegermutter gar sehr, welcher über dieß die Zweiffel nicht benommen, der Kerl sey ein Weib. Hat dieselbe ihn dahero unter wüstem Geschrey und Schelten aus dem Haus geworffen, ihre Tochter aber dabehalten und verlanget von derselben, sie möchte sich laßen scheiden. Ist die Mutter deßhalben zu mir kommen und saget, die Frau Dorothea Rosina Pottin habe sie versichert, daß die vermeintlichen Eheleute sich nur geistig vereiniget hätten, darumb die Ehe nicht eigentlich vollzogen und die Scheidung dahero nicht nur höchst nöthig, sondern auch ohnschwer möglich. Kommt selbigen Tags Anastasius Rosenstengel zu mir und verlanget, ich mögte ihm sein Weib wiedergeben. Dieselbe sey schwanger und könne die Mutter, welche all zu lange allein mit der Tochter gelebet, nur die neuen Umbstände nicht vertragen.

Da nun die Ehe Rosenstengeli schon vor der Hochzeit auff schlechten Grund gebauet, und von Gerüchten bedränget, gestehe Ew. Hochehrwürden meine Gewissensnoth und Rathlosigkeit, was hier zu thun, und bitte dahero um Weisung und Befehl des theuren Vaters in Christo, dessen stete väterliche Obhut ich hertzlichst apprecire und verbleibe jederzeit

Ew. Hochehrwürden gehorsamster
Israel Clauder, Pfr.

[185] **Francke an Clauder**

Halle, den 2. Aprilis 1714

Hochzuehrender Herr
Lieber Bruder in Xsto

Ich eile, mit umgehender Post dessen vom 30. Martii zu beantworten. Unglücklicher Umbständer halber habe dessen früheres, worinnen zuerst von besagtem Rosenstengel Erwähnung gethan, nie erhalten; bitte dahero, zukünfftig nicht an die Glauchaschen Anstalten zu adressiren, sondern ins Pfarrhaus von St. Ulrich in Halle.

Besagter Anastasius Rosenstengel ist ein gottloses Weibstück, welche eigentlich Catharina Linckin benamset. Der liebe Mitbruder in Christo will dahero derselben gantz geheim Mittheilung machen und derselben Copulation mit der Susanna Elisabeth Mühlhahnin vor ohngiltig erklären. Da die Ehe zwischen Weibern nicht statt hat, muß und kann dieselbe nicht geschieden werden. Beschwöre aber Meinen hochgeehrten Herrn, andren gegenüber strengstes Stilleschweigen zu bewahren und jedwedes Geschrey noch in der Kehle zu ersticken.

Dem Herrn befohlen
A. H. Francke

[186] **August Hermann an Anna Magdalena Francke**

Halle, den 3. Aprilis 1714
Mein allerliebstes Kind!

Unsre Tochter ist zu mir gekommen und hat unter tausend Thränen um Copulation mit unserm Gevatter Freylinghausen gebeten, welchen als unsern zukünftigen Eidam zu begrüßen wir also bald Hoffnung haben. Den Wunsch derer Liebhabenden desto rascher zu erfüllen, haben die beyden sich noch gestern Abend im Beyseyn unsres Sohnes Gotthilf und mir als Zeugen verlobet. Der süße Heyland, der ihre Hertzen also vereiniget, lasse dieses Band ewiglich verknüpfet bleiben. Den 29. dieses haben vor die Hochzeit ins Auge gefaßt. Da unsere Tochter von dann an hier bey ihrem ehelichen Liebsten, Vater und Bruder Wohnung nehmen wird, hoffe und bete ich zu Gott, er möge auch deinen Sinn erfassen und deine Schritte zu uns lenken. Wann du doch nur mochtest die geringste reflexiones machen auf den Schaden, welchen du durch deine conduite anrichtest, so würdest du dich wenigstens resolviren, zu uns in die Stadt zu ziehen und hernach deine Gedancken nach eignem Gefallen hier behalten. Wann du die Anstalten vor eitel und frevelhaft hältst und der Gottseligkeit im Weg, warumb weillest du dann länger und bleibest dort wohnen?

Sey mein Herzenskind versichert, daß ich dir von Herzen ergeben bin und daß ich keine Worte zu finden weiß, damit ich ausdrücke, wie empfindlich mir unsre Zwitracht ist. Du hast Unrecht an mir gehandelt und weißt es wohl, denn du hast dir das Amt angemaßt, welches Gott mir verliehen, und einen Brieff abgefangen und nach eignem Sinn beantwortet. Doch zürne ich dir nicht, sondern will dich in so zarter, reiner und göttlicher Liebe ehren, als dein Bruder in Christo nur vermag.

Gott sehe dich mit erbarmender Liebe an.
Der Deinige A. H. Francke

[187] Ludwig an Müller

Hohenschwangau, den 6. April 1886
Einzig geliebter Freund! Mein Erlöser! Mein Gott!

Die Briefe von Ihrer Reise, besonders der letzte aus Halberstadt, haben mir das Herz im Busen beben lassen. Sie werden nun die ganze Wahrheit an das Licht bringen! Die Erfüllung unsres Wunsches naht, das Werk, welches in das Leben treten zu sehen Sie kaum zu hoffen sich getrauten, soll bald vollendet und dann gedruckt werden, auf meine Kosten und ganz nach Ihrem Willen. Denn daß der Berliner Professor, mit welchem Sie im Briefwechsel stehen, Ihr Werk für seine Zeitschrift censiren, kürzen, oder sonst entstellen würde, soll nie Wirklichkeit werden. – O Wonne des Gedankens, das Drama in seiner vollendeten Form soll uns werden! Heil Dir! Heil der Kunst!

Heute werden es genau sechs Monate, innig geliebter Freund, seit wir uns im mündlichen Verkehre zum ersten Male mit dem trauten »Du« benannten. Oft denke ich an jenen herrlichen 6. Oktober zurück und an jene seither so lieb gewonnenen Stelle im Garten von Herrenchiemsee, an der wir uns zuerst als Freunde und Brüder begrüßt. Wenn wir uns fortan schreiben, so wollen wir uns auch schriftlich »Du« nennen; so mache ich denn den Anfang. – Wenn Du mir eine wahre Freude machen willst, so nenne mich in Deinem nächsten Briefe gleich Anfangs Du, es würde mich schmerzen, wenn Du es nicht thätest. – O Heiliger! Ich bete Dich an!

Zwei Stunden später

O Franz, ich will nicht versuchen, Dir die Qualen zu schildern, die der Bericht verursacht, welchen mir ein Eilbote gereicht just, als ich obige Zeilen geschrieben. O mein Lebensnerv krankt, wenn ich noch lange so wüthende Seelenleiden aushalten muß, die Bedingungen meines Daseins schwinden!

Meine sämtlichen Minister sind der unumstößlichen Ueberzeugung, es müsse jeder Versuch, den Landtag zur Willigung irgend einer Summe über den Betrag der Civilliste hinaus zu bewegen, mit einer Niederlage enden, durch welche das Ansehen der Krone auf das Schwerste geschädigt werde. Eine unrefundirliche Leistung von Landesmitteln an die Cabinettskasse habe nicht die mindeste Aussicht auf Erfolg. Sollte eine verzinsliche und zurückzuzahlende Summe bewilligt werden, so nur bei gleichzeitiger sehr weitgehender Controle meiner Kasse durch den Landtag, verbunden mit unleidlichen Dispositionsbeschränkungen meinerseits, welche mit der Würde des Monarchen unvereinbarlich wären und die ich sicherlich nicht zu ertragen geneigt wäre. Meine Minister weigern sich daher, den Befehl auszuführen, welchen ich ertheilt, den Landtag um mehr Geld anzugehen! Sagen, die Ganteröffnung gegen mich stehe unmittelbar vor der Thür, in wenigen Tagen würden die ersten Klagen gegen mich öffentlich verhandelt. – In eigner Fessel fing ich mich: ich Unfreiester aller! Der durch Verträge ich Herr, den Verträgen bin ich nun Knecht.

Oh mein Freund, wie fürchterlich schwer macht man es uns. Ich möchte in Deinen Armen – sterben und mein Name soll verklingen – die Welt vergessen, daß ich gelebt. Vergiß mich nicht – O wenn Du wüßtest ———! Der schönste und begehrenswertheste Tod für mich wäre, für Dich zu sterben. Oh, könnte dies sich bald ereignen, bald! Dieser Tod wäre mir erwünschter als alles, was die Erde zu bieten im Stande ist.

Ludwig

[188] **Elisabeth an Müller**

Wien, den 10. April 1886

Lieber Franz!

Wien hat mich wieder, leider! Prater statt Ölwald, Hofburg statt Troja. Meinen griechischen Vorleser habe ich weggeschickt, und wenn Sie wollen, können Sie sich einbilden, Sie hätten ihn bei mir ausgestochen. Der Vortheil, den Sie haben, ist, daß ich Sie nie sehe! Da kann ich mir einbilden, Sie seien so und so. Und Sie sind doch auch so, oder?

Auf Ihre fragwürdigen Ausführungen letztens einzugehen erspare ich mir. Stattdessen will ich Ihnen lieber eine gute Geschichte erzählen. Stellen Sie sich vor, der Kaiser hat sich während meiner langen Abwesenheit verliebt. Besseres hätte mir nicht passieren können! Vor meiner baldigen Wiederabreise muß ich ihm allerdings noch rasch den Weg ebnen, den er selber nicht findet, der damische Mensch. Katharina Schratt, so heißt die Dame, schön und blöd, Schauspielerin an unsrer Burg, ist eine herzensgute Person, bereit, mir meinen Mann in jeder Beziehung abzunehmen. So sehr es ihn auch zu ihr zieht, hatte er doch nicht die Courage, sie etwa auf einem Ball anzusprechen, umringt von hunderterlei Leuten mit und ohne Operngucker. All mein Ingenium hab ich gebraucht, um die zwei zusammenzubringen. Ich bestelle also bei Heinrich von Angeli ein Porträt der Schratt, das ich dem Kaiser schenken will. Heimlich verständige ich mich mit dem Maler und seinem Modell und besuche dann zusammen mit Franz Josef das Atelier zufällig zu einer Stunde, als Frau Schratt ihm sitzt. Man plaudert, man ist enchantirt, kommt sich näher. Aber wie weiter? Da kommt mir der nächste großartige Einfall: Ida wohnt ebenfalls in der Hofburg, allerdings hat sie einen eigenen, von Lakaien unbewachten Eingang zum Ballhausplatz. Auf meine Bitte lädt Ida die berühmte Schauspielerin zu sich ein, und ich schicke den Kaiser zu ihr, der durch die Flure und Gemächer der Burg ohne Aufsehen zu ihr kommt –. So geht das jetzt schon eine ganze Weile. Im Sommer werde ich die Schratt von Ischl aus in ihrer Villa Frauenstein bei Sankt Wolfgang besuchen, dann wird sie officiell als meine Freundin gelten. Damit ist jeder Klatsch unterbunden, denn ein Verhältnis des Kaisers, welches die Kaiserin billigt, kann ja nicht unschicklich sein. Ist das nicht köstlich? Ich setze an meiner Statt eine andere auf den Thron, eine Schauspielerin wie ich. Na, wie mache ich mich als Intendantin meines Lebens? So wird die leere Comödie, welche ein habsburgisches Familienleben abgibt, noch ganz apart!

Was machen Ihre Brieffälschungen? Schreiben Sie mir doch auch einmal wieder etwas Schönes aus Ihrer Anstalt. Erinnern Sie sich noch an die Dame in der 1. Klasse der ruhigen Frauenabtheilung, mit der ich mich vergangnes Jahr bei meinem Besuch dort so reizend unterhalten habe? Wer ist ist sie eigentlich und geht es ihr gut?

Leben Sie glücklich
Elisabeth

Fürstenried, 19. April 1886

Mein huldreicher König!

Daß zwischen uns im mündlichen Verkehre ein trautes Wörtlein den Rangesunterschied weggewischt, den menschliche Satzung aufgestellt hat, fällt mir leicht, solange ich dem Freund ins Auge blicke. Allein jedoch mit Feder, Tinte und Papier thue ich mich schwer, dem Wunsche zu entsprechen. Doch ist er mir Befehl, zumal er mir erlaubt, dem Theueren so lauter und wahrhaft ich nur kann nahezutreten. Mein lieber Freund – aus allerlei Andeutungen, Gerüchten und Merkwürdigkeiten reime ich mir zusammen: Es naht ernsthaft Gefahr. Der Kronrat hat am 15. März bei Prof. Gudden ein Gutachten bestellt – über Dich! Gudden hat versprochen zu bescheinigen, Du leidetest an originärer Verrücktheit. Hier draußen in Fürstenried hat er vor zwei Tagen vor dem Personal eine Stunde lang von Deiner angeblichen Geisteskrankheit gesprochen. Pfleger Mauder erzählt, Gudden habe schon mehrfach Ministerpräsident Lutz in dessen Wohnung aufgesucht. Ludwig, die Spatzen pfeifen es von den Dächern: Eine Verschwörung ist im Gange.

Aber noch können die Hochverräther aufgehalten und ihrer gerechten Strafe zugeführt werden. Ludwig, kehre sofort nach München zurück! Zeig Dich dem Volk! Nur die Angst vor dessen Zorn hält die Meuchelmörder noch ab. Seitdem Du Dich am Staatsschatz vergreifen willst, erlahmt Lutz' Langmut und Treue Dir gegenüber und er mag sich nicht länger den Vorstößen der Luitpoldianer erwehren. Wie sollte er auch? Kein Krämer in Augsburg will Steuern zahlen, damit die Einsiedelei des Gurnemanz zu Karfreitag in blumenreiche Rasenstücke gebettet wird, welche mühsam aus der Ebene hoch in die Berge geschafft werden, um dort den letzten Schnee doch nur unzulänglich zu verbergen. Kein Arbeiter in Fürth versteht, warum ihm ein Theil seines geringen Lohns weggenommen wird, damit die Venusgrotte von riesigen Öfen auf 16 Grad Réaumur erhitzt werden kann, während er selber in einem lausigen kalten Loch hausen muß. Keinesfalls darf Rittmeister Hornig ein drittes Mal mit hohen Kosten nach Capri geschickt werden, nur um das Blau der Grotte dort zu studiren. Die Separatvorstellungen mußt Du aufgeben – sie machen wegen der entgangenen Eintrittsgelder böses Blut und werden als Beweis dafür aufgefaßt, daß der König seinem Volk nicht zu begegnen wünscht. Hier in der Stadt ist die Stimmung gegen Dich nicht sehr

günstig. Verlasse Deine Welt der Märchen und Sagen, lege das Schwanen-
rittercostüm ab und zeige Dich in Deiner Residenz!

Ich würde mich glücklich nennen, Dich in der Nähe zu wissen und mündlich mit Dir den Abschluß jenes Buches zu besprechen, welches dank Deines
Rathes eine so überraschende Wendung genommen. Wir müssten uns dann
auch nicht länger schreiben, welches etwaig nicht mehr ziemlich, da ich zuletzt nicht mehr sicher war, ob ich als erster und einziger in den Genuß Deiner Briefe komme. Auch Otto thäte ein Besuch des geliebten Bruders gut.
Komm zu uns, bester Freund. Wenn Dir die Residenz nicht zusagt, nimm
Wohnung hier, in Fürstenried.

Voller Vorfreude auf Dein Kommen
Dein Franz

P. S. »Auf aus der Träume wonnigem Trug! Erwache, Mann, und erwäge!«

[190] **Westphal an Bismarck**

Berlin, den 23. April 1886

Durchlauchtigster Fürst!

Gemäß Ew. Durchlaucht Wunsch habe ich Graf Eulenburg die Briefe des
Leibarztes Seiner Königlichen Hoheit Prinz Otto, Dr. Franz Carl Müller,
übergeben und werde ihm auch jeden weiteren zukommen lassen.

Ew. Durchlaucht treffliche Antwort auf meine Andeutungen zur Lösung
der Frauenfrage zielt in den Kern des Problems: die Mutterschaft des Weibes, weshalb ich mich ermuthigt fühlen darf, Hochderselben weitere Gedanken grundsätzlicher Natur zu unterbreiten. Wollen wir ein Weib, das ganz
seinen Mutterberuf erfüllt, so kann es nicht Aufgaben übernehmen, denen
nur der Mann sich gewachsen zeigt. Die Inferiorität des weiblichen Gehirns
ist nicht nur nützlich, nein der physiologische Schwachsinn des Weibes ist
auch nothwendig, er ist nicht nur ein Faktum, sondern auch ein Postulat. Es
ist geradezu kindisch, die Beschaffenheit des Weibes, wie sie zu allen Zeiten
und in allen Völkern vorhanden ist und war, für ein Ergebnis der Willkür, der
Cultur gar zu halten. Die Sitte ist das Secundäre, nicht sie hat das Weib an
seinen Platz gestellt, sondern die Natur hat diese dem Manne untergeordnet
und deshalb wurde die Sitte.

Versagt das moderne Weib den Dienst der Gattung, will es sich als Individuum ausleben, will es lernen, studiren, männliche Berufe ausüben, gar wählen und seinen kleinen Kopf mit Dingen abquälen, die viel zu groß für ihn sind, so wird es mit Siechtum geschlagen; übermäßige Gehirnthätigkeit macht das Weib nicht nur verkehrt, sondern auch krank. Diese modernen Närinnen sind schlechte Gebärerinnen und schlechte Mütter. Die Qualität ihrer Kinder läßt zu wünschen übrig und es fehlt an Muttermilch. In dem Grade, in dem die Civilisation wächst, sinkt die Fruchtbarkeit, je besser die Schulen werden, umso schlechter werden die Wochenbetten, kurz, umso untauglicher werden die Weiber.

Nimmt aber die Bevölkerung nach Zahl und Beschaffenheit ab, tritt das Volk in das Greisenalter ein. Da auf keinen Fall die ganze Menschheit an der Umbildung des Weibes theilnehmen wird, so muß ein Feministenvolk seinen Nachbarn unterliegen und seine Reste werden in anderen gesunden Völkern aufgehen. Wenn in einem Volke nur bestimmte Stände die Mannweib-Bildung durchführen, so setzen sie sich auf den Aussterbe-Etat. Immer handelt es sich um gesellschaftlichen Selbstmord, wenn man will, um Landes- oder Standesverrath. Vaterlandsliebe zwingt uns demnach zum Handeln. In der anhaltenden Hoffnung, Ew. Durchlaucht möge mir die Stelle und Person anweisen, welche meinen ausgearbeiteten Entwurf zur Gründung einer Weiberheilanstalt sorgsamst prüfen wolle, bitte ich Ew. Durchlaucht um die Genehmigung der aufrichtigen Huldigung meiner ehrfurchtsvollen Ergebenheit

Paul Julius Westphal

[191] **Müller an Elisabeth**

Fürstenried, 27. April 1886

Kaiserliche Hoheit!
Liebe Elisabeth!

Für die Geschichte der Inthronisation einer Kaiserin aus dem Volke meinen verbindlichsten Dank. Sie ergäbe als Libretto eine Vorlage, würdig eines Mozart. Fast zuckt es mir in den Händen, mich daran zu versuchen, darf ich doch dem Abschlusse meines Rosenstengel-Manuskriptes bald entgegensehen.

Sie wünschen sich zur Revanche Geschichten aus dem Irrenhaus. Die Dame, nach der Sie sich zu erkundigen beliebten, hat uns lange schon wieder verlassen. Sie leidet nur unter periodischem Irresein und greift danach ihr Leben in den höchsten Münchener Gesellschaftskreisen wieder auf. Prof. Gudden wagte aus decenter Rücksichtnahme damals nicht, sie Ihnen vorzustellen. Es handelt sich um Esperanza de Sarachaga y Uria, von spanischer Herkunft, doch aus St. Petersburg gebürtig, vermählt mit dem ehemaligen bayerischen Gesandten am russischen Hof Baron von Truchseß. Sie führt in München einen beliebten Salon, in welchem auch die Prinzen und Prinzessinnen des königlichen Hauses verkehren, und zwar um so lieber, als die Baronin Truchseß mit ganz besonderer Liebe und Verehrung zu ihnen aufblickt. Ein gewisses Übermaß dieser Gefühle hängt mit ihrem periodischen Wahnsinn zusammen. Der Natur dieser Gefühle nach wendet die Baronin die höchsten Grade der Verehrung dem Haupt des königlichen Hauses zu, das dafür freilich am wenigsten empfänglich ist. –

Andere Geschichten endeten hier zuletzt weniger heiter. Sie erinnern sich an die hintere Männerabtheilung, wo verblödete, unreinliche, immer gereizte, zu rücksichtslosen Gewaltthätigkeiten aller Art geneigte Kranke hausen? Hier ohne gute Rückendeckung Visite zu machen ist weniger denn je rathsam. In einem der besonders fest gebauten Beobachtungszimmer ist dauernd ein Kranker eingeschlossen, zu dem sich schon allzu lange keiner mehr gewagt hat. Letzte Woche ist ein unvorsichtiger Pfleger, ohne jemandem Bescheid zu geben, allein zu ihm hineingegangen. Der Irre hat ihn fast erschlagen und ist dann in die Stadt entwichen. Als er dort einen Passanten in die Isar warf, wurde er ergriffen und in die Anstalt zurückgebracht, – wo man seine Flucht noch nicht einmal bemerkt hatte!

Nach diesem Vorfall entschloß sich Gudden, die Abtheilung für Unruhige neu zu ordnen und einzurichten, auch baulich. Alles war fertig, nur die an Ort und Stelle festzuschraubenden Bänke fehlten noch. In seiner eng begrenzten Geduld ließ Gudden die neue Abtheilung unvorsichtigerweise mit den Stühlen der alten Räumlichkeiten ausstatten. Ein neu angekommener Kranker, welchen kein Pfleger oder Arzt einzuschätzen vermochte, ergriff nun einen solchen Stuhl und schlug einem auf der Bank schlafenden Mitpatienten den Schädel ein. Auf die Meldung des todtenbleichen Wärters eilte ich zur Stelle. Nie werde ich den Anblick vergessen: Der Erschlagene lag blutend und röchelnd auf dem Boden, das Hirn trat aus einer breiten Spalte seines eingeschlagenen Schädels heraus. Der Thäter sang und lachte vor sich hin. Vielleicht dreißig Geisteskranke liefen im Raum umher, der eine über seine Frau schimpfend, der andere über die Hose jammernd, welche er verkehrt herum angezogen, alle aber vollständig gleichgültig und theilnahmslos gegenüber dem eben vor ihren Augen begangenen Morde.

Leider kann ich von Ihren beiden Cousins auch nur Trauriges berichten. Beide leiden, und beiden kann ich nicht helfen. Otto ist jede Kontrolle über Darm- und Blasenentleerung abhanden gekommen. Da er zudem die Berührung eines Closetts oder eines entsprechenden Gefäßes vermeidet, ist seine körperliche Hygiene sehr erschwert. Und Ludwig – es könnte dahin kommen, daß er sehr rasch das Land verlassen muß. Ob Sie allenfalls dafür sorgen wollten, daß Tyrol, welches er als nachbarliches Freundesland seiner geliebten Allgäuer Berge oft besucht und ausgezeichnet hat, dem heimatlosen Flüchtling im Fall der Fälle freundlich Schutz gewährte? Wenn der für Fernstein zuständige Bezirksgensdarm etwa unterrichtet wäre, verschaffte mir das einige innere Erleichterung. Ludwig weiß nichts hiervon –.

Ihnen immer verbunden
Ihr Franz

[192] **Bismarck an Westphal**

Friedrichsruh, 28. April 1886

Hochgeehrter Herr Professor!

Hatten Sie je Gelegenheit, geistig gebildete Frauen kennen zu lernen? Ihren Ausführungen zur Frauenfrage habe ich mein lebhaftes, wenn auch mit Neigung zur Opposition gemischtes Interesse zugewandt. Folgt man Ihnen, so ist der größte, der einzige Feind der Emancipation der Frau die Frau selber. Auch wenn die Weiber nicht mein Beritt sind, so vermag mir das schwerlich einleuchten.

In Erwartung weiterer Briefe, die Ihnen von jenem Vertrauten Sr. M. des Königs von Bayern zugehen, verbleibe ich

Mit vorzüglichster Hochachtung
v. Bismarck

Neue Burg Hohenschwangau, 30. April 1886

Mein geliebter Freund!

O wie mächtig zieht es mich zu Dir, wie gern folgte ich Deiner Einladung, allein: Ich kann nicht! Ich kann nicht nach München kommen, in dieses elende Drecksnest! Ich kann es nicht ertragen, mich von Tausenden Menschen anstarren zu lassen, 1000 mal zu lächeln und zu grüßen, Fragen an Menschen zu richten, die mich gar nichts angehen, und Antworten zu hören, die mich nicht interessiren. Es ist auch nicht nöthig, denn das bayerische Volk liebt mich, wie je. Nein! Nein! Ich kann aus der Einsamkeit nicht mehr heraus. Wenn es das wahre Wohl der Nation erheischte, scheute ich keine noch so großen und schmerzlichen Opfer. Wieder und wieder habe ich dies bewiesen, am bittersten 1870/71. Dies verleiht mir die Berechtigung, in meiner Sphäre zu bleiben, mich nicht herabziehen lassen zu müssen in den Strudel der Alltagswelt, die mich anwidert, sondern in meiner ideal-monarchisch-poetischen Höhe und Einsamkeit zu verharren, unbekümmert durch die geifernden Schlangenzungen. Beklage dies nicht, sondern sei versichert, daß ich gerade dadurch, daß ich innerlich der schalen Welt keine Concessionen mache, das Heiligthum der idealen Anschauung unverletzt in mir bewahre und vielleicht die Vollendung Deines großen Werkes gerade dadurch Dir ermögliche. Das reine Feuer erhabener Begeisterung kann nicht genährt werden, wenn der Priester zu viel mit Dingen dieser Erde sich befaßt, man kann nicht dem Himmel und der Erde zugleich dienen. Du glaubst, ich erfaßte sie nicht, die Welt? Ich flüchtete vor ihr in Märchen und Sagen? O nein, dem ist nicht so. Gerade weil ich die Wirklichkeit, die Prosa des Lebens, die Fadheid der meisten Menschen so genau durchschaue, durchleide, gerade deshalb will ich die Wirklichkeit von sich selbst erlösen! Wir dürfen die Menschen doch nicht in ihrem Elend belassen.

Deine mich tief rührenden, doch kleinlichen Sorgen um mich, bester Franz, stammen daher, daß die Einfügung Deinerseits in Deine neue Rolle noch nicht recht Dir gelungen. Der theueren Elisabeth erging es nicht anders, als sie, die bescheidene Tochter einer Wittelsbachischen Nebenlinie, Kaiserin von Österreich ward. Doch Du wirst Dich noch eingewöhnen. Du vergißt bei Deinen zärtlichen Vorhaltungen, daß meine Ansprüche nicht nur mir allein dienen, sondern der Allgemeinheit, deren Wohl ich stets im

Auge behalte. Das Blau etwa, welches mir für die Venusgrotte vorschwebt, treibt die Badische Anilin- und Soda-Fabrik zu Höchstleistungen an; es wird ihr ein gerechter Vortheil daraus erwachsen.

Da ich meine Schritte nicht zu Dir zu lenken vermag, bitte ich den Theuren, seinerseits mir einen baldigen Besuch abzustatten. Jeder Gedanke, jeder Nerv, jede Faser meines Wesens gehört Dir; wer vermag es, so innig, so treu, so glühend Dich zu lieben? Der Theure wird den Schmerzensschrei aus der blutenden Freundesseele hören; wird Er kommen? – Oh, Du kannst die Flehensbitte nicht unerhört lassen; sonst wird die Kraft meiner entflammten Begeisterung, die jetzt noch unüberwindliche Macht in sich trägt, diese Kraft wird dann in ihren Grundfesten erschüttert, und Wahnsinn! bemächtigt sich meiner! Es wurde schon oft hämisch angedeutet oder sogar offen erklärt, ich sei ein Narr. Prof. Gudden ist nicht der erste. Ach! Ach! Tiefe Nacht ... Wahnsinn ... Oh! Wuth ... Da lach' ich, lache, kann nicht weinen, nur schreien, wüthen, toben, rasen in stets erneuerter Wahnsinn's Nacht.

Dein Eigen Ludwig

[194] **Luitpold an Gudden**

München, 5. Mai 1886

Hochverehrter Herr Professor!

Anbei überschicke Ich Ihnen die Abschriften der Briefe, welche S. M. und Ihr Assistent seit Dienstantritt des Letzteren gewechselt haben. Insbesondere jene beiden unter Pseudonym geschriebenen (»Rosenstengel« bzw. »Susanna«) dürften für das irrenärztliche Gutachten von höchster Bedeutung sein. Darüber hinaus finden Sie einen Zettel, eigenhändig von Sr. M. geschrieben, gerichtet an Seinen Vertrauten, den Marstallfourier Hesselschwerdt, welchen der Kammerlakai Mayr gegen ein kleines Douceur Uns ausgehändigt und welcher Ihre Sammlung ebenfalls wesentlich bereichert. Den Entwurf Ihres Gutachtens erwarte Ich in wenigen Tagen.

Wie Ich censirten Berichten der Presse entnehme, hat vor Kurzem ein aus Ihrer Fürsorge entlaufener Irrer beinahe einen Passanten in der Isar ertränkt; ein anderer hat, bestens aufgehoben in Ihrer Anstalt, einen anderen Mitkranken ermordet. Um Sie als Director der Oberbayerischen Kreisirrenanstalt zu halten, sehen Wir Uns genöthigt, solche Nachrichten zu unterdrücken, was auf Dauer jedoch schwer fallen dürfte.

Mit vorzüglicher Hochachtung
Luitpold Pz. von Bayern

[195] **Ludwig an Elisabeth**

Berg, den 11. Mai 1886
Theuere Elisabeth!

Wie jeden 11. Mai ist meine Ankunft hier in Berg heute Nacht glücklich von Statten gegangen, und wie stets reizt die im Frühling jubilirende Natur zum Entzücken, wenn auch noch der Rosenflor fehlt, welcher uns, so meine schönste Hoffnung, bald erneut zum gemeinschaftlichen Genusse zusammenführen wird. Franz ist von Fürstenried herübergekommen, leicht kann er dort und hier für das Heil beider unglücklicher Brüder sorgen! Die Baronin Truchseß hat sich auch schon hier eingefunden und läßt sich auf den Wellen des See's schaukeln, mit dem Opernglas beständig uns suchend. Franz erzählt mir, zwischen ihr und Dir bestünde ein magnetischer Rapport. Den anmuthigen Reigen der Mädchen, welchen Du in Deinem letzten Briefe aus Troja so unvergleichlich schilderst und welchen Du selbst in Possenhofen früher getanzt, vielleicht könnten wir ihn dieses Jahr auf der Roseninsel aufleben lassen, mit Dir und der Truchseß und uns beiden? Wann also dürfen wir Dich erwarten?

Haben Franz und ich letztes Jahr hier photographirt, so stellen wir heuer Bilder auf andere Weise her. Wie gefällt Dir dieser beikommende Stich nach Dürer? Franz hat eine so glückliche Hand in allem, was er anfaßt!

In ewiger Liebe, in unerschütterlicher Treue
Dein Ludwig

Fürstenried, 14. v. 1886

Lieber Müller!

Mauder vermißte Sie heute früh und rief Sie, im Glauben, Sie seien zum Dienst in die Münchner Anstalt abkommandirt, telegraphisch nach Fürstenried. Da ich Sie jedoch nicht herberufen hatte, eilte ich schleunigst selbst hier heraus.

Zunächst zu Prinz Otto. Sein Zustand ist leider dramatisch. In der Nacht fürchtete er, Bismarck dringe in seinen Körper ein. Voller Eckel und Pein erleichterte er sich zwanghaft in Schränke und Schubladen und schmierte die Faeces an die Wände. Da die Pfleger – wegen *Ihrer* Anweisung, sich zurückzuhalten – zu lange nicht eingriffen, that schließlich eine Reinigung Otto's wie auch des Zimmers höchlichst Noth. Mauder und Braun holten die Brandspritze und zielten mit starkem Strahl auf Otto, der jedoch immer wieder geschickt entwischte. Da er sich unter keinen Umständen ruhig abwaschen ließ, füllten Mauder und Braun schließlich ein Faß mit kaltem Wasser, fingen Otto und sperrten ihn hinein. *Beide* mussten sich auf den Deckel setzen, bis er endlich Ruhe gab.

Bei meinem Eintreffen fand ich alle drei zerkratzt, geschunden und verletzt vor, erschüttert über das Vorgefallene. Die Wunden S. kgl. Hoheit sind versorgt, das Wasser in den Lungen hat er allmählich abgehustet. Er hat sich beim Toben im Faß den rechten Arm gebrochen (glatt), welchen ich schön geschient und glücklich in der Zwangsjacke untergebracht habe.

Nun zu Ihnen. Wo sind Sie? Da Sie zu meiner größten Verwunderung weiterhin ausbleiben, schicke ich diesen Brief ins königliche Hoflager in der Annahme, ein anderer Patient habe dringend Ihrer bedurft. Wie können Sie sich unterstehen, die Seite des Prinzen Otto zu räumen ohne für Vertretung zu sorgen? Ich habe keine Worte für Ihr verantwortungsloses Verhalten und erwarte dringend Ihren persönlichen Rapport in München, wohin ich selbst nun zurückeile.

Mit vorzüglicher Hochachtung
Gudden

Cölln, den 15. May 1714

Hochgeehrteste Frau Professor
Liebe Mitschwester in Christo

Seitdem deren liebreiches Schreiben vom 20. decembris anno 1711 bey uns eingelauffen, uns zu ermahnen, den entschwundenen Anastasium Rosenstengel mit Ehren in unsere Reihen zurück zu bitten, ist viel Wasser den Rhein herabgeloffen. Damalen hat sich derselbe nicht wieder bey uns lassen blicken, weshalben uns ohnmöchlig, der hochgeehrtesten Frau Professor Befehl zu befolgen. Anjetzo aber ist besagter Rosenstengel nach drey und einhalben Jahren ohnversehens wieder in unsrer Stadt eingetroffen, welches zu vermelden wir nicht säumen wollen. Darmit das Heil, welches hochgeehrte Mitschwester uns mit dessen Wiederkehr angekündiget, uns auch finden mögte, ist unsere kleine geheime Gemeinde gesinnt, demselben Gutes und Barmhertzigkeit genog zu gewähren. Allerdings erschweret uns derselbe solchen Liebesdienst, als er nicht allein zurückgekehret. Er führet ein Weib mit sich, welche der Eva Langin verdächtig, die bey uns verblieben. Saget, Rosenstengel sey mit jener Susanna Elisabeth nicht rechtmäßig verheirathet, und will dahero nicht dulden, daß ihr alter Kamerad, der ins Fleisch und Sünden gefallen, in Gnaden bey uns auffgenommen. Um den abermaligen Streitt unter uns zu verhindern, haben wir besagten Rosenstengel sambt seinem Weibe vors erste zu denen Jesuiten von Mariä Himmelfahrt gebracht, wo beyde Nahrung und Obdach gefunden.

Was die stille Rosenstengelin angehet, so zeiget sich dieselbe sehr zur Arbeit in dem Garten derer Jesuiten geschickt, welcher alle bekannten und unbekannten Pflanzen der alten und der neuen Welt beherberget. Doch ist nicht zu verschweigen, daß des jungen Weibes Gemüth zuweilen merckwürdige Früchte treibet. Wann sie fleißig die Unkräutlein jätet, versincket sie zuweillen in den Anblick einer dort angepflanzeten Natur Seltenheit und spricht dann unerhörete Liedlein, welche sie in ein Heftlein schreibet, etwan:

Dieses Baumes Blatt, der von Osten
Meinem Garten anvertraut,
Giebt geheimen Sinn zu kosten
Wie's den Wissenden erbaut.

Dieweilen die Jesuiten kunstsinnige Männer, lassen sie das ansonsten züchtige Weib gewähren.

Besagten Rosenstengel beschäftigen dieselben als Aufwärter in dem Tollhause. Mutig begleitet er den Pater Bourbaki, wann derselbe sich zu den Besessnen waget, welche an ihren Ketten ziehen und zerren. Der Pater sprengt einem jeden von ihnen Weihwasser auff das Haupte, doch halten darauff hin nur die Blöden kurtz in ihrem Jammern inne, während die Rasenden noch wüthender toben. Rosenstengel ersiehet daraus, daß das geheiligte Wasser ohne stärckende Krafft und der Papismus reiner Aberglauben, weshalb er ohne Gewissensqual einen Handel mit besagtem Weihwasser begonnen. Wann der Pater wieder gegangen, lässet er die sanfftmüthige Marizibill, welche vorhero eine offt gebetene Wehmutter gewesen, nunmehro aber in Stumpfsinn versuncken, ins heilige Becken späuen, verührets und theilet davon unterm Dreykönigenpförtchen an Maria im Capitol denen werdenden Müttern gegen einen Kreutzer mit. Ist gegen den Aberglauben in dieser heidnischen Stadt kein Krautt gewachsen. Ob sein Handel nicht schade und also harmlos, wie Rosenstengel saget, oder aber Land- und Leute-Betrug, darüber entzweyen sich abermalen die Gemüther in unsrer Gemeinde.

Bey denen Jesuiten müssen er und sein Weib deren Messen beywohnen und sich auch die Unterweisung im catholischen Bekenntnis gefallen lassen. Wann die beyden dann unsere Versammlungen besuchen, so waschen wir sie rein im gemeinsamen Gebet und Lesung der Schrifft. Wir leben der Hoffnung, daß sich die Abneigung der Eva Langin gegen das Weib ihres alten Gefährten legen wird und die beyden Neuankömmlinge bald glücklich mit uns leben und uns das Heil bereiten werden, welches die geehrteste Frau Professorin uns versprochen.

Dieselbe befehlen wir der Gnade Gottes und verharren in Christo ewiglich

Jupp Leyendecker und Severin Schmitz
Vorsteher und Ältester der lutherischen Gemeinde zu Cölln

Halle, den 17. May 1714

Wohlehrenvester, Vielgeehrter Herr

Wann ich die Antwort auf Dessen verdrüßliches vom 10. Februarii verzögret, geschahe dieß, um die Drehung des Weltenrades abzuwarten, welches stets dem Triumphe den Sturtz folgen lässet und umgekehrt. Nachdem Meines hochgeehrten Herrn Schreiben mich in tieffsten Kot geworffen und meinen Widersacher Francke emporgehoben, steiget mein Glück nunmehro hoffnungsfroh wieder auff. Hat unser König doch soeben ein Edikt erlassen, daß jede Entscheidung in Hexensachen von Ihm höchstrichterlich zu bestätigen. Ich kann M h H die Genugthuung nicht verhehlen, welche darüber empfinde, daß Seine Majestät also meiner Lehre folgen. Ich habe die Hexenrichter so der Lächerlichkeit Preis gegeben, daß man sich solcher Processe nunmehro schämen und nicht dem Könige vorlegen wird. Die willkürlichen Scheiterhauffen allerorten dürfften dahero in Kürtze aufhören zu lodern und die Kräuterweiblein können in Frieden sterben.

Habe meinem verehrten Collegae Francke die Zeitung sogleich freudig communiciret, sintemal seine eigene eheliche Liebste in den Augen derer Hexengläubigen nicht undeutlich verdächtiger Conventiculorum beschuldiget worden, Verachtung des Predigtamts und der heiligen Sacramente, Haeresos, Schismatis, Störung der gemein äußerlichen Ruhe, auch Kirchenfriedens, hartnäckigten Ungehorsams, Kränkung des Respects und welches mehr. Hat mich darauff der gute Mann erinnret, daß auch unser Heyland mußte in der Wüste vom Teuffel verführet werden, um demselben zu entsagen. Ach Gott! Meine Lehre braucht ihre Vertheidigung nicht und es gehet der Wahrheit durch die Beschimpfung nichts ab. Wer die Wahrheit geiget, dem schlägt man den Fiedelbogen um die Ohren.

Dannenhero sich unser junger König meiner Lehre öffnet, lebe der Hoffnung, Er mögte sein Edikt wider die Comödien u. s. w. überdencken. Nichts könnte fataler seyn, als die edlen Künste vor einen gottlosen Zeitvertreib zu halten. Denn es bestehet der Nutzen, den ein Liebhaber der Weisheit aus der Beywohnung eines Dramas oder der Lesung eines Romans hat, darinnen, daß er die unterschiedenen Neigungen und Arten der menschlichen Natur daraus erkennen lernet, seinen Verstand schärffet und zu der Klugheit, sich behutsam auffzuführen, Anleitung bekommt. Bey Lesung etwan von schrifftlichen Gesprächen, die aus allerhand Erfindungen bestehen, die den Leser belustigen und auffmercksam machen sollen, muß nicht nur der Auctore auffpassen, daß er den Charakter der Personen, die er redend einführt, trifft und behält. Auch der Leser muß dieses Kunststück wissen und sich in Acht nehmen, daß er dem Verfertiger des Gesprächs nicht eine fremde Meinung andichte; vielmehr muß er durch fleißiges Nachdenken die Person heraussuchen, unter welcher der Autor sich hat verbergen wollen. Erkennet M h H aus diesem Exempel, wie lehrreich die Kunst denen Genießenden, weßhalb Seine Majestät dieselbe besser patrociren als verbieten wolle.

Ähnliches gilt vor die Jungffer-Akademie, welche auffzugeben ich mich nicht entschließen kann. Weibspersonen sind der Gelahrtheit sowohl fähig, als Mannspersonen. Die Wahrheyt kann von allen Menschen, waserley Geschlechts sie auch seyn, erkandt, und folglich auch wieder anderen beygebracht werden. Alleine was das weibliche Geschlecht betrifft, so hält dieselben das gemeine Vorurtheil wider alle Vernunfft hierzu ganz ungeschickt. Ich dencke mir dahero eine Jungffer-Universität mit den Freyheiten wie für die männliche Jugend, in welcher Professoren und Professorinnen die weibliche Jugend unterrichten, angeleitet von der hochwürdigen Frau Rectorin. Communicire M h H doch dem König solche Gedancken.

Zuletzt theile M h H mit, daß Catharina Linckin nicht nur wieder auff-, sondern auch schon wieder abgetauchet ist. Auff der Hochzeit meines Patenkindes, der Sophia Franckin mit dem Adjuncte ihres Vaters, Johann Freylinghausen, erzählete mir die Brautt, daß die Linckin wieder ihre Männerkleider angeleget, nach Halberstadt gezogen, den Namen Rosenstengel angenommen, sich vor einen Leinwandsdrucker ausgegeben, und sich mit einer dortigen Weibes Person hat copuliren lassen. Nachdem Francke dem dasigen Pfarrer wegen des Pseudo Rosenstengelii Beschaffenheit Nachricht gegeben, hat jener mit seiner jungen Frau sich aus dem Staube gemacht und weiß niemand deren Verbleib. Wie Sophia Franckin dies erzählet, fließen ihr Rotz und Thränen über die Backen, und warumb?, weil die junge Brautt doch gar zu gern einen Ehrentantz mit mir getanzet hätte. Maßen ihr Vater aber jede Musick verboten, hat die Brautt bey ihrer traurigen Hochzeit schon ihre einstmalige Beerdigung geschmecket.

Meinem hochgeehrten Herrn gehorsamster Diener
Christian Thomasius

Anna Magdalena Francke an Dorothea Rosina Pott

Halle, den 30. Maij 1714

Sind Blitze, sind Donner in Wolken verschwunden?

Auserwählte Freundin in unserm einigen und liebsten Jesu

Dencke nur, liebster Engel, ausgerechnet meine Sophia hat mich verrathen und verlassen. Kaum hatte ich ihr deinen letzten Brieff mitgetheilt, in welchem du so herrlich von den himmlischen Freuden derer mit Sophia Vereinigten geschrieben, wollte sie am liebsten stehenden Fußes zu euch nach Halberstadt entfliehen. Wie ich ihr dies verwiesen, ist sie heimlich zu ihrem Vater entschlüpfet und hat sich hinter meinem Rücken mit Freylinghausen verlobet. Auff einmal konnte es ihr nicht schnell genug gehen. Die Hochzeit hat dann in aller Stille Statt gehabt. Zwey geistliche Freundinnen der Anstalten haben das Fest ausgerichtet. Wie vorhero angekündiget, bin ich fern geblieben, was meiner Sophia arg auffs Gemüth geschlagen und worüber sich die Stadt das Maul zerrissen. Die arme Braut hat ohnausgesetzt geweinet, was mir recht das Hertz gebrochen. *Wir müssen durch viel Trübsal in das Reich Gottes eingehen.*

Zeithero hat sie alles daran gegeben, mich mit den Meinen zu versöhnen, und reihet sich ein in die Schlange von Leuten, welche mich auf Bitten Franckes des Morgens, Mittags und Abends besuchen, um meinen Willen zu brechen. So ward ich denn endlich gezwungen, mein stilles Haus zu verlassen und mit meinem ehelichen Freunde, meinem Sohne, meiner Tochter und Freylinghausen im Pfarrhaus von St. Ulrich zusammen zu leben. Ich habe mich vor dem Herrn gedemüthiget, Francke abgebeten und mich zu aller Willigkeit verstanden. Er verzieh mir gnädig und bat, wir mögten umb den Segen Gottes bitten und dahero nebst Freylinghausen, Sophia und Gotthilf zum Heil. Abendmahl gehen. Ich erkannte seine Absicht, auff diese Weise sogleich der ganzen Stadt unsere Versöhnung wie auff dem Marckte auszuschreyen. Doch begab ich mich darein, um des Friedens Willen. *Komm, süßes Kreutz.*

Nun höre, was sonst noch geschehen. Von der Lutherischen Gemeinde in Cölln habe ich erfahren, daß unsere Freunde in Christo Anastasius und Susanna Rosenstengel dort eingetroffen und aus Armut gezwungen, in einem Convent derer Jesuiten zu leben und zu arbeiten. So haben wir nun also beyde jenes göttliche MannWeib verloren. Erlaube meine auserwählte Freundin die Frage, weshalb sie mir dieß nicht mitgetheilet? Warum nur haben beyde euch verlassen? Sollte etwas seyn vorgefallen, wovon du mir noch nicht berichtet? Und lass dir die offne Frage gefallen und beantworte sie, als ob dein Heyland in dich dringe: Hast *du* in Halberstadt die Gerüchte in den Gassen vertheilet, Rosenstengel habe in Halle Weib und Kinder, oder sey überhaupt kein Mann?

Gnade, Barmherzigkeit und Friede von Gott unserm Vater und dem Herrn Jesu Christo erbittet

deine treue Schwester im Herrn
Anna Magdalena Franckin

[200] **Anna Magdalena Francke an die Lutherische Gemeinde in Köln**

Halle, 30. Maij 1714

Hochedle, Andächtige und sonders großgünstige Herren
Liebe Mitbrüder in Christo

Vor Deren hochwerthes vom 15. dieses dancke treu ergebenst, aus welchem erfahren, daß Anastasius Rosenstengel wohl behalten wieder zu euch zurück gekehrt. Darf die lieben Mitbrüder in Christo sowie die Eva Langin versichren, daß keine offenbahre Sünde zu befürchten, sondern derselbe in Ehren sein Weib Susanna Elisabeth mit sich führet, welche ihm zu Halberstadt ehelich angetraut. Einige von deren Liedern sind mir bekannt und bitte vor weitere Mittheilung aus deren Hefte. Singen sie zwar nicht in deutlichen Worten Gottes Lob, so sind sie doch von hohem Geiste beseelt und weisen in eine Zukunft, welche uns noch dunckel.

Besagten Anastasius Rosenstengel bitte hertzlich zu grüßen und zu erinnren, daß sich unser Herr Jesus Christus auch zu denen Melancholici herabgelassen und einen Besessenen geheilet, indem er dessen bösen Geistern befohlen, in eine Herde Säue zu fahren, welche sich darob in den See Genezareth gestürtzet und ersoffen. *Selig sind, die da geistlich arm sind, denn das Himmelreich ist ihr.*

Vor alle liebreichen Bemühungen, welche die treuen Mitbrüder in Christo diesem bescheidnen Knechte des Herrn vergelten wollen, sage Danck im Namen des Höchsten.

Denen hochgeehrten Herren Gebet und Dienstwilligste
Anna Magdalena Francke

P.S. Bitte, deren Brieffe stets an mich zu adressiren, dieweil mein liebster
Eheherr von vielerley Geschäfften verschlungen.

[201] **Die Lutherische Gemeinde in Köln an Anna Magdalena Francke**

Cölln, den 20. Juny 1714

Hochgeehrteste Frau Professor
Werthe Mitschwester in Christo

Niemahlen hätten wir der hochgeehrten Frau Professor Grüße an besagten
Anastasium Rosenstengel bestellen sollen, haben dieselben den Schlingel
doch zu einem Bubenstück sonders Gleichen inspirirt. Statt Heil hat derselbe
uns abermahl Unbill verschafft, welches wir der Schwester im Glauben nicht
wollen verhehlen.

Dieweil die Zweiffel der Eva Langin auch von hochzuehrender Frau Professor Schreiben nicht behoben und sie weiter die Sünde beklaget, in welcher
Rosenstengel und sein Eheweib leben, sind beyde im Kloster Mariä Himmelfahrt geblieben. Vergangnen Sonntag nun, wie die Jesuiten im Hochamt beten, kettet Rosenstengel alle Irren und Melancholici des Tollhauses zuvörderst aneinander und dann von denen Wänden, öffnet das Thor und
führet sie die Tranckgass hinunter zum Rhing. Da des Sonntags früh die
gantze Stadt in denen Kirchen und Kapellen, ziehet Rosenstengel mit dem
Tross Tollhäusler gleichsam unbemercket (nur ein paar Buben und die Eva
Langin schlichen hinternach) flussauffwärts bis zum Werthchen, wo die
Weiber ihr Linnen zu bleichen pflegen, wo aber an diesem Morgen eine große
Herde Schweine wühlen. Später hat man erfahren, daß Rosenstengel die
Sauen in der Nacht aus ihren Ställen befreyet und auf die Halbinsul verbracht. Wie nun die Dötschen die Schnäggelchen erblicken, wollen einige
die Eber reiten, andre wollen nehmen Reißaus, und alles schreyt und tobt
und zerret und scheuert sich wund an denen Ketten.

Mitten in dem Tumulte hebt Rosenstengel an zu predigen und redet endlich einen Jeck an: »Wie heißest du?« Nachdem der Tollhäusler nur blöde
lallet, saget Rosenstengel: »Du heißest Legion. Denn es sind viel Teuffel in

dich gefahren.« Wie der Tünnes darauff Rosenstengel an denen Kleidern zupfet, befiehlt derselbe den bösen Geistern, aus dem Rasenden und in die Schweine zu fahren. Als nichts geschieht, befiehlet Rosenstengel endlich den Schweinen, sich in den Rhing zu stürzen. Doch auch diese wühlen fröhlich weiter in den schönen Grassoden (o wie haben die Weiber am Montage darob getobet, ärger noch als die Blötschköpp) und weigren sich, seinen frommen Wünschen zu folgen. Also greiffet Rosenstengel geschickt ein Ferkelsche, so seine Stiefel benibbelt, und wirfft es mit aller Krafft und in hohem Bogen ins Wasser. Doch welch ein Beben, welch ein Toben erhebet sich jetzo, da dat erbärmlich quiekende Schnäggelche von der Strömung abgetrieben und Irre und Rasende vereint mit allen Sauen, welche den Frevel bemercket, sogleich Rosenstengel hart bedrängen. Die Schwein stoßen ihre Rüssel nach demselben und grunzen kollich, die Rasenden rasselen drohend mit ihren Ketten und schließen einen Kreis um Rosenstengel, enger und enger. Es war, als wollten alle versammleten bösen Geister nunmehro in Rosenstengel fahren und derselbe solle den Abhang hinunter jagen und sich in die Fluten stürzen, dem Schnäggelche hinter nach.

Meddlerwiel sind die Messen verlesen, läuten die Glocken, strömen die Lück auff die Gassen und sehen auf dem Werthchen den tollen Melchior mit der schreyenden Grete Ketten rasslen, den wüthenden Clemens die stumme Marizibill würgen, und ist ein schröcklich Toben von Dötschen und Säuen, welche auffgeregt quiekend und grunzend zwischen her springen. Rennen einige Kirchgänger, denen Jesuiten bekannt zu geben, was geschehen, und nach deren Tollhäuslern zu suchen, erkennen andere zwischen all den Rasenden den Jeckesten von allen, namentlich Anastasius Rosenstengel, welcher vor Jahren schon einmal die Gutgläubigen getäuschet, als er dem Leimsieder prophezeyet, der könne über das Wasser gehen. Die Irren, die Säue, das Wasser – ein Reformirter, so dabeystund und das Evangelium gelesen, erkennet Rosenstengels gehabte und verfehlte Absichten und klaget denselben laut an, wie er sich könne so versündigen an im Gemüthe verruckten Menschen. Kamen schließlich die Jesuiten mit Stricken und Seilen und volontirten starke Männer, die Tollhäusler und Säue wieder einzufangen.

Noch selbigen Tages haben die Jesuiten dem Anastasius Rosenstengel die Thür gewiesen, worauff er ohn Abschied, wie schon einmal, aber dießmal mitsambt seinem Weib verschwunden. Hoffen wir Mitglieder der kleinen Lutherischen Gemeinde allesambt, er mögte nicht noch einmal zu uns kommen und begehren von der Hochzuehrenden Frau Professor nur noch Auskunfft über das fragliche Heil, welches uns mit Rosenstengel zu werden versprochen.

Die wir verharren unter Göttl. Gnaden Empfehlung

Jupp Leyendecker und Frings Schmitz
Vorsteher und Ältester der Lutherischen Gemeinde zu Cölln

[202] **Ludwig an Müller**

Vorderriß, den 16. Mai 1886

Mein theurer angebeter Zauberer!

Nun bin ich wieder in den herrlichen Bergen, in Gottes freier Natur. Ich wohne in einer stillen, trauten Hütte, umgeben von hohen Tannen, mit frischem Grün geschmückt; durch eine Lichtung blicke ich in herrliche Fernen. Wie auf dem Schachen so habe ich auch hier in der Riß ein Zimmer für Dich einrichten lassen. Noch immer erfüllt mich die Trauer über die so rasch erfolgte Abreise Deinerseits aus Berg, Hals über Kopf, nach dem Eingang jenes unglücklichen Briefes aus der Hand von Prof. Gudden in Behuf Otto's. Geht es meinem Bruder besser? Welcher Neid erfüllt mich angesichts Deiner Fürsorge für Ihn! Auch mich sollst Du heilen! Baldigst werden wir die Suche nach einem neuen Arzt für Otto beginnen und, haben wir einen guten gefunden, dann erfolgt die Ernennung Deinerseits zu meinem Leibarzt, als welcher Du ohne Urlaub und Befehl oder gar Lüge wie zuletzt immer um mich sein kannst, sein mußt.

Das Wiedersehen mit Dir hat mich gestärkt, hat mir die alte Titanenkraft wiedergeschenkt. Noch ist sie mein, die Macht. Siegesbewußt wollen wir voranschreiten, Geliebter. Will mir der Freund, der einzige, so beistehen, wie ich Ihm, in guten wie in schlechten Tagen, ewig untrennbar vereint? Jetzt Franz, gilt's! Passe recht auf und besorge es gut. Die jetzigen Minister, allen voran Lutz, müssen weg. Sie sind verstockt, ja benehmen sich schlechter, als nur zu denken war, sie haben sich bei mir unmöglich gemacht. Eine neue Regierung muß her. Sind die Kammern des Landtags verstockt, dann auflösen, andere her und das Volk sehr bearbeiten. Schnell aber. Außer den Rückständen ein paar Millionen dazu, die anderen schaffe Du herbei. Es geht um sofortige Deckung (nicht Vorschießen, das ist unwürdig mir gegenüber), dann ist die Civilliste wieder ganz in meinem Besitz. Dann rasch vorwärts mit dem Schlafzimmer in Linderhof und mit dem Ausbau in Herrenchiemsee und Falkenstein. Mein Lebensglück hängt davon ab. Du sollst es erschinden, durchreißen, alle Schwierigkeiten besiegen und Hindernisse niederreißen, und baldigst ist die Hauptsache. Gehandelt muß werden und schleunigst, denn es eilt sehr. Beherzige dies recht, recht sehr. Fort, du Fauler! Willst du gleich schmieden und schaffen? He an die Arbeit! Alle von hinnen! Hurtig hinab! Aus den neuen Schachten schafft mir das Gold.

Der Schah von Persien soll unermeßliche Reichtümer besitzen. Er sitzt, gleich mir, auf dem Pfauenthron und wird dem bedrängten Bruder die helfende Hand nicht verweigern. Willst Du nicht gleich nach Persien aufbrechen?

Auf Dich bauend, mein Fels,
Ludwig

[203] **Gudden an Luitpold**

München, 17. V. 1886

Gnädigster Prinz und Herr!

Anbei erlaubt sich der treu gehorsamst Unterzeichnende Euerer Königlichen Hoheit das bestellte Gutachten zu übersenden. Danach sind die geistigen Kräfte Sr. M. bereits dermaßen zerrüttet, daß alle und jede Einsicht fehlt, das Denken mit der Wirklichkeit im vollen Widerspruch sich befindet und das Handeln ein unfreies ist. Durch die Krankheit ist die freie Willensbestimmung Sr. M. vollständig ausgeschlossen. Allerhöchstdieselbe ist für unheilbar zu erklären und daher als verhindert an der Ausübung der Regierung zu betrachten, und zwar nicht nur länger als ein Jahr, sondern für die ganze Lebenszeit.

Um zu dieser höchst bedauerlichen Conclusion zu gelangen, bedurfte es nicht des zuletzt vermittelten königlichen Handschreibens an den Marstallfourier Hesselschwerdt, welches nicht in die Bewerthung der geistigen Gesundheit Sr. M. aufgenommen wurde, wie ähnliche Beweise auch. Zu diesen zählen die Geschenke, mit welchen S. M. meinen Assistenten Müller überhäuft. Wie mir der Pfleger S. kgl. Hoheit Prinz Otto, Mauder, berichtet, hat

Müller von Schloß Berg zurückgebracht: 1 Brilliantring – 1 goldenen Renaissancebecher – 1 Busennadel mit Rubinen und Brillanten – 2 dto Manschettenknöpfe – 1 Medaillon von Türkisen. Müller trägt die Sachen nicht, doch konnten sie in seinem Zimmer in Fürstenried nicht unentdeckt bleiben. Mauder fand, tief verborgen im Schrank, auch weiße Rehlederhosen, so eng, daß man sie, wie er meint, nur nass anziehen kann, worauf sie, am Leib trocknend, sich wieder zusammenziehen. – Nach all dem muß man Seine Majestät für einen der perversesten Menschen überhaupt halten. Da die übrigen Befunde Allhöchstderselben geistige Zerrüttung jedoch erschöpfend belegen, ist im Gutachten auf die Erörterung der sexuellen Perversion Seiner Majestät verzichtet worden. Da damit zu rechnen ist, daß widerstrebende Kräfte eine Veröffentlichung des Gutachtens verlangen werden, wurde, mit Rücksicht auf die Königsfamilie, so zu handeln für klug erachtet.

Euerer Königlichen Hoheit Tadel an den Zuständen in der Oberbayerischen Kreisirrenanstalt ist zu entgegnen, daß der traurige Unfall, welchen Ew. Kgl. Hoheit zu erwähnen belieben, der erste tragische seit 1877 war. Solche Vorfälle werden unseren Anstalten nie ganz erspart bleiben. Sie zu verhindern kann nur mit einer ausreichenden Ausstattung gelingen. Ich schlage daher vor, zum 1. Juni den bisherigen Assistenzarzt Dr. Nissl zum Oberarzt, Dr. Müller aber in Anbetracht seiner Verdienste um S. M. und seiner großen persönlichen Opfer bei der stattgehabten Beweisaufnahme vom bisherigen 2. Assistenten zum 1. Assistenten und Leibarzt des ehem. Königs zu ernennen, und gleichzeitig drei neue Assistenten in die Anstalt aufzunehmen.

Für Ew. Kgl. Hoheit allergnädigste Beförderung der vorgetragenen Nothwendigkeiten dankt im Voraus ergebenst

Euerer Königlichen Hoheit unterthänigster Diener
Bernhard von Gudden

Fürstenried, 19. Mai 1886

Professor Gudden!

Der beklagenswerthe Zustand des Prinzen Otto zwingt mich zu herben Worten der Wahrheit. Eingesperrt im Wasserfaß ist S. kgl. Hoheit so schwer mißhandelt worden, daß ich den Vorfall bei den vorgesetzten Behörden werde melden müssen. Bei der Gelegenheit werde ich mich auch gezwungen sehen, Aufschluß über die Vorgänge in der Oberbayerischen Kreisirrenanstalt zu geben, wo neuerdings das Ohrblutgeschwulst wieder blüht. Die sich darin ausdrückende Vernachlässigung der Kranken hängt ursächlich mit der völlig falschen Ausrichtung der Anstalt selbst zusammen. Professor Gudden – die Geisteskrankheiten ganz in den Gehirnkrankheiten aufgehen zu lassen ist verfrüht, wenn nicht überhaupt unmöglich. Die Psychiatrie als Wissenschaft gewinnt nicht viel dadurch, wenn wir die Bezeichnung »psychische Störungen« einfach mit der von den »Krankheiten des Vorderhirns« vertauschen. Die Unsummen von Arbeitskraft, Zeit und Intelligenz, welche das Studium der Hirnanatomie in Ihrem Labor verschlungen hat, waren für die klinische Psychiatrie gänzlich verloren. Die Ergebnisse der von Ihnen durchgeführten Sectionen sind äußerst unbefriedigend. Sie sind nicht einmal im Stande, einen Schnitt durch eine paralytische Hirnrinde von einer gesunden zu unterscheiden, geschweige denn, eine bestimmte Krankheit aus dem anatomischen Bilde zu erkennen. Ihr physiologisches Halbwissen besteht nur aus unfertigen und plumpen Hypothesen aus der Leichenkammer. Wirkliche Auskunft über das Geschehen in der Seele vermag weder der Materialismus zu geben, der die Seelenvorgänge aus dem Körper, noch der Spiritualismus, der den Leib aus der Seele erklären will. Wüssten wir alles, was im Gehirn bei seiner Thätigkeit vorgeht – was nützte es? Alles Chemische, Elektrische und Mechanische ist doch immer noch kein Seelenzustand. Dieses Räthsel wird ungelöst bleiben bis ans Ende der Zeiten. Bis dahin muß uns einzig das Wohl der uns Schutzbefohlenen am Herzen liegen, nicht ihr Hirn.

S. kgl. H. fiebert so stark, daß ich mich nicht von seinem Bett bewegen und, wie Sie wünschen, nach München kommen kann.

Hochachtungsvoll
F. C. Müller

Halberstadt, den 31. Julij 1714
Auserwählte Freundin Gottes in Christo herzlich geliebet!

Dein Brieff hat mir schwere Stunden bereitet, hertzliebe Schwester, und manches deiner Worte hat mich gekränket. Nein, böse Freundin, ich habe in Halberstadt keine Gerüchte über die Leibesbeschaffenheit unsrer Freundin Anastasius Rosenstengel verbreitet. Ich habe nur Susannens Mutter von der himmlischen Sophia erzählet und welche Freuden ihrer Tochter verheißen; muß derselben an dem Mannweib Adam-Sophia der Kopf zerbrochen seyn und hat dieselbe das geistliche vor das fleischliche genommen und zeithero ein Mißtrauen geheget, welches zu den unglücklichen Begebenheiten geführet, welche du vernommen. Insonders der Pfarrer Clauder, welcher nie ein Freund dieser Vereinigung, hat die Vorwürffe freudig auffgegriffen.

Nach der Hochzeit haben Anastasius und Susanna gelebet wie die Lilien auff dem Felde. Seinen Platz beym Strumpfwircker hat Rosenstengel nicht wieder eingenommen, sondern auf das Evangelium verwiesen: Wer um des Verdienstes willen arbeite, sey noch eitel in diese Welt verliebet. Sie aber wollten ihr Zutrauen in den Herrn beweysen, indem sie jegliche weltliche Furcht um Brod ablegten wie staubigte Kleyder nach einer Reise. Da nun aber die Schwiegermutter ihr eigen Brod abnehmen sah, und des Glaubens ermanglete, der Herr werde schon vor sie sorgen, hat sie Rosenstengel mit bösen Worten aus der Kammer geworffen. Susanna Elisabeth aber wollte nicht ohne ihn seyn, und so hat Rosenstengel verkaufft, was sie noch besessen, und sind in die Welt gewandert und bis Cölln kommen.

Dencke dir nur, auserwählte Freundin, vor dreyen Tagen ist nun Susanna Elisabeth Rosenstengelin alleine zurückkommen. Ihr ehelicher Liebster hat sie bis vors Thor geführet, aber nicht gewaget, die Stadt zu betreten, dieweil der Pfarrer Clauder und die Schwiegermutter gegen ihn eingenommen. Das blühende junge Ding ist mager worden und noch ernster, als sie je schon gewesen. Sie hätten müssen betteln ums Brod, im Felde geschlafen und nicht mehr weiter gewußt, weshalb sie zu ihrer Mutter zurück gekehret.

Wie der Pfarrer Clauder vernommen, daß Susanna bey mir eingetreten, hat er mich sogleich besuchet. Wie wir aber zu beten und singen anfangen, bricht Susanna in Thränen und Schluchzen aus, sie sey eine unwürdige Magd und dürffe nicht länger zum Tisch des Herrn und dies sey auch der wahre

Grund, weshalb sie von aller Welt so gar verlassen und verloren. Und nun bete, Anna Magdalena, bete! Auff vielerley Nachfragen gestehet sie nemblich endlich, daß sie und ihr Mann greulich vom Glauben abgefallen und sich in Cölln zur Catholischen Religion begeben! *Ach! Mein Lamm in Tigerklauen.*

Nachdem ich meinen Abscheu überwunden und mich zur christlichen Barmhertzigkeit ermahnet, reichet ich der Susanna eine Stärckung, theile ihr auch heimlich von deinen Kräutlein mit, und höre ruhig an, was geschehen. In Cölln, so saget Susanna, seyen sie einer Eva Langin begegnet, welche Rosenstengel von früher bekannt und welche ihr verdächtig, weil dieselbe ihrem Manne gleich schöne Augen gemachet. Da Susanna nicht bey ihr habe wohnen wollen, hätten sie müssen suchen ein ander Quartir, und hätten ihnen einig die Jesuiten von St. Mariä Himmelfahrt geholffen, doch nicht aus Erbarmen, sondern zu dem Zwecke, sie in der catholischen Religion zu unterweisen. Nachdem sie einige Zeit dort gelebet, gegessen und getruncken und den Schutz derer Jesuiten genossen, habe der Pater Bourbaki sie beyde währender Messe zum Tauffstein gebeten und nochmalen getaufft. Nächstdem hätte der Pater sie beyderseits vor den Altar gefordert, einem jeden einen Ring gegeben, und sie zum zweyten Mahl getrauet. Sie hätte der Trauung widersprochen, der Pater aber habe gesagt, die erste Trauung möchte wohl nicht richtig seyn. Wie sie in ihrer Geschichte so weit kommen, bricht Susanna abermals in bitterliche Thränen aus und betheuret, sie hätte solches nur aus Noth gethan, einig die Armuth habe sie verleitet. Nicht viel später hätten die Jesuiten ihnen die Thür gewiesen, da deren Zweck nunmehro erfüllet, und hätten nicht gewußt, wohin, und seyen im Lande herumvagirt ohne Ziel und Auskommen und Gelegenheit. Haben also beschlossen, Susanna bey ihrer Mutter zu lassen, bis Rosenstengel eine neue Stellung gefunden.

Bleibet zu hoffen, daß dies bald geschieht, dann der Mutter fehlet ihr Linnen und Bettgewandt immer noch schmertzlich, sintemal sie ihre eignen frühern Sachen jetzt vor ander Leute waschen muß, welche sie ehrlich von Rosenstengel erworben. Lässet es dahero an Schimpfen und Klagen gegen ihre Tochter nicht fehlen. Dieweil Susanna ehrlich ihren Abfall eingestanden, kann der Pfarrer Clauder sie nicht zum Gottesdienst und Abendmahl zulassen und zeiget nunmehro die gantze Stadt mit Fingern auf die Rosenstengelsche.

Dargegen will mir dein Leid, liebe Schwester im Glauben, vor gering erscheinen und ermahne ich dich, von dir selbsten abzusehen und dich getrost und freudig im Herrn den deinigen zu widmen. Meine Söhne, welche zu mir zurück kommen, bedauren gar sehr, wie alles sich so traurig verändert und weder hie bey uns noch dort bey euch länger eine Gemeinschafft der Heiligen.

Deine Gebet und Dienstwillige
Dorothea Rosina Pottin

[206] Clauder an Francke

Halberstadt, den 25. Augusti 1714

Hochehrwürdiger
insonders Hoch- und Werthgeschätzter Herr Professor

Wann wir gehoffet, mit Catharina Margaretha Linckin oder dem so genannten Anastasius Rosenstengel nichts Schlimmeres mehr erleben zu können, als was bereits geschehen, so haben wir uns bitterlich getäuschet. Mögen Ew. Hochwürden vernehmen, welch gottlosen Streich das frevelhaffte Weib abermals ausgeführet. Vor knapp vier Monaten ist dieselbe zusammen mit ihrem vermeinten Eheweib plötzlich und spurlos verschwunden und ward nichts mehr von ihnen gehöret. Nun aber ist vor vier Wochen zuvörderst die Mühlhahnin, anjetzo leider Gottes auch der vermeinte Ehemann zurück nach Halberstadt kommen. Habe dahero Rosenstengel zu mir gebeten und nach seinem Woher und Wohin befraget, ohne ihm zu bedeuten, was Ew. Hochwürden mich haben wissen lassen. Er saget, er habe in Helmstedt Arbeit gefunden und schon gutes Geld verdienet und sey gekommen, seine eheliche Liebste abzuholen. Beyde hätten Halberstadt schon verlassen, wann Susanna nicht krank und erst müsse gesunden. Darauff schreibe ich ohnverzüglich unserem werthen Collega in Helmstedt, dem jungen Magister Johann Friedrich Heine, welcher im ehmaligen Kloster St. Marienberg die Pfarrstelle inne, ob ihm ein Anastasius Rosenstengel bekannt. Ich hätte auffs Gerathewohl keinen bessern fragen können, dann M. Heine hat sich vor wenigen Tagen von Rosenstengel nach Strich und Faden betrügen lassen. Dessen Schrifft *De misericordia eruditorum, vulgo der Gelehrten Gutherzigkeit*, welche vor kurtzem gelesen, hätte derselbe besser über der Gelehrten Gutgläubigkeit verfaßt.

Rosenstengel nemblich hat ihm, wie Heine mir communiciret, mit sehr niedergeschlagnem Angesicht und betrübtem Hertzen offenbahret, wie er von Quackerischen Eltern zu Nürnberg geboren und nicht getauffet, sondern am achten Tage loco circumcisionis nur mit einer Nadel geritzet. Allererst im 12. Jahr seines Alters sey er von einer Prophetin, Eva genannt, in dem Namen Jehova Almajo Almejo getaufft worden. Als ihr Secte allda verjaget, sey er nach vielen Fatalitäten zu Cölln angelanget, und von denen dasigen Jesuiten zum Thorhüter im Tollhause gemacht und in deren Religion und Catechismo informiret worden. Da ihm aber die Bibel zu lesen verwehret, sey er aus dem Kloster gelauffen und habe sich bis nach Helmstedt gebettelt. Nun bitte er, ihn in der Lutherischen Lehre zu unterrichten und zu tauffen, damit er keine Gefahr an seiner Seeligkeit litte, welches dann endlich nach vielen Umbständen erfolget. Dabey sey ihm der Name Julius Augustus und 25 Reichsthaler Patengeld gegeben worden, davon er 16 erhalten. Das übrige verwahret der Pfarrer Heine, bis Rosenstengel aus Halberstadt seine geistliche Mitschwester gebracht, welche er in seinem Quacker Stande mit sich herumgeführet, umb sich mit derselben zu Helmstedt abermahls trauen zu laßen.

Susanna Elisabeth Mühlhahnin dargegen hat mir gleich nach ihrer Ankunfft die Wahrheit erzählt, wie sie nemblich zeitlichen Gewinstes halber zu Cölln am Rhein von denen Jesuiten catholisch getaufft und noch einmal getrauet worden. Will Catharina Linckin oder besagter Rosenstengel also nunmehro noch einmalen nur um baaren Goldes willen in den Schoß der Kirche Luthers zurückkehren, und hat vor die Tauffe schon Gelde genug eingestrichen und hofft, solches mit der nächsten Trauung in Helmstedt noch weiter zu vermehren.

Daß diese dritte Trauung der Rosenstengels unbedingt zu vermeiden, maßen die Sacramente kein Schindluder, darinne weiß mich mit Ew. Hochwürden einig. Wie dieselbe allerdings zu verhindren, frage Ew. Hochwürden gnädiglich an, sintemal ich mich scheue, ohne Dessen Billigung den Magister Heine in das wahre Geschlecht besagten Rosenstengels einzuweihen, lässet doch der Casum Hochwürdens Namen und Anstalten nicht unbeflecket. Erwarte und erhoffe dahero dringend Rath, wie weiter zu verfahren.

Gott erhalte Ew. Hochehrwürden bey guter Gesundheit und kröne ihn mit vieler Gnade, Barmhertzigkeit und Friede.

Dessen gehorsamster
Israel Clauder, Pfr.

München, 20. v. 1886

Lieber Freund!

Ihr Brief hat mir heißes Blut gemacht. – Einzelne, ganz seltene Ausnahmen vom Non-restraint-System, wie zuletzt bei Prinz Otto, hat schon Conolly gelten lassen. Daß unter keiner Bedingung mechanische Beschränkung angewendet werden darf, um das ›Prinzip‹ rein durchzuführen, der Einzelne also zu opfern ist, muß als Rohheit mit Verachtung zurückgewiesen werden.

Gleiches gilt für Ihre Platituden über die Physiologie des Gehirns, welche unfreiwillig nur Ihren Unverstand entblößen.

Sie drohen mir? Geben Sie Acht, daß nicht Sie selbst demnächst Gegenstand einer Anzeige werden. Beiligendes Blatt fiel Marstallfourier Hesselschwerdt aus der Tasche, als er mit Ihnen Berg verließ.

Gudden

[208] **Müller an Ludwig**

Mir dies? Dies, Tristan, mir?
Während ich in Berg bei Dir war – F.

[209] **Ludwig an Karl Hesselschwerdt**

Rasch noch diese Zeilen, lieber Karl!

Schon im April kam Mir der Kunis bei Joseph schöner und größer vor als er bei Krumper früher war. Du schriebst aber, er sei so, wie er bei diesem gewesen ist. Du schriebst außerdem, er wäre bei Joseph etwas gewachsen. Ist das wahr, muß er ja viel sehenswerther sein als wie er bei Krumper war, nochmals also *genauere* Meldung.

Sieh Dir auch Niebler *ohne Aufsehen* an. Wie ist der Heizer Nagler?
Vorsicht stets!

Ludwig

Halberstadt, den 5. Septbr 1714

Uns hat die Welt trüglich gericht mit Lügen und mit falschem Gdicht

Auserwählte Freundin in Christo

Wappne dein Hertz und sammle dich, dann wir sind schändlich betrogen worden! Die göttliche Sophia, auf welche Du Dein gantzes Sehnen gerichtet, weillet nicht unter uns und hat es nie gegeben. Anastasius Rosenstengel und Susanna Elisabeth Mühlhahn hat man verhafftet und ins Richthause geworffen! Sie schmachten, getrennt von einander, in feuchten Verließen zwey Keller tieff unter der Erde, mit schweren Eisen um den Hals. Ich eillete dieselben zu besuchen und mit Brod und Wein ihnen Erquickung zu verschaffen, doch hat mich der Kerkermeister nicht wollen vorlassen. Vernimm denn, was geschehen.

Anastasius Rosenstengel gehöret, welch Trost im Leid, im Glauben wieder zu uns. Er hat sich von Cölln nach Helmstedt und allda wieder zur lutherischen Religion begeben und ist nur nach Halberstadt kommen, die unglückliche Susanna Elisabeth ebenfalls zu Helmstedt wieder lutherisch zu machen. Leider vermogte dieselbe nicht, ihn alsogleich zu begleiten, wälzet sie sich doch seit Tagen in einem hitzigen Fieber, aus lauter Reue und Kummer über ihren Abfall von der Religion. Wie Rosenstengel an der Mühlhahnin Haus klopfet, weigret sich die Mutter, ihn einzulassen. Kömmt er darauff zu mir, doch weiß ich nicht zu helfen. Er gehet dann und kauffet eine Kanne Wein als Medicin vor Susanna und begehret abermals Einlaß in der Mühlhahnin Haus. Wie die Mutter die Kanne Wein gewahret, lässet sie Rosenstengel ein und lädt noch die Petersen und die Praetorius dazu, Susannens Gesundheit zu trincken. Nachdem Rosenstengel der Krancken Wein eingeflößet, trocknet er derselben den kalten Schweiß auf der Stirne und caressiret und küsset sein Weib, welche ihn freudig erkannt und leise mit ihm murmlet. Darauff zieht die Mutter ein schieff Gesicht und beschuldiget ihn abermals, daß er kein Kerl sey, sondern ein Weib, und will sein Ding sehen. Wie er sich weigret, wollen die Petersen und die Praetorius, vom Weine befeuert, ebenfalls sein Ding sehen. Wie er sich immer noch weigret, überfallen ihn die drey Frauenzimmer, und ist Rosenstengel auch groß und starck, seynd drey wüthende Weiber doch zu viel. Mit safftigen Maulschellen überwältigen sie ihn, fesseln ihn auff einen Stuhl, schlitzen ihm die Hosen auff, greiffen hinein und – Gott sey bey uns! – halten ein Horn nebst einer ledernen Wurst in Händen.

Rennt die Schwiegermutter darauff ohne Säumen ins Rathaus und liefert das lederne Instrument samt dem Horn in die Gerichte und klaget ihren vermeintlichen Schwiegersohn an, dieweil die Petersen und Praetorius bey der gefesselten Linckin verbleiben. Aber wie fangen die Petersen, die Praetorius und die Mutter zu schelten und zu zetern an, als die Wachen nicht nur Rosenstengel, sondern auch Susanna in Ketten legen und ins Richthaus zerren, so krank und fiebrig sie ist. Die Mutter läufft neben dem kläglichen Troß und jammert und wehklagt und schreyt, doch ohn Zweck, beyde werden in Hafft genommen. Kömmt die Petersen hernach alsobald zu mir und erzählet mir alles, wie ich dir hier berichtet.

Höre, Anna Magdalena, du mußt nunmehro alles thun, was in deiner Macht steht, umb die Mühlhahnin zu befreyen. Dein ehelicher Liebster ist nicht der Geringen einer im Lande; wie freue ich mich, daß du mit ihm versöhnt. Er muß und wird helffen, daß die Mühlhahnin nicht im Kerker verschmachte. Was Anastasius Rosenstengel angehet, so ist meine Weisheit zu Ende. Erkläre mir meine kluge Freundin – ist also der wiedergeborne Mensch zu schauen, wann die göttliche Sophia sich ihm verbunden? Ein nacktes Weib mit einer ledern Wurst vor der Schaam? Mein Geist ist zu gering, um das zu greiffen.

Es vertrauet auff deine rasche Hülffe
deine untröstliche Freundin in Christo
Dorothea Rosina Pott

[211] Anna Magdalena Francke an Thomasius

Halle, den 7. September 1714

Hochgeehrtester Herr Professor
Lieber Gevatter

Geübet in der Demuth vor dem Herrn werffe ich mich vor Meinen hochgeehrtesten Herrn Professor, welcher zuletzt ein garstig Schreiben an mich abgelassen, in den Staub und bitte denselben, beygefügten Brieff zu lesen, welcher soeben aus Halberstadt eingetroffen. Höret Er die Stunde, so Franckes Anstalten geschlagen? Wann der Linckin Treiben ans Licht kömmt, siehet die Welt zu welchem Frommen das eitele Jerusalem, welches mein ehelicher Liebster gebauet und welches besser heute als morgen zu zertrümmren.

Mein lieber Herr Gevatter hält nunmehro die Posaun in der Hand, mit deren Schall die Mauern einzureißen, doch beschwöre ich Ihn, Mittel und Wege zu finden, die Linckin darbey zu erhalten und zu befreyen.

Gebetschuldigst
Anna Magdalena Franckin

[212] **Francke an Clauder**

Halle, den 10. Septembris 1714

Hochzuehrender Herr
Lieber Bruder in Xsto

Die Verhinderung der bereits anberaumten dritten Trauung des so genannten Anastasius Rosenstengel mit der Susanna Elisabeth Mühlhahnin in Helmstedt thut ja vorerst nicht mehr Noth, alldieweil Catharina Linckin überführet und zusammen mit der Mühlhahnin in Hafft genommen worden. Wäre es dannenhero das beste, gar nichts nach Helmstedt zu vermelden. Die Linckin hat vom dortigen Pfarrer Heine zum 4. Mahle die Hl. Tauffe empfangen. Nach der eigentlichen und rechten Kindstauffe ist sie zu Nürnberg getauffet worden, um in ihr prophetisches Amt eingesetzet zu werden. In Cölln ist sie catholisch worden, um sich nunmehro in Helmstedt wieder lutherisch tauffen zu lassen. In dem Tauffwasser, so sie verbrauchet, könnte dieselbe ein Bad nehmen, doch würde die Mühe vergeblich seyn, sich von denen dabey auffgeladenen Sünden rein zu waschen.

Mag die Gemeinde meines lieben Bruders in Xsto zwar sehr nach einer kräfftigen Predigt wider den so genannten Rosenstengel verlangen, so bitte dennoch, besagte Sünden nicht einmalen zu streiffen. Je stiller die Inquisition vor sich gehet, desto favorabler vor unsere Sache. Habe dahero den Halberstädter Stadtrichter August Heinrich Meschmann sowie den Bürgermeister Christian Justus Lindholz gebeten, daß, wann die Inquisition abgeschlossen, keinesfalls das Urtheil bey der Juristenfacultät in Halle einzuholen, wie sonst üblich, sondern an einem unbetheiligten Orte möglichst weit von Halberstadt und Halle entfernt. Die Acten besagter Inquisition in meiner Feinde Hände möchte die Destruction der Anstalten bedeuten.

Hiermit der göttlichen Gnade überlassend
A. H. Francke

[213] **Clauder an Thomasius**

Halberstadt, den 15. Septembris 1714

Hochgelahrter
Insonders Hochgeehrtester Herr Professor

werden sich erinnren, daß anno 1712 angefraget, ob der Teuffel und desglei-chen, ob die Hexen seyn. Des hochgelahrten Herrn Professor hochlöbliche Antwort hat damalen mir als Richtschnur gedienet, gewisse Anschuldigun-gen gegen die Susanna Elisabeth Mühlhahnin abzuwieglen, welche vorhero allerley Unglückliches prophezeyet. Nunmehro habe aber erkandt, daß die Mühlhahnin zwar nicht selber eine Hexe, aber daß sie ist verhexet worden, und zwar von einem Weib Names Catharina Linckin, welche sich vor einen Kerl ausgegeben, als solcher Anastasius Rosenstengel genandt und die Mühlhahnin ins Verderben, ja in den tiefsten Höllenschlund gezogen, die-weil sie sich mehrmalen mit derselben hat tauffen und trauen lassen und zu den schändlichsten Sodomitereyen verführet. Nunmehro schmachten bey-de im Kerker, allwo die Linckin den höllischen Umbständen trotzet, die des Mitleidens werthe Mühlhahnin aber wie verhexet auff der Erden kauret, ohnablässig den Kopf nach vorn und hinten wieget, gantz wie die Juden in der Schul, und ohn Unterlaß singet: »Meine Ruh ist hin / Mein Hertz ist schwer / ich finde sie nimmmer und nimmermehr.«

Ist dahero nicht zu bezweifflen, daß in dem Augenblicke, in welchem die Linckin Mannskleyder angezogen, der Satan in dieselbe gefahren. Da der hochgelahrte Herr Professor selbst das Leben, Wesen und Treiben Satanis auf Erden niemalen geleugnet, und nur den fleischlichen Bund mit denen He-xen verneinet, hat derselbe vielleicht bishero ein falsches Bild von solcher Vereinigung gemalet und noch kein vom Teuffel besessenes Weib vor Augen gehabt. Lade den hochverehrten Herrn Professor dahero ein, im Richthause zu Halberstadt den Teuffel zu besichtigen, und nachhero dessen Behauptung, die Hexen seyn erfunden, einer Correctio zu unterwerffen.

Empfehle Meinen hochgeehrtesten Herrn Professor der Gnade des Herrn Israel Clauder, Pfr.

[214] **Anna Magdalena Francke an Dorothea Rosina Pott**

Halle, den 20. September 1714

Kommt ihr Töchter, helft mir klagen.

Liebe Schwester im Glauben

Die traurige Zeitung, so dein Brief gebracht, habe viel beweinet und bedacht und doch kein Antwort funden. Insonders ist mir undeutlich, mit welchem Vorwurffe man der Linckin und der Mühlhahnin begegnet, da sie doch eben im Begriffe, ihren gräßlichen Abfall von der Religion wieder zu heilen und ansonsten niemandem etwas zuleide gethan. Ist es also, daß sich dem äußern Anschein zween Weiber verbunden? Doch spricht Ruth zu Naemi: *Rede mir nicht drein, daß ich dich verlassen sollte und von dir umkehren. Wo du hingehest, da will ich auch hingehen; wo du bleibest, da bleibe ich auch. Wo du stirbest, da sterbe ich auch, da will ich auch begraben werden. Nur der Tod muß mich und dich scheiden.* Siehet der Herr also gnädig auff die Verbindung zweyer Weiber und ist die Mühlhahnin der Linckin eine treue Ruth und folget ihr bis in den Kerker nach.

Deiner Bitte habe umgehend entsprochen und nach Kräfften mein Theil gethan, darmit die beyden bald werden lauffen gelassen. Wird demnächst der Herr Prof. Thomasius bey euch eintreffen, welcher in dieser traurigen Sache eine stärckres Schwerdt führet als mein Ehegemahl. Sophia greiffet die Nachricht gar sehr an. Da sie verheyratet und bewußt worden, habe ich ihr deinen Brieff zu lesen geben, worauff sie schier zusammen gebrochen, als sie von der Entdeckung der Linckin im Hause der Schwiegermutter gelesen. Vermuthe wegen ihrer schwachen Nerven, daß ihr Leib bereits gesegnet. Befehle dich hiermit der Liebe des Herrn Jesu, und beharre aufrichtig

deine Gebet und Dienst Verbundenste
Anna Magdalena Franckin

Halberstadt, den 30. Septembris 1714

Wohlehrenvester, Vielgeehrter Herr

Empfangen Mein hochgeehrter Herr meinen Gruß heute aus Halberstadt, allwo die auch Ihm wohl bekannte Catharina Margaretha Linckin ihrem Schicksale vielleicht zum letzten Male getrotzet und sambt angetrauetem Eheweib in gefängliche Hafft genommen. Ein Liebhaber guter Comödien findet nicht leicht einen bessern Stoff zur Bearbeitung als das Treiben der Linckin. Denn nachdem dieselbe ihr Weib nach Cölln geführet und dort abermalen geheirathet, und zwar nach catholischem Ritus, hat sie von derselben immer noch nicht gnug bekommen und wollte sie in Helmstedt nochmalen lutherisch heirathen. Solche liebestollen Absichten sind jedoch von der Schwiegermutter sowie einer christlichen Freundin der Mühlhahnin vereitelt worden, welche lange mit der Wahrheit schwanger und endlich mit derselben niederkommen, als Rosenstengel unversehens wieder aufgetauchet, um sein Weib abzuholen. Besagte christliche Freundin, Dorothea Rosina Pott mit Namen, nutzet die Gelegenheit, ihm eine Falle zu stellen: Nachdem sie sich mit der Mühlhahnin Mutter verständiget, räth sie Rosenstengel, Wein zu besorgen, damit die Mutter denselben zu ihrer krank im Bette liegenden Tochter vorlasse. So geschiehet es, und schencket der Mutter den Vorwand, drey christliche Freundinnen zu versammlen, eine Petersen, eine Prätorius und die besagte Pottin. Zu viert überwältigen sie den ahndungslosen Rosenstengel, binden ihn mit starken Stricken und reißen ihr das lederne Instrument vom Leibe, welches mir aus M h Herrn Schreiben bekannt, desgleichen das Horn, wordurch sie den Urin gelaßen. Als die Linckin dennoch behaupten wollen, daß sie ein Kerl sey, will die Pottin dieselbe gäntzlich visitiren, zerret der Linckin die Hosen vom Leibe, und spreitzen die Petersen links, die Praetorius rechts derselben Schenkel auseinander, und klappet die Pottin der Lincken das Geburts Glied von einander und findet, daß sie nicht das aller geringste Männliche an sich habe, sondern schlechterdings ein Weib sey. Nachdem sie derselben Schläge genug darzugegeben, eillet die Mutter zum Stadtgerichte und zeiget die Linckin an, doch holen die Schergen nicht nur den falschen Schwiegersohn, sondern auch die Tochter und werffen beyde ins Richthaus.

Allhier hat nun die Inquisition des Falles begonnen, und leget der Inquirent Meschmann mehr als 200 Frage-Artikel vor, welche die Linckin zu beantworten. Dieweil die Verließe im Richthause gar zu dumpf und elend und denen Schöffen zu unbequem, wird die Inquisitin jeden Morgen quer über den Fischmarkt in die Gerichtsstube im Rathause geführet und allda befraget. Maßen ihr bewußt, daß das Spiel aus, und um die Zeit zu verziehen, bis man sie wieder in ihr Verließ kettet, erzählet die Linckin willig ihr gantzes Leben. Vor ein geringes Entgelt hat mir der Schreiber Einsicht in die Protocolle gewähret, welche ich M h H zu communiciren nicht zögren will.

Darnach hat die Linckin nach der Hochzeit mit ihrem Weibe vertraulich als Eheleute gelebet, haben Tisch und Bett geteilt, und wann sie mit ihrer Frau zu Bette gegangen, hat sie derselben solch ledern Ding in den Leib gesteckt und solcher Gestalt den Beyschlaff mit ihr würcklich verrichtet, bis beyder Liebe auf dem Höchsten gewesen. Die Mühlhahnin hat sich offtmalen und gern kitzeln laßen, welches Sie nicht würde gethan haben, wann es ihr nicht wohl gefallen hätte. Befraget, ob sie die Mühlhahnin betrogen und im Glauben gelassen, sie sey ein Mann, antwortet die Linckin nein, die Mühlhahnin hätte das lederne Instrument öffters in Händen gehabt und sich selbst in ihr Geburtsglied gestecket. Beym Beyschlaff wären beyde splitter nackend gewesen, und habe die Mühlhahnin ihr gern die Brüste befühlet und also wohl wißen und fühlen können, ob das Ding Leder oder Fleisch gewesen. Wie M h H ohnschwer erkennet, reißet die Linckin also die Mühlhahnin mit sich ins Verderben, statt schützend vor dieselbe sich zu stellen und ihr die Gunst einer Lüge zu gewähren.

Sich selbst hat die Linckin das lederne Instrument niemalen appliciret oder appliciren laßen, und einen Mann hat sie niemalen erkandt. Sollte dies der Wahrheit entsprechen, so will sie mir als rechte Tribade erscheinen, von welchen schon Platon im *Symposion* geschrieben, daß sie sich nicht viel um die Männer kümmern, sondern mehr den Weibern zugewendet sind. Findet M h H bey denen Alten überhaupt allerely Geschichten vom thierischen Kitzel zwischen Weibern, wie etwan von der Baubo, welche der Demeter ihre entblößte Schaam offeriret und zu deren Erheiterung wie ein Angesicht aussehen lässet. Haben die Weiber bey den Alten auch ein Fest gefeiert, Thesmophorien genennet, bey denen sie sich in Feindschaft gegen die Männer gegenseitig übertroffen und in Lust aneinander entbrannt. Auch die berühmte Dichterinn Sappho, deren feuriges und reizbares Temperament sie zum ausschweifendsten Genuß in der Wollust hinriß, verräth ihre Leidenschaft als Tribade nur allzusehr in ihren zärtlich schmachtenden Versen. Dergleichen Weibspersonen hat unser ältester Kirchenlehrer Tertullian verächtlich Fricatrices, oder Reibeweiber genennet, und sie aus der Gemeinde verstoßen, weil niemand mit denen schamlosen Weibern aus demselben Abendmahlskelch trincken wolle, wovor er freylich den Beweys schuldig bleibet.

Wie Meinem hochg. Herrn bey solcherley Abschweiffungen schwanen mag, bereite ich in geheim schon das Urtheil vor, welches ich fällen werde, wann ich als Haupt der Juristenfacultät zu Halle die Inquisitions-Acta erhalte. Habe dahero das Stadtgericht Halberstadt bereits vermahnet, so wie stets seit Bestehen unserer Universität zu verfahren und unsere Facultät um das Urtheil anzugehen. Darin werde ich, indem ich der Linckin Gnade erweise, alle Schuld an deren verkehrtem Wesen in meines hochgeschätzten Collegae Franckes Ertziehung in dessen Waisenhaus erkennen.

Meinem Vielgeehrten Herrn treuergeben
Christian Thomasius

[216] **Dorothea Rosina Pott an Anna Magdalena Francke**

Halberstadt, den 15. Octbr 1714
Liebe Freundin in Christo

Der Vorwurff, welchen man gegen die Linckin und gegen die Mühlhahnin erhebet, lautet, daß sie mit dem gewissen ledern Instrument eine greüliche Sodomiterey betrieben, welche Ruth gewißlich nicht im Sinne stund, als sie Naemi ins Heilige Land folgete. Und auch Susanna Elisabeth Mühlhahnin hat von all dem nichts gewußt, wie ich von ihr selbsten erfahren.

Dein Professor Thomasius hat mich auffgesuchet und mir Dankens werther Weise Einlaß im Richthause verschafft, indem er dem Kerkermeister ein Goldstück gegeben und mich mit in die Verließe genommen. Trotz der Flasche Wein, dem Brod und der Wurst, welche ich der Mühlhanin verabreichet, ist sie matt blieben und schwer gezeichnet von der Dunkelheit, dem Unrath und der feuchten Kälte, so in dem schröcklichen Verließe herrschet, von denen schweren Ketten zu schweigen, mit denen sie um den Hals gebunden.

Catharina Linckin erweiset sich als ein gottloses Mensch, führet greüliche Lügen auff und saget dem Gerichte, Susanna habe gewußt, daß sie kein Mann, dieweil Susanna beharret, sie sey unschuldig, sie hätte davon nichts gewußt, daß sie so betrogen worden. Da nun der Linckin und der Mühlhahnin Aussage nicht gut beyde wahr, hat man sie gestern in der Gerichtsstube einander gegenübergestellt, in der Hoffnung, eins werde das andere verrathen. Zwar hat die Mühlhahnin gestanden, mit der Linckin nach der Hochzeit das Brauttbette gehalten zu haben, doch hätte ihr vermeintlicher Mann sein Glied in ihres nicht bringen können, sondern habe sie wohl acht Tage gequälet und gemartert, daß ihr Geburtsglied geschwollen und die Schoßknochen sehr wehegethan; nach acht Tagen wäre es angegangen, aber er hätte es niemahlen über einen halben Finger lang hinein bringen können. Auf Befehl ihrer Mutter hat die Mühlhahnin bey dem Beyschlaff darnach gefühlet, ob die Linckin ein Weib sey, ist aber nicht dahin kommen, hat auch kein Band oder Riemen gefühlet, womit das lederne Ding am Leibe fest gemacht, indem dieselbe das lederne Ding halb zwischen denen Beinen behalten. Uberdieß hätte die Linckin niemalen das Hembde abgeleget und habe immer in denen Hosen geschlafen. Deren Brüste hat sie wohl gefühlet, aber die Linckin hätte gesaget, viele Mannsleüte hätten solche Brüste. Susanna will schwören, daß sie nicht anders gewußt, als daß die Linckin ein Mann und das lederne Ding desselben natürlich männliches Glied gewesen. Im Uebrigen haben sie sich nicht zum Besten vertragen, denn weil die Mühlhahnin der Linckin lose Worte gegeben, daß Sie nichts verdienet, so hat solche sie zum öfftern geschlagen.

Erkennest du aus all dem, liebe Freundin, daß Catharina Linckin nicht mit der himmlischen Sophia vermählet und Anastasius Rosenstengel eine einzige Lüge, oder – verzeih, liebe Freundin, aber ich muß es aussprechen – eine Erfindung von dir, in Glauben und Hoffnung zwar, aber: ein Trugbild. Ich bitte, solches in Liebe aufzunehmen, wie es aus hertzlicher Liebe und Treue geflossen, und verharre deine

Gebetschuldigste
Dorothea Rosina Pott

Halle, 23. Novembris 1714

Hochgeschätztester Herr Professor
Insonders Hochwerther Herr Gevatter und Collega

. Derselbe vermeinet, sich in Halberstadt in eine statt habende Inquisition zu mengen, obgleichen Er weder als Advocatus bestellet, noch um ein Consilium gebeten. Ermahne Ihn brüderlich, Seine Meynung nicht ungefragt kund zu thun, nicht den Lauff des Procedere zu stören oder in den Arm des Gesetzes einzugreiffen.

Obgleich sich solches von selbsten verstehen mögte, will ich meinen lieben Collegam daran erinnren, daß um solch greulicher Verbrechen halber, welche in Halberstadt soeben inquiriret, der Herr Feuer und Schwefel vom Himmel regnen und gantze Städte verzehren laßen (1. Mose 19, 24). Weshalb denn die alten Juden (Leviticus 18, 23 sowie Cap. 20, 15) wie die Christen (Röm. 1, 27) nach Göttlichen Rechten die Todesstraffe gesetzet, wann Mann mit Mann, Weib mit Weib aneinander entbrannt und miteinander Schande getrieben. Insonders Vers 26, wo Paulus tadlet, die Weiber hätten verwandelt den natürlichen Brauch in den unnatürlichen, ist in diesem speciellen casu beyzuziehen.

Wann ich die Antwort verzogen auff meines hertzwerthesten Gönners Schrifft *De Concubinatu oder Von der Kebs-Ehe*, welche Er mir zuletzt überschicket, so deshalb, weil nichts als zusammengeschmiertes, ungereimtes Zeug darin gefunden. Mein werthester Gevatter suchet, aus der Historie ein Laster zu rechtfertigen, und vergisset das Beste, so Gott uns auf Erden geschencket: die christliche Sitte. Will Er etwan auch die Sclaverey rechtfertigen, maßen sie seit alters her gebräuchlich? Will Er wieder Menschen opfren, weil unsre heidnischen Vorväter so gethan? Will Er wieder die Weiber ins Haus sperren und nichts lassen lernen, weil sie denen Alten und denen Papisten nichts gegolten? Sein frevelhaffter Versuch muß scheitern, die Sitte ohne Gott zu dencken. Sey Er nur versichert: Kein Weib will Seine Kebs-Ehe; spätestens, wann ihr Leib gesegnet, wünschen sie sich die Ehe mit deren Rechten und Ehren vor sich und ihre Kinder, und können sie doch nicht erzwingen, wann das Concubinat nicht geächtet. Seine gottlose Herrenmoral tauget nur vor rohe Lüstlinge und lose Libertins, welche sich auff dem Rücken der wehrlosen Weiber schadlos halten.

Ergebe hiemit der gnädigen Beschirmung Gottes und verharre

Meines Hochzuehrenden Herrn D.
Aug. H. Francke

[218] **Thomasius an Clauder**

Hochgeehrtester Herr

Halle, 30. Novembris 1714

Dieweil ich Ihm in Halberstadt leider Gottes nicht Sein Vorurtheil benehmen konnte, als ob die Hexen seyn, übersende ich Ihm meine soeben abgeschloßne *Historische Untersuchung Vom Ursprung und Fortgang des Inquistions-Processes wider die Hexen*, worinnen deutlich erwiesen wird, daß der Glaube an die Hexen nicht über anderthalb hundert Jahr alt sey. Wie M h H weiß, stehet in der Heiligen Schrifft nichts vom Bund mit dem Teufel; item im Römischen Rechte auch nichts und auch nicht im Fränkischen. Noch unter Papst Innocentio III. ist im Anfang des XIII. Saeculi der Glaube an die vermeintliche Buhlschaft des Teuffels mit einem Weibe vor ein heidnisches Laster gehalten worden, und sollten nicht die vermeintlichen Hexen ausgerottet werden, sondern die Gauckelpossen von dem Beyschlaff des Teuffels mit denen Hexen.

Erst anno 1484 hat Innocentius VIII. denen Inquirenten Heinrich Institori und Johann Sprenger die Macht gegeben, wider das Laster der Zauberey zu inquiriren. Sie folterten entweder die Leute, welche fälschlich angeklaget waren, so lange, oder sie brachten durch Versprechungen, daß sie nicht sollten gestraffet werden, solche Bekentnisse aus denen armen Leuten, und nachmalen verbrannten sie dieselben doch. In dem scheußlichen Wercke, welches Institoris und Sprenger gemeinschafftlich verfasset und welches sie *Malleus Maleficarum* oder *Hexenhammer* genandt, haben sie mit großer Mühe, wiewohl mit sehr einfältigen Gründen beweisen wollen, daß das weibliche Geschlecht weit mehr der Hexerey zugethan sey als das männliche. Sie schwatzen sehr viel wider das Frauenvolck, z. E. daß eine Frau ein nöthiges Uebel sey, eine natürliche Versuchung, daß das Frauenvolck eine unbändige Zunge hätte, daß sie nicht so geschickt wären, das Gute zu erkennen als die Männer, daß Eva aus einer krummen Rippe gleichsam dem Manne zuwider gemacht sey, daß die Weiber geneigt seyn zu Haß, Ungeduld, Rache und Ungehorsam; daß fast alle Reiche der Welt durch Weiber zu Grunde gangen, und daß die Welt ohne Weiber ein Umgang der Götter wäre.

Gleichwie aber auch die allergröbsten Irrthümer in gar kurtzer Zeit sehr zunehmen können, wenn man auff diejenigen, welche dieselben nicht glauben wollen, gewisse Straffen seztet, weil die Vertheydiger der Wahrheit dadurch abgeschröcket werden; also ist es auch damals ergangen, daß aus Furcht vor dem Bann und damit man nicht selbst vor einen Zauberer gehalten würde, kluge Leute sich enthalten, solchen Betrügereyen öffentlich zu widerstehen. Also ist diese Fabel von denen Hexen erst von eintzeln Personen erfunden, dann von mehrern fortgepflanzet, und endlich durch die Päpstlichen Constitutiones canonisiret und gleichsam zu Glaubensartikeln gemachet worden. Zu derer gröblichsten Schande und Schmach hat sich nach der Reformation, sonderlich bey denen Lutheranern, und unter den Juristen, diese einmahl eingewurzelte Meynung ebenso feste gesetzet wie bey den gottlosen Papisten.

In summa gilt, daß die Hexen und ihr Bund mit dem Teufel gäntztlich erfunden worden, weshalb die greülichen Hexenverbrennungen nicht Gottes Wille, sondern im schändlich gemißbraucheten Namen Gottes geschehen. Allenfalls mögte zugeben, daß der Satan in einen gewissen Theologum gefahren sey, welcher zu Halberstadt die Mährgen von denen Hexen als eitle Grille hütet und wiederkäuet und die Klauen durch ein so fastidiöses Mittel täglich spaltet, daß Er selber wie ein stinkender Knoblochsfresser anzusehen. So Er weiter seine Lügen aussprengt, werde ich denen lutherischen Ministerien genaue Kenntnüß geben müssen von dem Hauffen Schwärmerinnen, mit welchen Er heimliche Zusammenkünffte gehalten, dabey es so weit kommen, daß auch Weibspersonen geprediget und das Abendmahl gereicht, bis es endlich zum Tumult gediehen.

Meinem hochgeehrten Herrn hiemit nützlich und vergnüglich zu dencken zu geben, beglückwünsche ich mich, und verharre dessen dienstgeflissenster

Christian Thomasius

Halle, den 4. Aprill 1715

Und die Todten standen vor dem Thron, und ein Buch ward aufgethan, welches ist das Buch des Lebens. Und die Todten wurden gerichtet nach dem, was geschrieben stehet.

Auserwählte Freundin in dem Herrn

Dein letzter Brieff hat mir lang die Sprache verschlagen und hätt sie wohl noch immer nicht funden, wann nicht heute ein Bote aus Halberstadt einen Brieff an Francke bracht, der aber sambt Freylinghausen in den Glauchaer Anstalten beschäfftiget, weshalben der Brieff mir ausgehändiget. Ich habe dem Herrn meine Sünde im Vorhinein gebeichtet und bereuet und will die Straffe mit Freuden empfangen, und habe das Siegel erbrochen. Wende dein Gemüthe vor Gott und fasse dich. Es ist vom Präsidenten der Regierung Halberstadts, Friedrich von Hamrath, welcher Francke das Urtheil in Copey überschicket, so aus Duisburg eingetroffen. Danach erkennet der Senior der dasigen Juristischen Facultät, Professor Caspar Theodor Summermann,

»Daß Catharina Margaretha Linckin, oder der so genannte Anastasius Rosenstengel, wegen ihrer begangenen und bekandten Mißethaten dem Nachrichter an seine Hand und Bande zu lieffern, von ihm zur gewöhnlichen Richtstatt zu führen, alda ihr selbsten zur wohlverdienten Straffe, andern aber zu einem abscheulichen Exempel mit dem Strange vom Leben zum Tode zu bringen, und solchem nach deren Cörper zu verbrennen.

Die Susanna Elisabeth Mühlhahnen aber zur Erlernung der Wahrheit mit der scharffen Peinlichen Frage ziemlicher maßen (nemlich im Zweyten Grad) anzugreiffen.«

O liebe Freundin in Christo, es ist entsetzlicher, als ich befürchtet. So soll denn unser Rosenstengel schändlich hingerichtet und wie eine Hexe auff dem Scheiterhauffen verbrannt werden? Ohne christliches Grab und Aufferstehung von denen Todten? Ich kann und mag es nicht fassen. Ich bete, wünsche, flehe und hoffe, Gott werde ihr in der Todesstunde die Krafft und den Muth derer christlichen Märtyrer verleihen, welche sich in der Arena singend den Löwen ins Maul geworffen und lachend ins siedende Öl gesprungen.

Was der Mühlhahnin angekündiget, erscheinet mir fast noch schröcklicher. Wie soll das zarte Weib bloß die Tortur aushalten? Und was kömmt hernach, wann sie dieselbe überlebet? – Liebster Engel, ich klammere mich an die Hoffnung, daß besagtes Urtheil noch nicht das letzte Wort ist. Denn der Präsident Hamrath schreibet auch, daß das Urtheil sambt derer Inquisitions Acta nach Berlin ist überschicket worden, weil sich der König in allen denen Fällen die letzte Entscheidung vorbehalte, in welchen ein Todesurtheil gefällt. Ich lebe dahero der Hoffnung, daß man in Berlin der Wahrheit und der Gnade näher als in Duisburg. Habe auch dem Professor Thomasius, welcher hier fast mein Nachbar, sogleich das eingelauffene Urtheil mitgetheilet. Er tobet und wüthet, daß man ihn und die Juristenfacultät zu Halle übergangen und ein Urtheil von dem entlegenen Niederrheine eingeholet, von, wie er saget, Stümpern im Recht, doch ist es geschehen und kann nicht werden zurück gedrehet.

Es erbarme sich unser Gott und sey uns gnädig
Anna Magdalena Franckin

[220] **Ludwig an Müller**

Linderhof, den 28. Mai 1886

Mein innig geliebter Freund!

Mit diesem Briefe an den Theuersten, den Einzigen, meinen Gott!, ertheile Ich Mir Selbst den Befehl und hiermit auch die Nothwendigkeit und Möglichkeit zu gänzlicher Enthaltsamkeit, selbst des Küssens, anathema in aeternum! Ich schwöre und gelobe auf das Feierlichste, bei dem heiligen, reinen Zeichen der Königlichen Lilien, jeder Anfechtung auf das Tapferste zu widerstehen; einer solchen nie nachzugeben weder in Werken noch Worten, selbst nicht in Gedanken. Mich auf diese Weise mehr und mehr von allen Schlacken zu reinigen, die der menschlichen Natur leider anhaften, und so Mich immer würdiger der Krone zu machen, die Gott Mir verliehen hat. Überwunden mithin mit 40 Jahren, 9 Monaten und 3 Tagen. Pereat malum in aeternum. *Je le veux moi, le Roy.*

Worte können den Schmerz nicht schildern, der mir das Innere zer wühlt. Verkennen Sie mich nicht, selbst nicht auf einen Augenblick, es wäre Höllenqual für mich. Daß es bis dahin kommen mußte! »Verflucht das Blenden der Erscheinung, das sich in unsere Sinne drängt.« Ich schwöre feierlich, nie und nimmer, nimmer wieder! Letzter Unglücksfall, fluchwürdiges Vorkommnis! Nur eines müssen Sie mir glauben: Geschrieben ward der erbärmliche Zettel *nicht*, als Sie bei mir in Berg waren. Wer auch immer Ihnen das sagt, der lügt!

Hoch über alles Zweifels Macht soll meine Liebe stehen. In meines Herzens höchster Reine kenn ich der Treue Hochgebot. – Alles, alles ja bist Du mir!

Ach, für Dich zu sterben!
Ludwig

[221] **Westphal an Müller**

Berlin, den 27. Mai 1886
Lieber Müller!

Man hört ja gar nichts mehr von Ihnen! Das bißchen Dissens zwischen uns wird Sie doch nicht abhalten, mir weiter zu schreiben? Lassen Sie uns doch bitte schön collegial weiterstreiten, es schärft die Gedanken! – Anläßlich meiner eigenen Gedanken zur Gründung einer Weiberheilanstalt will ich noch einmal auf Ihre Bemerkungen zurückkommen, daß sich mancher Conträrsexuelle für normal hält. Diese Beobachtung ist so richtig wie bedauerlich, da hierdurch immer neue Wirrungen entstehen, in denen auch Sie sich zu verheddern drohen. Sie halten etwas für wahr, weil sie es wünschen. Ihr bedrängter Zustand entschuldigt den Wunsch, aber an den Thatsachen wird dadurch nichts geändert. Conträrsexuelle fühlen sich gekränkt, wenn man sie zu den Entarteten zählt, sie wollen partout gesund sein, mag der Intellekt sagen was er will. Ein wesentliches Merkmal der Entartung besteht aber in dem Unsicherwerden der natürlichen Triebe. Je gesünder der Mensch ist, umso entschiedener ist er Mann oder Weib. Beim nervösen Menschen aber treten mannweibliche Züge auf, weibische Männer und männische Weiber erscheinen. Immer aber bleibt die Vermännlichung des Weibes, wie in Ihrem Fall, ich meine jenes Rosenstengels, ein Unglück.

Um dies ganz zu verstehen, müssen Sie sich die Essenz der Geschlechter vergegenwärtigen. Das Weib geht nothwendig im Geschlechtsleben, in der Sphäre der Begattung und Fortpflanzung, d.i. im Verhältnisse zum Manne und zum Kinde, vollständig auf. Während das Weib von der Geschlechtlichkeit gänzlich ausgefüllt ist, kennt der Mann noch ein Dutzend anderer Dinge: Kampf und Spiel, Geselligkeit und Gelage, Diskussion und Wissenschaft, Geschäft und Politik, Religion und Kunst. Der Mann weiß um seine Sexualität, während die Frau sich ihrer Sexualität schon darum gar nicht bewußt werden kann, weil sie nichts ist als Sexualität. Der Mann hat den Penis, die Vagina aber hat die Frau.

Der Zustand der sexuellen Erregtheit bedeutet für das Weib daher die höchste Steigerung ihres Daseins. Man hat es entweder nicht sehen oder sagen wollen oder sich noch kaum eine richtige Vorstellung davon gebildet, was das Zeugungsglied des Mannes für das Weib bedeutet, wie es sein ganzes Leben zuoberst beherrscht. Ich meine keineswegs, daß die Frau das Geschlechtstheil des Mannes in erigirtem Zustande schön oder auch nur hübsch findet. Sie empfindet ihn vielmehr ähnlich wie der Mensch das Medusenhaupt, der Vogel die Schlange; er übt auf sie eine erotisierende, bannende Wirkung. Er ist ihr Schicksal, er ist das, wovon es für sie kein Entrinnen gibt. Der Phallus macht die Frau absolut und endgültig unfrei.

Das Weib gelangt zu seinem Dasein demnach erst, indem es vom Manne, als dem Subjekte, zu dessen Objekt erhoben wird und so eine Existenz geschenkt erhält. Das Weib will nicht als Subjekt behandelt werden. Es sucht seine Vollendung als Objekt. Es will stets und in alle Wege – das ist eben ihr Frau-Sein – passiv bleiben, einen Willen auf sich gerichtet fühlen. Ihr Bedürfnis ist, als Körper begehrt und als Eigenthum besessen zu werden. Sie hat kein Ich und keine Individualität, keine Persönlichkeit und keine Freiheit, keinen Charakter und keinen Willen.

Wie Subjekt und Objekt verhalten sich auch Form und Materie. Der Mann ist Form, das Weib Materie. Das Weib hat keine Möglichkeit einer Entfaltung außer durch den Mann. Der reine Mann ist das Ebenbild Gottes, des absoluten Etwas. Das Weib ist das Nichts: Und so ergänzen und bedingen sich Mann und Weib im Universum. Der Sinn des Weibes ist es, Nichtsinn zu sein. Das Weib ist demnach nicht eigentlich schwachsinnig, es ist überhaupt nicht ›sinnig‹: Es ist als Ganzes Unsinn.

Denken Sie mal darüber nach.

Ihr Westphal

[222] **Luitpold an Bismarck**

München, 1. Juni 1886

Ew. Durchlaucht

danke Ich im Voraus für den Empfang des bayerischen Gesandten in Preußen, Graf Lerchenfeldt, der Ihnen nebst traurigem, ja erschreckendem Beweismaterial zur Erkrankung Sr. M. des Königs ein irrenärztliches Gutachten überbingen wird, welches Uns nöthigt, den König vor sich selbst zu schützen. Zuletzt hat S. M. Kuriere nach Neapel, nach Persien, ja nach Brasilien entsandt, um Anleihen über 20 Millionen Mark aufzunehmen, ja, er unterstand sich nicht, Überfälle auf Banken in Stuttgart und Frankfurt zu befehlen. Ein Souverän jedoch, der das Recht bricht, welches er in seiner heiligen Person garantirt, ist nicht länger mehr Herr, nicht einmal über sich selbst.

Angesichts dieser beklagenswerthen Umstände darf nicht länger gesäumt werden, die Maßnahmen in Wirksamkeit treten zu lassen, welche die Bayerische Verfassung für den Fall einer Behinderung des Monarchen an der Ausübung der Regierung vorsieht. Mit der baldigst zu erfolgenden Übertragung der Regentschaft übernehme Ich eine große und hinsichtlich ihres persönlichen Anlasses tief schmerzliche Aufgabe. Sie ist Mir auferlegt durch die höchsten Interessen der Krone und des Landes, zur Stärkung des monarchischen Prinzips und zum Schaden der demselben feindlich gegenüberstehenden Elementen in und außerhalb Bayerns.

Was Euer Durchlaucht freundlichen Rath betrifft, die Katastrophe durch eine Vorlage an die Kammern zu forciren, so werden Wir Uns erlauben, hiervon keinen Gebrauch zu machen. Ich wüßte wahrhaft nicht, was das monarchische Prinzip gewinnen sollte, wenn die Regentschaft durch ein Votum der unteren Kammer herbeigeführt würde. Das wäre doch eine Art Revolution, während das von Uns geplante Verfahren in rein gesetzlichen Bahnen verlaufen wird. Auch die Sorge, bei einer Mitsprache des Landtages den von Ew. Durchlaucht nicht gewünschten Wechsel nach der ultramontanen Seite hin nicht abwenden zu können, spricht für die Wahl Unseres Vorgehens.

Denn auch Ich spreche sämtlichen bisherigen Ministern Meine volle Anerkennung für ihr seitheriges Wirken sowie Mein volles Vertrauen mit dem Beifügen aus, daß Ich des Rathes so erfahrener, erprobter Männer nicht entbehren möchte, vielmehr deren Verbleiben im Amte ausdrücklich wünsche.

Ew Durchlaucht haben daher keinerlei Grund, eine Änderung in der reichsfreundlichen Haltung Bayerns befürchten zu müssen.

Im festen Vertrauen auf Gottes gnädigen Beistand
Pz. Luitpold von Bayern

[223] **Gudden an Müller**

München, 3. VI. 1886

Hochverehrter Herr Doktor!

Bereiten Sie bitte Fürstenried für die Aufnahme eines zweiten Gastes vor.
Prinz Otto wird in die Räume ein Geschoß höher ziehen. Dessen bisherige
Räume auf der Belétage bitte ich umgehend auffrischen zu lassen: ein neuer
Farbanstrich für die Wände, Grundreinigung der Holzfußböden, frische
Draperien u. s. w. Meubles, denen S. kgl. Hoheit Gewalt angethan, ziehen mit
ihm nach oben. Ersatz wird aus der Residenz geliefert, sobald Sie den Bedarf
gemeldet. Lassen Sie sorgfältig und gründlich, aber schnell arbeiten.

Hochachtungsvoll
Gudden

[224] **Müller an Ludwig**

Telegramm, Post Fürstenried, 4. Juni 1886

Muss Dich dringend sprechen. Erbitte officiellen Befehl zu kommen. F.

[225] **Ludwig an Müller**

Neue Burg Hohenschwangau, 4. Juni 1886

Theuerster! Herrscher meines Lebens!

Ich juble vor himmlischem Entzücken, ich rase vor Wonne, seitdem mich
Dein göttliches Telegramm erreicht, welches mir Deinen Wunsch meldet,
mich zu sprechen. Auf meine sofortige Anweisung wird morgen ein Extrazug von Fürstenried nach Oberdorf fahren, wo ein Hofwagen Dich erwarten

wird. Professor Gudden wird unterrichtet. Oh, bleibe bei mir, Angebeteter, für den ich einzig lebe, mit dem ich sterbe. O Tag des Heils!

Die Wonne meines Herzens läßt mir keine Ruhe: Ich muß Dir schreiben, noch bevor wir uns wiedersehen. Oh! Ich Kleinmüthiger! Also selbst in meiner Liebe zu Ihm, dem Einzigen, muß mich der göttliche König meines Lebens immer wieder mit Muth erfüllen! – Ja, ja! Oh, mein Franz! Du bist göttlich! Ich bin nichts mehr ohne Dich! Selbst zu lieben lehrt Er mich erst. – Ich habe gefehlt, ich mußte fehlen, wehe mir, noch beseelte mich nicht die Heldenstärke, die lieben und entsagen lernt. Das Traurige geschah nicht mehr, 9 Tage und Nächte ohne Regung und Kuß – 3 mal 3 in Heiligung hingebrachte Tage und Nächte. Nun ist auch nichts mehr in mir als dieses göttliche Element der erlösenden Liebe, wie es aus dem wunderbar tiefen Bronnen des Herzens meines himmlischen Freundes sich in mich ergießt! Ich bin selig, los und frei, ganz Ich, ganz Er!

Der Überwindung, die der Freund mich gelehrt, werden Wir ein Monument setzen in meiner Burg Falkenstein. Ich sehe einen großen, erhabenen, himmelhoch gewölbten Kirchenraum in byzantinischen Formen vor mir. Die Wände vollständig in Goldmosaik verkleidet und mit den Bildern entsagender Liebespaare aus dem Mittelalter, der Zeit der Hohen Minne, geschmückt: Tristan und Isolde, Siegfried und Brünnhilde, Tannhäuser und Elisabeth usw. Die hohe Kuppel, blau gefaßt und mit Sternen übersät, ruht auf vier mächtigen Arkadensäulen nach dem Vorbilde der Markus-Kirche in Venedig; der Mosaikfußboden (in der Mitte ein Pfau, von den vier Bächen des Paradieses umflossen), entstammt dem Kaiserpalast von Byzanz. Von diesem quadratischen Hauptraum, welcher unter einem Arkadenbogen den goldenen, auf Stufen ruhenden Thron aufnimmt, gelangt man in den Chor mit seinen drei Apsiden: In der Linken ein Altar mit Kniebank, in der Rechten der Taufstein in Form eines Tabernakels mit auf Säulen ruhendem Baldachin: Er wird uns als Waschtisch dienen. Aus der liturgischen Weinkanne schöpfen wir Wasser, die Salbgefäße nehmen unsere Parfüms und Pomaden auf, das Hostienbehältnis bewahrt unsere Schwämme und zum Zähneputzen dient der Abendmahlskelch. In der mittleren Apside jedoch befindet sich das Prunkstück, für den der erhabne Bau überhaupt nur errichtet, wie der Hohe Dom zu Cöln für den Schrein der Heiligen Drei Könige: Gestaltet als gewaltiger byzantischer Baldachinaltar mit schlanken Säulen und hohem Dache: unser Bett.

Dieser Weiheraum wird mein Herrschertum krönen: Meine Ideale, Kaiser Ludwig IX., der Heilige, und König Ludwig XIV. vereinen sich *einmal* in diesem nie gesehenen, nie dagewesenen Heiligthume, welches Zeugnis abgibt von meiner überwältigenden, Raum und Zeit und Welt sprengenden Liebe zu Dir.

Ewig Dein
Ludwig

[226] Elisabeth an Ludwig

Feldafing, den 5. Juni 1886

Lieber Ludwig!

Wo steckst Du bloß? Ich bin gut hier eingetroffen, aber wer nicht da ist, bist Du! Gern würde ich nahtlos dort weitermachen, wo wir letztes Jahr aufgehört haben, aber Ludwig, ich fürchte – es wird dieses Jahr *Richard III.* gegeben. Die Meinen raunen von der Einberufung des Familienraths und haben sich deswegen schon an unseren Cousin Luitpold gewandt. Wäre es nicht klug, sogar dringend nothwendig, Du begäbest Dich selber nicht nur nach Berg, sondern gleich ganz nach München?

Pfüat di
Deine Sisi

[227] Bismarck an Luitpold

Friedrichsruh, 5. Juni 1886

Eurer Königlichen Hoheit

sende ich beiliegend die Papiere zurück, welche Graf Lerchenfeld die Güte hatte, bis in mein Refugium zu schleppen. Zettel, von Bedienten aus Papierkorb und Klosett gefischt, können keinen König absetzen. Die angebliche Geisteskrankheit Sr. M. halte ich mehr für erfunden als entdeckt. Meine Bedenken gegen den Irrenarzt als Königsbeseitiger muß ich erst Recht nach dem Studium jener Papiere aufrecht erhalten. Mindestens müsste ein Collegium von Ärzten verantwortlich zeichnen, und dies auf Grundlage anderer Beweise als der mir vorgelegten.

Daher bleibe ich bei meiner Ansicht, daß es richtiger wäre, mit der Vorlage betreffs der Schuldendeckung offen vor die Kammern des Landtags zu treten. Entweder hält man damit den König, oder, wenn er nicht länger zu halten ist, so vollzieht sich der Proceß offen vor aller Augen. Durch das Vorgehen von oben auf Grund eines bestellten irrenärztlichen Zeugnisses gewinnt die Angelegenheit auf jeden Fall den Charakter einer Palastrevolution von Übelwollenden. Die Stellung Ew. Kgl. Hoh. würde zukünftig eine leichtere sein, wenn der Anstoß zum Handeln aus der Mitte der Volksvertretung erfolgte. Ergreifen Ew. Kgl. Hoh. selbst die Initiative, so wird ein gewisses Odium auf Höchstdieselbe fallen. Unnöthig daran zu erinnern, daß die Person des Königs heilig und unverletzlich ist.

Nach dem mir ebenfalls überlassenen juristischen Gutachten zum Recht der Regentschaft im Königreich Bayern können die Bestimmungen der Verfassung nicht anders verstanden werden, als daß der zur Regentschaft gesetzlich berufene Agnat verpflichtet ist, dem Landtage die gesundheitliche Veränderung des Monarchen anzuzeigen; die gesetzliche Voraussetzung zur Einsetzung der Regentschaft schafft jedoch erst der Landtag, dem das Recht zusteht, die behaupteten Thatsachen und Gründe zu prüfen. Bevor der Landtag nicht zugestimmt hat, können Ew. Kgl. Hoh. die Regentschaft keinesfalls ergreifen.

Zuletzt drängt es mich, den Wunsch meines Herrn, des preußischen Königs und deutschen Kaisers zu übermitteln, daß diese Familien-, Haus- und Landesangelegenheit unbedingt innerhalb der blauweißen Grenzpfähle völlig ins Reine zu bringen ist, ohne jede Betheiligung Preußens.

In tiefer Ehrfurcht verharre ich Eurer Königlichen Hoheit unterthänigster Diener

v. Bismarck

Hochverehrter Herr Doktor!   München, 7. VI. 1886

Als officiell bestallter Gutachter habe ich heute in der auf Befehl Sr. Königlichen Hoheit Prinz Luitpold einberufenen Ministerrathssitzung meinen ärztlichen Befund vorgetragen, daß Seine Majestät der König infolge schwerer, unheilbarer geistiger Erkrankung regierungsunfähig ist. Neben meiner Person werden morgen früh die Herren Doktores Grashey (Würzburg), Hagen (Erlangen) und Hubrich (Werneck) die betrübliche Wahrheit des von mir verfaßten Gutachtens bestätigen auf Grundlage der in den letzten Monaten einvernommenen Zeugenaussagen, u. a. von Hornig, Hesselschwerdt und von Ihnen selbst in Ihren überaus anschaulichen Briefen. Die Regierung wird daraufhin formell die Voraussetzungen für die Regentschaft als erfüllt anerkennen. Eine Staatskommission, der Sie und ich die Ehre haben werden anzugehören, wird den entmündigten König von der Neuen Burg in Hohenschwangau nach Schloß Berg bringen, da Sie meiner Bitte nicht gefolgt sind, Fürstenried für die Aufnahme des hohen Gastes vorzubereiten. In Berg werden Sie nach Ablauf einiger Tage, in welchen ich anwesend sein werde, die ärztliche Betreuung in alleiniger Verantwortung übernehmen. Ich darf Ihnen daher heute schon zu Ihrer neuen Stellung als Leibarzt Sr. M. gratulieren. Bitte theilen Sie mir umgehend und genau mit, wo und wie der Zugriff in der Neuen Burg am leichtesten und unauffälligsten erfolgen kann.

Auf Ihre Verschwiegenheit zählend
Ihr Gudden

[229] Grumbkow an Thomasius

Berlin, 7. May 1715

Hochgelährter, Besonders Lieber und
Hochgeehrter Herr Professor

Wem hätte ahnden können, als ich der Linckin im Felde zu Brabant begegnet, welche Geschicke Fortuna noch vor dieselbe im Sack. War danck der Mittheilungen Meines hochgeehrten Herrn Professors nit ungegründet, als gestrigen Abends im Tabaks-Collegio besagte Linckin Gegenstand des Gesprächs. Nachdem nemblich das Halberstädter Stadtgericht die Acta inquisitionalibus zur Bestätigung des Urthels hier vorgeleget, kann sich das hiesige Criminal Collegium unter sich selbsten der Bestraffung wegen nit vereinigen. Kann mir wohl dencken, wie sauer M h H aufstößet, daß nit Er selbsten wegen des Urthels angefraget, sondern die Duisburger Facultät, doch stehet es dem Halberstädter Gericht frey, sich innerhalb unserer Grenzen an jedwedes Spruch-Collegium zu wenden. Mag das pietistische Geschmeiß in diesem Scharmützel den Sieg errungen haben, haben sie den Krieg noch nit gewonnen.

Die Universität Duisburg folget Art. 116 der Peinlichen Halßgerichtsordnung und hat der Linckin den Strang zuerkandt, und daß sie hernach zu verbrennen. Die Halberstädtsche Regierung räth indeß zum Schwerdt an, womit auch die mehrsten von dem hiesigen Criminal-Collegio gleicher Meinung. Sie halten dafür, daß die Linckin und die Mühlhahnin nit nur eine Sodomie begangen, welche Paulus (Röm. 1, 26) detestiret, sondern daß sie hätten noch unnatürlicher gehandelt als mancherley Männer, welche Glieder, so ihnen die Natur gegeben, unrecht und verkehrt gebrauchen: Indem die Linckin und die Mühlhahnin ein künstliches Glied affectiret und damit contra naturam agiret, so ihnen die Natur gantz und gar versaget. In summa stimmet die Mehrheit der Criminal Räthe iedoch überein, das Laster sey unter beyden einerley, Mann mit Mann, also auch Weib mit Weib, und gestalt von gleichen Lastern auch ein gleiches Urthel zu fällen. Dahero sey die Duisburgische Sententz wider Catharinen Linckin zwar zu confirmiren, die Art des Todes aber nach dem Vorschlag der Halberstädtschen Regierung billig einzurichten, und also dieselbe ehrenvoll mit dem Schwerdt vom Leben zum Tode zu bringen.

Bedencket man der Linckin Leben, so hat sie sich zu vier Mahlen tauffen lassen, zu dreyen Mahlen trauen, und ward nunmehro zu zweyen Mahlen zum Tode verurtheilet. Vielleicht aber wird dieselbe auch zum zweyten Mahle verschonet und also zum dritten Mahle geboren, dann, wie oben bereits Erwähnung gethan, seynd die Criminal Räthe unter sich uneinig, und eine Minderheit bezweifflet, daß auf die Weise, wie hier in facto geschehen, zwischen Weibern würcklich eine Sodomie begangen wird. Da ihre übrige Verbrechen aber, als Mißbrauch der Heil. Tauffe und öffterer Abfall von der Religion, keine absolute Todes Straffe nach sich ziehen, solle derselben Gnade vor Recht wiederfahren, mithin der König nur erkennen, daß die Linckin mit harten Staupenschlägen zu belegen und hernach auff Zeit Lebens ins Spinnhauß zu bringen.

Auch über die Mühlhahnin seynd die Criminal Räthe uneins unter sich. Das Duisburger Urthel erkennet vor dieselbe die Tortur an, weilen sie noch nit die Wahrheit eingestanden. Denn aus des Stadt Physici Bericht, welcher die Linckin sondiret, ist zu praesumiren, daß dieselbe, wegen der Größe ihrer Brüste und weilen ihr Geburtsglied weit und geschmeidig, ihre weibliche Glieder nit hat ruhen laßen, sondern solche schändlich dürffte gemißbraucht haben. Wird dahero die Susanna Elisabeth Mühlhahnin beschuldiget, der Catharina Margaretha Linckin ebenfalls das lederne Instrument appliciret zu haben, und mögte dieselbe die gleich schwere Straffe wie die Linckin zu gewarten haben, wann sie unter der Folter ihre eignen Missethaten eingestehet. Diejenigen, so die Linckin verschonen wollen, mögten aber auch der Mühlhahnin die Tortur ersparen. Als einer einfältigen und zu diesem Laster verführten Person sey dieselbe mit 3 jähriger Spinnhauß Arbeit zu belegen und hernach aus dem Lande zu jagen.

Ohngefähr so ward gestern im Tabacks-Collegio hin und wider geredet, und hoffe ich, M h H die vertrackten Winckelzüge derer Juristen ohnverfälschet zu communiciren. Ich selbsten habe im Stillen mich gefraget, ob denen Herren wahrlich die *L'Académie des femmes* des Herrn Nicolas Chorier ohnbekannt und auch die *Vies des dames galantes* von dem Pierre de Brantôme? Liest man beyde Bücher auch nur mit einer Hand, so erfährt man doch gnug über die so genannten »Lesbiis« und gehören dieselben nach Meynung derer schaamlosen Frantzosen nit aufs Schaffott, sondern ins Boudoir.

Verharre Meines hochgelahrten Herrn Professor achtsamster Schüler in Wißbegier und Fleyß

Friedrich Wilhelm von Grumbkow

[230] **Dorothea Rosina Pott an Anna Magdalena Francke**

Halberstadt, den 8. Maij 1715

Liebwertheste Freundin in dem Herrn

Lange bin ich nach deiner todttraurigen Nachricht mit meinem Gewissen zu Rathe gangen. Denn der Susanna Elisabeth Mühlhahnin und Catharina

Linckin hat man das Urtheil, so aus Duisburg eingelauffen, der Rechtssitte gemäß zwar mit unerbrochenen Siegeln vorgezeiget, aber nicht wissen lassen, was darinnen geschrieben. Sollen also Richter, Schreiber, Rechtsgelahrte und allerley Leute wissen, daß deren Stunde geschlagen, sie selbsten aber nicht? Nach allerley Grüblen habe ich dahero befunden, daß zumindest die Linckin wissen muß, daß ihr Ende nahe, damit sie die Zeit nutzet, welche ihr auf Erden verbleibet, Buße zu thun und ihrem Herrgott mit geläutertem Hertzen gegenüber zu treten. Habe also, wie weiland Professor Thomasius, dem Kerkermeister ein Geschenck zugestecket und bin in ihr greüliches Verließ hinabgestiegen.

Dieselbe hat mich gar wenig liebreich empfangen. Mehr als sich selbsten zürnet sie ihren Ueberführern. Da noch keine Reue in ihr Hertze kommen, habe ihr das Duisburger Urtheil mitgetheilet, auf daß die Buße sie desto schneller ereillen mögte. Doch reget sich auff meine Worte in ihrem Angesicht keine Miene, gantz wie versteinert blicket sie vor sich hin. Saget dann, der Herr Professor habe ihr versprochen, daß es nicht so weit kommen werde, und ob ich überhaupt die Wahrheit spräche oder sie nur wolle quälen? Du erkennest daran, wie verbockt ihr Gemüth worden. Gehe dahero ernstlich mit ihr ins Gericht und frage sie, warum sie die Mühlhahnin mit ins Verderben reißet? Wann sie alle Schuld auf sich nimmt und gestehet, daß sie die Mühlhahnin betrogen, so könne sie deren Leben retten, und der himmlische Vater werde ihr dies gewiß vergelten.

Antwortet dieselbe, sie habe ihr Weib nicht betrogen, im Gegentheil, dieselbe habe sie und ihre Liebe verrathen und halte nicht zu ihr; weil dieselbe ihr untreu, sey auch sie der Treue entbunden.

Und wann es keine Treue, sondern christliche Nächstenliebe, welche sie möchte üben, damit dieselbe verschonet würde?

Antwortet sie, wir andren wüssten gar nicht, wie sehr sie die Mühlhahnin schone.

Und bereuete sie ihre Sünden?

Der himmlische Vater wisse nichts von ihrer vermeintlichen Sünde. Unser Herr Jesus predige die Liebe, und die habe sie immer geübet. Es würden am Jüngsten Gericht ihre Richter gerichtet werden, sie hingegen werde in das Paradies eingehen. Und wenn Sie nun aus dem Wege geräumet würde, so bliebe doch dergleichen auf Erden.

Voll Trauer über das verschloßne Hertz der Linckin verlasse ich dieselbe und stelle mich vors Gitter von der Mühlhahnin Verließ. Ihr wollt ich an jenem Tag nur stärckende Kost bringen, keine Nachricht, doch muß sie mich haben hören mit der Linckin reden und dringet in mich und lässet mich nicht gehen, bevor ich nicht auch ihr gesaget, was in Duisburg über sie beschlossen. Das arme Kind! Kaum daß ich ausgeredet, erfasset sie die vollständige Desparation. Wie ich ihr nicht kann sagen, was der zweyte Grad in der Tortur bedeute, ruffet sie mit bebender Stimm den Kerkermeister herbey, welcher ihr Daumenschrauben und Spanische Stiefel erkläret, die dünne Schnur zeiget, welche feste über das Fleisch hin und wieder gezurret wird bis auff den Knochen, und von der Streckbank spricht, welche die Armkuglen aus denen Gelenken bricht. Erbleichet die unglückliche Susanna darauff und taumlet und gleitet an ihren Ketten zu Boden und erbricht mein schönes Brod und die gute Wurst, so sie zuvor heißhungrig verschlungen. Jaget mich denn der Kerkermeister die Treppe hinauff, daß die Ratten vor mir davonstieben, und weiß ich nun nicht mehr zu helfen und finde kaum Worte im Gebet. Bete du, liebster Engel, vor uns alle!

Ich muß abbrechen, mir versagen Hand und Feder
deine Dorothea Rosina Pott

[231] **Thomasius an Grumbkow**

Halle, den 20. May 1715

Wohlehrenvester, Vielgeehrter Herr

Dessen Bericht aus dem abendlichen Tabacks-Collegio des Königs habe wohl erhalten und bitte Meinen hochgeehrten Herrn, den wider einander streittenden Partheyen im Criminal Collegio bey nächster Gelegenheit den Inhalt dieses zu communiciren.

Der Senior der Duisburger Juristenfacultät ist ein Holzkopf, welchem selbsten der Strang zuerkannt sollte werden, da Sodomie niemalen am Galgen bestraffet worden. Seitdem Karls Peinliche Hals-Gerichtsordnung in Krafft getreten, sind hundert achtzig Jahr ins Land gangen, die gewitzte Kenner des Rechts gebrauchet, um deren derbe und einfache Artikel unsern verfeinerten Zeiten geschmeidiger anzupassen. Heute zu Tage begreifft die Sodomiterey verschiedene Species in sich: einmal mit sich, so schändlich;

das andere Mal mit seinesgleichen, als Mann mit Mann, Weib mit Weib, so schändlicher; und das drittemal mit dem unvernünfftigen Vieh, so am allerschändlichsten, weshalb nicht unbillig die Straffe nach Größe des Verbrechens zu determiniren, und die erste Art mit der Landesverweisung, die zweyte mit dem Schwerdt, und nur die dritte mit dem Feuer pflegte bestrafft zu werden.

Da jedoch in unsern Zeiten des aufgehenden Lichts aller Orten die Feuerstrafe vor barbarisch erkandt, und gleichfalls die Hexen vor eine Erfindung derer Pfaffen, werden an keinem bedeutenden Orte noch Scheiterhauffen errichtet und rücken die Gerichte mählich von denen allzu schweren Strafen ab, welche unsren Vorvätern noch nothwendig erschienen. Allein in Duisburg scheinet man von der Welt abgeschnitten und ohne Kenntnüß ihres Lauffs. Desgleichen ist dort unbekannt, daß nach vieler Rechtslehrer Meinung die Sodomiterey von Mann mit Mann nur und ausschließlich per immissionem seminis würcklich vollentbracht wird, wann also die Leiber sich vermischen, indem der eine Leib seinen Safft in den eines andren Leibes ergießet. Ist dannenhero genau zu erfragen, was die Linckin und die Mühlhahnin gethan.

Es gibt unterschiedene Meynungen über die Art der Lustregung des geilen Fleisches, welche zween Weiber mit einander verüben. Die Alten kannten Weibsbilder, so genandte Tribaden, welche ein so großes und langes Schamzünglein haben, daß es fast einer männlichen Ruthe gleicht, und damit bey andern ihres Geschlechts die Stelle einer Mannsperson vertreten können. Ist nicht lange her, daß der Franziskaner Mönch und päbstliche Rath Lodovico Maria Sinistrari von denen Orientalischen Weibern geschrieben, denen das Schaamzünglein abzuschneiden, maßen sie sonsten von ihren Männern nichts wollen wissen und lieber untereinander Schande treiben. Ich selber erkenne allerdings solche Tribades mehr vor eine Naturseltenheit, welche in den meisten Fällen, und so auch bey der Linckin, nicht in Anbetracht kömmt.

Gleichfalls schon aus dem Alterthume bekannt sind gewisse Maschinen ad imitationem penis, dergleichen der Griechische Auctor Aristophanes Ολισβος nennet in einer Comödie, in welcher eine gewisse Lysistrata und deren Freundinnen sich ihren Männern verweigern, bis diese endlich den Krieg beenden. Ohnschwer ist zu erkennen, daß die Linckin sich ein solches künstliches Instrument verfertiget und der Mühlhahnin damit den Dienst als Ehemann geleistet. Hiebey ist nunmehro aber zu bedencken, daß aus der Natur der Sache vermittelst eines ledernen Instruments keine würckliche Vereinigung der Leiber, noch weniger eine Vermischung der Säfte geschehen, so beydes ad formale delicti requiriret wird, wie bereits Erwähnung gethan, wann zween Männer beschuldiget. Haben die Linckin und die Mühlhahnin dahero eine Sodomiterey nicht begangen, weil mittels eines solchen ledernen Instruments keine würckliche Sodomie vollentbracht werden kann.

Vor ihre schändliche Lustreibung ist die Linckin daher allenfalls mit scharffen Staupenschlägen auszuweisen, und Zeitlebens in ein Zucht oder Spinnhauß wohlverwahrlich zu bringen und darinnen zur Arbeit anzuhalten.

Nachdem ich also bewiesen, daß den wenigen unter denen Criminalräthen zu Berlin Recht zu geben, welche gleiches proponiret, stimme ich ihnen auch bey, was die Coinquisitin Mühlhahnin anbelanget. Selbst wollte man zugeben, daß die Mühlhahnin unter der Tortur gestehet, gleichfalls der Linckin das lederne Instrument appliciret zu haben, so hätte sie gleichfalls keine Sodomiterey mit derselben getrieben, weil Weiber zu derselben nicht gebauet. Damit aber das Mittel, die Wahrheit heraus zukriegen, nicht härter als die Straffe selbsten seyn möge, ist das Duisburger Urtheil dahin zu ändern, daß anstatt der Tortur im Zweyten Grad dieselbe sogleich extra ordinarie zu bestraffen, gleichfalls in ein Zucht oder Spinnhauß zu condemniren, doch nur auff drey Jahr, damit zwischen der Verführerin und der Verführten ein Unterschied. Darmit die Leute mögen erkennen, was die Erziehung im Waysenhaus zu Halle aus der Linckin gemachet, möchte sich im Uebrigen kein Spinnhaus besser schicken als unsere eigne Anstalt allhier.

Um den Herren Criminalräthen ein vor alle Mal die Lust zu verderben, die Mühlhahnin oder sonst iemand auf der Streckbank entzwey reißen zu lassen, übersende hiebey in mehrern Exemplaren die Dissertation *De tortura*, in welcher mein Schüler Martin Bernhardt unter meinem Präsidium diese gräßliche Praxis als unzweckmäßig zur Erkenntnüß in Gerichtssachen abgefertiget. Denn viele Unschuldige gestehen oft zur Vermeidung von Qualen ein Verbrechen ein, welches sie niemalen begangen, und werden unschuldig zum Tode verurtheilt. Ein Richter kann dahero nach der Folterung nicht mehr Gewißheit über ein begangenes Verbrechen haben, als er vorher hatte. Die peinliche Frage gibt allein den Tyrannen Gelegenheit, unter dem Schein der Gerechtigkeit gegen die Unterthanen zu wüthen und Unschuldigen und ihnen Verhassten zu schaden. Bitte dahero M h H, Er möchte solche

Schrifftt im Tabacks-Collegio circuliren lassen und stelle Ihm anheim, den König bey guter Gelegenheit darauff anzusprechen.

Erfüllt von der Gewißheit, den vernünfftigen unter denen Criminalräthen die besten Argumenta geliefert zu haben, verharre M h H dienstfertigster Diener

Christian Thomasius

[232] **Thomasius an Francke**

Halle, den 21. May 1715

Hochgeehrtester Herr Collega

Dem nie mehr zu antworten geschworen, dem aber aus gegebnem Anlaß ein letztes Mal empfehle die Bibel auffzuschlagen und zu lesen, welche Er so frevelhafft im Munde führet. Dann würde Er finden, daß in der Heil. Schrifft von denen Weibern nirgends ausdrücklich anzutreffen, gleichwie von denen Männern, daß sie sollen des Todes sterben, wann sie mit einander Schande getrieben; Paulus merket in Röm. 1, 27 nur an, daß sie *den Lohn ihres Irrthums an ihnen selbst empfangen.* Was er damit wollte ausdrücken, darüber rauffen die Theologis einander seit Jahrhunderten die Haare, zumalen die Schrifft auch die Liebe der Männer untereinander nicht in toto detestiret, wie der König David bezeuget, welcher im 2. Buch Samuel 1, Vers 26 um Jonathan trauret mit denen Worten: *Es ist mir leid um dich, mein Bruder Jonathan, ich habe große Freude und Wonne an dir gehabt; deine Liebe ist mir sonderlicher gewesen denn Frauenliebe ist.*

Daß Sein Zögling Catharina Linck mit dem Mißbrauch der Hl. Taufe allerley Sünden begangen, welche sie vor ihrem Schöpfer zu rechtfertigen, bezweiffle nicht. Nach dem Naturrechte sind Sünden allerdings nicht auf Erden zu bestrafen, denn sie sind keine weltlichen Verbrechen: Niemand wurde geschädiget. Zweck der Strafe ist aber nicht, den Verstoß gegen ein göttliches Gebot zu sühnen, sondern das Zusammenleben derer Menschen zu erleichtern und die Ordnung des Staates zu erhalten. Müssen dahero Kirche und Staat strenge geschieden werden und hat sich die erstere im Leben dem letzteren unterzuordnen, dieweil ihr nach dem Tode der Vorrang gebühret.

Will dahero nur noch anfügen, daß die menschliche Offenbarung bloß mit natürlichen, die göttliche ordentlicher Weise mit übernatürlichen, keine von beyden aber mit widernatürlichen Dingen zu thun hat. Sünden oder Verbrechen *contra naturam* verstoßen dahero gleichermaßen gegen die Offenbarung und das Naturrecht: Sie sind nicht, weil nichts in der Natur widernatürlich seyn kann. Anastasius Rosenstengel tauget dahero auch nicht zum Gegenstand einer Inquisition, sondern allenfalls zur Heldin eines noch zu schreibenden Romans, in welchem allerley Schertze verstecket, welche zu verlachen der lateinische Handwercksgesell wohl lustig genug, welche jedoch auch unentdecket vorübergehen mögen, ohne daß der Lehr sonderlich ein Abbruch damit geschähe.

Darff im Uebrigen M h H hertzlich grattuliren zu dessen liebreichster ehelicher Versöhnung.

Euer Hochehrwürden Demüthigster Diener
Christian Thomasius

[233] **Grumbkow an Thomasius**

Berlin, 6. Junii 1715
Wohl Edler und hochgelahrter, Sonders hochgeehrter Herr

Ich eile, Meinem hochgeehrten Herrn den Sieg zu verkünden: Der Geheime Rath hat sich dem Voto der Minorität im Criminal Collegio angeschlossen und resolviret, dem Könige zu proponiren, daß die Lincken mit der erkandten Halsstraffe verschonet, hingegen mit starken Stäupenschlägen aus der Stadt gebracht, auf Lebenszeit in das Zuchthaus geliefert, und so verwahrt soll werden, daß Sie nit Gelegenheit andere zu verführen und weiter dergleichen Schande zu treiben. Die Mühlhahnin aber soll ohne dieselbe mit der Tortur zu belegen auf 3 Jahr ins Zuchthaus gebracht werden.

Nach M h Herrn letzten Schreiben habe nicht geruhet, als desselben Fußvolck, Cavallerie, Artillerie und General dessen Evangelium im Tobacks-Collegio zu verkünden, freylich nit in seinem Nahmen, da sich manches Ohr der Botschaft verschlossen, wann sie origine des hällischen Atheisten erkandt. Wie mir der Secretarius des Königs communiciret, hat Seine Majestät die Empfehlung des Geheimen Rathes bereits abgeschriben und fehlet nur noch die Unterschrifft.

Meines hochgeehrten Herrn dienstfertigster Diener
Friedrich Wilhelm von Grumbkow

[234] **Müller an Gudden**

Neue Burg Hohenschwangau, 8. Juni 1886
Hochverehrter Herr Professor Gudden!

Entschieden protestire ich gegen Ihre Auffassung, ja Erfindung, S. M. der König sei geisteskrank. Sie haben Ihn seit Ihrer Nobilitirung vor zwölf Jahren nicht mehr gesehen. Wie können Sie also urtheilen? Wie können Sie so gewissenlos sein und entgegen Ihrer sonstigen Praxis handeln? Muß ich Sie daran erinnern, daß die Entmündigung nach der Civilproceßordnung für das Deutsche Reich nicht von einem Arzt, sondern von einem Amtsgericht festgestellt werden muß, welches zwingend den zu Entmündigenden zu vernehmen hat? Laut Ihrer eigenen »Satzungen der Kreisirrenanstalt für Oberbayern in München« bedarf es eines amtsärztlichen Zeugnisses bei zwangsweiser Einweisung eines Patienten (§ 24). Hierbei ist die gründliche persönliche Exploration des Beschuldigten von größter Bedeutung. Wo sie fehlt, ist kein sicheres Gutachten möglich. Wie Sie selbst gegenüber Ihren Studenten nicht müde werden zu predigen, sind die Angaben der Umgebung und Verwandtschaft oft partheiisch und nicht bona fide hinzunehmen. Daß negative Zeugenaussagen nichts beweisen, ist selbstverständlich. Begutachtung, Festnahme, Unterbringung und Zwangsbehandlung durch ein und denselben Arzt verstößt entschieden gegen unser Berufsethos! Unbedingt muß der bestellte Amtsarzt den Hausarzt hinzuziehen, in diesem Fall also Prof. Gietl. Da im Übrigen ein Entmündigter den etwaigen Beschluß innerhalb eines Monats vor Gericht anfechten kann, können Sie, Herr Professor, gar nicht hier erscheinen und S. M. wegsperren, wenn Sie irgend nach den Gesetzen handeln wollen. Ihre Auftraggeber sind nichts anderes als Hochverräther und gehören Ihrerseits vor den gesetzlichen Richter!

Im Übrigen protestire ich ebenfalls dagegen, meine Briefe an Sie über meine Besuche bei Sr. M. als Beweismittel für oder gegen irgend etwas zu benutzen! Dagegen stelle ich mich gern einem ordentlichen Richter zu einer persönlichen Zeugenbefragung zur Verfügung.

Mir ist bewußt, daß einflußreiche Feinde den König beseitigt wissen wollen. Wäre nicht die Abdankung Sr. M. ein Mittel, selbiges Ziel zu erreichen, ohne dem König, dem ärztlichen Gewissen, der Verfassung und nicht zuletzt dem Recht Gewalt anzuthun? Glauben Sie nicht, daß Ihr Vorgehen unwidersprochen bleiben wird! Schriftliche Garantien vorausgesetzt, könnte ich König Ludwig vielleicht bewegen, freiwillig den Thron zu räumen. Hierüber ließe sich mit der Staatskommission, welche Sie ankündigten, vertraulich berathen. Ich werde Sie in Hohenschwangau erwarten, im Cavaliersbau der Alten Burg.

Hochachtungsvoll
F. C. Müller

[235] **Westphal an Gudden**

Berlin, den 8. Juni 1886

Lieber Gudden!

Für Ihr freundliches Angebot, mir das Siegburger Siegel aufzudrücken, meinen besten Dank. Zwar wäre es reizend, gemeinsam mit Ihnen in meinen Schädel zu blicken, noch bevor ich tot bin (mittels einer Spiegelconstruction müßte dies doch zu bewerkstelligen sein); doch erlauben meine Pläne zu einer Erholungsreise nach Italien solche Gedankenspiele leider nicht.

Sie hatten zuletzt von dem Glücksfall eines klassischen Anfalls von Hysterie in Ihrer Abtheilung berichtet, den sie mittels Ovarialcompression unterdrückten. Wirklich heilen können Sie die Hysterie jedoch nur chirurgisch. Nachdem schon 1866 Baker Brown die Entfernung der Clitoris gegen Hysterie, Epilepsie und andere nervöse Erkrankungen angewandt und empfohlen hat, und auch G. Brown bei habitueller Masturbation zur Amputation der Clitoris und der inneren Schamlippen räth, behandeln wir hier an der Charité die Hysterie durch Verätzung der im Uebrigen sehr nervenreichen Clitoris. Schließlich erregt die krankhafte Irritation des Gehirns bei der Hysterie spinale Reflexe und speciell den Antrieb zur Masturbation mit den bekannten fatalen Folgeschäden. Gründlich ausgeführt wird die Aetzung mit dem Höllensteinstift.

Wir hatten hier vor kurzem eine 20-jährige Person, die seit 1½ Jahren, seit einer Lungenentzündung, an Schwäche der Beine und herumziehenden Schmerzen litt. Öfters Starrkrämpfe, keine Anästhesie, normale Genitalien, Anämie, Multiple Neuralgien, Paraplegia hyst. Am 30. März erste Aetzung. Bettruhe. Schon am zweiten Tage weniger Schmerzen. Pat. konnte die Beine im Bett bewegen. Am 3. April zweite Aetzung. Danach war das Präputium so mit der Clitoris verwachsen, daß nur die Spitze desselben noch frei war. Einige Tage später fing Pat. an zu gehen. Am 8. April dritte Aetzung. Die neuralgischen Schmerzen sehr gering. Am 12. April trat die Menstruation, welche zwei Monate ausgesetzt hatte, wieder ein. Am 18. April vierte Aetzung. Am 8. Mai konnte Pat. völlig geheilt entlassen werden.

In einem anderen Fall gelang uns die Heilung einer hochgradigen Hysterie mit dauerndem Erfolg durch wiederholte Aetzung der Clitoris im Abstand von zwei Jahren. Diese Beispiele mögen genügen, Sie zur Nachahmung zu animiren. In unserer neuen Weiberabtheilung werden wir in der glücklichen Lage sein, noch viel mehr Frauen die Clitoris zu aetzen und also zu heilen.

Bester Gudden, Sie hatten sich in Ihrem letzten Brief auch nach Müller erkundigt. Eineinhalb Jahre habe ich umsonst die Feder gekratzt, er versagt mir den kleinen Dienst, meine Wortschöpfung zu propagiren. Doch kann mich dies wenig treffen, da Krafft-Ebing sein neues Werk *Psychopathia sexualis mit besonderer Berücksichtigung der conträren Sexualempfindung* genannt hat. Vivat! Victoria! Ich lege Ihnen ein druckfrisches Exemplar bei. – Müller hingegen scheint mir für unsere Sache verloren. Seine geistige Anlage ist nicht ganz congruent derjenigen des Naturforschers, wie wir ihn heut zu Tage zu sehen gewohnt sind. Sein Genie, durchsetzt von stark apriorischen und speculativen Elementen, hat etwas vom Philosophen und Historiker. Sollte dieser Schöngeist sein Werk je vollenden, würde ich es für eine unverdiente Verdächtigung halten, darin anders als mit Schimpfworten tractirt zu werden. Im Ganzen machen mir seine Auslassungen den Eindruck, als wäre er nächstens reif für Ihre Anstalt.

Auf der Durchreise nach Italien demnächst werde ich mir erlauben, bei Ihnen vorzusprechen.

Ihnen nur das Beste
Ihr Westphal

München, 9. Juni 1886

Durchlauchtigst Großmächtigster König!
Gnädigster und geliebtester Herr Neffe!

Durch übereinstimmendes Gutachten einer Mehrzahl von ärztlichen Sachverständigen ist die höchst betrübende Thatsache festgestellt worden, daß der gegenwärtige Zustand der Gesundheit Euerer Königlichen Majestät Allerhöchstdieselben an der weiteren Ausübung der Regierung behindert und Allerhöchstderen Vertretung in privatrechtlicher Hinsicht erheischt.

Als durch die Staatsverfassung infolge der notorischen Erkrankung Seiner Königlichen Hoheit des Prinzen Otto zur Regentschaft berufener Agnat des Königlichen Hauses habe ich die schmerzliche Pflicht, die zur verfassungsmäßigen Konstituirung der Reichsverwesung erforderlichen Maßnahmen vorzukehren. Ich habe demnach unter sofortiger Einberufung des Landtages provisorisch die Zügel der Regierung ergriffen. Indem ich Euerer Königlichen Majestät hievon ehrfurchtsvoll Anzeige erstatte, bitte ich Gott, daß Er Allerhöchstderselben Kraft verleihen möge, diese unabwendbare Folge des vom Allmächtigen über Euere Königliche Majestät verhängten schweren Leidens mit königlicher Würde zu tragen und daß durch baldige Genesung Euerer Königlichen Majestät die Rücknahme dieser in Allerhöchstderen eigenem Interesse zur Zeit unabweislichen Vorkehrungen ermögliche. In dieser Hoffnung verbleibe ich in unverbrüchlicher Treue und Anhänglichkeit an die geheiligte Person Euerer Königlichen Majestät

Allerhöchst-Deren unterthänigst treugehorsamster Oheim
Luitpold Pz. v. Bayern

[237] Ludwig an Müller

Neue Burg Hohenschwangau, 10. Juni 1886

Vollendet das ewige Werk! Auf Berges Gipfel die Götterburg; prächtig prahlt der prangende Bau! Wie im Traum ich ihn trug, wie mein Wille ihn wies, stark und schön steht er zu Schau, hehrer, herrlicher Bau! Folge mir, Franz: In Walhall wohne mit mir!

Theuerster! Geliebtester!

Der Sängersaal ist von den ausführenden Künstlern für vollendet erklärt worden, und wahrlich, das ist er! Du wirst staunen, theuerster Franz, wie sinnig seine herrlichen Wandbilder den gesamten Bau zur Gralsburg Parzival's erheben. O welche Lust! Wir wollen dort ein Fest feiern, wie die Welt keines gesehen, seit auf der Wartburg Walther von der Vogelweide, Wolfram von Eschenbach und Tannhäuser ihren edlen Wettstreit ausgetragen.

Auch der Thronsaal ist jetzt Montsalvat's würdig. Die sechs heilig gesprochenen Könige des Mittelalters umrahmen meinen Thron, wenn er demnächst in der Apsis zu stehen kommt, und bezeugen das wahre Königtum von Gottes Gnaden. Lohengrin, die Sonne meiner Jugend, sein Vater Parsifal der Stern meines Abends. So treffen sich Anfang und Ende. Es ist vollbracht. Alles was ist, endet! Ein düsterer Tag dämmert den Göttern.

Komm! Komm!
Auf daß sich erfüllet die Schrift.

Ludwig

[238] **Müller an Ludwig**

Schwangau, 10. Juni 1886

»Die Schwelger streckten sich zur üpp'gen Ruh'. Ich kann nicht fort: hieher bin ich gebannt. Aus diesem Glanz des Festes unsrer Feinde laß saugen mich ein furchtbar tödlich Gift, das unsre Schmach und ihre Freude ende!«

Absetzungskommission aus München eingetroffen. F.

[in Ludwigs Schrift:]

Neue Burg Hohenschwangau, 10. Juni 1886

Tristan-Tag

Liebe Cousine!
Heilige Elisabeth!

Höre und staune, was hier geschehen, und bete für mich! Immer düstrer, unheilschwangerer ziehen sich die Wolken zusammen. O wie anders begingen wir den wonnigen Tristan-Tag heute vorm Jahre! Franz, welcher neben mir sitzt, unterrichtet Dich, was geschehen:

[in Müllers Schrift:]

Gestern hat sich bei Sr. kgl. Hoheit Prinz Luitpold eine Staatskommission versammelt, welche Ludwig die Absetzung verkünden und darauf in Gewahrsam nehmen soll. Voran der Staatsminister des Äußeren Freiherr von Crailsheim, ihm nach aus seinem Hause Legationsrath Dr. Rumpler, dann Oberstleutnant Karl von Washington, welcher zukünftig als Ludwig's Cavalier, sowie Reichsrath Graf Törring und Ludwig's Erzfeind Maximilian Graf Holnstein, welche als seine Curatoren ausersehen sind. Außerdem mein Chef, Professor Gudden, samt 4 Irrenpflegern. Nach einem ausgiebigen Hofdiner fuhren sie am Nachmittag per Sonderzug von München nach Oberdorf, wo schnelle Hofwagen ihrer warteten, welche sie gegen halb elf Uhr in der Nacht nach Hohenschwangau brachten. Im Cavaliersbau des Alten Schlosses erwartete ich sie. Ohne Umschweife nahmen sie dort auch Unterkunft. Da die Herren glaubten, nicht ohne Uniform oder Frack vor ihren König treten zu können, warteten sie die Ankunft ihrer Koffer ab, welche langsamen Postpferden anvertraut. Professor Gudden war dies ganz recht, denn er hatte seinen Schwiegersohn Dr. Grashey nach Berg entsandt, dem er einen Zeitvorsprung zu geben gedachte, um das Schloß in ein Irrenhaus zu verwandeln.

Beim Warten drängte es die Herrschaften, eine weitere Herzstärkung einzunehmen und sich gegenseitig Muth zuzutrinken, wozu 40 Maß Bier und 10 Flaschen Champagner nöthig waren. Während dem »Souper de Sa Majesté le Roi« (Consommé aux noques, Truites à la hollondaise, Poulet à la Marengo, Terrine de foie gras, Cuissot de Chevreuil rôti, Asperges, Crème à la vanille aux framboises) tüchtig zugesprochen wurde, sandte ich Ludwigs Leibdiener Thomas Osterauer heimlich hinauf ins Neue Schloß, welches eine halbe Stunde den Berg hinauf gelegen, um unseren Freund zu warnen. Meine Versuche, mit den Herren in Verhandlungen über eine etwaige Abdankung des Königs zu treten, wurden abschlägig beschieden.

Um 3 Uhr morgens heute in der Früh trafen die Koffer ein und die Kommission begab sich in großer Gala per Hofwagen hinauf zur Neuen Burg. Um den Schein zu wahren, war auch ich mit von der Partie. Schwere Nebel hingen über dem Wald, kalter Regen schlug uns ins Gesicht. Es begann langsam zu dämmern. Ludwig hatte in der Zwischenzeit Wachtmeister Boppeler aus Füssen mit seinen Gensdarmen zu seinem persönlichen Schutz herbeordert, dazu Verstärkung durch einige Cheveauxlegers und Feuerwehrleute aus der Umgebung, welche sich der Fangkommission muthig und entschlossen vor dem versperrten Schloßthore entgegenstellten. Weder Befehle Crailsheims noch offene Drohungen Guddens, weder Geld noch gute Worte halfen: Die Seinen schützten unseren König.

Dabei erhielten sie thatkräftige Unterstützung von Ihrer guten alten Bekannten Baronin Truchseß. Alarmirt von in München umlaufenden Gerüchten war sie gekommen, Ludwig zu retten, begleitet von ihrer Jungfer, bewaffnet nur mit einem Regenschirm. Vor dem verschlossenen Thore haranguirte sie die ihr bekannten Mitglieder der Staatskommission und zählte sie mit den Fingern ab. Sie, beste Freundin, hätten Ihre Freude daran gehabt! »Graf Törring, Ihre Kinder müssen sich ja dereinst Ihrer schämen! – Graf Holnstein, zum letzten Mal habe ich Sie bei mir bewirthet! – Minister von Crailsheim, nie wieder spiele ich mit Ihnen Klavier!« Dann wandte sie sich an die Gensdarmen und Thorwächter: »Ihr habt nur *einen* König, Bauern! Schützt meinen Ludwig! Schlagt die Hochverräther tot!« Begleitet von dem zornigen Gekläff ihres Hündchens fluchte sie der zwölf Herren und rief: »Am Montag wird der Heilige Geist über euch kommen und euch erleuchten!« –

Nach einer Stunde erfolglosen Parlamentirens mußten die Herren Kommissionsmitglieder wie begossene Pudel wieder abziehen. Im strömenden Regen ging's zurück. »Da haben wir uns schön blamirt, es ist schrecklich«, sagte Gudden zu mir, als wir den Cavaliersbau der Alten Burg wieder betraten. Ludwig ließ mich dann als ersten dort ›verhaften‹ und hierher bringen.

Theuerste Freundin, zuletzt noch ein Wort unter uns, welches Ludwig in der Eile, bevor dieser Brief abgeht, hoffentlich nicht liest. Er ist völlig klar, spricht einsichtig, ist jedoch von einer totalen Entschlußlosigkeit gelähmt. Ich schlage ihm das Einfachste und durchaus Mögliche vor, aber er ist nicht im Stande, darauf einzugehen. Ich beschwöre ihn, sofort nach München zu reisen und sich dem Volk sowie dem versammelten Landtage zu zeigen, aber er behauptet, er sei zu müde und nervös, seine Haare lägen nicht richtig und er werde keinen guten Eindruck hinterlassen. Er lehnt auch die Flucht nach Tyrol kategorisch ab. Dabei sind die Bedingungen besser nicht zu wünschen, es regnet in Strömen und der Nebel ist so dicht, daß man keine zwanzig Schritte weit sehen kann. Stattdessen verlangt er Gift von mir, Cyankali und Chloroform – Adieu, er heißt mich unseren Brief siegeln.

Ihr Franz

[in Ludwigs Schrift:]
Während Franz Dich unterrichtet, habe ich Wachtmeister Boppeler befohlen, das feige Gesindel, welches heute früh in das Schloß dringen wollte, zu verhaften und hierher zu verbringen. »Das Unheil hat mit meinem Fall begonnen, nun stürzet nach, die mich dahin gebracht!« Franz ließ ich zum Schein als ersten arretiren. Er meint, ich solle nach München, aber dort bekommt mir die Luft so schlecht. Auch nach Tyrol will er mich verschleppen, aber was soll ich da? Keinesfalls möchte ich Deinem unendlich von mir verehrten Gatten diplomatische Malaisen bereiten.

Ich habe stattdessen meinen alten Freund Bismarck telegraphisch um Hilfe gebeten. Wenn einer, dann weiß Er, wie diesem Geschmeiß beizukommen! Außerdem habe ich Baron Franckenstein telegraphisch angeboten, den Ministerrathsvorsitz zu übernehmen, wenn ich Lutz, wie sich jetzt als nothwendig erweist, stürze. Er steckt unter einer Decke mit Professor Gudden, welcher Chloroform mitgebracht, Zwangsjacke, Stricke, sowie einen Wagen, welcher von innen nicht zu öffnen, mit ledernen Fußfesseln unter dem Sitz. Man schleudert mich von der höchsten Höhe in das Nichts, man vernichtet mein Leben, man erklärt mich lebend für tot, das halte ich nicht aus. Wenn man mir die Krone aberkannt hätte, das würde ich ertragen haben. Aber daß man mir den Verstand aberkennt, mir die Freiheit nimmt und mich wie meinen Bruder behandelt, nein, das ertrage ich nicht, ich will diesem Schicksal entgehen. »Fluch dir, Verruchter! Fluch deinem Haupt! Rache! Tod! Tod uns Beiden!«

Der treue Franz wird Dir, unserem gemeinsamem Briefe beiliegend, zwei weitere Schreiben überbringen:

Das Erste ist für alle Zeitungen Bayerns gedacht, welche es als Extra-Ausgabe drucken lassen sollen. Darin bitte ich meine treuen Bayern, Beamte, Soldaten und Offiziere um Beistand gegen den Hochverräther Luitpold. Laß den Text stante pede an alle Herren Redakteure im Land abgehen.

Das andere Schreiben ist ein Brief an meinen geschickten Leiberfinder Wilhelm Bauer, welchem ich vor einer Weile den Auftrag zum Entwurf und zur Construction eines Unterseebootes ertheilt habe. Sollte den Hochverräthern doch gelingen, mich gefangen zu setzen, werden sie mich nach Berg verbringen. Wenn am Abend nach meiner Ankunft dort das besagte Boot von Feldafing unter der Wasseroberfläche zum Ufer von Schloß Berg glitte, so erhielte ich eine Möglichkeit zur Flucht, welche niemand, gar niemand vorausberechnen und die also von Erfolg gekrönt sein könnte, sein muß, sein wird! Ich werde also des Abends ins Wasser waten und das Boot erwarten, und unter der Wasseroberfläche zu Dir, holde Elisabeth, gleich einem Nix nach Feldafing tauchen.

Ich schreibe Bauer nicht direct, weil ich fürchten muß, daß selbst meine Privatbriefe confiscirt werden. Franz wird dir den Brief an ihn übergeben und sich danach zum Scheine wieder Gudden anschließen. Begibt er sich zu Bauer, und wird er dabei beobachtet, so werden sie den Ingenieur festsetzen. Einzig Dir werden sie zu widersetzen sich nicht wagen.

Das Boot, Elisabeth, das Boot! Mein Königreich für ein Boot!

Ludwig

[240] **Gudden an Müller**

München, 10. VI. 1886, nachts

Hochverehrter Herr Doktor!

Vermelde Ihnen, glücklich nach München zurückgekehrt zu sein. Wo befinden Sie sich? Sind Sie am Leben? Offensichtlich hat S. M. Ihnen eine gewisse Sonderbehandlung zukommen lassen und ich schwanke zwischen der Furcht, Ihr Wohlergehen möge mehr, und der Hoffnung, dasselbe möge weniger gelitten haben als dasjenige der übrigen Kommissionsmitglieder.

Zwei Stunden, nachdem Sie heute früh von den Gendarmen abgeführt worden sind, gegen 6 Uhr, wurden auch wir verhaftet. Im Dorfe wurde Sturm geläutet und das Landvolk rottete sich zusammen. Von Gendarmen mit aufgepflanztem Bajonett umringt wurden wir gezwungen, uns abermals zum Neuen Schloß zu begeben, dieses Mal zu Fuß. Als wir an der »Alpenrose« vorbeikamen, stand dort eine Rotte von zwanzig Leuten, denen man ansah, daß sie gute Lust hatten, uns in Stücke zu hauen. Oben im Schloßhof warteten ähnliche Gestalten, Bauern, Holzknechte, Flößer mit Äxten und Knüppeln bewaffnet, durch deren Reihen wir Spießruthen laufen mußten. Ihre drohenden Gebärden ließen nur zu sehr den Ernst der Lage erkennen. Wachtmeister Boppeler sperrte uns allesamt in den Thorbau der Neuen Burg.

Dort wurden uns die schriftlichen Befehle des Königs vorgezeigt. Nicht nur sollte uns Speis und Trank verweigert werden. Er befahl allen Ernstes, uns bis aufs Blut auszupeitschen, die Augen auszustechen und die Haut abzuziehen! Braucht es noch eines anderen Beweises, daß S. M. wahnsinnig ist? – Die mittelalterlichen Leibstrafen an uns zu vollziehen wagten die grimmig dreinblickenden Gendarmen indeß nicht, uns fasten zu lassen fiel ihnen dagegen leicht. Unser guter Mauder freilich freundete sich mit einem Lakaien an, Mayr mit Namen, der uns gegen Bezahlung mit Bier, Schweinskopf und Brot versorgte. Er war auch zu bewegen, Depeschen für uns nach München abzulassen, auf daß man sich dort unserer annehme.

Gegen 2 Uhr am Nachmittag traf endlich auch in Schwangau die Nachricht von der Regentschaftsproklamation Sr. kgl. Hoheit Prinz Luitpold ein. Der Bezirksamtmann von Füssen rief darauf die finsteren Gendarmen ab. Nach Stunden enger Haft und ungewissen Wartens waren wir endlich frei. Doch wegen der Volksmenge rund um das Schloß konnten wir unseren Kerker nicht sogleich verlassen. Erst, als die Baronin Truchseß ein Butterbrot aß und die Bauern ein Fäßchen Bier auflegten, gelang uns einzeln und unauffällig die Flucht. Wir trafen uns alle am Fuße des Berges in Schwangau wieder, wo wir einen vierspännigen Jagdwagen und eine zweispännige Kutsche requirirten, mit welchen wir in höchster Eile über Steingaden nach Peißenberg fuhren. Auf der Eisenbahn langten wir gegen halb zehn Uhr des Abends in München an, wo Ministerpräsident Lutz uns zerknirscht in Empfang nahm und ins Palais Luitpold expedirte.

Dort wurde beschlossen, noch in der Nacht eine Gendarmerieeinheit aus München nach Hohenschwangau zu schicken, welche jene einheimische ablösen wird. Sie wird S. M. jede etwaig beabsichtigte Ausfahrt verweigern, hingegen der morgen erneut eintreffenden Kommission zur Inverwahrnahme des Königs das Thor öffnen. Diese Kommission wird aus meiner Person, Ihnen, lieber Doktor Müller, sowie den Pflegern Mauder, Braun, Schneller und Burck bestehen. Wir werden S. M. nach Berg geleiten, wo Sie Allerhöchstdieselbe nach Pfingsten als persönlicher Leibarzt betreuen werden. Ich rechne fest darauf, Sie morgen Abend in der »Alpenrose« in Hohenschwangau anzutreffen, wo wir gegen Mitternacht eintreffen dürften.

Geradezu drollig oder naiv muthet an, daß Sie bei einer Person wie Sr. M. des Königs den üblichen Gang laut Polizeirechtsordnung und Strafgesetzbuch eingehalten wissen wollen. Hätte sich sein krankes Hirn nicht selbst über Gesetz und Verfassung gestellt, wäre er gar nicht da, wo er ist. Glauben Sie mir, S. M. hat seine rechtmäßigen Richter gefunden, welche in Abwägung aller Thatsachen einen weisen Entschluß gefaßt, welchen wir Ärzte nur vorbereiteten. Da der König nicht mehr geschäftstüchtig ist, wäre seine Abdankung nichts werth, weshalb ich bitte, auf diesen leidigen Punkt nicht mehr zurückkommen zu wollen.

Ich zweifle nicht, daß Ihre zuletzt geäußerten Urtheile den Geisteszustand Sr. M. betreffend Ihnen selbst mittlerweile als Fehldiagnosen erkennbar werden mußten. Daß Irre in lichten Augenblicken handeln und denken wie normale Menschen, ist bei dem Krankheitsprocesse Sr. M. ein gewöhnliches Vorkommnis; es ist daher verständlich, daß sich ein junger, unerfahrener Arzt wie Sie so lange täuschen konnte. Nach außen hin ist es viel besser für den König, nur für geisteskrank gehalten zu werden. Es fehlt nicht viel, und auch Sie müssen zu seinen perversen Opfern gezählt werden. Bedenken Sie, was allein der Verdacht für Ihren weiteren Weg als Arzt und Ihr berufliches Fortkommen bedeutete.

Anbei übersende ich Ihnen die Abschriften der Briefe, welche Sie je von Sr. M. empfangen, ebenso diejenigen Ihrer eigenen zu Ihrer gefälligen Erinnerung. Lesen Sie auch beiliegenden Zettel aus Sr. M. Tagebuch, welches wir an uns zu nehmen Gelegenheit hatten. Ich hoffe, diese Dokumente werden Ihnen die Entscheidung erleichtern wenn nicht gar abnehmen, wem Sie in Zukunft die Treue halten wollen.

In der Freude, Sie in rund 24 Stunden wiederzusehen
Ihr Gudden

[241] Tagebuch Ludwigs

Juni 1886

Wiedersehen mit Thomas gefeiert. Mahl in der Grotte

1. Juni definitivement dernière chute

2 mois 3 semaines devant 41

Souvenez-vous Sire   souvenez-vous   souvenez-vous

Louis

Fortan auch der Küsse streng enthalten

Je le jure au nom du Roy des Roys

Thomas Osterauer

[242] Gudden an Luitpold

Berg, 12. VI. 1886

Allergnädigster Prinzregent!

Allerunterthänigst Unterzeichneter freut sich, Ew. Königlichen Hoheit den höchst glücklichen Verlauf der zweiten Fangkommission melden zu können. S. M. ist ohne Zwischenfall in Berg eingetroffen. Hier geht es wunderbar gut. Die persönliche Untersuchung hat das schriftliche Gutachten nur bestätigt.

Gegen 12 Uhr des Nachts traf ich gestern in Begleitung von vier Pflegern in Hohenschwangau ein, wo wir in der »Alpenrose« mit meinem Assistenten Dr. Müller zusammentrafen. Wir vereinbarten mit dem Stallmeister, daß in der Frühe 4 Uhr der Wagen des Königs und die für uns bestimmten Gefährte im Neuen Schloss bereitstehen sollten. Durchgekühlt von dem regnerischen, feuchtkalten Wetter setzten wir uns zu Tische, da stürzte der Kammerdiener Mayr herein, welchem unsere Ankunft bekannt, und beschwor uns, wir sollten sofort in die Gemächer des Königs gehen. Allerhöchstderselbe wisse, daß etwas gegen ihn im Werke sei, und habe verschiedene Male den Schlüssel zum Thurme verlangt, wahrscheinlich, um von da in die Tiefe zu springen. Man halte ihn hin, der Schlüssel sei verlegt, suche aber eifrig nach ihm. Wir schritten demnach sofort zur That und begaben uns hoch zur Neuen Burg.

Mein Plan war schnell gefaßt: Die Wendeltreppe, welche in den besagten

Thurm führt, liegt an einem Corridor, der in die Zimmer des Königs mündet. Mayr schloß die Thür zur Treppe auf, die Hälfte von uns verschwand einige Stufen nach oben, die andere Hälfte einige Stufen nach unten. Dadurch konnte der König auf der Treppe niemanden sehen. Mayr ging mit dem Schlüssel zu ihm hinein. Nach Augenblicken höchster Spannung hörten wir feste, schwerfällige Tritte auf uns zukommen. Die Pfleger stürzten von oben und unten auf den König zu und faßten ihn an den Armen. Derselbe stieß bloß ein schmerzlich überraschtes »Ah!« aus und fragte dann immer wieder: »Ja was soll das denn? Ja was wollen Sie denn? Lassen Sie mich doch los!«

Ich führte den König in sein Schlafgemach zurück, wo Thüren und Fenster sogleich von je einem Pfleger besetzt wurden, sodaß also ein Selbstmordversuch durch Hinausspringen unmöglich geworden war. Darauf sprach ich: »Majestät, es ist die traurigste Aufgabe meines Lebens, aber Majestät sind von vier Irrenärzten begutachtet worden, und nach deren Ausspruch hat Prinz Luitpold die Regentschaft übernommen. Ich habe den Befehl, Majestät nach Schloß Berg zu begleiten. Wenn Majestät befehlen, wird der Wagen um 4 Uhr vorfahren.«

Wieder kamen darauf die früheren Exklamationen: »Ja was soll denn das heißen? Ja was wollen Sie denn?« Der König kam mir angetrunken vor; er schwankte leicht nach der Seite und auch an der Sprache zeigten sich gewisse kleine Unsicherheiten. Es roch im Zimmer stark nach Bowle und Arak. Nun begann ich, die Anwesenden dem Könige vorzustellen. Als ich aus naheliegenden Gründen Dr. Müller übergehen wollte, wandte sich der König selbst an seinen zukünftigen Leibarzt. Lange ruhten seine Augen auf ihm. Dann sprach er langsam: »Mir dies? Dies, Tristan, mir? Wohin nun Treue, da Tristan mich betrog?« Betreten blickte Müller angesichts dieses weiteren Beweises für die Geistesverfassung des Königs zu Boden. Ich hatte mir den König laut Aktenmaterial noch nicht so schwer krank vorgestellt, als er es in Wirklichkeit ist. –

Gegen 4 Uhr heute Morgen verließen wir das Schloß und brachten S. M. im geschlossenen Wagen über die vorgesehenen Relaisstationen in 9 Stunden nach Berg. Die Fahrt verlief bei anhaltend schlechtem Wetter ohne jede Störung. In Berg hat der König sein altes Wohn- und Schlafzimmer bezogen. Zwischen beiden befindet sich ein kleines Zimmerchen, welches mein Schwiegersohn Dr. Grashey als Aufenthaltsort für die wachhabenden Pfleger eingerichtet hat. In dessen Thüren hat er nach beiden Seiten hin Gucklöcher schneiden lassen, sodaß man einen großen Theil von des Königs Zimmern beobachten kann. Die Thürdrücker sind abgeschraubt worden, und demnächst werden auch die Fenster vergittert sein. Um 1 Uhr 30 am Nachmittag begann der König zu diniren, wobei ihm Obstmesser gereicht werden, bis die Tischmesser auf dem Schleifstein stumpf gemacht sind. Daß der König in Alkohol excedire, wird wohlweislich verhindert.

Seit 3 Uhr schläft er. Zuvor bat er Pfleger Mauder, ihn nach genau 9 Stunden um Mitternacht zu wecken. Ich habe dies untersagt, um den König sogleich zu einer geordneten, dem natürlichen Wechsel entsprechenden Tageseintheilung zu erziehen. Über Einzelheiten der weiteren Lebensführung Sr. M. muß noch mit den Curatoren gesprochen werden. So können wir dem Wunsche Sr. M., morgen am Pfingstgottesdienste theilzunehmen, nicht entsprechen, doch ist ihm die Ausübung der Religion zukünftig selbstverständlich irgend zu gestatten.

Mit den besten Segenswünschen für die bevorstehenden Feiertage verbleibe ich

Ew. Königlichen Hoheit allerunterthänigster Diener
Bernhard von Gudden

[243] Müller an Elisabeth

Berg, 13. Juni 1886

Kaiserliche Hoheit!
Theuerste Freundin!

Sie werden schon wissen, daß wir gestern Mittag hier in Berg eingetroffen sind. Ludwig verhält sich besonnen und vernünftig, womit er Prof. Gudden in äußerste Verlegenheit stürzt. Ich wohne im großen Speisezimmer gleich neben Ludwig's Wohnzimmer. Der Schlüssel zu unserer Verbindungsthür steckt auf meiner Seite. Die große Veranda mit der Aussicht auf den See erlaubt mir, auch die Vorgänge außerhalb des Schlosses im Auge zu behalten. Bei Dunkelheit wäre es sogar möglich, Lichtzeichen von und nach Feldafing bzw. Possenhofen abzugeben oder zu empfangen.

In der Nacht erwachte Ludwig kurz vor Mitternacht und verlangte seine Kleider, welche ihm der Pfleger anweisungsgemäß verweigerte. Um 6 Uhr in der Frühe nahm Ludwig seine erste kleine Rache und verlangte nach Gudden, den er im Bett liegend empfing. Wie er ihn denn für geisteskrank erklären könne, er habe ihn ja gar nicht untersucht. Weshalb die »Cur« mindestens ein Jahr lang dauern solle, ein Mensch sei doch leicht schneller aus der Welt zu schaffen. Ob die Soldaten im Park scharf geladen hätten und sofort auf ihn schießen würden usw. Im Anschluß mußte sich Guddens Schwiegersohn Dr. Grashey derselben Procedur unterziehen. Wie ich von meinem Guckloch mitverfolgen konnte, seifte Ludwig beide tüchtig ein. Grashey überraschte daraufhin beim Frühstück seinen Schwiegervater mit der Einsicht, »Für rettungslos halte ich den Zustand Seiner Majestät nicht«, was Gudden entrüstet von sich wies.

Auch der Pfleger Mauder ist von Ludwig eingenommen. Er half ihm beim Waschen, Ankleiden und Frisiren, servirte ihm das Frühstück und erwies sich so geschickt bei allem, daß Ludwig heiter und zufrieden zweimal Kaffee nachbestellte, um mit Mauder zu plaudern. Gewöhnt an Otto und wirklich Geisteskranke, hat Mauder Gudden schon befremdet gemustert. Am Vormittag befahl Ludwig erneut Gudden zu sich und machte mit ihm von 11 Uhr bis 12 Uhr 15 einen Spaziergang im Park. Ein Pfleger folgte auf Entfernung von 400 Schritt. Beim Mittagessen meinte Gudden soeben, der König habe sich wunderbar in seine neue Lage gefügt, es sei keine Gefahr vorhanden, weshalb er heute Abend noch einmal mit ihm spazieren gehen wolle, und zwar allein. Der Stabskontrolleur protestirte, doch Gudden lachte nur: »Sie Schwarzseher!« Ludwig wird also nach dem Diner, gegen 6 Uhr, nur in Begleitung Guddens am Seeufer entlang südwärts Richtung Leoni gehen –.

Um den Brief zu Ihnen ans andere Ufer zu schmuggeln, habe ich Fühlung mit dem Fischer Lidl aufgenommen, welcher gleich neben dem Schloß sein Bootshaus hat. Ob ihm zu trauen, werden Sie mich bitte wissen lassen, indem Sie ihm Ihre Antwort oder auch nur ein Zettelchen sogleich zustecken mögen.

Ewig Ihr Franz

Feldafing, den 13. Juni 1886

Lieber Franz!

Hab Dank für Deinen Brief, den ich eile zu beantworten.

Umgehend habe ich die Aufträge weitergeleitet, welche mir von euch zuletzt zugingen. Vor der Hand besteht keine Hoffnung. Ludwigs öffentlichen Aufruf zur Treue wagten nur die *Bamberger Nachrichten* zu drucken, doch stampfte die Regierung die gesamte Auflage ein, bevor sie vertheilt werden konnte. Der verantwortliche Redakteur sitzt schon in Haft. Da mein feiner Cousin Luitpold, wenn auch noch schwankend, im Sattel sitzt, muß unser nächstes Ziel sein, Ludwig zu befreien und ins Ausland zu verbringen. Weder in Bayern noch im Deutschen Reich kann er bleiben; Bismarck sowie die anderen Fürsten werden Luitpolds Regentschaft anerkennen, wenn sie es nicht schon gethan haben, die Verräther. Ich hab mir von den Schnüfflern und Spionen des Kaisers die Abschriften aller Briefe geben lassen, die sich Luitpold und Bismarck und dein Prof. Gudden geschrieben haben. Da, ich schicke sie dir mit, lies, es ist zu traurig. Einzig Österreich bietet sich noch als Exil an, und ich werde den Kaiser in unserem Sinne zu bearbeiten wissen. Ich habe ihm gegen seinen Willen die ungarische Krone aufgesetzt, da werden wir doch ein Plätzchen für Ludwig finden. Der ist nicht verrückt genug, um eingesperrt zu werden, und wieder zu wenig normal, um in der Welt mit vernünftigen Menschen zufrieden zu verkehren.

Von daher liegt es nun an uns beiden, bester Franz, Ludwig die Flucht zu ermöglichen. Ich meine, Ludwig muß die Feinde überlisten; er soll sich rasieren, Weiberröcke anlegen, ein Kopftuch samt Strohhut tief ins Gesicht ziehen, und auf einem Karrenwagen als Bäuerin zwischen Gemüse sitzend langsam nach Tyrol rollen, wo man ihm gewogen ist. Oder sollen wir ein Boot im Gebüsch verstecken und er rudert als Fischerin verkleidet nach Possenhofen, wo ich ihn ein paar Wochen versteckt halten kann? Ich nähme ihn dann als Dienerin in meinem Gefolge zurück nach Wien. Was meinst Du? Wenn alles vorbereitet ist, gehe ich zu Prof. Gudden und bitte ihn, mit Ludwig eine Viertelstunde alleine spazieren gehen zu dürfen. Diesen Wunsch kann er der Kaiserin von Österreich keinesfalls abschlagen. Auf dem Spaziergang ergreift Ludwig die Flucht und ich werde sagen, ein schneller Reiter sei mit einem zweiten Pferd gekommen.

Warum sollte uns das nicht gelingen? Mein Vorbild ist die Baronin Truchseß, welche ich zu mir eingeladen. Stell Dir vor, was der ersten Fangkommission frühmorgens mit 12 Mann so schmählich mißlang, gelang ihr als alleinige Frau: Sie drang durch das verschloßne Thor von Ludwigs Neuer Burg, entwand sich den rauhen Armen der Gendarmen und gelangte bis in Ludwigs Zimmer. Der erschrak nicht wenig, als sich die Baronin ihm zu Füßen warf und Treue bis in den Tod gelobte. Ludwig ließ ihre aufgeregten Reden ruhig über sich ergehen, reichte ihr die Hand und fragte gütig, ob sie nicht ihren Gatten kommen lassen und nach München zurückkehren wolle? Die Baronin Truchseß wollte schon zurück nach München, aber nur mit Ludwig! Vielleicht hätte sie die Feuerwehr, welche sie zum Schutze Ludwigs alarmirt hatte, besser zur Löschung ihrer eigenen unerwiderten Flamme in Anspruch genommen.

Der Fischer schaut vertrauenswürdig aus. Vielleicht ist von ihm auch ein Boot zu bekommen. Ich hab ihm ein Goldstück sowie ein kräftiges Mahl reichen lassen, damit er geschwind zurückfahren kann.

Bestelle Ludwig Grüße von der See-Möve
Elisabeth

[245] Ludwig an Müller

Sind es Wellen sanfter Lüfte? Sind es Wogen wonniger Düfte? Wie sie schwellen, mich umrauschen, soll ich atmen, soll ich lauschen? Soll ich schlürfen, untertauchen? Süß in Düften mich verhauchen? In dem wogenden Schwall, in dem tönenden Schall, in des Welt-Atems wehendem All –, ertrinken, versinken –, unbewußt –, höchste Lust!

Halberstadt, 16. Junii 1715

Hochehrwürdiger, Hochachtbarer, Hochgelahrter
Insonders Hochgeehrtester Herr Professor

Der unsaubere Fall der Catharina Margaretha Linckin eillet nunmehro seinem Ende entgegen: Heute hat mich der Stadtrichter Meschmann gebeten, die Linckin im Kerker auffzusuchen und schonend auf deren Hinrichtung vorzubereiten, welche in wenigen Tagen soll haben statt. Vor einer Woche verbreitete sich hier in der Stadt wie ein Lauffffeuer das Gerücht, der König wolle die Linckin verschonen. Doch weil Seine Königliche Majestät das Urtheil seines Consilii doch zu gelinde finden, so bleibt es bey der vom Criminal collegio secundu plurima ertheilten Sententz, daß sie vom Leben zum Tode zu richten. Damit der Linckin im Tode endlich die Erkenntnüß zu Theil werde, daß sie ein Weib, soll ihr die Ehrenstraffe des Schwertes vorenthalten, und sie vielmehr in einen Sack eingenäht im Wasser ersäuffet werden. Die Mühlhahnin aber soll, ohne dieselbe mit der Tortur zu belegen, auf drey Jahr ins Spinnhaus gebracht werden, und haben der Richter Meschmann und der Bürgermeister Lindholz auf Ew. Hochehrwürden Anrathen bereits das Spinnhaus in Magdeburg vor dieselbe ausersehen.

Wie es guter Brauch, hat der Rath der Linckin neue Kleider bringen lassen und bessere Kost, auch Bier und Wein. Mir fällt, ich gestehe es Ew. Hochwürden bescheidentlich ein, der Gang zu derselben nicht leicht, hat die Linckin doch auch und gerade mich schändlich hintergangen und soll nun ausgerechnet ich Buße und Reue in deren Hertze wecken, auff daß sie ihren gräßlichen Tod in Demuth und Gottergebenheit möge hinnehmen. Hat es Richter Meschmann an Ermahnungen nicht fehlen lassen, ich möchte die Linckin geistlich so zurichten, daß der Endliche Rechtstag in Würde abgehalten und jedes öffentliche Ärgerniß vermieden werde. Maßen mancher in der Stadt Rosenstengel heimlich bewundert, kann die Stimmung im Volck bey dessen Hinrichtung rasch und gefahrlich umschlagen.

Zu dieser schweren Auffgabe, so mir gestellet, gesellet sich noch eine weitere. Denn der Mühlhahnin Mutter, welche ihren vermeintlichen Schwiegersohn angezeiget, ist untröstlich darüber, was zeithero geschehen. Das habe sie nicht gewollt, als sie das lederne Ding in die Gerichte getragen. Sie habe doch nur ihre Tochter von diesem Taugenichts trennen und scheiden wollen, welcher die Aussteuer auffgezehret. Auffgelöset vor Kummer und Gram, was sie der Linckin und der eignen Tochter angethan, kömmt sie Tag vor Tag in die Kirche gelauffen und leistet Abbitte und hoffet, ich möge noch irgend Blutzoll und Zuchthaus abwenden. Sie drohet darmit, die Wahrheit unter die Leute zu bringen, nemblich daß nicht sie habe Rosenstengel anzeigen wollen, sondern die Frau Dorothea Rosina Pott habe sie gedränget und ihr gesaget, sie müsse dieß thun. Die Mutter hält dafür, die Pottin hätte Rosenstengel verrathen und entfernen wollen, weil dieser gewisse Kräutlein gefunden, welche die Pottin des Nachts brauet und genießet und welche wohl in einer Hexenküche anzutreffen, nicht aber in eines Bürgers Hause, weshalb sie, die Mutter, es auch nie gern gesehen, wann ihre Tochter zu der Pottin sich begeben. Vielleicht, so dencket die Mutter, habe die Pottin die Catharina Linckin gar in den Anastasium Rosenstengel verhexet, und müsse jener also unschuldig sterben, dieweil die wahre Hexe noch weiter ihr Unwesen in Halberstadt treibe.

Theile solches Ew. Hochwürden ganz im Vertrauen mit, denselben zu warnen, daß dieser entsetzliche Casus noch nicht abgeschlossen.

Verharre gebetschuldigst
Israel Clauder, Pfr.

[247] **Dorothea Rosina Pott an Anna Magdalena Francke**

Halberstadt, den 20. Junij 1715

Wir setzen uns mit Thränen nieder.

Auserwählte Freundin in dem Herrn

Catharina Margaretha Linck oder der so genannte Anastasius Rosenstengel ist nicht mehr. Heute ist sie gerichtet worden. Der König hat dieselbe nach einigem Zögren zum Tod verurtheilet, und daß sie solle im Wasser sterben, als ob sie ihr Kindlein ermordet oder die Hexenprobe zu bestehen. Susanna Elisabeth Mühlhahnin lebet, doch hat sie über der Linckin Tod fast den Verstand verloren.

Am Morgen ist der Endliche Rechtstag mit dem Geläut der Glocken von St. Martin einberuffen worden. Nachdem sich eine große Menge Volcks auf dem Fischmarkt versammlet, ziehen der Richter Meschmann und die vier

Schöffen in ihren schönsten Gewändern vom Rathaus auff den Markt ein. Aus dem Richthause führen ihnen der Kerkermeister und der Henker Catharina Linckin und Susanna Mühlhahnin zu, welche mit schweren Eisen gekettet. Wie die beiden auf den Markt treten, erhebet sich ein Johlen und Schreyen und Pfeiffen, und rufet man ihnen unfläthige Worte zu, die hier nicht zu wiederholen. Es brauchet die Schelle des Gerichtsdieners, um halbwegs Ruhe zu schaffen, damit ein Schöffe die Anklage gegen die Linckin verlese. Nächstdem soll sie, wie es Brauch, ihr Geständnis wiederholen. Doch weigret sich dieselbe, weshalb ein andrer Schöffe ihr Geständnis vorlieset. Darob erhebet sich ein Murren in der Menge, glaubet das einfältig Volck doch nur einem freywillig Geständnis. Endlich verlieset der Richter Meschmann das königliche Urtheil, bricht den Stab über die Linckin und übergibt sie dem Henker.

Derselbe lädt die Linckin sambt der Mühlhahnin auf einen Karren, bindet sie an demselben fest und fährt mit ihnen durch den Hoheweg, den Lichtengraben, am Johannesbrunnen vorbey über die Vogtey zum Ufer der Holtemme. Ihr Weg gleichet einem Spießruthen Lauff, denn überall stehet Volck Spalier und schmähet die Linckin und die Mühlhahnin und werffen Unrath auff dieselben, und wann der Wagen vorüber, rennen sie hinterdrein, sodaß sich eine noch größere Menge Volcks an der Brücke versammlet, welche zum Kloster St. Burchardi führet. Hier hält der Henker an und lädt die Linckin ab, während die Mühlhahnin verurtheilet, alles mit anzusehen, was nun kömmt.

Der Henker führet die Linckin auff die Brücke, allwo schon der Bürgermeister Lindholz, der Richter Meschmann und der Pfarrer Clauder sie erwarten. Fraget der Richter die Linckin nach ihrem letzten Wunsch, worauff sie verlanget, daß man solle ihr der Mühlhahnin Heftlein vorhalten, welches sie im Busen verborgen. Obgleichen mit Verwundrung, thut des Henkers Knecht, wie die Linckin gewünschet. Nächstdem ziehet der Henker die Linckin, deren Hände auf dem Rücken gefesselt, splitternackigt aus, reißet ihr Mieder, Hemd und Rock vom Leibe, und beginnet das Volck darauff von Neuem mit denen Pfiffen, Johlen und Zungenschnalzen, als sie die Schönheit ihres Leibs gewahren. Heißet der Henker die Linckin darauff, in einen großen groben Sack zu steigen, welchen er vor ihren Füßen ausgebreitet, und ziehet die Sackleinwand bis zu ihren Brüsten hoch. Er hält inne und blicket fragend zu Pfarrer Clauder, welcher sich an die Linckin richtet und fraget:

»Catharina Linckin. In wenigen Augenblicken wirst du vor deinem ewigen Richter stehen. Ich frage dich dahero zum letzten Male: Bereuest du deine begangenen und eingestandenen Sünden?« Entsetze dich, Anna Magdalena, denn die Linckin will auch dießmal nicht bereuen und Buße thun. Sie schweiget eine lange Weile, in welcher kein Mucks zu vernehmen, und lächelt den Pfarrer Clauder sogar an, worauff dieser wüthend und verwirret zugleich dem Henker das Zeichen geben will, doch fährt ihm der Richter in den Arm.

»Nun denn, Catharina Linckin, hast du noch ein Letztes zu sagen?«

Hierauff nicket die Linckin, wendet sich um und lässet ihren Blick über das versammlete Volck schweiffen und hebt an:

»Wahrlich, wann ihr mich jetzo tauffet mit dem Wasser der unschuldig Gerichteten, werde ich eingehen in das Haus des Herrn. Ihr aber werdet den Tod suchen und nicht finden: werdet begehren zu sterben, und der Tod wird von euch fliehen. Und ich hörete eine Stimme vom Himmel mit mir reden und sprach: ›Gehe hin, nimm das offene Büchlein von der Hand des Engels, der auf dem Meer und auf der Erden steht, und verschlings! Und es wird dich in deinem Bauch grimmen, aber in deinem Munde wird es süße seyn wie Honig.‹« Bey diesen Worten schnappet die Linckin mit denen Lippen nach dem dünnen Heftlein der Mühlhahnin, welches ihr nach ihrem Wunsche vorgehalten, und zerbeißet es und schlucket es hinunter. Und gehet ein Raunen durch das Volck, welches die Worte der Offenbarung Johanni wohl erkennet, und siehet man hier und da vor Schreck aufgerißne Augen und offne Münder und spottet niemand mehr der Linckin, sondern lauschet gebannt.

»Und da ichs gegessen hatte, rüsteten sich die sieben Engel mit den sieben Posaunen und hoben an. Und es ward ein Hagel und Feuer, mit Blut gemenget, und fiel auf die Erden. Und sieben goldene Schalen voll vom Zorn Gottes, der da lebet von Ewigkeit zu Ewigkeit, gossen die Engel ins Meer und in die Wasserströme und in die Wasserbrunnen. Und es ward Blut wie eines Todten, und alle lebendigen Seelen starben.«

Als die Linckin so weit in ihrem Vortrage kommen, ruft eine Stimme aus dem Volck: »Haltet ein, sie ist unschuldig, sie wird uns alle richten!«, und erndtet ängstliche Zustimmung. Darauf weiset der Richter den Henker mit dem Kopfe an, sein Werck zu vollenden. Doch während der Henker der Linckin Haupt mit Gewalt in den Sack drücket und denselben feste verschnüret, redet die Linckin immer schneller fort und rufet mit lauter Stimm: »Und der Engel, den ich sah stehen auf dem Meer und auf der Erden, hub seine Hand auf gen Himmel und schwur bey dem, der da lebet von Ewigkeit zu Ewigkeit, daß hinfort keine Zeit mehr seyn soll; sondern in den Tagen der Stimme des siebenten Engels, wenn er posaunen wird, so soll vollendet werden das Geheimniß Gottes, wie er hat verkündiget seinen Knechten und Propheten« – bey diesen Worten stürzet der zappelnde Sack, in welchen der Henker die Linckin gebunden und welchen er mit seinem Knecht über die Brüstung gehoben, ins Wasser des Flusses, welcher von denen starcken Regenfällen der letzten Tage übermäßig angeschwollen.

Susanna Mühlhahnin will auffspringen und hinzueillen, der Linckin zu helffen, und brüllet aus Leibeskräfften »Flieh, Täubchen, flieh«, doch bringet der Kerkermeister sie mit kräfftigen Maulschellen zum Verstummen. Derweil gehet der Sack mit der Linckin nicht unter, trotz der schweren Eisen, mit welchen sie gekettet. Wie ein Kork treibet er auff dem Wasser. Alles Volck, Pfarrer, Richter und Henker blicken gebannt auf denselben, und rufen schon die ersten »Wunder« und »Gottesurtheil« und »Erretet sie, sie ist unschuldig!« Doch geschwind besänfftigen die umstehenden Pikenire das Volk: Die mehrsten stupfen mit ihren Lanzen nach denen Protestirenden, zweye aber spießen den auf dem Wasser treibenden Sack auff und drücken ihn unter Wasser, welches sich darauff in den Blutstrom verwandlet, welchen die Linckin prophezeyet.

Nun aber geschahe, was ich mein Lebtag nicht vergessen werde und was mich mit Grausen bis an mein Ende erfüllen wird; und ich rede nicht erdichtete Worte, sondern was wahrhafftig und wesentlich ist: Wie der Sack unters Wasser gedrücket, sehe ich in demselben, durch das Sackleinen hindurch, die Linckin einen großen, schweren Mann mit einem fusslichten Barte umarmen. Er hat seinen Rock abgeworffen, um in Hemdsärmeln besser mit ihr tanzen zu können. Und sie tanzen einen Todtentantz und wälzen und drehen sich im Wasser bis einer den andern hinuntergedrücket. Und in jenem Augenblicke, in welchem die zwey endgültig auf den Grund gesuncken und in der Tieffe verschwunden, wehen vom Burchardi-Kloster leise Orgelklänge herüber, aber keine liebreitzende oder machtvolle Melodey, sondern anhaltende, mißklingende Töne, als wann die Musick, ja die Zeit selbsten stehen geblieben.

Es verstummet deine
Dorothea Rosina Pott

Berg, 14. Juni 1886, 1 Uhr in der Frühe

Gnädigster Prinzregent und Herr!

Euerer Königlichen Hoheit habe ich den tragischen Ausgang der Verbringung König Ludwig's nach Berg zu melden. S. M. ist tot, ebenso Prof. Gudden. Beide haben im See ein kühles Grab gefunden. Zur Stunde erwarte ich die Ankunft der von Starnberg herbeigerufenen Gerichtskommission. Als Leibarzt Sr. M. des Königs und als Assistent Guddens ist es meine traurige Pflicht, Ew. Kgl. H. den Verlauf der letzten Stunden zu schildern.

Von 4 Uhr 30 bis gegen 5 Uhr 45 am Nachmittag dinirte S. M.: Bandnudeln mit Bratwurst, Fischmayonnaise, Rindfleisch mit Kartoffelpüree, grüne Bohnen und Kalbsbries, Rehbraten und Spargel, zum Dessert Schokoladencreme und Citroneneis. Dazu trank der König einen Becher Bier, zwei Gläser Maiwein, drei Gläser Rheinwein, zuletzt zwei Gläschen Arrak. Ich lege dies so ausführlich dar, weil die reichlich genossenen Speisen und Getränke am Folgenden nicht unbetheiligt gewesen sein mögen. Gegen 6 Uhr wünschte der König, wie zuvor verabredet, mit Prof. Gudden spazieren zu gehen. Obwohl Gudden schon mittags Dr. Grashey, Baron Washington und mir mitgetheilt hatte, er wolle allein mit Sr. M. gehen, bestimmte ich den Pfleger Braun, er solle in bescheidener Entfernung nachfolgen. Diese Absicht wurde vereitelt durch einen direkten Befehl, den Gudden dem Pfleger Mauder gab, welcher auf Wunsch des Königs dessen Regenschirm zusammenrollte. Als der König und Gudden aus der Thüre traten, sagte Gudden, einige Schritte hinter Sr. M. zurückbleibend, zu Mauder: »Sie kennen doch mein Prinzip des ›No restraint‹. Es geht niemand mit.« Mauder verständigte hierüber mich und Pfleger Braun.

Um 6 Uhr 25 Minuten machten sich Gudden und der König also zu ihrem zweiten Spaziergang an diesem Tage auf. Nachdem es den ganzen Tag geregnet hatte, war es leicht aufgeklart, nieselte jedoch weiter. Die Beiden gingen auf dem Seewege, den sie auch in den Vormittagsstunden gewählt hatten. Dort patrouillirten laut Dienstordnung zwei Gensdarmen. Ich schrieb in meinem Zimmer noch etwa bis 7 Uhr 30 und ging dann in den Cavalierbau, um dort Gudden zum Souper zu erwarten, der angekündigt hatte, um 8 Uhr zurückzusein. Gegen 8 Uhr wurde der Regen etwas intensiver.

Als kurz nach 8 Uhr von Gudden noch nichts zu sehen war, ging ich ins

Schloß zurück und schickte erst einen Gensdarmen und kurz darauf zwei weitere in den Park mit dem Auftrag, sie sollten nach den beiden sehen. Ich selbst blieb vorläufig am Eingang des Schlosses stehen und organisirte in Gemeinschaft mit Baron Washington eine Durchsuchung des ganzen Parkes, so daß bis halb 9 Uhr nahezu das ganze Schloß-, Gensdarmerie-und Pflegepersonal aufgeboten war. Dann begann ich selbst zu suchen. Aber unser Suchen blieb resultatlos und eine Patrouille kam nach der anderen zurück mit der Meldung, sie hätten nichts gefunden. Schon um 9 Uhr erklärte ich dem Baron Washington gegenüber: »Ich glaube, sie sind beide tot.« Nun folgten Stunden unbeschreiblicher Aufregung.

Um 10 Uhr 30, es war mittlerweile stockdunkel, entstand plötzlich ein wirrer Lärm. Ein Schloßbediensteter brachte den vollständig durchnäßten Hut des Königs mit der Brillantagraffe, den er am Ufer des Sees gefunden hatte. Nach wenigen Minuten wurde mir gemeldet, man hätte den Hut Guddens und die beiden Röcke des Königs gleichfalls durchnäßt am Ufer gefunden; einige Schritte entfernt lag Guddens Regenschirm.

Nun lief ich hinunter an den See, weckte einen Fischer, bestieg mit ihm sein Boot und fuhr um 11 Uhr ab gegen Leoni zu. Wir waren noch nicht lange auf dem Wasser, das stieß der Fischer Lidl plötzlich einen Schrei aus und sprang ins Wasser, das ihm bis an die Brust ging; er umklammerte einen Körper, der auf dem Wasser daher schwamm, es war der König in Hemdsärmeln, das Gesicht im Wasser; ein paar Schritte hinterdrein trieb ein zweiter Körper – Gudden. Lidl zog beide gegen das Ufer zu, ich ruderte das Boot hinterdrein. Dort sprangen uns einige Helfer bei, und mit diesen hoben wir die beiden Körper ins Boot, wir standen bis zur Hüfte im Wasser. Beide waren ohne Puls und ohne Atmung; die Todtenstarre war schon eingetreten. Die Uhr des Königs, die aus der Weste heraushing, war um 6 Uhr 54 Minuten stehen geblieben; zwischen Uhrglas und Zifferblatt war Wasser eingedrungen.

Ich machte nun, nachdem wir rasch die Kleider geöffnet hatten, die üblichen Wiederbelebungsversuche, indem ich die künstliche Atmung einleitete und in den Zwischenpausen die Brust frottiren ließ. Mir war klar, daß beide schon seit Stunden tot waren und ich machte die Wiederbelebungsversuche auch nur deshalb, um späteren Vorwürfen zu begegnen. Als es von Starnberg Mitternacht schlug, erklärte ich weitere Bemühungen für nutzlos und constatirte officiell den Tod des Königs wie des Arztes. Wir fuhren nun zurück in den kleinen Hafen an der Fischerhütte. Dort wurden Tragbahren geholt und zuerst die Leiche des Königs und dann die Guddens nach dem Schlosse getragen, wo sie nun beide aufgebahrt liegen, der König in seinem blauen Schlafzimmer, Gudden im kleinen Schreibzimmer.

Die genaue Untersuchung beider Leichen sowie Bestimmung der Todesursache wird am Morgen das Dringlichste sein. Leider wird es nicht mehr möglich sein, im Park Spuren zu sichern, da so viele Männer auf der Suche nach dem König und Gudden den Park, das Ufer und, bei der Bergung der Leichen, selbst den See durchstreift haben. Eingehend befragt gestehen die Finder der Hüte und Regenschirme, nicht mehr ganz sicher bestimmen zu können, wo sie dieselben in der Aufregung aufgegriffen und ins Schloß verbracht. Nur eine verdächtige Spur ist deutlich auszumachen: Vor dem verschlossenen Mittelthor des Parks ist in der Wiese eine frische Wagenspur zu sehen. In dem vom tagelangen Regen aufgeweichten Boden ist gut zu erkennen, daß ein Wagen dort von Norden, aus Richtung Starnberg kommend, wendete und auf gleichem Wege wieder abfuhr. Da wir gestern von Süden, aus Leoni gekommen sind, handelt es sich nicht um unsere eigenen Spuren. Es war also nachweislich eine unbekannte Parthei im Wagen hier, welche Thatsache ich nicht zu verschweigen dürfen meine.

Für sämtliche weitere Auskünfte steht Ew. Kgl. H. jederzeit allerunterthänigst bereit

Dr. Franz Carl Müller, Ass. Prof. Gudden

[249] **Luitpold an Bismarck**

München, 15. Juni 1886

Euer Durchlaucht

haben vernommen, wie schwer Bayerns Königliches Haus und sein in Glück und Unglück treu zu Demselben stehendes Volk vom Schicksale getroffen. Nach Gottes unermeßlichem Rathschlusse ist Seine Majestät Ludwig II. aus dieser Zeitlichkeit ausgeschieden. Es gehört zu meinen betrüblichsten Pflichten, Euer Durchlaucht persönlich Näheres vom Abscheiden meines geliebten Neffen mitzuteilen, mit welchem Euer Durchlaucht zum Wohle unserer Nation eine große politische Freundschaft verbunden.

Die am heutigen Tage von Professoren der Universität München und in

Anwesenheit von 13 Zeugen, hochrangigen Beamten und sachverständigen Medicinern, vorgenommene Section der Leiche Sr. M. hat die von den Irrenärzten gestellte Diagnose vollumfänglich bestätigt. Nach Entfernung der Kopfschwarte wurde der Schädelumfang des Königs mit 56,5 cm gemessen; das Gewicht des Gehirns beträgt 1349 Gramm. Bei einer Körpergröße von 191 cm gelten beide Werthe als gefährlich unterdurchschnittlich. Sowohl abnorme Entwicklungsvorgänge als auch Zeichen chronischer Entzündungen älteren und neueren Datums sind an den Schädelknochen, am Gehirn und seinen Häuten in mannigfaltiger Form vorhanden. Das Sectionsresultat bestätigt demnach, daß mein höchstseliger Neffe von Jugend auf zu Geistesstörungen disponirt war, seit Jahren an Störungen der psychischen Funktionen litt und schließlich in einen Zustand unheilbarer geistiger Schwäche verfallen ist.

Im Übrigen zeigt der Körper des Königs nirgends Verletzungen. Lediglich an den Knien sind minimale Abschürfungen sichtbar, die vom stundenlangen Treiben im seichten Wasser herstammen. Seine Kleidung ist unversehrt, nur die Hutkrempe an einer Stelle eingerissen.

Professor Guddens Leiche hingegen ist stark gezeichnet. Stirn und Nase weisen mehrere schräg verlaufende Kratzwunden auf, und über dem rechten Auge ist ein blauer Fleck befindlich, jedenfalls von einem Faustschlag herrührend. Der Hals weist dunkelblaue Würgemale auf, ferner ist der vordere Theil des Nagels am rechten Mittelfinger zur Hälfte abgetrennt.

Im Laufe des Vormittags (Pfingstmontag) gleich nach der Unglücksnacht wurden sämtliche Pfleger und Bedienstete vernommen, ferner wurden die Fußspuren Sr. M. des Königs sowie Prof. Guddens vom Weg in den See gesichert, ihre Schritte auf dem Seegrund peinlich verfolgt, der genaue Ort ihres Kampfes festgestellt und die Unglücksstelle durch eingeschlagene Fähnchen bezeichnet. Bedenkt man den Zustand der Leichen sowie die Spuren am Ufer und im Seeboden, dürfte der Vorgang ungefähr folgender gewesen sein:

Der König ging rechts, also dem Ufer näher, Gudden links. Mein geliebter höchstseliger Neffe war durchdrungen von dem Wunsche, seinem Leben ein Ende zu setzen; er hatte in den letzten Tagen mehrere Personen um Gift gebeten, wollte sich aus dem Fenster stürzen usw. Dies ist durch verschiedene Zeugen, nicht zuletzt die behandelnden Ärzte, festgestellt worden. 800 Meter vom Schlosse entfernt, an der Stelle, an welcher der Weg dem See am nächsten kommt (15 Meter zum Ufer), versetzte der König dem neben ihm wandelnden Arzte einen Faustschlag ins Gesicht, warf seinen Regenschirm ins Gebüsch und eilte mit großen Schritten zum See, um sich zu ertränken. Bis der zurücktaumelnde Gudden zur Besinnung kam, hatte der König einen Vorsprung. Gudden warf ebenfalls seinen Schirm weg und sprang ihm nach, den Weg zum Wasser abkürzend. Unmittelbar vor dem ersten Schritte ins Wasser muss Gudden den König am Rockkragen, im Nacken, erfasst haben; sein Griff war so fest, daß er sich hierbei den Fingernagel spaltete; andererseits war die Vorwärtsbewegung des Königs eine so gewaltsame, daß Gudden Leib- und Überrock des Fliehenden in der Hand behielt. Diese Röcke wurden, Ärmel in Ärmel, noch am Ufer gefunden. Gudden sprang dem Könige weiter nach ins Wasser, das an dieser Stelle sich ganz allmählich vertieft. Etwa 10–15 Schritte vom Ufer entfernt lässt sich im Lettenboden, und zwar in einer Tiefe von nicht ganz 1 Meter und 20 Centimetern, deutlich erkennen, daß die beiden Männer auf Tod und Leben miteinander gerungen haben müssen. Mein geliebter Neffe, 20 Jahre jünger als sein Arzt und ihm an Größe und Gewicht überlegen, ging als trauriger Sieger vom Platz. Da der Boden, wie gesagt, an dieser Stelle nicht so tief ist, als daß ein Mann von der Größe Guddens stehend hier ertrinken könnte, muss der König ihn gewaltsam unter Wasser gedrückt haben. Heldenmuthig verlor Prof. Gudden sein Leben im Wunsche, das ihm anvertraute zu retten. Nachdem Gudden tot war, ging der König weiter Richtung Seemitte. Ob er dort ertrank oder ob ihn infolge der Aufregung, des Kampfes, des kalten Wassers (12 Grad Celsius) sowie infolge des überreichlichen Genusses von Speis und Trank der Schlag getroffen hat, wird nie festzustellen sein.

Die verantwortlichen Behörden und Untersuchungsorgane thun alles in ihrer Macht stehende, um diese höchst tragischen Vorkommnisse zu klären. Der Wahrheit ans Licht zu verhelfen ist um so mehr unser ureigenstes Interesse, als die Volksstimmung begreiflicherweise höchst angegriffen ist. Der Schrecken und die Bestürzung sind allgemein. Scharen versammeln sich überall. Die Straßen sind so belebt, wie es wohl an einem nassen Regentage selten der Fall sein dürfte. Die Extrablätter der hiesigen Presse gehen von Haus zu Haus, die Kolporteure auf den Straßen sind dicht umdrängt. Hier in München, wo man dem Könige seit Jahren Gram, schlägt die Stimmung wetterwendisch zu seinen Gunsten um. Die unglaublichsten Gerüchte durchschwirren die Stadt. Im Gebirge, wo mein freigebiger Neffe sich dauernde

Anhänglichkeit versichert, begegnet man der Regierung mit höchster Reserve. Zur Stunde wird das gesamte Militär in den Kasernen consignirt zur Ablegung des neuen Eides.

Durch den zutiefst betrüblichen Tod meines geliebten Neffen übernehme ich nun die Regentschaft für meinen schwachsinnigen Neffen, Seine Majestät König Otto I. Im Interesse der gesamten deutschen Nation ist zu hoffen, daß sich die Übernahme meiner Regentschaft ruhig vollzieht, weshalb ich Euer Durchlaucht dringend bitte, Beruhigendes zur Lage beizutragen, indem Sie die Kunde über die Vorgänge, wie ich sie Euer Durchlaucht hier geschildert, verbreiten mögen.

Mit den unwandelbaren Gesinnungen stetigster Hochachtung
Pz. Luitpold von Bayern

[250] **Müller an Elisabeth**

Berg, 15. Juni 1886

Kaiserlicher Hoheit!
Liebe Elisabeth!

Heute Abend wird Ludwig nach München überführt. Bis eben lag er noch in seinem Bett, von einer blauseidenen Decke und einem Meer von Blumen bedeckt. Der Eichensarg kam. Ich breitete ein Bettuch und ein Kopfkissen hinein. Dann umfing ich Ludwig um die Brust, der Pfleger Mauder nahm seine Beine, und zusammen betteten wir ihn in den Sarg. Ich rührte Gips an und nahm von Ludwig's Antlitz und rechter Hand die Todtenmaske ab. Während ich Ihnen schreibe, wäscht Mauder unserem König zärtlich das Gesicht.

Ludwig wurde erschossen. Alles andere, was Sie in der Zeitung lesen, ist falsch. Ich habe die Wunden mit meinen eigenen Augen gesehen, Lidl auch, schon als wir die Leiche vom Wasser in den Kahn wuchteten. Wir mußten beide noch im Bootshaus schwören, unser Wissen mit ins Grab zu nehmen, ansonsten erginge es uns nicht anders –. Da ich nicht reden kann, müssen wenigstens Sie die Wahrheit wissen.

Warum erklärte Gudden schon mittags, am Abend ohne Begleitung mit Ludwig spazieren gehen zu wollen? Warum vereitelte er meine Absicht, den beiden dennoch einen Pfleger als Zeugen hinterherzuschicken? Weil er mit ihm allein sein wollte! Gudden hatte am Nachmittag Luitpold geschrieben; die Häscher waren unterrichtet. Er führte ihnen ihr Opfer zu. Daß er selber auch beseitigt würde, damit hat er nicht gerechnet.

Ludwig hingegen hoffte auf die Flucht mit Bauers U-Boot. Als der Spazierweg sie ans Seeufer führte, warf er hastig Leib- und Überrock zusammen ab. Man fand sie unversehrt, mit den Ärmeln in den Ärmeln, alle Knöpfe vorhanden, kein Knopfloch zerrissen. Er hat also in größter Eile beide Röcke zugleich ausgezogen. Warum? Weil er zu schwimmen gedachte! Wer sich umbringen will, wie jetzt allerorts kolportirt wird, behält die schwere Kleidung an, die ihn im Wasser nach unten zieht.

Ludwigs Flucht war für Luitpolds Schergen das willkommene Zeichen zum Schuß. Vermuthlich benutzten sie ein Druckluftgewehr, mit welchem man einige Schüsse recht geräuschlos abgeben kann und das auf 150 Meter Entfernung zuverlässig trifft. Ein Cheveauxleger im persönlichen Dienst Ludwig's, Thomas Osterauer, hat mir letztes Jahr in Schachen davon berichtet. Da Ludwigs Leiche sonst keine Verletzungen aufweist, befand er sich schon im hüfthohen Wasser, als die Kugel ihn von hinten durchbohrte und er nach vorne fiel. Er hat gewiß nicht lang gelitten.

Anders Gudden. Die Kratzwunden müssen dem Lebenden zugeführt worden sein. Die Mörder Ludwigs traten dem Arglosen nahe, der das weitere Vorgehen mit ihnen besprechen wollte. Gudden wollte die Leiche Ludwigs mit ihnen bergen, ins Schloß bringen und verkünden, Ludwig habe sich umgebracht. Doch statt sich Guddens Plan zu beugen, vollendeten die Schergen jenen Luitpold's: Sie erwürgten Gudden als zu mächtigen Mitwisser und warfen ihn neben Ludwig ins Wasser. Unserem sanften Ludwig damit den Mord an Gudden zur Last zu legen, ist der Gipfel an Perfidie, welchen sich die Luitpoldianer ausgedacht.

Wer sie waren? Die Wagenspuren vor dem mittleren Parkthor kamen und gingen Richtung Starnberg, sprich München; im geschlossenen Wagen flieht es sich unkenntlicher als zu Pferde. Es mögen aber auch die beiden Gensdarmen gewesen sein, die planmäßig Dienst auf der Strecke hatten. Daß sie von all dem nichts mitbekommen haben wollen, wie sie zu Protokoll gegeben, ist der Gipfel der Verstellung – übertroffen nur von dem Skandal, daß man sie für diese pflichtvergessene Nachlässigkeit, wenn wahr, nicht belangt. Ich glaube, daß Luitpold von Anfang an beabsichtigte, sich seines Helfershelfers zu entledigen, der besser als jeder andere wußte, wie falsch und armselig sein eigenes Gutachten war. Luitpolds Regentschaft ist nicht zu denken, so lange Ludwig und Gudden am Leben waren.

Ist Ihnen nicht aufgefallen, daß in Ludwigs bekannt gemachter Section das Wichtigste fehlt, nämlich die Todesursache? Von Gudden wird nicht einmal eine Section vorgenommen, bevor er morgen bestattet wird. Der Grund: In beider Lungen befindet sich kein Wasser. Sie sind beide *nicht* ertrunken.

Ach Elisabeth, das waren schwere Augenblicke, als ich die beiden zusammen mit Lidl fand. Im Kahn ließ ich Guddens offne Brust von einem Gensdarmen frottiren, Ludwig beatmete ich selbst. Seine Lippen waren eiskalt, es war längst zu spät. Die Dunkelheit, der Regen, die ungewöhnliche Kälte zu dieser Jahreszeit, die Unruhe des Sees, die traurigen Gesichter der Menschen, die mit den Lampen dastanden, dies alles machte den Anblick der Leichen zu einem ganz schrecklichen Bild.

Ludwig blieb dann merkwürdig lange in Lidl's Bootshaus liegen. Als er nach oben ins Schloß gebracht wurde, war er nackt. Es mußte ihm also ohne Zeugen erst noch das Hemd ausgezogen werden, welches, vom Schuß durchbohrt, den wahren Hergang der Tragödie bezeugt hätte.

Theuerste Freundin, fürchten Sie nicht um mich. Sollte der Assistent Guddens und bestallte Leibarzt Ludwigs nun auch noch unter räthselhaften Umständen umkommen, würde das Wort »Königsmörder« in Bayern, ja ganz Deutschland nicht mehr nur hinter vorgehaltener Hand geflüstert. Dem Prinzregenten muß meine Gesundheit derzeit am Herzen liegen wie die seinige.

Ich fürchte um die Ihre, theuere Freundin.

Franz

[251] **Westphal an Bismarck**

Starnberg, den 17. Juni 1886

Durchlauchtigster Fürst und Herr!

Im Nachgang des Austausches, welchen Ew. Durchlaucht mir zu gewähren die unendliche Güte hatten, erlaube ich mir, mich nochmals an Hochdieselbe zu wenden. Ich bitte Ew. Durchlaucht, es nicht für anmaßend zu halten, wenn ich wesentliche Einsichten über die thatsächliche Bewerthung der tragischen

Ereignisse, welche sich in den letzten Tagen am See zu Starnberg abgespielt haben, nicht zu unterdrücken vermag, auch und gerade im Interesse des gesamten Deutschen Reiches.

Wie Ew. Durchlaucht bekannt bin ich der väterliche Mentor eben jenes jungen Arztes, Dr. Franz Carl Müller, welcher die Leiche Sr. M. des Königs Ludwig von Bayern aus dem See zog. Auch mit dem zweiten Opfer der Tragödie, dem Münchner Professor Bernhard von Gudden, bin ich seit langen Jahren gut bekannt und stand in regelmäßigem brieflichem Austausch mit ihm, und zwar auch und gerade über Vorfälle, welche den jetzigen Ereignissen vorausgingen. Ebendaher kann ich den Deutungen der Ereignisse, wie die in- und ausländischen Zeitungen sie vornehmen, keines Falls zustimmen, zumal ich auf der Reise nach Italien soeben selbst hier eingetroffen bin und mir einen persönlichen Eindruck der Localitäten verschafft habe.

Erlauben Ew. Durchlaucht, meine Einschätzung gefälligst vorzutragen: Gudden wollte auf dem letzten Spaziergange mit dem Könige gänzlich allein sein – ein Wunsch, welcher jedem Irrenarzt unverständlich, ja unerklärlich ist. Warum? Es gibt nur eine traurige Antwort: Um den König ohne Zeugen aus der Welt zu schaffen. Schon die überreichliche letzte Mahlzeit, welche Gudden Sr. M. serviren ließ, ist verdächtig. Gudden hat dem ihm anvertrauten Kranken nicht nur Gelegenheit zur Völlerei gegeben, sondern insbesondere zu geradezu maßlosem Trunke. Letzteres ist für den Arzt, den Irrenarzt zumal, völlig unverständlich. Schwer nachzuweisen, aber keines Falls unwahrscheinlich ist, daß Gudden dem Heißhungrigen auch noch ein Mittelchen ins Essen gemischt, Chloralhydrat etwa. In jedem Fall war der König, als er zu seinem letzten Gang aufbrach, von Gudden zu einem benommenen, halb betrunkenen, wehrlosen Mann gemacht worden.

Zu vermuthen ist, daß Gudden sich durch den Mord an König Ludwig von seinem Erpresser befreien wollte. Mir ist bekannt, daß Gudden in den vergangenen Monaten stark zugesetzt wurde; in der Oberbayerischen Kreisirrenanstalt laufen die Dinge beileibe nicht so, wie sie sollten. Um sich selbst zu retten, mußte er denjenigen schwächen, der ihn in Klauen hielt, und nichts eignete sich besser hierzu als der ominöse Tod des Königs *nach* der Regentschaftserklärung durch Prinz Luitpold.

Um seinen Plan durchzusetzen, bediente sich Gudden König Ludwig's allgemein bekannter Sehnsucht, seinem Leben ein Ende zu setzen. Der König hatte vor seiner Dienerschaft in den letzten Tagen reichlich von Selbstmord geredet. So konnte Gudden die völlig überhastete Überbringung des Kranken von der Neuen Burg Schwanstein nach München mit jenen Absichten begründen. Sie erfolgte gewiß nicht zum Wohle des Kranken, der besser noch in seinen geliebten Bergen geblieben wäre, sondern allein zur Bequemlichkeit seines Arztes, der hier in Berg bald die Gelegenheit fand, mit dem König allein zu sein. Einen seelisch tief erschütterten, betrunkenen und benommenen Mann kann man leicht ins Wasser führen und untertauchen, dazu braucht man keine Riesenkräfte. Gudden, der sich in Berg, anders als der König, sonst nicht auskannte, hatte die Stelle am Mittag, beim ersten Spaziergange, ausgespäht, und wählte eben darum am Abend den gleichen Weg. Er gedachte, nach dem Mord am König, scheinbar aufgelöst vor Schreck, Alarm zu schlagen, der König habe sich im Wasser ertränkt, er, Gudden, habe ihn nicht halten können usw.

Mein junger Freund, Fanz Carl Müller, vereitelte ihm jedoch diesen Plan. Als Gudden beim Aufbruch vom Schlosse den Pfleger wegschickte, folgte Müller heimlich seinem Könige und seinem Chef nach. Er ahnte Guddens Absichten und wollte den König schützen. Müller behauptet, bis gegen 7 Uhr 30 in seinem Zimmer geschrieben zu haben, doch kann er dies nicht beweisen, niemand hat ihn gesehen. Wie mir nicht verborgen geblieben ist, erwiderte Müller die perverse Leidenschaft, welche der König ihm entgegenbrachte. Auch Gudden war sich dessen bewußt. Mit an Sicherheit grenzender Wahrscheinlichkeit ließ er Müller sein Wissen spüren, um ein Druckmittel gegen ihn in der Hand zu haben. – Müller eilt also in größter Sorge um seinen Geliebten den beiden nach, doch er kommt zu spät. Von Ferne muß er zusehen, wie Gudden den König unter Wasser drückt. Sein verhaßter Chef, der ihn bloßzustellen droht, tötet also seinen Geliebten. Nun hat Müller nichts mehr zu verlieren: Er bringt seinerseits Gudden um. Er stürzt sich auf den noch im Wasser stehenden Gudden und erwürgt den sich verzweifelt Wehrenden, der freilich dem jungen, kräftigen Mann seinerseits unterlegen ist. Müller lässt den toten Gudden neben Ludwigs Leiche im Wasser treiben, in der Hoffnung, die Schuld auf den König abzuwälzen. Sich rasch wieder auf sein Zimmer zu begeben, trockene Kleidung anzulegen und pünktlich zum Souper zu erscheinen, ist für den jungen Mann innerhalb einer halben Stunde ein Leichtes (Tod Ludwig's vor 6 Uhr 54, Erscheinen Müller's im Cavalierbau zum Souper nach 7 Uhr 30).

Abschließend sind hier einige grundsätzliche Anmerkungen hinzuzufügen. Ein normaler Badeunfall des Königs ist ausgeschlossen, es gibt am mählich abfallenden Ufer weder Strudel noch Felsen. Anders, als in den Zeitungen kolportirt, ist es unter keinen Umständen vorstellbar, daß der König *nach* Gudden starb. Denn es ist absolut unmöglich, im seichten Wasser willentlich zu ertrinken. Der Atemreflex ist stärker als jede Todessehnsucht. Sowie durch einen Atemzug unter Wasser der erste Schluck in die Lunge eintritt, löst der Körper im absoluten Überlebenswillen eine Reaction aus, der willentlich nicht zu steuern ist: Husten, Atemnot, Rettung nach oben, Luftschnappen. Daß der König erst Gudden getötet und sich dann im seichten Wasser selbst ertränkt haben soll, muß vom medicinischen Standpunkte aus für absolut undenkbar bezeichnet werden. Will man sich ernsthaft ertränken, muß man im Voraus planen: Man muß sich mit schweren Gewichten, Eisen zum Beispiel, unlösbar verketten und dann in tiefes Gewässer stürzen, etwa von einer Brücke aus, um sicher den Tod zu finden. Dem Könige standen solche Mittel jedoch nicht zu Gebote. Ludwig muß demnach *vor* Gudden durch Gewalt gestorben sein.

Hierzu ist weiterhin zu bemerken, daß die Section des Königs von Partheigängern der neuen Machthaber vorgenommen wurde, also keineswegs unabhängig ist. Weder ausländische noch dissentirende Ärzte wie der frühere Leibarzt Dr. Gietl wurden hinzugezogen; das Protokoll verfaßte nicht der durchführende Pathologe, sondern der höchste Medicinalbeamte des Landes, welcher der neuen Regierung den Eid geschworen. Guddens Schwiegersohn, Dr. Grashey, nahm ebenfalls an der Section theil und trompetet laut heraus, wie frappant der hirnanatomische Befund Sr. M. mit dem Gutachten übereinstimme, welches Gudden verfaßt. Für seine willfährige Gefälligkeit wird er übrigens demnächst mit dem vakanten Posten des Directors der Oberbayerischen Kreisirrenanstalt belohnt werden.

Um jenem traurigen Beispiele nicht zu folgen, um unser junges Fach der Psychiatrie in Preußen nicht zu corrumpiren, habe ich mich gezwungen gesehen, Ew. Durchlaucht obige Mittheilungen zu machen und bei dieser Gelegenheit abermals an die neuen Wege zu erinnern, welche wir an der Charité zum Segen der Weiber, ja der ganzen Menschheit zu gehen bereit sind.

Mit dem Ausdruck unbegrenztester Verehrung Ew Durchlaucht tief ergebener Bewunderer

Paul Julius Westphal

Feldafing, den 18. Juni 1886

Lieber Franz!

Nach Erhalt Deines Briefes bin ich mit der Truchseß zur Paumgarten und die hat mir's aufgeschrieben, wie's wirklich war: Die Schergen Luitpold's waren da, ihr Werk zu vollenden, aber sie haben nicht müssen eingreifen, das habt's ihr zwei auch selber hinbekommen. Ludwig ist ins Wasser gesprungen, zum Unterseeboot zu schwimmen, mit welchem er fliehen wollte. Gudden ist ihm hinterher, ihn zu hindern. Da hat Ludwig Gudden umgebracht. Aber das Unterseeboot kommt nicht. Bauer hat's nicht fertig bekommen. Ich hatte einen Wagen ans mittlere Parkthor geschickt, um Ludwig die Flucht zu ermöglichen, aber meine Nachricht diesbezüglich ist abgefangen worden, er weiß es nicht. Da wartet Ludwig auf Dich, im Wasser. Und Du kommst. Du bist ihnen ja heimlich hinterher, als sie zum Spaziergang aufgebrochen sind. Als Gudden tot ist, gehst Du zu Ludwig ins Wasser und er umarmt Dich. Er hat jetzt nichts mehr auf der Welt als Dich. Gerade hat er den Arzt umgebracht und damit der ganzen Welt den Beweis geliefert, daß er wirklich verrückt ist, zu Recht abgesetzt. Fest hält er Dich umschlungen. Ihr umarmt euch und wälzt euch im Wasser und da ziehst du ihn hinunter. Du hast Ludwig umgebracht, ich weiß es genau. Ich weiß auch warum. Du haßt ihn, weil er Dich mit Dir selbst bekannt gemacht hat. Du haßt ihn, weil Du doch kein Dichter bist, wie er Dir immer eingeredet hat. Du haßt ihn, weil er Dich geliebt hat. Aber größer, viel viel größer als Dein Haß ist deine Liebe zu ihm. Und so hast Du ihn umgebracht, weil er sich von Dir töten lassen *wollte*. Er hat sich den Tod gewünscht, von Deiner Hand. Und Du bist ihm zu Willen gewesen. So seid Ihr endlich eins geworden.

Keine Angst, Franz, ich werd Dich nicht verrathen, ich werde schweigen. Denn Du hast Ludwig alles gegeben, was er sich erträumt hat. Du hast ihn geheilt. Dafür danke ich Dir in seinem Namen. Erlösung dem Erlöser. Der Wahnsinn ist wahrer als das Leben und das Leben ist auch nur Kunst.

Gib ihm diese Jasminbluten in die Hand, bitte, bevor sie den Buchdeckel zumachen.

Deine Elisabeth

ANHANG

BIBLIOGRAPHIE

18. Jahrhundert

Arnold, Gottfried: *Das Geheimniß der göttlichen Sophia*. Leipzig 1700.

Bach, Johann Sebstian: *Neue Ausgabe sämtlicher Werke* (NBA). Hg. vom Johann-
   Sebastian-Bach-Institut Göttingen und vom Bach-Archiv Leipzig. Serie II:
   Messen, Passionen, Oratorische Werke. Kassel 1954–2007.
   Bd. 5: *Matthäus-Passion* BWV 244, Text von Christian Friedrich Henrici
   (Pseud. Picander) [1727 oder 1729].
   Bd. 6: *Weihnachts-Oratorium* BWK 248. Mitarbeit am Text: Christian Friedrich
   Henrici (Pseud. Picander) [1734].

*Biblia, Das ist: Die gantze Heil. Schrift Altes und Neues Testaments; nach der teutschen
   Übersetzung D. Martin Luthers*. Halle 1716.

Brandenburg, Hans-Christian: »Die drei Gebrüder Pott – Die ersten deutschen
   ›Werkzeuge‹ der Inspirations-Bewegung. Ein Beitrag zur Geschichte von
   Pietismus und Separatismus.« Heiner Faulenbach (Hg.): *Standfester Glaube.
   Festgaben zum 65. Geburtstag von J. F. G. Goeters*. Köln 1991, S. 277–298.

Breul, Wolfgang (Hg.): *Der radikale Pietismus*. Göttingen 2011.

Carpzow, Johann Benedict: *Ausführliche Beschreibung des Unfugs, welchen die
   Pietisten im Monat Decembri 1692 in Halberstadt umb die heilige Weynachts-Zeit
   gestiftet. Dabey zugleich von dem Pietistischen Wesen in gemein etwas gründlicher
   gehandelt wird*. O. O. 1693.

Francke, August Hermann: *Werke in Auswahl*. Halle 1969.

Francke, August Hermann: *Streitschriften*. Berlin u. a. 1981 [= Texte zur Geschichte
   des Pietismus. Abt. II: A. H. Francke. Schriften und Predigten Bd. 1].

Geissendörfer, Theodor (Hg.): *Briefe an August Hermann Francke*. Urbana 1939.

Gigas, Emil (Hg.): *Briefe Samuel Pufendorfs an Christian Thomasius (1687–1693)*. München und Leipzig 1897.

Goethe, Johann Wolfgang von: *Goethes Gedichte in zeitlicher Folge*. Hg. von Heinz Nicolai. Frankfurt 1982.

Gottsched, Johann Christoph: *Versuch einer critischen Dichtkunst*. Leipzig 1751.

Hinrichs, Carl: *Preußentum und Pietismus*. Göttingen 1971.

Kramer, Gustav: *August Hermann Francke. Ein Lebensbild*. Halle 1880–1882.

Kramer, Gustav (Hg.): *Neue Beiträge zur Geschichte August Hermann Franckes*. Halle, 1875.

Krebs, Albert: *August Hermann Francke und Friedrich Wilhelm I. Ein Beitrag zur Geschichte des Schul- und Anstaltswesens*. Langensalza 1925 [= Christian Klumker (Hg.): Fortschritte der Jugendfürsorge. Untersuchungen zur Entwicklung des gesamten Jugendschutzes. Pädagogisches Magazin Nr. 1046].

Lück, Heiner (Hg.): *Christian Thomasius (1655–1728). Wegbereiter moderner Rechtskultur und Juristenausbildung*. Hildesheim 2006.

Nebe, August: »Thomasius in seinem Verhältnis zu August Hermann Francke.« Max Fleischmann (Hg.): *Christian Thomasius. Leben und Lebenswerk*. Halle 1931.

Obst, Helmut: *August Hermann Francke und sein Werk*. Halle 2013.

Schicketanz, Peter (Hg.): *Der Briefwechsel Carl Hildebrand von Cansteins mit August Hermann Francke*. Berlin 1972 [= Texte zur Geschichte des Pietismus. Abt. III: August Hermann Francke, Handschriftlicher Nachlass Bd. 1].

Schneider, Ulf-Michael: *Propheten der Goethezeit. Sprache, Literatur und Wirkung der Inspirierten*. Göttingen 1995.

Schneiders, Werner (Hg.): *Christian Thomasius 1655–1728. Interpretationen zu Werk und Wirkung*. Hamburg 1989.

Schubart-Fikentscher, Gertrud: *Unbekannter Thomasius*. Weimar 1954.

Steidele, Angela: *In Männerkleidern. Das verwegene Leben der Catharina Margaretha Linck alias Anastasius Lagrantinus Rosenstengel, hingerichtet 1721. Biographie und Dokumentation*. Köln 2004.

Suchier, Wolfram: »Professor D. Christoph Raab in Duisburg. Nebst drei Briefen desselben an August Hermann Francke in Halle.« *Monats-Hefte für Rheinische Kirchengeschichte* Jg. 13 / 1919, S. 65–85.

Thomasius, Christian: *Über die Hexenprozesse* [1701]. Weimar 1967.

Thomasius, Christian: *Über die Folter* [1705]. Weimar 1960.

Thomasius, Christian: »De praejudiciis oder Von den Vorurtheilen« [1691];
»Erfindung der Wissenschaften, anderer Menschen Gemüth zu erkennen«
[1692]; »Vom Teufel, von Zauberern und Hexen« [1703]; »Von dem Studio
der Poesie« [1713]. *Aus der Frühzeit der deutschen Aufklärung. Christian Thomasius
und Christian Weise.* Weimar und Leipzig 1928.

Thomasius, Christian: *Ausgewählte Werke.* Hildesheim 1993 ff.

Bd. 10: *Einleitung zur Sittenlehre* [1692].

Bd. 20: *Höchstnöthige Cautelen welche ein Studiosus Juris, der sich zur Erlernung
der Rechts-Gelahrheit auff eine kluge und geschickte Weise vorbereiten will,
zu beobachten hat* [1713].

Bd. 22: *Kleine Teutsche Schriften* [1687–1698].

Bd. 24: »Juristische Disputation von der Kebs-Ehe« [1714]. *Auserlesene deutsche
Schriften Teil 2.*

Wallmann, Johannes und Udo Sträter (Hgg.): *Philipp Jakob Spener. Briefwechsel
mit August Hermann Francke 1689–1704.* Tübingen 2006.

Witt, Ulrike: *Bekehrung, Bildung und Biographie. Frauen im Umkreis des Halleschen
Pietismus.* Halle 1996.

Wustmann, Claudia: *Die »begeisterten Mägde«. Mitteldeutsche Prophetinnen im
Radikalpietismus am Ende des 17. Jahrhunderts.* Leipzig und Berlin 2008.

Zaepernick, Gertraud: »Johann Georg Gichtels und seiner Nachfolger Briefwechsel
mit den Hallischen Pietisten, besonders mit A[nna] M[agdalena] Francke.«
Pietismus und Neuzeit. Ein Jahrbuch zur Geschichte des neueren Protestantismus
Bd. 8: *Der radikale Pietismus,* 1982, S. 74–118.

19. Jahrhundert

Geschichte

Bismarck, Otto Fürst von: »Briefwechsel mit Ludwig II.« *Gedanken und Erinnerungen*
Bd. 1. Stuttgart 1898, S. 310–333.

Bismarck, Otto von: *Die gesammelten Werke.* Bd. 14, 2: *Briefe 1862–1898.* Berlin 1933.

Bismarck, Otto von: *Gesammelte Werke.* Neue Friedrichsruher Ausgabe.
Abteilung III: 1871–1898 Schriften. Bd. 6: *1884–1886.* Paderborn u. a. 2011.

Böhm, Gottfried von: *Ludwig II. König von Bayern.* Berlin [1921] [2]1924.

Bokelberg, Werner (Hg.): *Sisis Schönheitenalbum. Private Photographien aus dem Besitz
der Kaiserin Elisabeth.* Dortmund 1980.

Eulenburg-Hertefeld, Philipp zu: *Philipp Eulenburgs politische Korrespondenz.*
Bd. I: *Von der Reichsgründung bis zum Neuen Kurs 1866–1891.* Hg. von John C. G.
Röhl. Deutsche Geschichtsquellen des 19. und 20. Jahrhunderts Bd. 52.
Boppard 1976.

Eulenburg-Hertefeld, Philipp Fürst zu: *Das Ende König Ludwigs II. und andere Erlebnisse.*
Bd. 1. Leipzig 1934.

Grein, Edir [Pseud. für Erwin Riedinger] (Hg.): *Tagebuch-Aufzeichnungen von Ludwig II.*
König von Bayern. Schaan / Liechtenstein 1925.

Haasen, Gisela: *Ludwig II. Briefe an seine Erzieherin.* München 1995.

Hacker, Rupert 1966: *Ludwig II. von Bayern in Augenzeugenberichten.* Düsseldorf 1966.

Häfner, Heinz: *Ein König wird beseitigt. Ludwig II. von Bayern.* München ²2010.

Hamann, Brigitte: *Elisabeth. Kaiserin wider Willen* [1981]. Rheda-Wiedenbrück 1998.

Heyden-Rynsch, Verena von der (Hg.): *Elisabeth von Österreich. Tagebuchblätter*
von Constantin Christomanos. München 1983.

Holzschuh Robert: *Das verlorene Paradies Ludwigs II.* Frankfurt 2001.

Hommel, Kurt: *Die Separatvorstellungen von König Ludwig II. von Bayern. Schauspiel,*
Oper, Ballett. München 1963.

Hutzler, Sara: »König Ludwig II. von Bayern an Joseph Kainz.« *Gartenlaube.*
Illustrirtes Wochenblatt 34 / 1886, S. 475–479.

Kafka, Franz: *Reisetagebücher in der Fassung der Handschrift.* Frankfurt a. M. 1994.

Mann, Thomas: *Wagner und unsere Zeit. Aufsätze, Betrachtungen, Briefe.*
Frankfurt a. M. 1963.

Merta, Franz: »Die Tagebücher König Ludwigs II. von Bayern. Überlieferung,
Eigenart und Verfälschung.« *Zeitschrift für Bayerische Landesgeschichte* 53 / 1990,
S. 319–396.

Merta, Franz: »Ein König, der nur von der Literatur besessen war. Ludwig II.
– kein Fall für den Psychiater.« *Literatur in Bayern* 24 / 1991, S. 2–8.

Merta, Franz: »Die Aufenthalte des Königs in den Residenzen, Schlössern und
Berghäusern.« Hans Rall und Michael Petzet (Hgg.): *König Ludwig II.:*
Wirklichkeit und Rätsel. Regensburg 2001, S. 153–192.

Möckl, Karl: *Die Prinzregentenzeit. Gesellschaft und Politik während der Ära des*
Prinzregenten Luitpold in Bayern. München 1972.

Osterauer, Thomas: »Persönliche Erinnerungen an König Ludwig II.« *Münchner*
Zeitung, Beilage Bayerische Heimat, Nr. 12 / 1930, S. 114–115, 124–125.

Petzet, Detta und Michael Petzet: *Die Richard-Wagner-Bühne König Ludwigs II.*
München 1970.

Petzet, Michael: *Gebaute Träume. Die Schlösser Ludwigs II. von Bayern*. Aufnahmen von Michael Buntz. München 1995.

Possart, Ernst von: *Die Separatvorstellungen vor König Ludwig II*. München 1901.

Rauch, Alexander: »Der Symbolismus Ludwigs II. – Ein Schlüssel zur Lösung des ›ewigen Rätsels‹?« In: Wolf u. a. 2011, S. 171–178.

Schrott, Ludwig: *Der Prinzregent. Lebensbild aus Stimmen seiner Zeit*. München 1962.

Strobel, Otto (Bearb.), Winifred Wagner und der Wittelsbacher Ausgleichs-Fonds (Hgg.): *König Ludwig II. und Richard Wagner. Briefwechsel*. Karlsruhe 1936–1939.

Wagner, Richard: *Sämtliche Werke*. Hg. von Carl Dahlhaus u. a. Mainz 1970 ff.

Bd. 6: *Tannhäuser oder der Sängerkrieg auf der Wartburg* [1845].

Bd. 7: *Lohengrin* [1850].

Bd. 8: *Tristan und Isolde* [1865].

Bd. 9: *Die Meistersinger von Nürnberg* [1868].

Bd. 10: *Das Rheingold* [1869].

Bd. 11: *Die Walküre* [1870].

Bd. 12: *Siegfried* [1876].

Bd. 13: *Götterdämmerung* [1876].

Bd. 14: *Parsifal* [1882].

Warsberg, Alexander von: *Odysseische Landschaften*. Bd. 3: *Das Reich des Odysseus*. Wien 1879.

Wöbking, Wilhelm: *Der Tod König Ludwigs II. von Bayern. Eine Dokumentation*. Rosenheim 1986.

Wolf, Peter, Richard Loibl und Evamaria Brockhoff (Hgg.): *Götterdämmerung. König Ludwig II. und seine Zeit*. Katalog zur Bayerischen Landesausstellung 2011, Schloss Herrenchiemsee. Bd. 1: Katalog, Bd. 2 Aufsätze. Veröffentlichungen zur Bayerischen Kultur und Geschichte 60. Darmstadt 2011.

Zu Gast bei König Ludwig II. Köln 1996.

Medizin

Blasius, Dirk: *Der verwaltete Wahnsinn. Eine Sozialgeschichte des Irrenhauses*. Frankfurt 1980.

Conolly, John: *Die Behandlung der Irren ohne mechanischen Zwang*. Lahr 1860.

Dierse, Barbara: *Carl Westphal (1833–1890) – Leben und Werk. Vertreter einer deutschen naturwissenschaftlich orientierten Universitätspsychiatrie im 19. Jahrhundert*. Diss. med, Ernst-Moritz-Arndt Universität Greifswald 1995.

Engstrom, Eric J. und Volker Roelcke (Hgg.): *Psychiatrie im 19. Jahrhundert.* Basel 2003.

Forel, August: *Die sexuelle Frage. Eine naturwissenschaftliche, psychologische, hygienische und soziologische Studie für Gebildete.* München 1906.

Forel, August: *Sexuelle Ethik.* München 1906.

Forel, August: *Rückblick auf mein Leben.* Zürich 1934.

Forel, August: *Briefe 1864–1927.* Hg. von Hans Walser. Bern und Stuttgart 1968.

Grashey, Hubert: »Bernhard von Gudden. Nekrolog« *Archiv für Psychiatrie und Nervenkrankheiten* Heft 3 / 1886, S. i–xxix.

Grashey, Hubert: »Nachtrag zum Nekrolog auf Dr. Bernhard von Gudden.« *Archiv für Psychiatrie und Nervenkrankheiten* Heft 3 / 1887, S. 898–910.

Griesinger, Wilhelm: »Die freie Behandlung.« *Archiv für Psychiatrie und Nervenkrankheiten* 1868, S. 237–248.

Gudden, Bernhard von: »Experimentaluntersuchungen über das peripherische und centrale Nervensystem« [ca. 1870]; »Ueber ein neues Microtom« [1875]. Hubert Grashey (Hg.): *Bernhard von Gudden's gesammelte und hinterlassene Abhandlungen.* Wiesbaden 1889.

Gudden Wolfgang 1987: *Bernhard von Gudden. Leben und Werk.* Diss. München 1987.

Hippius Hans und Reinhard Sternberg (Hgg.): *Bernhard von Gudden.* Berlin 2007.

Kraepelin, Emil: *Lebenserinnerungen.* Berlin 1983.

Krafft-Ebing, Richard von: *Psychopathia sexualis mit besonderer Berücksichtigung der conträren Sexualempfindung. Eine klinisch-forensische Studie.* Stuttgart 1886.

Mauder, Bruno: »Aus dem Tagebuch des Pflegers Bruno Mauder.« *Süddeutsche Sonntagspost* Nr. 38 / 23. September 1950, S. 3–8.

Meyer, Ludwig: »Die Behandlung der allgemeinen progressiven Paralyse.« *Berliner Klinische Wochenschrift* Nr. 21 / 1877, S. 289–293.

Möbius, Paul Julius: »Über Hysterie.« *Schmidt's Jahrbücher der in- und ausländischen gesammten Medicin* Heft 199 / 1883, S. 185–206.

Möbius, Paul Julius: *Ueber den physiologischen Schwachsinn des Weibes.* Halle a. d. S. 1900.

Möbius, Paul Julius: *Beiträge zur Lehre von den Geschlechts-Unterschieden.* Halle a. d. S. 1903.

Heft 1: *Geschlecht und Krankheit.*

Heft 2: *Geschlecht und Entartung.*

Heft 5: *Geschlecht und Kopfgröße.*

Müller, Franz Carl: »Mittheilung.« *Archiv für Psychiatrie und Nervenkrankheiten* Heft 3/1887, S. 895–897.

Müller, Franz Carl: *Die letzten Tage König Ludwig II. von Bayern. Nach eigenen Erlebnissen geschildert.* Berlin 1888.

Müller, Franz Carl: »Ein weiterer Fall von conträrer Sexualempfindung.« *Friedreich's Blätter für gerichtliche Medicin und Sanitätspolizei* 4/1891, S. 279–300.

Müller, Franz Carl: *Sexuelle Verbrechen und Verirrungen mit Rücksicht auf die moderne Gesetzgebung.* München 1912.

Müller, Franz Carl: »Die letzten Tage Ludwigs II.« *Süddeutsche Monatshefte* 1929, S. 769–840; Nachdruck: Hamburg 2013.

Pelman, Carl: *Erinnerungen eines alten Irrenarztes.* Bonn 1912.

Schopenhauer, Arthur: »Metaphysik der Geschlechtsliebe« [1844]. *Die Welt als Wille und Vorstellung* Bd. 2. Leipzig ³1859, S. 605–649.

Schott, Heinz und Rainer Tölle: *Geschichte der Psychiatrie.* München 2006.

Steinberg, Holger [Hg.]: *Der Briefwechsel zwischen Wilhelm Wundt und Emil Kraepelin.* Bern u. a. 2002.

Steinberg, Holger: »Als ob ich zu einer steinernen Wand spräche.« *Der Nervenarzt Paul Julius Möbius. Eine Werkbiografie.* Bern 2005.

Weininger, Otto: *Geschlecht und Charakter. Eine prinzipielle Untersuchung.* Wien und Leipzig 1903.

Westphal, Carl: »Die conträre Sexualempfindung. Symptom eines neuropathischen (psychopathischen) Zustandes.« *Archiv für Psychiatrie und Nervenkrankheiten* Heft 2/1869, S. 73–108.

KURZBIOGRAPHIEN

Bismarck, Otto von (1815–1898); Reichskanzler

Sah nach dem Sieg über Frankreich 1870 die Stunde gekommen, das Deutsche Reich ›von oben‹ zu gründen (und nicht ›von unten‹ durch das Parlament in Frankfurt a. M.). Alle anderen deutschen Fürsten sollten König Wilhelm I. von Preußen zum Kaiser proklamieren. Der bedeutendste unter den Mittelmächten, Ludwig II., weigerte sich jedoch wochenlang, Bayerns Souveränität aufzugeben. Erst als er Bismarck geheim signalisierte, finanzielle Zuwendungen könnten seine Meinung ändern, kam Bewegung in die Verhandlungen. Am 27. November 1870 setzte Bismarck in Paris persönlich den Entwurf des sogenannten »Kaiserbriefs« auf, den Ludwig in Hohenschwangau abschrieb und nach Versailles zurückschickte, wo am 18. Januar 1871 das Deutsche Reich mit Wilhelm als Kaiser gegründet wurde. Bismarck entnahm das Bestechungsgeld seinem »Reptilienfonds«, den Erträgen des beschlagnahmten Vermögens des Hauses Hannover. Bis zu Ludwigs Tod sollen über 6 Millionen Goldmark geflossen sein, allein 1884 noch eine Million zur Rettung des privat überschuldeten bayerischen Königs. Bismarck äußerte sich stets anerkennend über Ludwig und durchschaute seine Absetzung als »Palastrevolution von Übelwollenden«.

Seine Briefe an Luitpold wie an Ludwig sind annähernd original.

Clauder, Israel (1670–1721); Pfarrer

Wurde nach einem Theologiestudium zunächst Hauslehrer bei Philipp Jacob Spener, dem Begründer des Pietismus, 1697 dann in Halberstadt Pfarrer an der Heilig-Geist-Kirche, wo fünf Jahre zuvor radikalpietistische Tumulte getobt hatten (s. Mühlhahn). Nach Stationen in Darmstadt und Derenburg kehrte er 1708 als Pastor primarius von

St. Paul nach Halberstadt zurück, wo er am 12. September 1717 Anastasius Rosenstengel und Catharina Mühlhahn traute. Nachdem er von Francke über die wahre Identität Lincks / Rosenstengels aufgeklärt worden war, verschwanden die Rosenstengels spurlos. Clauder wurde 1718 als Prediger an die Altstädter Gemeinde in Bielefeld berufen, erlebte also die Verhaftung und Verurteilung der Rosenstengels nicht persönlich mit.

Elisabeth (1837–1898); Kaiserin von Österreich-Ungarn

Wuchs als Tochter des Herzogs in Bayern (einer Wittelsbacher Nebenlinie) in Possenhofen am Starnberger See auf und wurde im Alter von 16 Jahren mit Kaiser Franz Joseph I. von Österreich verheiratet. Das Paar bekam drei Töchter und einen Sohn. Ähnlich wie Ludwig II. verweigerte sie ihre Rolle und Aufgaben, mied den Hof und ihren Mann, verzichtete aber nicht auf ihre Privilegien. Lebte für ihre Passionen: reisen, reiten, dichten, Schönheit. Jährliche Ferienaufenthalte in Feldafing am Starnberger See.

Elisabeths Briefe beruhen auf ihren eigenen sowie auf Selbstaussagen, die ihr griechischer Vorleser Constantin Christomanos festgehalten hat. Ihre Gedichte sind original.

Francke, Anna Magdalena, geb. von Wurmb (1670–1734); Radikalpietistin

Erhielt als junge Frau Griechischunterricht von Gottfried Arnold, der kurz darauf mehrere pietistische Erfolgstitel veröffentlichte, darunter *Das Geheimnis der göttlichen Sophia* (1700), nach dem jeder Mensch das andere Geschlecht in sich selbst entdecken soll, um zu der Ganzheit zu verschmelzen, als die Gott den Menschen eigentlich geschaffen habe. 1694 heiratete Anna Magdalena gegen den Willen ihrer adelsstolzen Brüder den bürgerlichen Pfarrer August Hermann Francke. Das Paar bekam drei Kinder, August Gottlieb (geb. und gest. 1695), Gotthilf August (1696–1769) und Johanna Sophia (1697–1771).

Anna Magdalena Francke stand dem so genannten Radikalpietismus nahe, der ausgewählte »Werkzeuge« kannte, durch die Gott sich in ekstatischen Eingebungen offenbare. Wollten die Pietisten die lutherische Amtskirche reformieren, so wollten die Radikalpietisten sie abschaffen; sie strebten nach einem urchristlichen Ideal ohne Kirche als Institution, ohne Kirchengebäude und ohne hierarchische Gliederung. Als häusliches Ideal schwebten ihnen fromme Gemeinschaften von ledigen Mitbrüdern und -schwestern vor. Nur Verzicht auf jede, auch die eheliche, Sexualität ermögliche die Verschmelzung mit Arnolds *Göttlicher Sophia*, d. h. die geistliche Wiedergeburt.

Anna Magdalena Francke weigerte sich im August 1715, mit ihrem Mann umzuziehen, der zum Pastor von St. Ulrich in Halle befördert worden war. Zeitgleich opponierte sie gegen die Heirat ihrer Tochter Johanna Sophia mit deren 27 Jahre älteren Paten, Franckes Adjunkt Johann Anastasius Freylinghausen (1670–1739), und richtete die Hochzeit weder aus noch nahm sie an ihr teil. Im November 1715 gab sie ihren Ehestreik auf, der schon am Berliner Hof Aufsehen erregt hatte, und zog wieder zu Mann, Tochter und Schwiegersohn.

Francke, August Hermann, (1663–1727), Professor für Altorientalische Sprachen, Theologe, Pädagoge und Publizist

Gehört neben seinem Lehrer Philipp Jacob Spener und seinem Schüler Nikolaus Graf von Zinzendorf zu den Großen Drei des Pietismus, der so genannten ›Reformation der Reformation‹. In Glaucha bei Halle an der Saale gründete der Pastor von St. Georgen 1695 eine Armenschule und ein Waisenhaus, die sich zu einer Schulstadt mit Bibliothek, Buchhandlung und Verlag, Apotheke, Bibeldruckanstalt u. v. m. auswuchsen: den bis heute bestehenden Francke'schen Stiftungen. Franckes Bedeutung weit über den kirchlichen Raum hinaus auf das Schul- und Bildungswesen, auf die Mädchenförderung, auf die Sozialfürsorge, ja auf das politische Gemeinwesen in Preußen und damit den modernen Verwaltungsstaat kann nicht hoch genug eingeschätzt werden. Mit seiner Betonung des individuellen Glaubenserlebens, das schriftlich zu erforschen war, ebnete der Pietismus darüber hinaus der Psychologie und der Literatur der Moderne den Weg; erst die gedanklichen und sprachlichen Welten des Pietismus verhalfen dem Roman als Gattung zum Durchbruch.

Catharina Linck war das siebte Mädchen, das Francke in sein Waisenhaus aufnahm. Immer wieder versuchte er, ihr Leben als Mann zu unterbinden. Als Rosenstengel zuletzt in Halberstadt verhaftet wurde, verschafften Francke bzw. seine Mitarbeiter sich Einsicht in die Gerichtsprotokolle, aus denen die Hetzschrift *Umständliche und wahrhaffte Beschreibung einer Land- und Leute-Betrügerin* (1720) zitiert. Die halleschen Pietisten griffen ihren ehemaligen Zögling öffentlich an, um nicht selbst Zielscheibe für Spott und Anklage zu werden. Catharina Lincks Matrikel im Waisenalbum der Stiftungen wurde ergänzt: »Ist zu Halberstad decolliret worden 1721.«

Franckes Briefe sind vornehmlich aus seinen eigenen Briefen, Streitschriften und Predigten zusammengesetzt.

Friedrich Wilhelm I. (1688–1740); König von Preußen

Kannte Catharina Linck schon aus dem Bericht Grumbkows von 1708 (s. Grumbkow). Besuchte im April 1713 Franckes Waisenhaus in Halle. Catharina Linck dürfte in der großen Menschenmenge gestanden haben, die einen Blick auf den neuen König erhaschen wollte, als der sich mit Francke auf dem Altan des Hauptgebäudes unterhielt. Jedes in Preußen gefällte Todesurteil wurde vor der Vollstreckung vom so genannten Criminal Collegium in Berlin überprüft. In Catharina Lincks Fall setzte sich nach ausführlicher Diskussion zunächst die Minderheit der Justizräte durch, die dafür votierte, Linck die Todesstrafe zu erlassen und stattdessen lebenslänglich ins Zuchthaus zu sperren. Nach einer Woche kassierte Friedrich Wilhelm das milde Urteil und verurteilte Linck persönlich zum Tod durch das Schwert.

Grumbkow, Friedrich Wilhelm von (1678–1739); General

Berichtete dem preußischen Hof wöchentlich aus dem Spanischen Erbfolgekrieg. Am 7. Juni 1708 schilderte er die Geschichte von Catharina Linck, die aus Franckes Waisenhaus entlaufen, Musketier geworden, desertiert und eingefangen worden war, und sich unterm Galgen als Frau zu erkennen gab. Nach dem Krieg wurde Grumbkow zum Direktor des Generalkriegskommissariats ernannt. Er zählte zu den engsten Beratern des Soldatenkönigs Friedrich Wilhelm I. und gehörte dessen Tabakskollegium an.

Seine Briefe beruhen auf seinem eigenen Bericht aus dem Krieg sowie auf Catharina Lincks Gerichtsakten.

Gudden, Bernhard von (1824–1886); Psychiater

Arbeitete nach dem Studium der Medizin in den Irrenanstalten in Siegburg und Illenau. Schaffte als Direktor (1855–1869) der Unterfränkischen Landesirrenanstalt in Schloss Werneck bei Würzburg körperliche Zwangsmaßnahmen ab. Dort 1867 Sickergrubenunglück mit sechs Toten. 1869–1872 Professor für Psychiatrie in Zürich und Leiter der dortigen Landesheilanstalt Burghölzli, ab 1870 Mitherausgeber des neu gegründeten *Archivs für Psychiatrie und Nervenkrankheiten*. Ab 1872 Professor für Psychiatrie und Direktor der Oberbayerischen Kreisirrenanstalt in München. Typhus-Epidemie, zahlreiche Todesfälle, Kritik im *Bayerischen Landboten*. 1875 Nobilitierung. 1876 Bau des Mikrotoms. Tierversuche im Dienste der Hirnforschung. Traf sich spätestens ab März

1886 konspirativ mit Ministerpräsident Lutz und erklärte in seinem Gutachten vom 9. Juni 1886 Ludwig II. für geisteskrank, ohne mit ihm gesprochen oder ihn auch nur gesehen zu haben. Brachte den König am 12. Juni 1886 nach Berg am Starnberger See, wo er am Tag darauf gemeinsam mit ihm unter ungeklärten Umständen starb. Er hinterließ seine Frau Clarissa und neun z. T. erwachsene Kinder.

Anders als in der Ludwig-Literatur gedankenlos nachgeplappert, war Bernhard von Gudden weder ›Ludwigs Leibarzt‹ noch der ›berühmteste Psychiater seiner Zeit‹ – das wurde er erst durch seinen Tod. Zu Lebzeiten publizierte er so gut wie nichts. Posthum gab sein Schwiegersohn und Münchner Nachfolger Hubert Grashey, der das Gutachten zu Ludwigs Entmachtung mitunterzeichnet hatte, *Bernhard von Gudden's gesammelte und hinterlassene Abhandlungen* heraus (1889).

Aus ihnen wurden Guddens Briefe kompiliert, gespickt mit Zitaten anderer Irrenärzte der damaligen Zeit.

Linck, Catharina Margaretha (1687–1721); Anastasius Rosenstengel

Kleidete sich nach ihrer Kindheit im Waisenhaus von August Hermann Francke in Halle als Mann und nannte sich fortan Anastasius Rosenstengel. Schloss sich einer radikalpietistischen Wandersekte an, die er fluchtartig wieder verlassen musste, nachdem er einem Kaufmann in Köln prophezeit hatte, der könne über das Wasser gehen. Mehrere Jahre Soldat (1705–1711) im Spanischen Erbfolgekrieg. 1708 in Brabant Fahnenflucht und Gefangennahme. Durch die Offenbarung ihres weiblichen Geschlechts konnte Linck die Hinrichtung abwenden. Nach Kriegsende arbeitete sie beim Universitätstuchmacher in Halle (1712–1716), trug Frauen- und Männerkleidung und wurde von einem Werbekommando verhaftet, das sie wieder zu den Soldaten pressen wollte. Sie entwischte nach Halberstadt, wo sie als Anastasius Rosenstengel bei einem französischen Strumpfwirker arbeitete und am 12. September 1717 Catharina Margaretha Mühlhahn heiratete. Unstete Wanderjahre. In Münster lebte das Paar ein Jahr im Jesuitenkolleg und ließ sich als Gegenleistung katholisch taufen und nochmals trauen, was Rosenstengel in Helmstedt wieder rückgängig machte, wo er sich am 12. Mai 1720 wieder lutherisch taufen ließ, erneut gegen reichlich Patengeld. Als er seine Frau in Halberstadt abholen wollte, um sich in Helmstedt abermals mit ihr trauen zu lassen, überwältigte die Schwiegermutter den vermeintlichen Schwiegersohn, riss ihm die »lederne Wurst« vom Leib und zeigte ihn an. Der langwierige Inquisitionsprozess endete mit Catharina Lincks Enthauptung im November 1721 in Halberstadt. Linck war sich gewiss: »Wenn sie auch schon aus dem Wege geräumet würde, so bliebe doch dergleichen.«

Ludwig II. (1845–1886); König von Bayern

Bestieg 1864 mit nur 18 Jahren den Thron. Politisch unerfahren, konnte er das Ende der bayerischen Souveränität nicht aufhalten: Nachdem der Deutsche Krieg 1866 an der Seite Österreichs verloren worden war, musste Bayern nolens volens 1871 Teil der kleindeutschen Lösung unter preußischer Führung werden. Für die Preisgabe der bayerischen Eigenständigkeit handelte Ludwig keine staatlichen Privilegien heraus, sondern ließ sich privat bestechen (s. Bismarck). Die »Bismarck'schen Gelder« verwandte er für seine rege Bautätigkeit: ab 1864 mehrfache Neuausstattungen seiner Wohnung in der Münchener Residenz samt Palmengarten, ab 1869 Bau von Neuschwanstein sowie des Königshauses auf dem Schachen, ab 1870 Schloss Linderhof, ab 1878 Schloss Herrenchiemsee. Ludwigs Schlösser gelten als bedeutendste Bauschöpfungen des Historismus. Neuschwanstein sowie Nebengebäude in Linderhof (Venusgrotte, Hundinghütte) wurden von den Musikdramen Richard Wagners inspiriert, den Ludwig als Mäzen großzügig unterstützte. *Tristan und Isolde, Die Meistersinger von Nürnberg, Das Rheingold* sowie *Die Walküre* erlebten auf Ludwigs Befehl hin die Uraufführung. Für den Bau des Festspielhauses in Bayreuth sowie den ersten *Ring des Nibelungen* (1876) bürgte er mit Krediten.

Ab 1875 trat Ludwig nicht mehr in der Öffentlichkeit auf. Seiner Liebe zu Oper und Theater frönte er in so genannten Separataufführungen für ihn allein. Ab Mai 1885 hielt er sich ausschließlich in seinen Schlössern und Berghütten außerhalb Münchens auf, bearbeitete und unterzeichnete jedoch bis zu seiner Absetzung alle eingehenden Vorlagen und Schriftstücke. Homosexuell veranlagt und dabei unfähig zu einem Doppelleben, kommandierte er zuletzt Soldaten zum Sex mit ihm ab. Heillos überschuldet wurde er im Juni 1886 ohne ärztliche Untersuchung für geisteskrank erklärt und kam zwei Tage nach seiner Entmachtung zu Tode (s. Gudden und Luitpold).

Abgesehen von seinem Verhältnis zu Franz Carl Müller werden die letzten zwanzig Monate im Leben Ludwigs treu wie eine Chronik wiedergegeben; die Darstellung seiner letzten drei Lebenstage folgt den Quellen im Stundentakt. Die Liebesschwüre an Müller galten tatsächlich Richard Hornig, Josef Kainz, Lambert Freiherr von Varicourt, Friedrich von Ziegler sowie Richard Wagner.

Luitpold (1821–1912); Prinzregent

Schlug als jüngerer Bruder von König Max II. von Bayern eine militärische Karriere ein. Teilnahme am Deutschen Krieg 1866 sowie am Deutsch-Französischen Krieg 1870/71. Als Vertreter seines Neffen Ludwigs II. überreichte er in Versailles dem König von Preußen den so genannten »Kaiserbrief« (s. Bismarck). Die privaten Schulden Ludwigs II. betrafen ihn, seine vier erwachsenen Kinder und 18 Enkelkinder unmittelbar, da die gesamte königliche Familie aus der so genannten Civilliste apanagiert wurde, einer festgesetzten Summe im bayerischen Staatshaushalt. Im Mai 1884 bürgten Luitpold und seine Familie für ein Bankdarlehen über 7,5 Mio Mark, das bis 1901 getilgt werden sollte, wenn Ludwig jedwede Bautätigkeit einstellte. Da der König jedoch weiterbaute und noch mehr Schulden aufnahm, beseitigten die Wittelsbacher den bausüchtigen und verschwenderischen, aber nicht geisteskranken König, auch um ihren Herrschaftsanspruch nicht zu gefährden. Früh nahm Luitpold Fühlung mit Bismarck auf, um den Umsturz anzukündigen und den Schaden zu begrenzen.

Seine Briefe an den Reichskanzler sowie an Ludwig sind annähernd authentisch wiedergegeben.

Müller, Franz Carl (1860–1913); Arzt und Publizist

Trat nach dem Studium der Medizin in Würzburg, München und Berlin am 1. Dezember 1884 die Stelle als persönlicher Arzt des Prinzen Otto in Fürstenried an. Als Assistent Bernhard von Guddens gehörte Müller zu der Absetzungskommission, die Ludwig II. von Neuschwanstein nach Berg verschleppte. Als er den König in der Nacht vom 11. auf den 12. Juni 1886 persönlich kennenlernte, lag sein letzter Bericht über Otto aufgeschlagen auf Ludwigs Schreibtisch. Statt wie vorgesehen den König nach seiner Entmündigung als Leibarzt zu betreuen, zog Müller am Abend des 13. Juni 1886 dessen sowie Guddens Leiche aus dem Starnberger See. Nachdem er von Guddens Schwiegersohn Hubert Grashey im *Archiv für Psychiatrie und Nervenkrankheiten* angegriffen worden war, veröffentlichte Müller zur Rechtfertigung seines eigenen Handelns, aber auch leiser Kritik an Gudden sowie an den offiziellen Stellen *Die letzten Tage König Ludwigs II. von Bayern. Nach eigenen Erlebnissen geschildert* (1888, 3. Auflage noch im selben Jahr). Dieses 53 Seiten umfassende Büchlein entstand und erschien in Berlin, wohin sich Müller rettete, nachdem seine Karriere in München wegen des Zerwürfnisses mit den Luitpoldianern jäh geendet hatte. Für ein Grundlagenwerk über die Geschichte der Homosexualität ging Müller im Geheimen Staatsarchiv zu Berlin systematisch alte Strafrechtsakten aus den preußischen Provinzen durch. Dabei entdeckte er die »A[ct]a betr. Catharina, Margaretha Lÿnckern oder der sogen. Anastasius Lagrantinus Rosenstengel und dessen vermeintes Eheweib Cathar[ina] Margar[aretha] Mühlhahnen. 1721 Okt[ober] 13«. Sein Besucherzettel (»Dr. Müller, München«) liegt noch bei. 1891 veröffentlichte er Auszüge aus der Akte unter dem Titel »Ein weiterer Fall von conträrer Sexualempfindung« in *Friedreich's Blättern für gerichtliche Medicin*. Dieser Aufsatz ist eines der frühesten und ausführlichsten Dokumente seiner Art.

Nach Jahren als Chefarzt der Nervenheilanstalt Alexandersbad im Fichtelgebirge kehrte Müller nach München zurück, wo er eine eigene Praxis für Nervenleiden betrieb und mehrere Bücher veröffentlichte, darunter sein Opus magnum *Geschichte der organischen Naturwissenschaften im Neunzehnten Jahrhundert. Medizin und deren Hilfswissenschaften, Zoologie und Botanik* (1902). Zahlreiche seiner Patienten, die an ›Homosexualität‹ litten, verteidigte er als Gutachter in Strafrechtsprozessen (§ 175 RStG). In Schriften wie *Sexuelle Verbrechen und Verirrungen mit Rücksicht auf die moderne Gesetzgebung* (1912) warb er um Verständnis für diese pathologischen Fälle. Er selbst heiratete und bekam einen Sohn, der 1928/29 in den *Süddeutschen Monatsheften* abermals die Ludwig-Schrift seines Vaters herausgab, dieses Mal jedoch auf Grundlage von dessen Tagebüchern, die mit dem Verhalten Guddens und der Verschwörer noch kritischer ins Gericht gehen, als Franz Carl Müller sich bei der Erstveröffentlichung 1888 erlauben konnte.

Seine Briefe beruhen auf Müllers authentischen Berichten über die letzten Tage Ludwigs II. sowie Äußerungen von Ernst Possart, Felix Dahn und Philomene Hartl-Mitius über Ludwig; überwiegend sind sie erfunden.

Mühlhahn, Susanna Elisabeth; »die Rosenstengelsche« sowie eine »begeisterte Magd«

Catharina Margaretha Mühlhahn (1697–1776)

Geboren in Clausthal im Harz als Tochter eines Steigers. Lebte mit ihrer früh verwitweten Mutter Catharina, geb. Eichsfelder, in Halberstadt. Heiratete 1717 gegen die Einwände ihrer Mutter Anastasius Rosenstengel und zog mit ihm durch die Lande. Ließ sich in Münster mit ihm katholisch taufen und trauen. Bei einem Besuch 1720 in Halberstadt enttarnte ihre Mutter den vermeintlichen Schwiegersohn und übergab die Beweisstücke dem Gericht. Mühlhahn gab sich im Inquisitionsprozess als naives junges Ding aus, das von Anastasius Rosenstengel betrogen worden sei. Obwohl die

Richter ihr nicht glaubten, verurteilten sie Mühlhahn mangels Beweis nur zu drei Jahren Zuchthaus. 1726 heiratete sie in St. Paul in Halberstadt ein zweites Mal, dieses Mal den Wollarbeiter Johann Levin Peters, mit dem sie drei Kinder bekam. Von ihm verlassen, brachte sie ein viertes Kind unehelich zur Welt. Das Kirchenbuch von St. Paul nennt sie »die Rosenstengelsche«. – Catharina Margaretha wurde in Susanna Elisabeth umbenannt, um die identischen Vornamen mit ihrer Ehefrau Linck zu vermeiden.

Anna Margaretha Jahn (Lebensdaten unbekannt)

Erregte 1691–1693 in Halberstadt und weit darüber hinaus großes Aufsehen als »begeisterte Magd«. Jahn prophezeite dem Pfarrer Wurtzler erst erfolgreich seinen Tod, dann aber vergeblich seine Auferstehung. Auch das »dicke Judenweib« gebar entgegen ihrer Ankündigung nicht den Messias. Der Skandal kochte noch höher, als August Hermann Franckes anteilnehmende Briefe entwendet und veröffentlicht wurden, die er dem Halberstädter Pfarrer Andreas Achilles geschrieben hatte, dem Schutzpatron Jahns und Vorgänger Clauders. Vertreter der lutherischen Orthodoxie und des (Radikal-)Pietismus' schleuderten sich wechselseitig Hetzschriften entgegen, Achilles und Jahn wurden des Landes verwiesen.

Susanna Elisabeth Mühlhahns Gedichte stammen von Klopstock und Goethe, dessen frühe Werke auch auf der (radikal-)pietistischen Sprach- und Bilderwelt beruhen.

Pott, Dorothea Rosina [eigentlich Sophia], geb. Machenau (1669– nach 1715); Radikalpietistin

Die Potts gehörten der von Pfarrer Israel Clauder geleiteten St. Pauls-Gemeinde in Halberstadt an. Mit ihrem Mann Johann Andreas (1662–1729) hatte die so fromme wie spitzzüngige Dorothea elf Kinder. Drei ihrer Söhne schlossen sich den so genannten »Inspirierten« an, aus den Cevennen vertriebenen Radikalpietisten. Als die drei Studenten 1713/14 in Halle mit den Inspirierten »Liebesmahle« abhielten, also ohne Pfarrer und Gottesdienst das Abendmahl feierten, und mehrfach Prediger in der Kirche lautstark kritisierten, wurden die Potts ausgewiesen. Zu den gegen sie gerichteten Hetzschriften zählt das Pamphlet gegen die Land- und Leute-Betrügerin Catharina Linck, die an den Versammlungen der Potts teilgenommen haben soll (s. A. H. Francke). Die lutherischen Ministerien machten Dorothea Pott für die religiösen Verirrungen ihrer Söhne verantwortlich und verhängten ein Bußgeld in Höhe von 200 Reichstalern gegen sie. Sie begleitete ihre Söhne 1714 nach Berlin und in die Wetterau, wo sie die Gemeinde der Inspirierten gründeten, die z. T. in die USA auswanderten, wo bis heute in Iowa die Amana Church Society – The Community of true Inspiration besteht. Die Potts allerdings trennten sich 1715 von der Gemeinde, die Söhne fanden sich in bürgerliche Berufe, Dorothea kehrte nach Halberstadt zurück.

Damit Gottfried Arnolds »Sophia« einzig auf die Tochter der Franckes anspielt, musste Dorothea Potts zweiter Vorname geändert werden. Eine Freundschaft bzw. ein Briefwechsel mit Anna Magdalena Francke ist nicht bekannt, aber auch nicht unwahrscheinlich.

Thomasius, Christian (1655–1728); Jurist und Aufklärer

Ist ähnlich wie August Hermann Francke so überragend bedeutsam wie vergessen. Fast hundert Jahre vor Immanuel Kant begründete er in den deutschsprachigen Ländern die Aufklärung: Er schrieb wider den Glauben an Zauberei und forderte die Abschaffung von Hexenverbrennungen und Folter. Als – reichlich unsystematischer – Philosoph begründete und als Jurist gestaltete er die Säkularisierung des Staatswesens wie der Rechtsprechung. Neben zahllosen Schriften gab Thomasius mehrere Zeitschriften heraus (und schrieb sie im Alleingang), was ihn zum ersten Journalisten hierzulande macht; als Professor setzte er Deutsch anstelle von Latein als Sprache für die mündliche Lehre und schriftliche Wissenschaft durch.

Thomasius und Francke machten die 1694 gegründete Universität Halle zu *der* Reformuniversität im frühen 18. Jahrhundert – mit- und gegeneinander. Bis in die späten 1690er Jahre waren die beiden Weggefährten. Als Francke aber sein Stiftungswerk begann und damit einen politischen Herrschaftsanspruch begründete, wandelte sich Thomasius vom tatkräftigen Fürsprecher zum radikalen Gegner. Neben der lutherischen Orthodoxie hatte Francke viele Jahre lang keinen gehässigeren, vor allem aber keinen intellektuell versierteren Feind als Thomasius. 1713 erreichte ihr Streit seinen Höhepunkt mit Thomasius' *Disputation über die Kebs-Ehe,* die eine Ethik ohne Gott denkt. Thomasius und Francke versuchten mehrfach, den anderen aus seinen Ämtern werfen zu lassen. Da Friedrich Wilhelm I. beide zur Modernisierung seines Landes benötigte, ging keiner als Sieger vom Platz.

Thomasius' Briefe beruhen auf seinen eigenen Schriften und Briefen. Von Catharina Linck dürfte er zwar gehört haben, eine Anteilnahme an ihrem Schicksal ist jedoch nicht bekannt.

Westphal, Paul Julius, zwei Ärzte und Publizisten

Prof. Carl Westphal (1833–1890), Direktor der Irrenabteilung der Königlichen Charité in Berlin

Gab das *Archiv für Psychiatrie und Nervenkrankheiten* heraus, in dem er 1869 seinen epochemachenden Aufsatz »Die conträre Sexualempfindung. Symptom eines neuropathischen (psychopathischen) Zustandes« veröffentlichte. Dieser Aufsatz gilt als die Geburtsstunde der ›Homosexualität als Krankheit‹, die erst 1990 von der WHO wieder von der Liste der behandlungsbedürftigen Krankheiten gestrichen wurde. Westphal bekämpfte sein Leben lang die bahnbrechenden Erkenntnisse über die Syphilis, an der er selbst starb.

Dr. Paul Julius Möbius (1853–1907), Nervenarzt in Leipzig

Bewies in zahlreichen Schriften die Unterlegenheit der Frau. Sein Klassiker *Vom physiologischen Schwachsinn des Weibes* (1900) streitet sich mit Arthur Schopenhauers »Über die Weiber« (1851) sowie Otto Weiningers *Geschlecht und Charakter* (1903) um den Ehrenplatz im Pantheon des Frauenhasses.

Zitate aus den genannten Werken sind der Kunstfigur Paul Julius Westphal in den Mund gelegt.

VERZEICHNIS DER BRIEFE

PERSONENREGISTER

Die Recherche an diesem Buch wurde unterstützt durch Arbeitsstipendien der

Sparkasse
KölnBonn

Förderprogramm
betreut durch die SK Stiftung Kultur

MIX
Papier aus verantwor-
tungsvollen Quellen
FSC® C083411

Verlagsgruppe Random House FSC® N001967

1. Auflage
Genehmigte Taschenbuchausgabe Mai 2017,
btb Verlag in der Verlagsgruppe Random House GmbH,
Neumarkter Straße 28, 81673 München
Copyright © 2015 by MSB Matthes & Seitz Berlin Verlagsgesellschaft mbH
Alle Rechte vorbehalten
www.matthes-seitz-berlin.de
Umschlaggestaltung: semper smile, München,
nach einem Entwurf von Judith Schalansky, Berlin
Covermotiv: © Falk Nordmann, Berlin; nach dem Frontispiz aus
Umständliche und wahrhaffte Berschreibung
einer Land- und Leute-Betrügerin (1720)
und einem Gemälde von Ferdinand von Piloty
Karten: Pauline Altmann, Berlin
Druck und Einband: CPI books GmbH, Leck
MK · Herstellung: sc
Printed in Germany
ISBN 978-3-442-71506-0

www.btb-verlag.de
www.facebook.com/btbverlag
Besuchen Sie auch unseren LiteraturBlog www.transatlantik.de!